Robert
Pro

Iss

Katechismus der Dramaturgie

Robert
Pro
..
Iss

Katechismus der Dramaturgie

ISBN/EAN: 9783741168642

Hergestellt in Europa, USA, Kanada, Australien, Japan

Cover: Foto ©Andreas Hilbeck / pixelio.de

Manufactured and distributed by brebook publishing software (www.brebook.com)

Robert
Pro

Iss

Katechismus der Dramaturgie

Katechismus

der

Dramaturgie.

Robert Prölß.

Leipzig

Verlagsbuchhandlung von J. J. Weber

1877

Vorwort.

Die Kunstlehre hat die Kunst zur Voraussetzung. Sie entwickelt sich an derselben und in Wechselwirkung mit ihr. Indem nun hier der Versuch gemacht werden sollte, das ganze Gebiet der Dramaturgie, wenn auch nur in einem kurzen Abrisse zu behandeln, schien es daher förderlich, daß es in dem Zusammenhange mit der geschichtlichen Entwicklung des Dramas geschehe und ein' kurzer Ueberblick derselben vorausgeschickt werde. Bei dem beschränkten Raum, der hierfür zur Verfügung stand, konnte freilich nach beiden Seiten hin nicht an Vollständigkeit, sondern nur an die Hervorhebung des Wesentlichen und Bedeutenden gedacht werden; auch dürfte der Umstand, daß es hier wohl zum ersten Mal unternommen wird, die Lehre vom Drama ihrem ganzen Umfange nach und in diesem Zusammenhange zur Darstellung zu bringen, vielleicht einigen

Anspruch auf eine nachsichtige Beurtheilung geben. Wenn ich schon hierdurch einem gefühlten Bedürfnisse zu begegnen glaubte, so war ich doch zugleich noch bemüht, selbst in dem vergönnten engen Rahmen meinem Gegenstande neue und anregende Gesichtspunkte abzugewinnen, um diesem Werkchen in allen betheiligtem Kreisen eine freundliche Aufnahme zu sichern.

Dresden, im December 1876.

Der Verfasser.

Inhaltsverzeichniß.

Erster Theil.
Geschichtlicher Ueberblick.

Erstes Kapitel.
Spuren und Anfänge der dramatischen Dichtung. Chinesen — Inder — Aegypter.

Seite

§ 1. Allgemeines 3
§ 2. Das Drama der Chinesen 4
§ 3. Das Drama der Inder 7
§ 4. Spuren dramatischer Dichtung bei den Aegyptern . . 12

Zweites Kapitel.
Das Drama der Griechen.

§ 5. Allgemeines 14
§ 6. Die griechische Tragödie 17
§ 7. Die Tetralogie und das Satyrspiel 27
§ 8. Die griechische Komödie 29
§ 9. Die ältere Komödie 30
§ 10. Die mittlere und die neue Komödie 35
§ 11. Das Theater und seine Einrichtung 39

Drittes Kapitel.
Das Drama der Römer.

§ 12. Allgemeines 46
§ 13. Die römische Tragödie 48
§ 14. Die römische Komödie 51
§ 15. Die Mimen und Pantomimen 54
§ 16. Das Theater und Theaterwesen 56

Viertes Kapitel.
Das Drama des Mittelalters.   Seite
§ 17. Allgemeines 59
§ 18. Anfänge des mittelalterlichen Dramas 61
§ 19. Mysterienspiele und Moralitäten 65
§ 20. Anfänge des weltlichen Dramas. 71

Fünftes Kapitel.
Das Drama der romanischen Völker.
I. Das Drama der Spanier.
§ 21. Allgemeines 73
§ 22. Anfänge und erste Entwicklung des spanischen Dramas
 bis Lope de Vega 77
§ 23. Das spanische Drama von Lope de Vega bis Calderon 83
§ 24. Uebergang des volksthümlichen spanischen Dramas in
 das höfische. 88
§ 25. Das Drama des Calderon 92
§ 26. Nachblüthe des spanischen Dramas 95
§ 27. Verfall und neueste Entwicklung des spanischen Dramas 96

II. Das Drama der Italiener.
§ 28. Allgemeines 99
§ 29. Anfänge des weltlichen italienischen Dramas. Das akademische Drama und die Volksspiele bis zu den Anfängen
 der Oper 101
§ 30. Entstehung der Oper. Das neuere italienische Drama.
 Politische Richtung desselben 108

III. Das Drama der Franzosen.
§ 31. Anfänge des neueren Dramas unter Einfluß der Italiener
 und Spanier 114
§ 32. Die classische Tragödie der Franzosen 118
§ 33. Das Lustspiel von Molière bis zur Entstehung der französischen Oper 121
§ 34. Das französische Drama seit Voltaire. Die politisch-sociale
 und die empfindsame Natürlichkeitsrichtung desselben . 125
§ 35. Entwicklung des französischen Dramas von der ersten
 Revolution bis auf unsere Tage 130

Sechstes Kapitel.
Das Drama der germanischen Völker.
I. Das Drama der Engländer.
§ 36. Entwicklung des weltlichen Dramas 133
§ 37. Das Shakespeare'sche Drama 140

§ 38. Das englische Drama von Ben Jonson bis zur Schließung der Bühnen durch die Puritaner 149
§ 39. Das englische Drama von der Restauration bis auf unsere Tage 153

II. Das Drama der Deutschen.

§ 40. Hans Sachs und die englischen Komödianten . . . 156
§ 41. Die Wandertruppen und die Gottsched'sche Bühnenreform. 161
§ 42. Das Lessing'sche Drama und dessen Dramaturgie . . 165
§ 43. Das deutsche Drama unter dem Einflusse Goethe's und Schiller's 169
§ 44. Die romantische Schule 174
§ 45. Neueste Entwicklung 176

III. Das Drama der Holländer und Skandinavier.

§ 46. Das Drama der Holländer 179
§ 47. Das Drama der Dänen, Schweden und Norweger. . 180

Zweiter Theil.
Theorie des Dramas.

Erstes Kapitel.
Allgemeines.

§ 1. Begriff des Dramatischen. Verhältniß desselben zum Lyrischen und Epischen 182
§ 2. Begriff der dramatischen Handlung. Der dramatische Charakter. Der dramatische Conflict 189
§ 3. Theile des Dramas. Aufbau und Gliederung. Eintheil derselben 192
§ 4. Einheit und Harmonie der Behandlung. Der dramatische Stil 198
§ 5. Das Drama in dem Verhältniß zur Naturwahrheit und zur historischen Wahrheit 200
§ 6. Das Drama in der Totalität seiner Darstellungsmittel und seiner Veranschaulichung 205

Zweites Kapitel.
Die dramatische Dichtkunst.

§ 7. Von der Sprache und dem Tone als ihren Darstellungsmitteln. Metrik, Accentuation und Rhythmik. Prosa und Vers 207
§ 8. Idealismus und Realismus, Formalismus und Naturalismus im Drama 212

§ 9. Vom Zwecke des Dramas 215
§ 10. Ernste und heitere Weltanschauung. Das Tragische und das Komische. Die Verbindung beider Anschauungen in dem Humor 221
§ 11. Organisation und Motivirung des Dramas 232
§ 12. Von den verschiedenen Formen des Dramas im Allgemeinen 235
§ 13. Formen des Dramas, welche wesentlich durch die Grundstimmung der dichterischen Anschauung bestimmt sind. Tragödie und Komödie. — Das humoristische Drama. — Die Tragikomödie und das Satyrspiel. — Das Schauspiel und Lustspiel. — Die Posse und die Burleske . 236
§ 14. Formen des Dramas, welche aus den verschiedenen Verhältnissen hervorgehen, in denen die ideelle Bedeutung zu der sinnlichen Erscheinung desselben steht. Das symbolische und das allegorische Drama. (Die Moralitäten und Mysterienspiele. — Das Märchen. — Die Zauberposse.) Das satirische Drama. — Die Parodie und die Travestie. — Das Satyrspiel und die Hilarotragödie. — Die Mimen. — Die commedia dell' arte und die Burleske 238
§ 15. Formen des Dramas, welche durch das Vorherrschen der einen oder anderen der bei der künstlerischen Thätigkeit mitwirkenden Geistesvermögen entstehen. Das phantastische Drama. — Das religiöse, ethische und sentimentale Drama (das kirchliche, das moralisirende Drama, das Rührstück). — Das satirische und das lehrhafte Drama 241
§ 16. Formen des Dramas, welche überwiegend auf der, sei es unmittelbaren, sei es nur mittelbaren Ueberlieferung dramatischer Formen beruhen. Die nationalen Stile und Schulen. — Das classische und das romantische Drama. — Das akademische Drama (die commedia erudita, die Schulkomödie, die classische Tragödie der Franzosen). — Die Haupt- und Staatsaction . . . 244
§ 17. Formen des Dramas, welche wesentlich aus der Wechselwirkung der verschiedenen Künste hervorgingen. Plastischer und malerischer Charakter des Dramas 245
§ 18. Formen des Dramas, welche überwiegend durch außerkünstlerische Einflüsse bestimmt worden sind. Das religiöse Drama der Griechen. — Die kirchlichen Spiele. — Die Moralitäten. — Das höfische Drama. — Das politische, sociale und lehrhafte Drama. — Das Tendenzdrama 248

Inhaltsverzeichniß.   XI
                                                               Seite
§ 19. Formen des Dramas, welche überwiegend auf die Origi-
       nalität der einzelnen dichterischen Individualität zurück-
       zuführen sind   249
§ 20. Formen des Dramas, welche vorzugsweise durch die Natur
       des Stoffs bestimmt werden   251
§ 21. Formen des Dramas, welche durch Hervorhebung einzelner
       Momente desselben entstehen. Das Charakterstück. —
       Das Situationsstück. — Das Intriguenstück. — Das
       Schicksalsdrama. — Das Conversationsstück. — Das
       Ausstattungsstück   251
§ 22. Formen des Dramas, welche vorzugsweise durch die da-
       mit beabsichtigten Wirkungen bestimmt werden . .   253
§ 23. Formen des Dramas, welche durch Abstraction von einem
       bestimmten Theil der dramatischen Darstellungsmittel
       entstanden sind. Das Maskendrama der Griechen. —
       Die Mimen und Pantomimen. — Die italienische
       Maske. — Der englische dumb-show. — Das Steg-
       reifspiel. — Das Ballet   254

Drittes Kapitel.
Von der Musik im Drama.

§ 24. Das Verhältniß der Musik zur Dichtkunst und Schauspiel-
       kunst im Drama   256
§ 25. Von den Formen, welche durch die Verbindung der Musik
       mit der Dichtkunst und der Schauspielkunst im Drama
       entstanden   260
§ 26. Einwirkung der Oper auf die Entwicklung des Dramas   261

Viertes Kapitel.
Von der Kunst des Schauspielers.

§ 27. Die Mittel derselben   262
§ 28. Die schauspielerische Aufgabe im Allgemeinen und der
       Empfindungsausdruck im Besonderen   264
§ 29. Von der Sprache und dem Tone des dramatischen Dar-
       stellers. Die Athmung   266
§ 30. Von dem technischen Theile der Sprache des dramatischen
       Darstellers. Wortsinn und Wortlaut. — Aussprache. —
       Dialekt. — Wohllaut. — Der Redeton und die Be-
       tonung. — Der Wort-, Sinn- und Empfindungs-
       accent. — Der Accent des Verses und Rhythmus. —
       Hebung und Senkung der Rede   269
§ 31. Der dramatische Vortrag. Grundton und Tonfarbe. —
       Tempo und Intervalle. — Hebung und Senkung. —
       Accente und Rhythmus   273

§ 32. Vom mimetischen Theile der Schauspielkunst. Mienenspiel und Geste 277
§ 33. Von der körperlichen Erscheinung. Maske, Haltung, Gang. 279
§ 34. Von dem Verhältnisse des mimetischen Theiles der schauspielerischen Beredsamkeit zur Rede. Die symbolischen und allegorischen Bewegungen 281
§ 35. Von dem Verhältniß des Schauspielers zur dramatischen Dichtung 284
§ 36. Von dem Verhältniß des Schauspielers zu seinen Mitspielern. Das Ensemble. — Das stumme Spiel. — Die Rollensucher und das Rollenmonopol. — Das Virtuosenthum. 288
§ 37. Von dem Verhältnisse des Schauspielers zum Publicum. Der Applaus und die Claque. 292
§ 38. Idealismus und Realismus, Formalismus und Naturalismus in der Schauspielkunst. Stil und Manier . 296

Fünftes Kapitel.
Das Theater.

§ 39. Allgemeines 298
§ 40. Vom scenischen Apparate der Bühne 299
§ 41. Die Theaterverwaltung 301
§ 42. Die artistische Leitung des Theaters 304
§ 43. Von dem Verhältniß des Theaters zur Dichtung . . 305
§ 44. Vom Verhältniß des Theaters zum Schauspieler . . 309
§ 45. Die Inscenirung der dramatischen Dichtung 311
§ 46. Das Repertoir 313
§ 47. Von der Einwirkung, welche die Entwicklung der scenischen Mittel auf den Geschmack und die Entwicklung der dramatischen Dichtung ausgeübt hat 314
§ 48. Die verschiedenen Formen der Theaterunternehmungen. 316
§ 49. Das Verhältniß des Theaters zum Staate 318

Register 322

Katechismus der Dramaturgie.

Erster Theil.
Geschichtlicher Aeberblick.

Erstes Kapitel.
Spuren und Anfänge der dramatischen Dichtung.
Chinesen — Inder — Aegypter.

§ 1. Allgemeines.

Spuren dramatischer Dichtung lassen sich bis tief in das Alterthum hinein verfolgen. Ihrem Wesen nach setzt sie jedoch schon immer die Entwicklung der lyrischen und epischen Dichtung bis zu einem gewissen Grade voraus, da sie aus Elementen beider sich bildet. Im Uebrigen ist man geneigt, ihren Ursprung zurückzuführen, theils auf ein im Menschen sich regendes Bedürfniß, seine Empfindungen und Vorstellungen, besonders die religiösen, in sinnenfälliger Weise zu bedeutsamem, feierlichen Ausdruck zu bringen, theils auf einen tief in der Natur des Menschen begründeten Nachahmungs- und Gestaltungstrieb, der seine äußere Anregung in dem Vergnügen findet, das er durch derartige Hervorbringungen in Andren erweckt. Nicht bei allen Völkern des Alterthums hat sich bei solchen Voraussetzungen eine dramatische Dichtung ausgebildet. Außer den Griechen und italischen Völkern haben nur die Chinesen und Inder ein selbständiges Drama hervorgebracht, möglicherweise aber auch die Aegypter wenigstens den Ansatz dazu aus sich entwickelt. — Jene haben uns sogar eine reiche dramatische Literatur überliefert, deren Anfänge sich weithin verfolgen lassen. Was dagegen die Aegypter betrifft, so hat man bis jetzt kaum mehr, als die Spuren solcher Anfänge entdeckt. Die dramatische Literatur der Chinesen und Inder ist deshalb von allgemeinerem Interesse, weil einerseits das chinesische Drama das einzige ist, das, wie es scheint, gleich im Entstehen eine durchaus realistische Richtung genommen hat, andererseits das der Inder in einer, wenn auch entfernten inneren Verwandtschaft zu dem Geiste der germanischen Dichtung und, unabhängig von der Entstehung des Christenthums, in einem ähnlichen Gegensatze wie diese zu der Poesie der Griechen steht: in dem Gegensatze des Romantischen zum Classischen. — Die vermeintlichen Spuren einer dramatischen Dichtung bei den Aegyptern verdienen aber deshalb Berücksichtigung, weil die Cultur der Griechen unzweifelhaft Anregung und Nahrung von der Cultur der Aegypter empfing.

§ 2. Das Drama der Chinesen.

Die ganze Geistescultur der Chinesen ist im Wesentlichen Verstandescultur. Obschon frühzeitig zu rascher Entwicklung gekommen, ist sie daher auch bald wieder erstarrt. Götterlos, ohne Mythologie, ist dieses Volk auch ohne Epos geblieben. Es ersetzt diesen Mangel durch eine reiche Literatur von Erzählungen, Novellen, Romanen. Auch seine lyrische Dichtung ist, obschon reich, doch beschränkt. Der Shi-king, das dritte seiner fünf heiligen Bücher, ist das älteste chinesische Liederbuch und besteht aus Nationalliedern, Lobgesängen und Hymnen. Unter den späteren Dichtern ist Li-Tai-Pé der berühmteste, er besingt auch Liebe und Wein. — Obschon die Sage von einem Mysteriumsdrama der Chinesen berichtet, so weiß man urkundlich doch nur von einem weltlichen Drama. Schon 1800 Jahre v. Chr. mag es denselben Charakter plattester Nachahmung des Lebens und roher Unzüchtigkeit gehabt haben, den man noch heute meistens an ihm beobachtet, da der um diese Zeit regierende Kaiser Tsching-Thang aus dem Grunde gepriesen wurde, weil er die Bühnenspiele aufhob, die wohl nur in Stegreifspielen, Possenreißereien und Burlesken bestanden. Sie wurden indeß bald wieder aufgenommen. Im ersten Jahrhundert

n. Chr. fanden Berührungen mit den Indern statt. Eine Gesandtschaft der letzteren machte die Chinesen mit der Lehre des Buddha bekannt. Mit dem Buddhaismus, der eine rasche Aufnahme fand, drang auch das regelmäßige Drama der Inder ein. Die Kaiser Wenti (581—618 n. Chr.) und Hiuen Tsong 720 n. Chr. werden als die Erfinder des regelmäßigen chinesischen Dramas bezeichnet. Dem Ersteren wird auch die Erfindung des Melodramas zugeschrieben. Erst um den Anfang des 14. Jahrhunderts soll aber ein ernstes Drama entstanden sein. Am kaiserlichen Hofe standen noch im 17. und 18. Jahrhundert die Possenreißereien und obscönen Pantomimen in Gunst und in Blüthe; der bessere Geschmack war nur bei den niederen Ständen.

Obschon das Theater immer eines der verbreitetsten und größten Vergnügen der Chinesen war und selbst von Kaisern zu Zeiten gepflegt wurde, ist es doch lange in solchem Grade verachtet geblieben, daß es nur in ähnlicher Weise wie die öffentlichen Freudenhäuser geduldet ward. Als daher Kaiser Kien Long (1735—92) nichtsdestoweniger eine Schauspielerin zu seiner Gemahlin erhob, durften fortan die Frauenrollen nur noch von Knaben und Eunuchen gespielt werden. Erst seit der Dynastie Yuen (1279) wurde die dramatische Dichtung überhaupt in die Literatur mit aufgenommen.

Stehende Theater hat es in früheren Zeiten nie, später aber nur in den größeren Städten gegeben. Die Schauspieler ziehen im Lande umher, sie spielen in Privathäusern und Gasthöfen oder schlagen wohl auch eine rohe Bühne auf. Die Ausstattung ist mit Ausnahme der Kleidung höchst primitiv. Das Costüm wird dagegen mit antiquarischer Genauigkeit beobachtet. Masken sind nur im Ballet gebräuchlich. Die dramatische Sprache ist die Volkssprache. Es entspricht dem Zwecke des chinesischen Dramas, der entweder Unterhaltung oder Belehrung und Besserung ist, daß nur die edlen Charaktere in Versen, die Bösewichter aber in Prosa sprechen. Der musikalische Theil des Dramas, der besonders in Ehren steht, ist daher auch ein Privilegium der Unschuld und Tugend. Diese zu lohnen, das Laster zu strafen, ist Tendenz und Ausgang aller ernsteren chinesischen Dramen. Die poetische Gerechtigkeit erscheint dann fast immer in der Gestalt eines Kaisers oder eines höheren Staatsbeamten, ihnen zur Seite stehen Büttel und Henker mit Bambus und Schwert. Die Stücke werden in Acte getheilt und zwar gewöhnlich in vier, doch giebt es deren auch bis zu vierzig Acten, die dann mehrere Tage spielen. Jede einzelne Figur führt sich in einer Art ein, die Shakespeare in seinem „Sommernachtstraum" parodirt. Die Exposition wird meist in einem Prologe gegeben. Der erste Act enthält die Anknüpfung einer Intrigue, die mittleren deren Verwicklung, der letzte die Katastrophe oder Lösung. In den Zwischenacten macht der Schauspieldirector die Zuschauer mit dem Inhalte des folgenden Actes bekannt, was der Pantomime (dem Dumbshow) des altenglischen Theaters entspricht.

Nach Bazin lassen sich die Dramen der Chinesen unterscheiden als: Historische und als Familien- und Gerichtsdramen, als Charakter- und Intriguenstücke. Unter buddhistischem Einflusse entwickelte sich außerdem noch ein mythologisches und das sogenannte Toa-seedrama, doch giebt es auch buddhistische Charakterstücke, von denen: „Die im künftigen Leben zu bezahlende Schuld" als die beste der ganzen Gattung bezeichnet wird. Realistik der Handlung und der Charaktere ist im Wesentlichen der Grundzug des chinesischen Dramas geblieben. „In dem Bestreben, die gemeine Wirklichkeit nachzuahmen, wie sie leibt und lebt," (sagt J. L. Klein in seiner Geschichte des Dramas) „besteht überhaupt das Chinesenthum in der Kunst." Sie haben dasselbe in einzelnen Stücken bis zur Virtuosität ausgebildet. Doch fehlt es ihnen auch nicht an den Elementen zu einer wirklich ergreifenden Handlung. Zu diesen Stücken gehört „Das geheimnißvolle Kästchen", dem Voltaire das Motiv zu seinem „Orphelin de la Chine" entlehnte. Bedeutender noch in der Anlage ist: „Die kleine Waise aus dem Hause des Tbao". Als Musterdrama chinesischer Eigenthümlichkeit darf „Die Geschichte des Kreidezirkels" gelten. In ihm tritt die Vergeltungsmoral mit vollster Strenge hervor. Das Geschichtsdrama: „Der Tempel des Himmels" ist deshalb erwähnenswerth, weil es beweist, wie ähnliche Motive bei verschiedenen Völkern und Individuen ganz unabhängig von einander entstehen können. Man begegnet nämlich in ihm höchst auffälligen Anklängen an den Shakespeare'schen „Hamlet": der Geistererscheinung eines ermordeten Vaters, welcher seinen Sohn zur Rache auffordert, so wie der Verzögerung dieser Rache, wenn auch nicht, wie bei Shakespeare, herbeigeführt durch innere Motive, sondern nur durch die Verkettung äußerer Umstände.

Mit dem buddhistischen Element trat zwar ein Zug rührender Empfindsamkeit, ein Hang zur Phantastik in das chinesische Drama ein, der jedoch nur in seltenen Fällen zu einiger Entwicklung gelangte.

§ 3. Das Drama der Inder.

Die dramatische Dichtung der Inder steht in dem entschiedensten Gegensatze zu der der Chinesen. Herrschte in dieser der Verstand in gemüthloser Einseitigkeit, in phantasieloser Beschränktheit vor, so überwiegen dagegen in ihr Phantasie und Empfindung. Wie die ganze Dichtung, wie die ganze Cultur, das Staats- und das häusliche Leben der Inder, so ist auch ihr Drama von ihren religiösen Vorstellungen beherrscht und aus ihnen hervorgegangen. Es war aber entscheidend für Wesen und Gestalt dieses letzteren, daß dessen Entwicklung in eine Zeit fiel, als die ursprünglichen religiösen Vorstellungen dieses Volkes bereits eine Umgestaltung erfahren hatten, die für dessen ganze geistige Entwicklung verhängnißvoll werden sollte. Die Einheitslehre von Natur und Geist, wie sie den Gesängen der beiden ältesten (vielleicht im 14. Jahrh. v. Chr. entstandenen) „Vedas" zu Grunde liegt, hinderte den Inder noch nicht an einer freudigeren, heiteren Auffassung von Natur und Leben. Forderte sie doch dringend zur Verehrung einer unsichtbar waltenden Kraft auf. Die erste Wandlung in diesen Anschauungen wurde durch das noch zu den heiligen Büchern gerechnete „Gesetzbuch Menu's" bewirkt. Die brahmanische, eine Verneinung des Lebens lehrende Schulphilosophie hemmte fortan alle Weiterentwicklung der Cultur in einem Grade, der sich am besten aus der Thatsache ermessen läßt, daß dieses vielleicht höchstbegabte Volk der eigentlichen Geschichtschreibung entbehrt. Die brahmanische Philosophie wurzelt, im Gegensatze zu den Anschauungen der europäischen Völker, in der Emanationslehre. Die Weltschöpfung Brahmas involvirt einen Abfall von seinem ursprünglichen Wesen, das als ein rein geistiges aufgefaßt wird. Schon das Entstehen ist eine Schuld, daher auch das ganze natürliche Leben ein fortgesetzter Läuterungs- und Bußübungsproceß. Nach der brahmanischen Lehre ist die Welt nach ihrer Erschaffung sich ganz und gar selbst überlassen, jede göttliche Einwirkung auf sie völlig ausgeschlossen. Die That ist das Schicksal des Menschen, sein gegenwärtiger Zustand die Folge eines früheren Lebens. Was er leidet, leidet er nur, weil er es früher verschuldet hat, daher er sich auch durch Buße und sittliches Handeln einen bessern Zustand in einem folgenden Leben wieder zu erwirken vermag. Die Vorstellung der Seelenwanderung war hiermit gegeben.

Nur von Zeit zu Zeit sollte der Gott in der Gestalt des Wischnu zur Erde kommen, um die aufgelöste Ordnung daselbst wiederherzustellen. Diese Vorstellung benützte im 6. Jahrh. v. Chr. ein gewisser Gautama, indem er sich als ein solcher Befreier und Erlöser der Menschen, welchen er Buddha nannte, ankündigte. Obschon sich seine Lehren nicht wesentlich von den Dogmen der Brahmanen unterschieden, so bewirkten sie doch eine große Revolution in dem ganzen Leben der Nation. Nach ihm sollte es keinen persönlichen Gott, sondern nur eine Urkraft geben, welche sich ursprünglich im Zustande völliger Ruhe befand. Durch den Uebergang in den Zustand der Bewegung sei aus ihr die Welt erst entstanden. Welt und Natur erschienen demnach als in Thätigkeit übergegangene nach dem Zustande der Ruhe zurückstrebende Theile dieser göttlichen Urkraft. Dieser wird als das Ziel der Seelenwanderung bezeichnet. Doch sollte auch schon im thätigen Leben zuweilen ein Mensch den höchsten Grad möglicher Vollkommenheit erreichen und hierdurch zum Buddha werden können, zu einem Befreier, Erlöser, welcher den Menschen Gesetze giebt, die bis zum Erscheinen eines neuen Buddha Gültigkeit haben.

Es läßt sich aus dieser Skizze erkennen, daß die religiösen Anschauungen der Inder, wie verschieden auch immer von den Lehren und Anschauungen des Christenthums, doch manche Berührungspunkte mit demselben haben, woraus sich erklärt, daß der Einfluß, welchen diese Lehren hier und dort auf die Anschauung beider Völker ausübten, wohl im Ganzen zu sehr verschiedenen Ergebnissen hinführen, im Einzelnen dagegen Erscheinungen zeitigen mußten, welche durch ihre Aehnlichkeit überraschen. Denn, obgleich aus ganz anderen Quellen fließend und anders gefärbt, begegnen wir hier und dort einem ähnlichen Hange zur Weltabgezogenheit und zu mystischer Grübelei, einem ähnlichen innigen Versenken in die Betrachtung der Natur, einer ähnlichen religiösen Sehnsucht nach einem besseren Zustand in einem anderen Leben, derselben pietätvollen Auffassung der Ehe und der Familie, derselben Feinfühligkeit des Gewissens, dieses „Sehers im Herzen der Menschen", — Zügen, die sich in der indischen Dichtung in einer Weise spiegeln, die sie in einem ähnlichen Verhältnisse wie die Dichtung der christlichen Völker zu der classischen Dichtung der Griechen erscheinen läßt, welche im Gegensatze zu beiden, wie Friedrich Schlegel sehr richtig bemerkt, eine zwar große, aber fast künstlerisch fühllose Ruhe athmet und oft selbst noch da, wo man eine Aeußerung des tiefern Gefühls, eine Regung der Sittlichkeit oder selbst des Gewissens erwartet, ihren Gegenstand blos als eine Erscheinung des Lebens auffaßt und darstellt. Da aber bei den germanischen Völkern dieser Gegensatz um Vieles stärker ausgeprägt ist, als bei den romanischen, so scheint der Grund jener Uebereinstimmung nicht allein in dem Einflusse des Christenthums liegen zu können, sondern zugleich in einer stärker ausgeprägten Stammesverwandtschaft der ersteren mit dem Volke der Inder selbst.

Lange, ehe sich bei diesen die ersten dramatischen Anfänge zeigten, hatte sich die lyrische und epische Dichtung bei ihnen entwickelt und ausgebildet. Neben der hymnodischen Lyrik der Veden waren schon früh die großen epischen Dichtungen des „Mahabharata" und des „Ramajana" entstanden; jene die Kämpfe der alten Helden, Götter und Riesen, diese die Thaten des Wischnu, in seiner siebenten Incarnation, als Rama, verherrlichend. Aus ihnen bildeten sich episodische Dialoge heraus, die in den Pausen des Gottesdienstes, wahrscheinlich begleitet von Tanz und Gesang, vorgetragen wurden. Der indische Name des Dramas scheint auf das letztere hinzuweisen, da Nâtja auch einen mit Geberden und Worten verbundenen Tanz bezeichnet. Die Entstehung der dramatischen Kunst bei den Indern wird gewöhnlich ins 3. Jahrh. v. Chr. verlegt. Man schreibt sie dem Muni Bharata zu, dem sie Brahma selbst offenbart haben soll. Ihre ersten Spiele dürften wohl als Mysterienspiele zu bezeichnen sein, die sich allmählich zum Gottes- und Heldendrama ausbildeten. Ihm schloß sich das idyllische Königsdrama an, das seine Anregungen in dem berühmten Liebesidyll der „Gita Govinda" fand. Als gefeiertster Dichter dieser Gattung wird Kalidasa (2.—4. Jahrh. n. Chr.) genannt. Seine „Çakuntala" und „Urvasi" sind ausgezeichnet durch tiefe Innigkeit und naive Einfalt des Ausdrucks. An dramatischer Kraft scheint aber das heroische und bürgerliche Drama des Bhavabuti (um 720 n. Chr.) den Vorzug zu verdienen. „Wenn Kalidasa als Hofpoet dichtet", sagt Klein am angeg. Ort, „so schlägt in Bhavabhuti's Dramen („Mâlati und Mâshava" und den zwei Rama-Dramen) das buddhistische Volksherz."

Obschon dem Drama der Inder die wesentlichen Voraussetzungen zu seiner Entwicklung nicht fehlten, so wurde sie doch durch die ihnen eigenthümliche Auffassung von Tod und Leben gehemmt. Es kommt zu keiner rechten Verschmelzung der epischen und lyrischen Elemente darin, weder zu einer wahren Tragödie, noch zu einer wahren Komödie. Nach Seiten des Komischen konnten die Inder es nicht über Schwänke und Parodien hinausbringen und ihre ernsten Stücke haben ohne Unterschied einen guten Ausgang, ihre Helden leiden meist unschuldig. Dagegen zeigen sie oft eine hohe Kunst der Charakteristik und eine verständige Planführung. In der humoristischen Verbindung ernster und heiterer Elemente erinnern sie zuweilen an Shakespeare.

Die dramatischen Dichtungen der Inder zerfallen in zwei Hauptclassen: in die Rûpaka's und die Uparûpaka's, die sich hauptsächlich dadurch unterscheiden, daß die ersten auf die höheren, die anderen auf die niederen Stände berechnet sind. Jene sind in Sanskrit geschrieben, bei diesen herrscht das Prakrit vor. Beide umfassen aber wieder eine größere Zahl von Unterarten. Jedes Stück beginnt und endet mit einem Gebet. Ihm folgt eine lobpreisende Angabe des Autors und die Empfehlung des Stücks (Pûrva Ranga). Hieran reiht sich das Vorspiel (Prastâvana). Goethe wurde bekanntlich durch das der „Çakuntala" zu dem Vorspiele im „Faust" angeregt, das er erst später hinzudichtete. Wie das französische Drama, vermeidet das indische das Leerbleiben der Bühne; da es aber den Scenenwechsel gestattet, so bedient es sich zur Ueberleitung eines Erklärers, dem dabei meist eine dem Clown ähnliche Rolle zuertheilt ist. Im Hofdrama ist dem Helden und der Heldin eine Vertrauensperson beigegeben. Der Vita ist ein musikalischer Genosse des Helden. Vidûshaka aber heißt der lustige Rath, der jedoch nicht die Stellung eines Dieners, sondern die eines Freundes einnimmt. — Theater besaßen die Inder nicht, wohl aber hatten die Paläste besondere Spielsäle. Aus dem Vorspiele zu „Mâlati und Mâshava" scheint hervorzugehen, daß die indischen Vorstellungen wie die griechischen zeitig am Morgen begannen. In einem anderen ist das Wesen des Dramas folgendermaßen charakterisirt: „Es fordert gründliche Entwicklung der Leidenschaften, Hoheit des Charakters, edlen Ausdruck, eine überraschende Fabel und eine feingebildete Sprechweise". — Das konnte natürlich nur für die ernsten Stücke der Rûpaka gelten. In der dramatischen Sprache wechseln die rhythmisch behandelten Stellen mit Prosa ab, je nach dem Charakter des Sprechers, der Stimmung, der Gedanken und der Empfindungen.

Da die Leidenschaften aus einer bestimmten Grundstimmung entspringen, so wird auch auf sie ein großes Gewicht gelegt. Die indische Dramaturgie theilt dieselben in andauernde und vorübergehende ein. Die ersten unterscheidet sie als Stimmung a) des Verlangens, b) der Heiterkeit, c) der Trauer, d) des Muthes, e) der Furcht, f) der Voreingenommenheit, g) der Gleichgültigkeit, h) der Befremdung und i) als Verstimmung. Sympathie und

Antipathie, Furcht und Mitleid zu erregen, wird hierbei als Zweck der dramatischen Dichtung bezeichnet.

Erst im vorigen Jahrhundert sind die europäischen Völker mit der dramatischen Dichtung der Inder näher bekannt geworden. Gleich jenen indischen Regimentern, welche, unter englischer Anführung in Aegypten gelandet, betend vor den alten riesigen Denkmalen dieses Landes niederfielen, weil sie die Götter ihrer Heimath vor sich zu sehen glaubten, wurden die Gebildeten unter ihnen, besonders die der germanischen Völker, durch die Uebersetzung der „Çakuntala" von W. Jones von einem Gefühle bewundernden Staunens ergriffen, weil sie in der fie so märchenhaft fremdartig berührenden und doch zugleich so zauberisch anheimelnden Schönheit dieser Dichtung eigene Züge immer noch wiederzuerkennen vermeinten. Denn wie tief in dem Dunkel verklungener Zeiten die gemeinsamen Stammwurzeln auch versenkt liegen mögen, so lassen sich doch immer noch deutliche Merkmale einer tiefsinneren Verwandtschaft beider erkennen.

§ 4. Spuren dramatischer Dichtung bei den Aegyptern.

Ein eigentliches Drama haben die Aegypter wohl niemals besessen. Dagegen scheint es, als ob sich aus ihren religiösen Culten gewisse dramatische Formen entwickelt hätten, welche bei höherer Ausbildung Anspruch auf den Namen von Mysterien-Spielen erheben könnten. Nicht nur einzelne bildliche Darstellungen, sondern auch geschichtliche Ueberlieferungen weisen darauf hin, daß sie sowohl den Wechsel der Jahreszeiten, als auch die ihnen, gleichwie Kastenwesen und Priesterherrschaft, mit den Indern gemeinsame und von diesen wohl überlieferte Vorstellung von der Seelenwanderung, ihren Wandlungen und Läuterungen, in Scenen sinnlich veranschaulichten, in denen diese Erscheinungen als Leidensgeschichte von Göttern dargestellt wurden. So berichtet Herodot (II, 171) von einem, auf dem zunächst der Stadt Saïs gelegenen See, nächtlich gefeierten Feste, bei dem man die Leiden des Gottes Osiris darstellte. Darstellungen dieser Art, deren Diodor gleichfalls gedenkt, wurden ihm aber als ägyptische Mysterien bezeichnet.

Daß bei den Aegyptern Musik und Gesang zur Ausbildung kamen, geht aus verschiedenen Stellen der alten Schriftsteller hervor. Der Annahme, daß sie einen religiösen Charakter hatten, scheint aber durch eine Stelle Diodor's widersprochen zu werden, in welcher es heißt, daß die Aegypter sie als etwas sittlich Verwerfliches angesehen hätten. Da sie aber von diesem Schriftsteller an einem anderen Orte wieder als etwas den ägyptischen Göttern Wohlgefälliges bezeichnet werden, so kann dieser Widerspruch nur durch die Annahme zweier verschiedener Arten der Musik behoben werden, von denen die eine einen religiösen, die andere einen weltlichen und dabei sinnlich aufregenden Charakter hatte. Wahrscheinlich war die hieratische Musik nur von der Lyra begleitete Vocalmusik, wogegen die weltlichen Gesänge von den Tönen der Flöte begleitet waren. Wenigstens berichtet Herodot (II, 48), daß die phallischen Lieder, die die Aegypter bei ihren ländlichen Umzügen zur Feier des Osiris, des ägyptischen Dionysos, sangen, von den Tönen der Flöte begleitet wurden.

Diese Umzüge hatten den Charakter übermüthigster cynischer Spottlust. Die Weiber, die sich am Zuge betheiligten, waren mit Klappern versehen und verhöhnten die außenstehenden Frauen, zum Theil mit unanständigen Geberden. Wer möchte darin nicht das Vorbild des dorischen Komos erkennen, den man auch in der That hierauf zurückgeführt hat. Ueberhaupt sollen die orphischen und dionysischen Weihen ägyptischen Ursprungs sein. Der ägyptische Osiriscultus war die Quelle, aus welcher den Thraciern und Kretern die Elemente der Musik und der dramatischen Darstellungskunst zuflossen. Als nächster Vermittler wird gewöhnlich Orpheus genannt, dem auch die Stiftung der dionysischen Weihen mit zugeschrieben wird. Dies führt uns jedoch zu den Anfängen des griechischen Dramas.

Zweites Kapitel.
Das Drama der Griechen.
§ 5. Allgemeines.

Wenn die Griechen, wie wir in ihren alten Schriftstellern lesen, ihre Götter zum Theil wirklich von den Aegyptern empfangen hätten, so würden sie dieselben doch erst aus der starren und finsteren Gebundenheit, in der sie ihnen von diesen einzig überliefert worden sein konnten, erlöst und zu der lichten und erhabenen Schönheit, zu der Freiheit der Bewegung entbunden haben, in der sie uns in ihrer Kunst und Dichtung entgegentreten. Läßt die jüdisch-christliche Schöpfungsgeschichte Gott den Menschen nach seinem Bilde erschaffen, so war es bei den Griechen umgekehrt der Mensch, welcher nach seinem Bilde die Götter sich schuf: für ihn war der Mensch das Maß aller Dinge.

Man sagt, daß die Aegypter Cekrops (1582 v. Chr.) und Danaus (1511 v. Chr.) in Griechenland, jener in Attika, dieser in Argos, einwanderten und den Bewohnern dieser Länder die Elemente einer höheren Cultur überlieferten. Später (um 1400 v. Chr.) soll Orpheus die Mysterien der ägyptischen Todes- und Unsterblichkeitsculte in Thracien eingeführt haben. Thracischen Priesterbarden (Orpheus und Melampus) wird die Stiftung der griechischen Geheimweihen, insbesondere der eleusinischen, zugeschrieben.

Der Grieche verehrte seine Götter als die Symbole bestimmter Natur- und Culturkräfte. Der mythenbildende Volksgeist brachte sie in ähnliche Beziehungen und Verhältnisse zu einander, als die waren, welche er im Leben der Menschen zu beobachten hatte, indem er ihnen eine symbolische Bedeutung gab. Er beruhigte sich hierbei aber nicht, sondern bemächtigte sich noch der hervortretenderen Erscheinungen des historischen Lebens, so lange diese ausschließlich in den Ueberlieferungen der Sage lebten. Indem er die Schicksale der Heldengeschlechter in unmittelbare Verbindung mit dem Walten der Götter brachte, wuchsen sie ihm aber über das gewöhnliche Maß des Menschlichen hinaus.

In aller Sagen- und Mythenbildung offenbart sich ein poetisches Moment. Zur eigentlichen Dichtung aber wird es erst dann, wenn es in der Sprachbildung eine feste, künstlerische Form und Gestalt gewinnt. Dies geschah bei den Griechen sehr früh in den lyrischen Gesängen priesterlicher Barden, die sich allmählich zum Hymnengesange ausbildeten. Aus diesem, in seiner Verbindung mit Tanz und Orcheſtik, entwickelte sich die epische Dichtung, der Heldengesang, der selbst wieder befruchtend auf die lyrische zurückwirkte. Es entstand die Elegiendichtung.

Hiermit waren nun alle Vorbedingungen zur Entwicklung einer dramatischen Dichtung gegeben. Gleich der lyrischen und epischen ging auch noch diese aus den religiösen Culten hervor. Es sind zwei dieser Culten, die hier in Betracht kommen, der des Apollo und der des Dionysos. Jener hatte sich bei den Dorern, dieser bei den Joniern ausgebildet. Aus den einfachen mimetischen Tanzgesängen, mit denen man die diesen Göttern geweihten Feſte und Umzüge feierte, entwickelte sich dort der apollinische, hier der bakchische Chorgesang: der Päan und der Dithyrambos. Aus der Vereinigung beider ging das griechische Drama hervor. Von den vier Stämmen der Griechen, Dorern, Joniern, Aeolern und Achaiern, von denen ein jeder seine Stammeseigenthümlichkeiten hatte und seine eigenthümlichen Culturformen entwickelte, trug hierzu auch der dritte, die Aeoler, noch bei.

Der Päan reicht bis in das mythische Alter zurück. Schon bei Homer ist von Instrumental- und Tanzbegleitung desselben die Rede. Ein mimisches Element aber wurde ihm erst durch den Kreter Taletes in dem Hyporchem (Tanzliede) zugeführt. Es war dionysischen Ursprungs. Mit ihm kam auch die Flöte in den apollinischen Chor, der bisher nur von der Laute begleitet worden war. Ein weiterer Fortschritt zum tragischen Chor wurde urch Stesichoros (um 612) dadurch bewirkt, daß er den ewischen Sagenkreis mit zum Stoffe der Chorlyrik machte. Ingleich entscheidender war, daß Arion von Methymna (dem Hauptsitze des lesbischen Dionysoscultus) die strophische Form auf den Dithyrambos übertrug. Er stellte den Chor zuerst im Kreise um den Altar auf. Simonides aus Keos und Pinbaros aus Theben gaben ihm aber die dreitheilige Form (Strophe, Antistrophe, Epode).

Der Dithyrambos ist fast eben so alt, wie der Dionysoscultus. Arion gab ihm nicht nur die cyklische Form, er verband ihn nicht nur mit den Formen des dorischen Chorgesangs, er erweiterte auch seinen Inhalt. Bis dahin scheint man bei den dem Dionysos geweihten ländlichen Festen diesen nur als Weingott mit ausgelassenstem Frohsinn gefeiert zu haben. Arion wendete aber nun die dorischen Gesangsformen auch auf Gesänge an, welche den symbolischen Tod des Dionysos-Zagreus behandelten (die Zerreißung desselben durch die Titanen). Man hatte wohl schon immer diese Chöre tragische genannt. Vielleicht weil sie bei dem festlichen Opfer des Bockes gesungen wurden (Tragödia, Bocksgesang). Jetzt erhielt diese Benennung noch ihre besondere Bedeutung. Der tragische Chor wurde nicht mehr, wie der alte dithyrambische, in Satyrmasken gesungen, sondern nach dorischer Weise als Männerchor. Obschon Arion jenen zunächst dem Landvolke überließ, glaubte er später doch einen Ersatz dafür finden zu sollen und fügte seinem dorischen Männerchor einen äolisch-jonischen Satyrchor an, den er jedoch nur sprechen ließ (aber in Versen), was zu einem Wechsel von Gesang und Rede führte. Vielleicht lag hier schon der Keim zu dem späteren Satyrspiel. Gewiß aber entwickelte sich hieraus, wie aus dem antistrophischen Gegensatze die Streitrede des attischen Dramas. Der Arion'sche Chor behielt aber noch immer den rein erzählenden Charakter. Ueberhaupt konnte sich die dramatische Form nicht blos aus jenem Gegensatze des Chors entwickeln, es bedurfte dazu noch eines anderen äußeren, besonders aber auch noch eines inneren Gegensatzes. Der äußere bildete sich dadurch heraus, daß der Chorführer sich seinem Chor gegenüberstellte, der innere, indem dieser Gegensatz sich zum dialektischen Widerspruch, zum Conflicte entwickelte. Dies vollzog Thespis aus Ikaria in Attica fünfzig Jahre nach Arion.

§ 6. Die griechische Tragödie.

Thespis war der Erfinder des Schauspielers und der Bühne. Der Schauspieler war er, als Chorführer, selbst; zur Bühne nahm er den Opfertisch (die Thymele), um den der Chor aufgestellt war. Er gab diesem die zum Viereck geordnete Stellung. Ihm wird die Theilung der Handlung in Prolog und Dialog, so wie die Anwendung des jambischen Trimeters zugeschrieben, den Archilochos von Paros erfunden haben soll. Von seinen Dramen ist nichts mehr übrig, als folgende Namen: „Die Priester", „Die Kampfspiele des Peleus", „Die Jünglinge", „Pentheus". Man sagt, daß Thespis drei verschiedene Charaktere in seiner Person vereinigte, die er durch drei verschiedene Masken individualisirte. Den Satyrchor schied er aus. Pratinas gab demselben zuerst eine selbständige dramatische Form. Ist es nicht möglich, daß sich aus den drei Masken des Thespis die trilogische Form entwickelt habe, welche man später (im Satyrspiel) wieder mit dem ausgestoßenen Satyrchor in ein bestimmtes Verhältniß brachte? Vielleicht, daß sich dies schon zu Thespis' Zeiten vollzog, wie ja damals dramatische Kämpfe schon stattfanden.

Auf Thespis folgte Chörilos, den man als König im Satyrspiel preist. Man schreibt ihm die Einführung der Masken und Theatercostüme, so wie mehr als 150 Stücke zu, mit denen er 13 Mal siegte. Wichtiger noch ist Phrynichos aus Athen. Er führte wahrscheinlich die Frauencharaktere im Drama ein und soll auch die Frauenmasken erfunden haben. Bei ihm scheint der Chor noch immer der Held und Hauptträger des Dramas gewesen zu sein. Er wird von Suidas als Erfinder der tragischen Tetralogie bezeichnet. Wenn ihm die Erfindung des zweiten Schauspielers auch noch nicht zukommt, so wurde sie doch jedenfalls schon von ihm angewendet. Er war sowohl Zeitgenosse von Thespis, wie von Aeschylos. „Die Phönissen", das letzte Stück des Dichters, mit dem Themistokles als Chorag ein Jahr nach der Schlacht bei Salamis siegte, war auf zwei Schauspieler berechnet. Er war wohl auch der erste, welcher den Stoff des Dramas der Zeitgeschichte zu entlehnen wagte. Dies geschah in der „Einnahme von Milet". Der Erfolg war ein überwältigender, gleichwohl wurde der Dichter von der Bühne verjagt, weil er das Volk an ein so naheliegendes nationales Unglück erinnert hatte.

In Aeschylos und Sophokles erreichte die dramatische Kunst der Griechen ihre Blüthe. In Euripides ist nur noch ein Fortschritt im Einzelnen, im Ganzen aber schon ein Sinken bemerkbar. Es hängt dies mit der Entwickelung des nationalen Geistes, mit dem sittlichen Zustande des Volkes zusammen. Nur von diesen drei tragischen Dichtern sind uns eine genügende Zahl von Stücken geblieben, um uns sowohl von ihnen, wie von der griechischen Tragödie überhaupt einen, wenn auch gewiß noch nicht erschöpfenden, so doch zureichenden Begriff aus eigner Anschauung bilden zu können. Obschon durch größere Zeiträume in ihren Geburtsjahren getrennt, waren sie doch noch Zeitgenossen von einander und Sophokles stritt mehr als einmal mit jedem der beiden Anderen um den Siegeskranz. Als Jüngling von sechszehn Jahren wurde er wegen seiner Schönheit dazu erkoren, dem Chor der Jünglinge auf der Leier spielend vorzutanzen, welche nach der Schlacht bei Salamis um die aufgerichteten Trophäen den Päan sangen. Aeschylos hatte eben so wie in der Schlacht bei Marathon und Artemisium, auch in dieser Schlacht mit gekämpft. Euripides wurde am Tage derselben geboren.

Aeschylos, 525 v. Chr. in Eleusis geboren, wo sein Vater bei den Eleusinischen Mysterien einem Amte vorstand, trat in seinem 25. Jahre zum ersten Male in den dramatischen Kampfspielen auf. 484 errang er den ersten tragischen Sieg. 467 kämpfte er das erste Mal mit Sophokles, der ihm den Preis entriß. Er selbst errang 13 Siege. 112 Tragödien, in 28 Tetralogien zerfallend, werden ihm zugeschrieben. Auch noch seine letzte Trilogie, die „Oresteis", wurde gekrönt. Die letzten Jahre seines Lebens brachte er in Sicilien zu und starb 456 zu Gela, der Sage nach durch eine Schildkröte, die ihm ein Adler auf's Haupt fallen ließ. — Sieben seiner Tragödien sind uns überliefert worden: „Die Perser", „Prometheus", „Die Schutzflehenden", „Die Sieben vor Theben", „Agamemnon", „Die Grabspenderinnen", „Die Eumeniden". Die drei letzten bilden eine Trilogie. Tiefe Religiosität, glühende Vaterlandsliebe und ein starkes Freiheits-

Zweites Kapitel. Das Drama der Griechen.

gefühl sind die Quellen seiner dichterischen Begeisterung. Gegen sie tritt bei ihm die künstlerische Reflexion noch zurück. Der Hauptcharakterzug seiner Dichtung ist kühne Erhabenheit und strenge einfache Größe. Diese Strenge wird aber niemals zur Schroffheit, weil sie gemildert ist durch das Ebenmaß und die edle Harmonie der Verhältnisse. Das Furchtbare verirrt sich bei ihm nie bis zum Gräßlichen. Er stellt das sinnliche Leiden nur dar, um die geistige Größe des Menschen erscheinen zu lassen. Schon bei Sophokles ist das nicht immer in gleichem Maße der Fall. Einen Zug, wie jener entsetzliche, an den die Mutter ermordenden Orestes gerichtete Zuruf Elektra's: „Triff noch einmal, wenn du kannst!", würden wir bei Aeschylos vergeblich suchen. Einem so starken Begriffe von einem dem Menschen unentrinnbar vorausbestimmten Schicksale, wie er uns in dem Sophokleischen „Oedipus" entgegentritt, begegnen wir bei Aeschylos nie. Auch wird der Vergleich von des Letzteren „Leidendem Prometheus" mit ähnlichen Zuständen in des Ersteren „Ajax" oder „Herakles" den älteren Dichter im Vortheil erscheinen lassen. Zwei Momente, welche die ganze griechische Tragödie charakterisiren, treten in Aeschylos um vieles bestimmter und reiner als in seinen Nachfolgern hervor. Der plastische Charakter, welcher ihr eigen, und die Bedeutung des Chors, aus dem sie hervorging. Das erste hängt mit der großen Einfachheit, welche bei ihm die Handlung noch hat, und mit einem gewissen Mangel an dramatischer Entwickelung ihrer Motive und Charaktere zusammen, welcher bei ihm nicht selten einen Stillstand der Handlung bedingt. Selbst schon beim Lesen machen uns einzelne seiner Gestalten nur den Eindruck bewegter Statuen. Das scheint freilich in Widerspruch zu stehen mit der ungleich größeren Beweglichkeit, welche zuweilen der Chor bei ihm hat, mit der ungleich größern Bedeutung, welche er diesem gegeben. In den „Schutzflehenden" ist er noch Hauptperson; in den „Eumeniden" ist ihm die Stellung des Gegenspielers zugefallen. In den „Sieben vor Theben" erscheint er, wenn auch in untergeordneter Weise, an der Handlung noch immer betheiligt. Wir freilich, die wir die Stücke der Alten mit einer malerisch gestimmten Phantasie

2*

lesen, dürften sogar öfters in seiner Behandlung des Chors ein
malerisches Element zu erkennen vermeinen. Doch auch noch in
den bewegtesten Scenen werden wir uns die Wirkung auf der
Bühne der Alten als eine überwiegend plastische zu denken haben.
Es ist immer nur die der bewegten plastischen Gruppe. Die
größere dramatische Bedeutung des Aeschyleischen Chors läßt
darauf schließen, daß auch dem musikalischen Theile der Darstellung bei ihm eine tiefere Bedeutung, als bei den späteren
Tragikern, gegeben war; obwohl, worauf die kunstvolle metrische
Behandlung der Chöre schon hinweist, die Musik sich sowohl
dem Gedanken, wie dem Rhythmus der Dichtung überall anzuschließen und unterzuordnen gehabt haben wird. In Bezug auf
dramatische Entwickelung mag Aeschylos vielfach hinter seinen
Nachfolgern zurückstehen, in der Kühnheit und Genialität der
Conception des Ganzen, in der phantasievollen Großartigkeit der
scenischen Anordnung ist er von keinem übertroffen, wohl auch
nicht erreicht worden. In seinem „Prometheus" tritt Beides
vielleicht am auffälligsten entgegen. In den „Schutzflehenden"
ist das mimetische Element zu bedeutendstem Ausdruck gekommen.
Beide Stücke sind von einem hohen Freiheits- und Selbstgefühle
beseelt, das sich in dem ersten zu erhabenem Trotze aufbäumt.
Aus den „Sieben vor Theben" weht uns ein kriegerischer, von
Vaterlandsliebe durchglühter Geist entgegen, so daß man sagen
konnte, daß diese Tragödie ihm von Ares selbst eingegeben worden
sei. In den „Persern" finden wir ein Beispiel von seiner Behandlung eines der zeitgenössischen Geschichte angehörigen Stoffes.
Es ist lehrreich zu sehen, wie ihn der Dichter, da er ihn nicht in
der zeitlichen Ferne darstellen konnte, wenigstens in die räumliche Ferne gerückt hat, wodurch es ihm möglich wurde, die
Begebenheiten in ihrer epischen Breite, zugleich aber auch nur in
überwiegend lyrisch-epischer Form zur Anschauung zu bringen.
Wichtiger ist, daß er, indem er die Thaten seines Volkes verherr-
licht, zugleich das Mitgefühl für den Besiegten in edelster Weise
in Anspruch nimmt, ja, in den Vordergrund rückt. Die drei
übrigen Dramen („Agamemnon", „Die Grabspenderinnen" und
die „Eumeniden") bilden, wie schon gesagt, eine Trilogie, in

der wir wahrscheinlich das einzige, aber auch eines der schönsten Beispiele, besitzen. Nie, so weit wir es beurtheilen können, ist das Furchtbare wieder gleich gewaltig und maßvoll, wie in den „Eumeniden", behandelt, nie der Chor zu einer so bedeutenden dramatischen Wirkung wieder gebracht worden. Dieses Stück überglänzt Alles, was wir vom Theater der Alten kennen, an phantasievoller scenischer Pracht, und nebenbei hat der Dichter darin seiner Vaterstadt und seiner Vaterlandsliebe ein unvergängliches Denkmal gesetzt. Wie groß Aeschylos aber auch im Einzelnen erscheinen mag, das Größte an ihm ist die Einheit der geistigen Totalität. Selbst Sophokles, obschon er in mancher Beziehung ihn überragt und Vieles erst zur Vollendung brachte, was Aeschylos nur erstrebte, erreichte ihn hierin nicht ganz.

Sophokles wurde 496 zu Kolonos geboren. Sein Vater, ein reichbegüterter Messerschmied, ließ ihm eine sorgfältige Erziehung ertheilen. Im 25. Jahre begann er seine dramatische Laufbahn und errang 20 Mal in den Wettkämpfen den Sieg. Er soll an 130 Dramen geschrieben haben, was ihn aber nicht hinderte, sich, wie Aeschylos, an den öffentlichen Angelegenheiten zu betheiligen. Im samischen Kriege wird er als Feldherr genannt. An Geist und Körper von der Natur in ungewöhnlicher Weise bevorzugt, ermangelte er nur eines kräftigen Organs, einer volltönenden Stimme; daher er die bisher von den Dichtern festgehaltene Sitte brechen mußte, sein eigner Schauspieler zu sein. Die Trennung der Dichtkunst und Schauspielkunst vollzog sich also durch ihn. Ihm wird auch die Aufhebung der Tetralogie zugeschrieben. Aus den Didaskalien ist von ihm kein Beispiel einer solchen bekannt. Die beiden „Oedipus", die man mit der „Antigone" als Trilogie aufzufassen pflegt, sind wenigstens zu verschiedenen Zeiten und in einer anderen Reihenfolge („Antigone", „König Oedipus" und „Oedipus in Kolonos") entstanden. Er schränkte den Chor in seinem Verhältnisse zum Dialoge ein und gab ihm meist nur diejenige Stellung, in welcher er, wie A. W. Schlegel dies richtig bezeichnet hat, die Rolle eines idealen Zuschauers spielt. Das führte zu einer ungleich reicheren Entwickelung von Charakteren und Handlung. Die Motivirung, die innere Verknüpfung, wurde tiefer und mannigfaltiger. Durch Einführung eines dritten Schauspielers gewann er die Mittel zu einer reicheren, kunstvolleren Entwicklung der Gegensätze und dramatischen Conflicte. In der allmählich spannenden Vorbereitung der Peripetie überflügelte er Aeschylos weit. Man hat Sophokles den frommen, heiligen Dichter genannt, und gewiß schuf er, gleich Aeschylos, aus der Fülle religiöser Begeisterung. Der Grundzug seines Wesens aber war ein hohes Schönheitsgefühl, das sich überwiegend nach der Seite des Anmuthigen neigte, und ein künstlerisch gestimmter Geist. Daß bei seinem Schaffen die künstlerische Reflexion zuweilen die dichterische Begeisterung überwog, dürfte die Ursache sein, daß wir in einzelnen seiner Werke einem inneren Widerspruche begegnen, daß einzelne seiner Werke in einem solchen zu einander stehen. Der Gegensatz eines mit starker Nothwendigkeit waltenden Schicksals und der Freiheit des menschlichen Wollens bleibt bei ihm nicht selten (wie z. B. im „König Oedipus") als ungelöster und unauflöslicher Widerspruch stehen. Der Gegensatz, der hierin zwischen dem ebengenannten Stücke und „Philoktet" zu beobachten ist, dürfte aber erkennen lassen, daß dieser Dichter seine Weltanschauung zuweilen seinen künstlerischen Absichten unterwarf. Wir begegnen ferner in einzelnen Charakteren einer rührenden Innigkeit und Zartheit des Ausdrucks, die mit der Schroffheit und Härte anderer Züge derselben fast verletzend contrastiren. Ueberall verfolgt der Dichter aber nur künstlerische Absichten. Die volle reine Weihe der Kunst ist über all seine Werke verbreitet. Auch von ihnen sind uns nur sieben erhalten: „König Oedipus", „Oedipus in Kolonos", „Antigone", „Ajax", „Elektra", „Die Trachinierinnen" und „Philoktet". Im „König Oedipus" dürfte, was kunstreiche Verknüpfung betrifft, wohl das Höchste erreicht sein, was das griechische Drama geleistet hat. In Bezug auf die Art, wie hier die Voraussetzung selbst wieder zum Hebel einer spannenden Handlung gemacht ist, wie sich an jener diese entwickelt, ist diese Tragödie ein niemals wieder erreichtes Meisterwerk, wennschon der Dichter der Naturwahrheit, ja der bloßen Wahrscheinlichkeit im Interesse der

Zweites Kapitel. Das Drama der Griechen.

dramatischen Wirkung zuweilen Gewalt angethan zu haben scheint. „Oedipus in Kolonos" stellt eine ähnliche Situation dar, wie „Der gefesselte Prometheus" des Aeschylos, insofern der leidende Held hier und dort fest an seinen Standort gebannt bleibt. Auch hier ist die Kunst bewundernswerth, mit welcher der Dichter das theils hülflose, theils eigenwillige Verharren des Greises zum Mittelpunkte der dramatischen Bewegung gemacht hat. „Antigone" ist immer als die Krone der tragischen Dichtung der Alten betrachtet worden. Auch gehört sie unstreitig zu den schönsten Werken derselben. Das weibliche Ideal erscheint mir jedoch noch milder und rührender in der Antigone des „Oedipus in Kolonos", als hier, wo die Pietät für den Todten nicht recht im Einklange steht mit ihrem Verhalten zu den Lebenden und mit ihren eignen gefeierten Worten:

Nicht mitzuhassen, mitzulieben bin ich da.

Im „Ajax" steht die Entwicklung der Handlung nicht ganz auf gleicher Höhe. Verwundetes Ehrgefühl ist hier die Quelle des tragischen Conflictes, in dem der Held gewissermaßen zugleich selbst noch sein Gegenspieler ist. Die Entwicklung dieses Pathos ist aber mit Recht zu allen Zeiten sehr hoch gestellt worden. In Rücksicht auf Charakteristik dürfte der „Philoktet" des Dichters vielleicht das bedeutendste und vollendetste Werk der griechischen Bühne sein. Obschon erst im fünfundachtzigsten Jahre von ihm geschrieben, athmet es noch die vollste geistige Frische und Freiheit.

Wenn die tragische Kunst der Griechen im Ganzen mit Sophokles ihren Gipfel erreichte, um in Euripides einem raschen Sinken entgegenzugehen, so finden wir doch einzelne Seiten derselben durch diesen noch zu neuer und glänzender Entwicklung gebracht. Obschon zunächst zum Athleten ausgebildet, widmete er sich doch später der Malerei und studirte Philosophie. Er trug aus ihr ein Moment sophistischer Speculation in seine Dichtung hinein, das ihr gefährlich werden mußte. Auch war er der erste dramatische Dichter, der sich den öffentlichen Angelegenheiten entzog und nur der Dichtung lebte. In trüber Lebensauffassung entfremdete er sich dem Verkehr und der Gesellschaft. Häusliches Unglück, so wie die fortgesetzten Angriffe der Komiker trugen hierzu mit bei, obschon seine Dichtung von anderer Seite den lebhaftesten Beifall errang. Mit seiner ersten Trilogie, den „Peliaden", trat er in seinem fünfundzwanzigsten Jahre auf. Vierzehn Jahr später erkämpfte er sich den ersten Preis. Seine letzten Jahre verlebte er am Hofe des Königs Archelaos von Macedonien, bei dem er die „Bakchen" und sein letztes Stück, den „Archelaos", schrieb. 406 soll er der Sage nach an den Bissen von Jagdhunden gestorben sein. Achtundsiebzig Stücke werden ihm zugeschrieben, mit denen er vier Siege errang. Neunzehn Stücke sind von ihm noch erhalten, doch werden ihm einige davon abgesprochen. Sie sind schon deshalb von großem Werthe für uns, weil sie noch mehr, als die Tragödien des Aeschylos und des Sophokles, auf das Drama der Neueren eingewirkt haben. Auch sind uns darin Beispiele von einigen Gattungen erhalten, die wir sonst aus unmittelbarer Anschauung nicht kennen würden. Nichts muß uns an diesen Stücken so auffallen, als die außerordentliche Ungleichheit ihres Werths, die Verschiedenheit ihres Stils und Charakters. Euripides besaß nicht die künstlerische Einheit und Totalität, nicht die reine Erhabenheit, das keusche Schönheitsgefühl seiner Vorgänger. Er war ein Kind seiner Zeit und die Zeit war eine andere geworden. Der Nationalgeist, die Sitten waren im raschen Sinken begriffen. Er hatte nicht die Kraft seinem Publicum eine andere Richtung zu geben, er fühlte sich vielmehr selbst von ihm fortgerissen. Er strebte nach dem Beifalle desselben. Ihm war es vor Allem um Wirkungen und mit allen Mitteln zu thun. Dies mußte ihn nothwendig zu Uebertreibungen und zu Verirrungen führen, zu gesuchten und auf die Spitze getriebenen Conflicten, zu psychologisch-pathologischen Problemen, zur Darstellung von Leidenschaften, die in der Sinnlichkeit wurzelten, bis zu den Extremen des Gräßlichen und des Rührseligen hin. Man hat ihn den Erfinder des Theatercoups, des Bühneneffectes genannt. Doch andererseits war er ein Mann von Geist, von großer dichterischer Begabung und feiner Lebensbeobachtung. Seine Stärke beruht in der Individualisirung der Charaktere, in der spannenden Verwicklung der Intrigue, in der Concentration der dramatischen Wirkungen (weshalb ihn wohl auch Aristoteles, natürlich mit Einschränkung, den tragischsten der Dichter genannt haben mag). Sein Vortrag, der sich der Sprache des Umgangs näherte, ersetzt das, was ihm an Würde und Erhabenheit fehlt, durch glänzende Rhetorik, geistreiche Eleganz und reizvolles Colorit. Er überrascht dabei bisweilen durch rührende Naivetät und seelenvolle Innigkeit des Ausdrucks. Er hat Töne angeschlagen, die man bis dahin noch nicht gehört hatte. — Der Chor hat bei ihm meistens nur die Bedeutung eines lyrisch-musikalischen Zwischenspiels. Nur im „Rasenden Herakles" erscheint er an der Handlung selbst mit betheiligt. Von den uns hinterbliebenen Stücken erscheint „Jon" als das bedeutendste, die Handlung ist spannend entwickelt, der Charakter des Jon von großer Lieblichkeit, die Wiedererkennung von erschütternder Gewalt. Auch in „Iphigenia auf Aulis" ist die Wiedererkennung von bedeutender Wirkung. „Phädra" und „Medea" sind berühmt durch die Kunst, mit welcher der Dichter die Verirrungen eines krankhaften, von unheimlicher Leidenschaft verzehrten Herzens zu schildern verstand. Von besonderem Interesse sind außerdem noch „Die Bakchen", „Alcestis" und „Der Kyklop", die ich jedoch an anderer Stelle zu berühren habe.

Schon die verhältnißmäßig geringe Zahl der Siege, welche die drei tragischen, uns durch ihre Werke bekannten Dichter errangen, läßt darauf schließen, daß mit und neben ihnen noch manche andere um den Siegeskranz stritten. Die Zahl und Fruchtbarkeit derselben ist eine ganz außerordentliche. Unter ihnen werden Jon von Chios 452—419 und Achäos von Eretria geb. 484 besonders hervorgehoben. Die Nachkommen des Aeschylos bildeten eine ganze Kunstschule. Von ihnen siegte Philokles sein Neffe über den „König Oedipus" des Sophokles. Sein Enkel Astydamas aber errang fünfzehn Siege. Die Athener errichteten ihm eine Bildsäule von Erz und Aristoteles hält seinen „Alkmäon" für würdig, dem „König Oedipus" zur Seite gestellt zu werden. Karkinos bildete den älteren Stil weiter aus. Auch Agathon erlangte große Berühmtheit. Seine Tragödie: „Die Blume" ist das erste uns bekannte Beispiel eines freierfundenen tragischen Stoffs.

Von dem dem Euripides folgenden Zeitraum wissen wir wenig, obschon er über 120 tragische Dichter mit ungefähr 2000 Tragödien hervorgebracht haben soll. Die dramatische Kunst war an die Höfe gekommen und die Pracht der Ausstattung mußte den Verfall der Dichtung verdecken. Die Fürsten begannen auch selber zu dichten. So dichtete der Tragiker Antiphon mit dem älteren Dionysos, mußte aber diese Ehre mit seinem Leben bezahlen. — Zu Alexanders Zeiten waren die angesehensten Theater zu Korinth, Mantinäa, Epidaurus, Thasos und Tegea. Zu dieser Zeit entwickelte sich die Schauspielkunst zu höchster Blüthe. Ihr ist es hauptsächlich zu danken, wenn Aeschylos und Sophokles jetzt noch lebendig aufgefaßt werden konnten. Sie hielt immer noch fest am plastischen Ideal; doch wirft Klein die Frage auf, ob nicht vielleicht das plastische Ideal schon ein theatralisches Pathos in sich aufgenommen oder die Schauspielkunst sich nicht mehr als billig ins Plastische verirrt und von der Dichtung emancipirt haben könnte? Besondere Berühmtheit erlangten Theodoros, Polos, Archias, Satyros. Nach Alexanders Tode suchten sich die Machthaber, die sich in seine Reiche getheilt hatten, an Glanz der Theater zu übertreffen. Die Höfe von Antiochia und Alexandria thaten es hierin allen anderen zuvor. Besonders der letztere war von den Ptolomäern zu einem Mittelpunkte für Kunst und Wissenschaft gemacht worden. Die von hier ausgehenden künstlerischen Bestrebungen konnten es aber nur zu einer künstlichen Nachblüthe bringen. Der akademische Geist wird den frischen Quell der Begeisterung niemals ersetzen können. Wie so manchen anderen Ballast schleppt die Literaturgeschichte auch die Namen des sogen. tragischen Siebengestirns mit sich fort, das die alexandrinische Gelehrtenzunft freilich zu einer mächtigen Bedeutung aufgebläht hatte. Es blühte unter Ptolemäos Philadelphos. Das einzige uns von ihm überlieferte Stück ist die „Alexandra" des Lykophron.

Noch bis ins 4. Jahrh. n. Chr. lassen sich Spuren dieser ganz von rhetorischem Geiste bestimmten Dramatik verfolgen. Ihren Abschluß erhielt sie in dem Cento-Drama: „Der leidende Christus", welches dem heiligen Gregor von Nazianz zugeschrieben worden ist. Es ist vollständig erhalten, aus sieben Euripideischen Trauerspielen zur Verherrlichung Christi zusammengestoppelt und kann als das älteste christliche Mysterienspiel gelten.

§ 7. Die Tetralogie und das Satyrspiel.

Die Ausscheidung des satyrischen Chors aus dem tragischen Chor des Stesichorus durch Arion, gab Pratinas Veranlassung, denselben zu einer selbständigen dramatischen Form, zum Satyrspiel, auszubilden. Die Dichtung von Trilogien, d. i. von drei mit einander zusammenhängenden und ein Ganzes bildenden Tragödien, zeigt sich schon früh und hat sich, wie ich bereits andeutete, möglicherweise aus den drei Masken des Thespis entwickelt. Wahrscheinlich wurde dann auch bald das Satyrspiel damit in Verbindung gebracht und zwar aus demselben Bedürfnisse, aus dem Arion seinem tragischen Chor einen neuen Satyrchor zu- und eingefügt hatte. Durch diese Verbindung entstand die Tetralogie. Mit Tetralogien wurde wohl nur an bestimmten Festtagen gekämpft. Es fragt sich jedoch, ob dann nur mit Tetralogien oder auch mit vier einzelnen Stücken? Schon zu Sophokles' Zeiten scheint das letztere der Fall gewesen zu sein. Es sind so wenig Nachrichten über das Verhältniß auf uns gekommen, in dem die vier Stücke einer Tetralogie zu einander standen, und über den Begriff, den man mit diesem Namen und dem des Satyrspiels verband, daß sich mit Sicherheit fast nichts darüber aussagen läßt. Das Wahrscheinlichste ist, daß die drei Tragödien einer Tetralogie ursprünglich, wenn nicht in einem äußeren, so doch in einem inneren Zusammenhange standen. Die „Oresteis" des Aeschylos bietet ein Beispiel von der ersten Art. Besonders schön und gewiß mit der trilogischen Form zusammenhängend ist hier im zweiten Stücke der Zug, daß Orestes unmittelbar nach dem Morde der Mutter sich schon von finsteren Vorstellungen des Gewissens geängstet zeigt. Der zweiten Art aber scheint, nach den Angaben Welckers, die Persertrilogie desselben Dichters angehört zu haben.

Was das Satyrspiel betrifft, so wird es ursprünglich wohl ebenfalls in einer bestimmteren Beziehung zu der Trilogie gestanden haben, mit der es die tetralogische Form bildete. Bald aber hat wohl der bloße Gegensatz beider hierzu schon ausgereicht, da wir Tetralogien begegnen, in denen das Satyrspiel von einem anderen Dichter ist, als die Trilogie. Später scheint das Satyrspiel auch noch durch andere Stücke von ähnlichem Charakter ersetzt worden zu sein. So finden wir in der Alkestistetralogie des Euripides die „Alkestis" als viertes Stück bezeichnet. Es nahm also dort die Stelle des Satyrspiels ein. Außer der „Alkestis" ist uns aber auch noch ein wirkliches Satyrspiel dieses Dichters erhalten geblieben: „Der Kyklop". Es würde voreilig sein, von ihm auf die ganze Gattung zu schließen, doch enthält es noch eines ihrer ursprünglichsten Merkmale: den Satyrchor. Dieser, als Symbol der ländlichen Natur, ist wohl der ursprüngliche derb naive Held desselben gewesen. Der schlüpfrige Tanz: Sikinnis spielte dabei eine hervortretende Rolle. Das Satyrspiel stand wahrscheinlich zwischen dem erhabenen Ernste der Tragödie und dem spottenden Uebermuthe der alten Komödie mitten inne. Indem es Begebenheiten der Götter- und Heroenwelt in eine heiter satirische Beleuchtung rückte, mußte es ernste und heitere Begebenheiten in einer Weise verbinden, daß daraus eine Mischung entstand, die man am treffendsten als tragikomische bezeichnen dürfte. Diese Mischung konnte eine sehr verschiedene sein, genug, wenn der satirische Grundcharakter darin festgehalten wurde. Man konnte in dem Maße, als man auch hier den Chor zurücktreten ließ, da wo er dem Gegenstand nicht mehr entsprach, wohl auch den Satyrchor durch einen anderen ersetzen. Man würde auf diesem Wege zu einer Kunstform gelangt sein, von der uns in der „Alkestis" ein vorzügliches Beispiel vorliegen dürfte. Sie würde den Namen des Satyrspiels freilich nicht mehr verdienen, diesem durch den satirischen, tragi-komischen Charakter aber noch immer verwandt bleiben und schicklich als Tragi-Komödie zu bezeichnen sein. Stellen wir die „Alkestis" unter diesen Gesichtspunkt, so wird uns Manches darin noch um Vieles verständlicher. Selbst die so oft getadelte Scene zwischen Admetos und Pheres wird dann nicht mehr so sehr aus dem Rahmen des Ganzen heraustreten.

Man wird sich vielmehr leicht überzeugen, daß der scherzhaft satirische Ton von Scene zu Scene, nur bald gröber, bald feiner, darin vom Dichter festgehalten worden ist. Doch selbst die „Bakchen" scheinen noch unter diesen Begriff, wenn auch an die äußerste Grenze desselben, zu fallen. Allerdings drängt dieses Stück einem furchtbaren, ans Gräßliche streifenden Ausgange zu, aber gerade in diesem Ausgange, in dem Triumphe, mit welchem die verblendete Agave das blutige Haupt als Siegestrophäe emporhält, im Wahne, daß es das Haupt eines Thieres sei, berührt sich das ins Gräßliche verzerrte Tragische mit dem Wild-Komischen. Mit satirischem Uebermuthe vollzieht der beleidigte Gott seine Rache. Dies tritt nirgend in drastischerer Weise hervor, als in der so vielen Anstoß erregenden Scene, in welcher Pentheus, von ihm berückt, in Frauengewändern erscheint. Wie in der „Alkestis" das Komische einen eigenthümlichen Reiz erhält durch den satirischen Contrast, in den es zu dem scheinbar tragischen Hintergrunde des Stücks gestellt erscheint, welcher besonders in dem fast lustspielartigen und mit großer Anmuth und Feinheit behandelten Ausgang desselben hervortritt, so erhält auch hier in den „Bakchen" das Tragische durch das Hereinspielen komischer Elemente noch einen besonderen, aber freilich ganz unheimlichen Reiz.

§ 8. Die griechische Komödie.

Die griechische Komödie hat sich aus dem festlichen Umzuge (Komos) entwickelt, mit welchem die Landbevölkerung die Dionysosfeste beging — ein Gebrauch, der ihr wahrscheinlich von den Aegyptern überkommen war. Die Grammatiker erklären den Namen Komödie als Dorfgesang, zugleich aber auch noch als Schlafgesang. Attische Bauern sollen sich nämlich für die von athenischen Bürgern erlittenen Beleidigungen durch Spottreden und Spottlieder gerächt haben, die sie ihnen in nächtlicher Stille darbrachten. Sie hätten hierauf die Erlaubniß erhalten, dieselben auch am Tage auf dem Markte zu wiederholen, sich aber dabei, um nicht erkannt zu werden, die Gesichter mit Hefen bestrichen. Hierauf wird die Gewohnheit zurückgeführt, die dem Dionysos und der Demeter geweihten Feste öffentlich mit Spottreden, Neckereien und cynischen Geberden zu begehen, die jeder dulden mußte und bei denen es sich nur um Befriedigung der Lachlust handelte. Von Jambe, einer Dienerin der Demeter, die diese durch ihre Spottreden zum Lachen brachte, wird der jambische Vers abgeleitet. Durch die Verbindung des Dionysoscults mit dem der Demeter erhielt jene Spottlust den phallischen Charakter. Die phallischen Lieder wurden von eignen Chören gesungen. Diese Chöre waren mit Masken von Betrunkenen und mit tarentinischen Frauengewändern bekleidet. Die von den Führern dazwischengeworfenen jambischen Spottreden gaben den Anstoß zur Entwicklung der Komödie. Dem Antheos aus Lindos werden zuerst Komödien zugeschrieben. Zu Athen, wohin diese ältesten Stegreifspiele durch Susarion von Megara verpflanzt worden waren (580), machte Krates den Anfang, ihnen den Charakter bloßer Verspottung zu nehmen und einen erdichteten Inhalt zu geben. Die Erfindung komischer Fabeln stammt indeß ebenfalls aus Megara. Immer herrschte aber, sowohl in der megarischen wie altattischen Komödie, das jambistische Element, die persönliche Spottrede, vor.

§ 9. Die ältere Komödie.

Die alte Komödie blühte bis zur Zeit der Unterdrückung Athens durch die dreißig Tyrannen (404). Aus Aeschylos' Zeiten sind uns die Namen von fünf attischen Komikern bekannt: Chionides, Euates, Eurenides, Myllos und Magnes. Schon letzterer wendete Chöre von Wespen, Vögeln, Fröschen ꝛc. an. Sehr hoch wurde Epimarchos von Kos geschätzt, der seine Bildung in dem sicilischen Megara empfangen hatte. Er travestirte die Götterfabel, schrieb aber auch Localstücke, Bilder aus dem sicilischen Privatleben, so wie Charakterlustspiele, welche später dem Plautus zum Theil als Muster gedient haben mögen. Phormis dichtete gleichzeitig mit ihm. Sie werden beide als Erfinder der dorischen Komödie genannt. Auch noch eine andre Gattung des Lustspiels entstand in Sicilien, die sogenannten Mimen. Sie schildern mit leichter, scherzhafter Ironie Scenen aus dem sicilischen

Volksleben und sind in Prosa geschrieben. Ihr Reiz liegt theils in dem sie begleitenden, der sicilischen Landbevölkerung eigenthümlichen Geberdenspiele (von dem sie den Namen haben), theils in dem Contraste, in welchen darin die naturfrische naive Ländlichkeit zu den feineren Sitten der Städte gestellt ist. Ihre Erfindung wird dem Sophron zugeschrieben, doch war er wohl nur das Muster der Gattung. Schon vor ihm gab es Mimen in Sicilien, doch waren dies rohe, unzüchtige Stegreifspiele, welche die Tragödien travestirten und die Lustspiele carikirten. In dieser Form fanden sie später mit Eingang in die römische Kunst. Die Sophron'schen Mimen hatten weder einen Chor, noch musikalische Bestandtheile und können als die erste Form des Conversationsstücks angesehen werden. Es gab deren ernste und scherzhafte, die ersten hatten nur männliche, die anderen nur weibliche Charaktere. Eine Nachbildung ist uns in den „Syrakuserinnen" des Theokrit erhalten, dessen Idyllen sie zu Grunde lagen. Platon brachte sie nach Athen und nahm sie für seine Dialoge zum Muster.

Kratinos 519—422 wird als Schöpfer derjenigen Komödie betrachtet, welche wir als die Aristophanische kennen. Neben ihm sind Eupolis, Pherekrates, Phrynichos, Krates zu nennen. Spottlust ist noch der Grundcharakter dieser Art Komödie. Ihr Hauptgegenstand ist das öffentliche Leben mit all seinen hervortretenderen Erscheinungen, mit all seinen Gebrechen. Sie scheut es nicht, indem sie dieselben individualisirt, sich dazu der Maske selbst der bedeutendsten Persönlichkeiten zu bedienen. Durch die Heiligkeit des Herkommens, wie es scheint, in dieser Freiheit geschützt, macht sie von ihr den vollsten, oft bis zur Frechheit ausartenden Gebrauch. Kühn und rücksichtslos schwingt sie ihre Geißel gegen die Machthaber und die Schmeichler der Volksgunst, ja gegen die anwesenden Volksmassen selbst. Die Ironie des Dichters, welche seine Gestalten überall umspielt und sie hier und da aufzulösen sucht, drängt ihn bisweilen auch selbst aus der Dichtung hervorzutreten. Das geschieht in der Parabase, welche der in diesen Spielen herrschenden phantastischen Willkür entspricht und in dem Maße zurücktreten mußte, als man der Composition eine selbständigere Bedeutung beizulegen begann.

Sie scheint wohl auch nie ein wesentliches Moment der alten Komödie gebildet zu haben. Dagegen hatte in ihr der Chor eben so große Bedeutung, wie in der ältesten Tragödie. Er bestand aus 24 Personen, die sich, in zwei Hälften gruppirt, vierreihig zu beiden Seiten der Thymele aufstellten. Der dem komischen Chor eigenthümliche Tanz war der Kordax. Der Charakter desselben ist der einer muthwilligen, ans Unzüchtige streifenden Ausgelassenheit.

Kratinos kämpfte öfters mit Aristophanes und besiegte denselben zweimal. Berühmt sind seine „Chironen". Ihre Chorlieder priesen die gute alte Zeit im Gegensatze zu der überhandnehmenden Sittenlosigkeit. Allerdings enthüllt uns Aristophanes davon ein erschreckendes Bild. Nach ihm rühmt man Eupolis. Beide scheinen anfänglich zusammen gearbeitet zu haben — das war also damals schon Sitte —, später warfen sie sich gegenseitig Entwendungen vor. Eupolis soll einerseits von einschmeichelnder Anmuth, andererseits von unflätiger Gemeinheit gewesen sein. Aristophanes kann uns von Beidem noch einen Begriff geben. Die Zeit von des Letzteren Geburt ist unbekannt, doch ward er wahrscheinlich in Athen geboren. Seine Dichtung fällt in die Zeit des peloponnesischen Krieges. Von ihm allein ist uns eine Reihe vollständiger Komödien erhalten, („Die Acharner", „Die Ritter", „Die Wolken", „Die Wespen", „Der Friede", „Die Vögel", „Die Thesmophoriazusen", „Lysistrata", „Die Frösche", „Die Ekklesiazusen" und „Plutos"). Bei den „Acharnern" (425) wagte er noch nicht mit eignem Namen hervorzutreten. Nichtsdestoweniger zeigt diese Dichtung schon die glänzenden Vorzüge seiner Kunst, ohne sie noch durch zu dunkle Schatten zu trüben. Sie ist gegen die Kriegslust seiner Landsleute, gegen den Bürgerkrieg gerichtet. Dasselbe Thema erscheint in der „Lysistrata" (411) mit cynischer Genialität variirt. Hier erzwingen die Weiber den Frieden. Auch „Der Friede" (421) behandelt denselben Gegenstand in allegorisirender Weise. Keck und geistvoll in der Anlage, erfüllt er in der Folge nicht ganz die erregten Erwartungen. Den „Acharnern" folgten „Die Ritter", das erste Stück, das der Dichter unter eignem Namen (424) zur Aufführung brachte und in dem er den Machthaber Kleon dem Spotte aufs Unbarmherzigste preisgab. Eine dramatische Philippika, wie A. W. Schlegel sagt, der sie von Seiten der Erfindung und Lustigkeit aber nicht allzuhoch stellt. Der Dichter, keinen Maskenverfertiger findend, der es gewagt hätte, das Bild des gefürchteten Mannes zu machen, spielte die Rolle des Kleon selbst mit bemaltem Gesichte. Die „Wolken" (423) geißeln die immer sophistischer werdende Philosophie in der Person des Sokrates. Der verderbliche Einfluß derselben auf die Sitten und das Rechtsgefühl wird satirisch beleuchtet. Die „Wespen" (422), wohl das schwächste seiner Stücke, verspotten die Processsucht seiner Landsleute. Die Vögel" (414), vielleicht die phantasievollste und anmuthigste der Dichtungen des Aristophanes, sind gegen den überhandnehmenden Schwindelgeist der Athener gerichtet. Glücklicher in der Composition sind die „Thesmophoriazusen" (410). Dieses Stück ist gegen den Euripides gerichtet, den die, das Fest der Demeter feiernden Frauen wegen der ihnen von ihm angethanen Beschimpfungen darin vor Gericht fordern. Die „Frösche" (405) haben den Verfall der tragischen Kunst zum Gegenstande der Verspottung erwählt; auch hier muß Euripides herhalten. Die „Ekklesiazusen" (392) behandeln in feckster Weise das Thema der Frauenemancipation. Auch hier überläßt sich der Dichter wieder seinem cynischen Hange. Die Erfindung erlahmt und fällt gegen das Ende ins Platte. „Plutos", eine der spätesten Arbeiten des Dichters, der wahrscheinlich 389 starb, wird schon der mittleren Komödie zugerechnet; es würde das einzige, uns erhaltne Beispiel von dieser sein. Allerdings ist die Verspottung darin eine zahmere, es ist freier von persönlichen Angriffen und cynischen Ausschreitungen, der Chor hat darin an Bedeutung verloren — im Uebrigen hat es aber den Charakter der alten Komödie im Wesentlichen beibehalten. Es ist gegen die Sucht nach Reichthum gerichtet und behandelt den Gegenstand in allegorischer Form mit feiner und geistvoller Satire. Auch ist es noch dadurch von Interesse, daß Plautus hierdurch die Anregung zu seinem „Goldtopf" empfing, welcher wieder Molière zu seinem „Geizigen" als Muster gedient hat.

Pröls, Dramaturgie.

Man hat Aristophanes dem Aeschylos gegenübergestellt und seine Komödie als die höchste Form bezeichnet, welche die komische Kunst auf dem Gebiete des Dramas gewonnen, ja überhaupt zu gewinnen vermöge, man hat sie für den vollkommenen Gegensatz der altattischen Tragödie erklärt. Es scheint, daß man hierin doch etwas zu weit ging. Wohl bietet Aristophanes manche Vergleichungspunkte mit Aeschylos dar. Wir begegnen bei ihm einer ähnlichen genialen Kühnheit des Entwurfs, derselben Weite und Tiefe der Lebensanschauung. Der Erhabenheit, dem Tiefsinn des Tragikers steht fast ebenbürtig die Anmuth, der Witz des Komikers gegenüber. Auch will ich dem Letzteren nicht die ethische Grundlage, die Fülle der Begeisterung absprechen, welche Aeschylos eigen, aber an keuscher Reinheit beider hält er den Vergleich mit diesem nicht aus. Aristophanes geißelt den Sittenverfall seiner Zeit, gleichwohl wird er durch einzelne seiner Stücke denselben mehr noch gefördert, als ihm vorgebeugt haben. Es macht bisweilen den Eindruck, als ob er an der Darstellung des Unsittlichen, Schmutzigen ein gewisses Behagen fände, oder den Neigungen seiner Zuhörer darin allzu bereitwillig nachgäbe. Die Häufung cynischer, bis zum Schmutzigen herabsinkender Stellen läßt sich gewiß nicht immer rechtfertigen, wenn auch vielleicht entschuldigen oder erklären: man braucht sich ja nur der Herkunft der Komödie von den phallischen Umzügen und Liedern zu erinnern, deren cynischer Uebermuth, deren brutale Spottlust in diesen Auswüchsen noch fortleben mochte. Die stehende Wiederholung derselben schmutzigen Witze und Zoten, denen wir in seinen Stücken begegnen, gemahnt an die stehenden platten und rohen Späße des späteren Hanswurst und sind ein Beweis, daß man schon damals so gut wie später nach ihnen verlangt haben mag. Es liegt in der Natur der Sache, daß die komische Dichtung auf dem Gebiete der bloßen Phantastik, wo sie sich in ausgelassenster Willkür ihren Antrieben überlassen durfte, einzelne Seiten ihres Wesens zu glänzenderer Erscheinung bringen konnte, als auf dem engeren Gebiete einer folgerichtig entwickelten Charakteristik und Handlung. Wie hoch man aber auch dort die genialen Gebilde eines Aristophanes schätzen möchte, so sollte man in ihnen den Begriff des komischen Dramas doch noch nicht für erschöpft oder auch nur das Wesentliche dieses Begriffs in ihnen schon erreicht sehen. Denn das bloße, sich zum Theil selbst wieder auflösende Spiel mit einer komischen Handlung und ihren Gestalten kann unmöglich schon als die vollkommenste Darstellung einer solchen betrachtet werden. Daher Aristoteles Recht hatte, der neueren Komödie, der es mit der folgerichtigen Darstellung komischer Charaktere und Handlungen Ernst war, vor jener den Vorzug zu geben, wie sie ja seinem Begriff vom Drama weit vollkommener entsprach und daher auch viel richtiger als das Gegenbild der älteren Tragödie aufgefaßt und bezeichnet werden durfte. Und auch darin wird er wohl Recht behalten, daß die persönliche Verspottung, wie genial sie auch sein möchte, an sich noch kein rein künstlerisches Element ist, und, um es werden zu können, erst noch einer Läuterung bedurfte.

§ 10. Die mittlere und die neue Komödie.

Die mittlere Komödie soll zwischen 400 und 350 vor Chr. geblüht, Aristophanes ihr selbst noch mit angehört haben. Es ist uns kein Beispiel von ihr erhalten, falls wir nicht in dessen „Plutos" ein solches zu sehen hätten. Es würde uns aber doch wohl keinen reinen Begriff von ihr geben können, da wir uns von ihm bis zu Menander eine Menge von Uebergangsformen zu denken haben. Auch Eupolis und Kratinos gehörten ihr noch mit an. Als die bedeutendsten Dichter derselben aber werden Antiphanes und Alexis bezeichnet. Der zweite, ein Oheim des Menander, hat diesem vielleicht schon als Muster gedient; 245 Stücke werden ihm zugeschrieben. Es ist wahrscheinlich, daß in der mittleren Komödie der Chor allmählich ganz an Bedeutung verlor, doch gehört dies wohl nicht zu ihren charakteristischen Merkmalen; auch schon in den, der alten Komödie angehörenden Stücken des Aristophanes hat der Chor eine sehr verschiedene Bedeutung. Der wesentliche Unterschied zwischen der älteren und der mittleren Komödie dürfte viel eher darin liegen, daß diese nicht mehr, wie jene, das Interesse in die Beziehungen auf Zustände und Erscheinungen des öffentlichen Lebens, sondern in die Erfindung und Verknüpfung der Handlung, in die folgerichtige Entwickelung der Charaktere verlegte, gleichviel ob sie die Begebenheiten auf dem Gebiete des Phantastischen oder der realen Wirklichkeit darstellte, ob sie ihnen eine allegorische und symbolische Bedeutung gab oder nicht, denn ihrem Wesen nach schloß sie weder dieses, noch die Beziehungen auf das öffentliche und politische Leben aus. Die mittlere Komödie konnte ihrer Natur nach die geniale Kühnheit der älteren nicht haben, sie konnte dies aber durch andere Vorzüge ersetzen. In der Theorie müßte sie als ein Fortschritt in der Entwickelung des Dramas bezeichnet werden, selbst wenn sie thatsächlich zugleich mit einem Rückschritt, mit einem Sinken desselben verbunden gewesen sein sollte. Man hat die Entwickelung der neueren Komödie mit dem Sinken des Volksgeistes in Verbindung gebracht. Und sicher steht sie damit in Zusammenhang, wenn sie auch nicht allein hieraus zu erklären sein dürfte, da sie ja in gewissem Sinne nur an die megarische Komödie des Krates und Epicharmos wieder anknüpfte. Was man als Fortschritt in ihr zu bezeichnen hat, würde sich auch unter anderen Verhältnissen, dann freilich in anderer Form haben entwickeln müssen. Wohl aber wird die allmähliche Verengung ihres Gebiets auf die Darstellung der privaten Verhältnisse, auf die Zustände des gesellschaftlichen und Familienlebens, wesentlich auf den veränderten politischen Zustand und die durch diesen verwandelten Lebensanschauungen zurückgeführt werden müssen. Spott und Satire scheinen bald nur noch auf einzelne Stände gerichtet worden zu sein. Hetären, Parasiten, Fischhändler, Köche wurden vorzugsweise ihre Angriffsobjecte.

Mit Menander scheint dieser Rückzug vollkommen vollzogen, was wohl erklärt, warum man gerade ihn als den Vater der neuen Komödie bezeichnet hat. Was die mittlere Komödie nur erstrebte, das Interesse in die folgerichtige Entwickelung und Verknüpfung von Charakteren und Handlung zu legen, ist in ihr erst vollkommen erreicht. Die Handlung wurde jetzt fast ausschließlich auf den Boden der Wirklichkeit verlegt, das komische Pathos mit der Umgangssprache der gebildeten Stände vertauscht, die man mit poetischer Feinfühligkeit zu höchster Eleganz auszubilden suchte. Das lyrisch-musikalische Element, daher auch der Chor, wurde ganz von ihr ausgeschlossen. Ihr charakteristisches Merkmal erlangte sie durch die Kunst der porträtmäßigen Individualisirung von Charakteren und Zuständen. Die symbolische Bedeutung der Handlung konnte den Werth der Darstellung wohl noch erhöhen, sie war jedoch kein ihr wesentliches Moment mehr. Wohl aber lag in ihr ein Schutz vor der sie bedrohenden Gefahr des Versinkens ins Platte. Ein zweiter lag darin, daß sie, obschon ganz auf die Nachahmung des wirklichen Lebens gerichtet, die individuellen Persönlichkeiten desselben nicht mehr unmittelbar darstellen durfte, sondern ihnen eine verallgemeinernde Darstellung geben mußte. Die schöpferische Gestaltungskraft wurde hierdurch nach einer idealisirenden Richtung hin ins Spiel gesetzt.

Die neue Komödie umfaßt die Zeit Alexanders des Großen und der Diadochen (Ol. 110—130). Die Productivität derselben war eine ungeheure. Aus der Menge der Dichter ragen Philippides, Diphilos, Philemon und Apollodorus neben Menander hervor. Es sind uns nur kleine Bruchstücke und Mittheilungen über den Inhalt einzelner Stücke (besonders durch Aelius Donatus, den Erklärer des Terenz) von ihnen geblieben. Im Uebrigen sind wir bei ihrer Beurtheilung auf die Nachahmungen des Plautus und Terenz beschränkt; wobei wir jedoch zu berücksichtigen haben, daß Julius Cäsar selbst noch den seineren, gräcisirenden Terenz nur den halben Menander genannt hat.

Menander war 342 in Athen geboren. Sein Vater, der Feldherr Diopeithes, ließ ihm eine sorgfältige Erziehung geben. Die Philosophen Theophrast und Epikur gewannen Einfluß auf seine Bildung. 322, im Todesjahr des Aristoteles, trat er zum ersten Male als Dichter öffentlich auf. Mehr als 100 Komödien werden ihm zugeschrieben, achtmal errang er den Preis. Ueber seine Vortrefflichkeit hat im Alterthum nur Eine Stimme geherrscht. In klarer, edler Einfachheit und Milde des Ausdrucks ist er wahrscheinlich ein unerreichtes Muster geblieben. (Schon dem Philemon wurde Künstelei zum Vorwurf gemacht.) Seine Stücke sind eine Fundgrube von Sprüchen und Maximen einer praktischen Lebensweisheit gewesen, die uns zum Theil noch aufbewahrt worden sind.

Die neue Komödie der Griechen hat schon die hauptsächlichsten Formen des späteren Theaters entwickelt. Ihre Stücke zerfallen theils in solche, in denen sich an einer Hauptfigur die übrigen abspielen, das sog. Charakterlustspiel, theils solche, bei denen die Verwicklung der Handlung die Hauptsache ist, das sog. Intriguenlustspiel. Das vollkommene Lustspiel wird immer beide Momente zu einheitlicher Wirkung verbinden. Jenachdem nun in einem Lustspiele das unbewußte oder das bewußte Komische vorherrscht, wird es mehr den feineren Lustspielcharakter oder den der Posse gewinnen. Stehende Charaktermasken waren: der treulose Kuppler, der leidenschaftliche Liebhaber, der verschmitzte Diener, der speculative Sclavenhändler, der dienstfertige Vertraute, der bramarbasirende Soldat, der leckermäulige Schmarotzer, der heuchlerische Verwandte, die freche Buhlerin. Indeß war hiermit der Kreis der handelnden Personen gewiß nicht geschlossen. A. W. Schlegel hat die Verhältnisse in Betracht gezogen, welche den Darstellungskreis der griechischen Komiker also verengten. Der geringe Unterschied der Stände, welchen die republikanische Freiheit bedingte, verdient dabei sicher Berücksichtigung. Das Verhältniß der beiden Geschlechter erschien nur auf sinnliche Leidenschaft und auf die Ehe beschränkt, die meist nur aus Rücksicht auf Convenienz und Vermögen geschlossen wurde. Die eigenthümliche und geachtete Stellung eines durch Schönheit und Bildung ausgezeichneten Hetärenthums erklärt sich hieraus. Menander hat selbst ein Verhältniß zu einer der berühmtesten Hetären der Zeit, zu Glycera, der früheren Maitresse des Statthalters Harpalos, gehabt, der man als dieser öffentlich die größten Ehren erwies. Menander konnte ihr dafür freilich nur ein Denkmal in einer seiner Komödien setzen. Daß den ehrbaren Frauen in der griechischen Komödie ein so geringer Spielraum vergönnt ist, beruht weit mehr auf diesen Verhältnissen, als auf der Eingezogenheit ihrer Lebensweise, die ihnen, wie Schlegel behauptet, wenn das Costüm der Zeit gewahrt werden sollte, das Auftreten auf offener Straße, dem gewöhnlichen Schauplatz der Lustspiele, verbot. Er übersieht, daß dies für die Tragödie kein Hinderniß war. Dagegen hatte der Verkehr, welchen die Griechen mit den Inseln und den Küsten benachbarter Länder unterhielten, verbunden mit den häufigen Kriegen, der Seeräuberei und dem Sclavenwesen, bei ihnen eine Menge von Verhältnissen hervorgerufen, welche den romanhaften Erfindungen der Lustspieldichter zu Gute kamen, und auch von ihnen vielfach benutzt wurden. Das Lustspiel erhielt sich wahrscheinlich länger in Blüthe als die Tragödie; nach der verlorenen Freiheit ging es jedoch ebenfalls seinem Verfalle allmählich entgegen.

§ 11. Das Theater und seine Einrichtung.

Das griechische Drama blieb an die religiösen Feste gebunden, aus denen es hervorgegangen war, wenn auch zuletzt nur noch äußerlich. Diese Feste entsprachen den vier Abschnitten im Entwickelungsgange des pflanzlichen Lebens. Von ihnen waren die glänzendsten die großen städtischen Dionysien zu Anfang April, bei denen nur attische Bürger die Choregie übernehmen konnten. Das Theater war bei den Griechen nicht nur eine öffentliche mit der Religion verknüpfte Angelegenheit, sondern auch eine Sache des bürgerlichen Ehrgeizes. Hieraus erklärt sich die hohe Bedeutung desselben und der fast leidenschaftliche Antheil, den man an den dramatischen Festspielen nahm. Dieser Antheil hing mit der Bedeutung des Chors im Drama zusammen, wie beide wieder mit der Entwicklung des nationalen und religiösen Geistes. Es ist aber schwer zu sagen, ob der Chor mehr an Bedeutung verlor, weil das Interesse an der Choregie sich allmählich verringerte, oder ob das umgekehrte Verhältniß obwaltete. Indeß wird zu berücksichtigen sein, daß auch die Entwickelung des Dramas schon selbst zu einer allmählichen Verdrängung des Chors hinführen mußte.

Nach Aristoteles zerfiel die Tragödie in den Prolog, welcher dem Eintritt des Chors vorausging, das Epeisodion, die zwischen den Chorliedern inneliegende Entwicklung der Handlung und den Exodos, den dem letzten Chorliede nachfolgenden und den Schluß bildenden Theil. Auch wenn sich der Chor nicht unmittelbar an der Handlung betheiligt, hat man an ihm einen dramatisch bewegten und einen dithyrambisch feierlichen Theil zu unterscheiden.

Zu dem ersteren gehört die Parados, das Einzugslied, welches in anapästischem Marschrhythmus und gewöhnlich als Halbgesang von ihm vorgetragen wurde. Zum zweiten gehören die Stasima, Standlieder, die aber nicht immer ein unbewegliches Feststehen bedingten. Sie waren melisch behandelt. Den Wechselgesang zwischen Schauspieler und Chor nannte man Kommos. Es gab aber auch Wechselgesänge zwischen den Schauspielern allein, so wie Sologesänge der Letzteren. Das Melos wurde von der Flöte, der recitativische Halbgesang meist von der Lyra begleitet. Die Musik gab aber stets nur den Hauptton an, mit Ausnahme der ausgeführteren Zwischen- und Nachspiele.

Wie die Tragödie und Komödie aus dem Chor, so hat sich aus der Orchestra das Theater entwickelt. Zuerst wurde der Opfertisch zur Bühne, der Chorführer wurde der Schauspieler. Sobald es jedoch zu einer äußerlich bewegten Handlung kommen und der Chor, wenn auch nur einzeln, sich an der Darstellung auf der Bühne betheiligen sollte, mußte man an eine zweckmäßige Erweiterung derselben denken. Auch mußte man Vorkehrungen treffen, dem Volke die Darstellungen allgemein sichtbar und vernehmbar zu machen. Ein abgeschlossener Zuschauerraum, der in seiner Anordnung diesen Forderungen entsprach, wurde dringendes Bedürfniß. Die ersten Theatergebäude wird man sich ziemlich roh und einfach zu denken haben. Sie wurden anfänglich nur für die Zeit eines Festes erbaut. Bald aber suchte man ihnen mehr Dauer zu geben, der Holzbau wurde vom Steinbau verdrängt. Gewöhnlich wurden die Theater an einen Hügel gelehnt, aus dessen Gestein die in einem Halbkreis geordneten Sitzreihen der Zuschauer herausgearbeitet wurden. Das Theater in Athen hat im Wesentlichen allen anderen zum Muster gedient. Es faßte an dreißigtausend Menschen. Solche Räume verstand man damals noch nicht zu überdecken. Doch würden die Griechen dies auch nicht geliebt haben. Das Theater bestand aus der Bühne, der Orchestra und dem Zuschauerraum. Die Sitzreihen für diese waren in einem, zu beiden Seiten etwas übergreifenden Halbkreis geordnet und erhoben sich stufenartig über einander, um zuletzt durch eine Mauer oder einen Säulengang abgeschlossen zu werden. Ihnen gegenüber war die Bühne errichtet. Zwischen beiden lag die Orchestra in Form eines Kreisstücks, theils von dem Bühnengebäude, theils von einer die unterste Sitzreihe abschließenden Mauer begrenzt. Sowohl um Zugänge zu den Sitzen, als um Abtheilungen für die besonderen Classen der Zuschauer zu schaffen, wurden die Sitzreihen von den Diozomata und den Karkides durchschnitten. Diozomata nannte man die Rundgänge, welche die Sitzreihen in zwei bis drei Stockwerke gliederten. Es gab deren also nur einen bis zwei. Karkides hießen die Treppenanlagen, welche die Sitzreihen strahlenförmig durchschnitten und in gleichmäßige keilförmige Kreisabschnitte zerlegten. Von den Stufen diente die vordere etwas höhere mit Sitzen und Kissen belegte Hälfte zum Sitzen, die hintere, etwas vertiefte war für die Füße der dahinter Sitzenden bestimmt. Die Sitzreihen der Zuschauer waren an den beiden Enden, den Hörnern, durch eine Brüstungsmauer abgegrenzt, die sich an ihnen in Form eines Geländers stufenartig herniederzog. Sie war am Fuße des Baues durch die Parodoi, die sechs bis achtzehn Fuß breiten Eingänge zur Orchestra, mit dem Bühnengebäude verbunden. Die Orchestra (der Tanzplatz) zwischen den Zuschauersitzen und der Bühne, als ein durch die letztere abgeschnittenes Kreisstück mitten inne liegend, bildete das Centrum des Ganzen und den am tiefsten gelegenen Theil desselben. Er war gedielt und der für die Aufstellung des Chors bei den dramatischen Spielen bestimmte Theil hob sich dem entsprechend etwas über den anderen hinaus. Der Aufstellung des Chors diente die Thymele zum Mittelpunkt. Zu dieser Orchestra im engeren Sinne führten Stufen hinauf. Zwei treppenartige Stufenreihen stellten auch eine Verbindung mit ihr und der Bühne her, um den Verkehr zwischen beiden, so wie zwischen der Bühne und der Unterwelt zu vermitteln. Denn in der Orchestra befand sich die sogenannte charonische Stiege. Die Scene oder Bühne bestand aus dem Bühnengebäude, dem Proscenion und dem Hyposcenion. Das Bühnengebäude umschloß den Spiel- und Sprechraum der Bühne (das Proscenion), welcher von großer Breite, aber geringer Tiefe war. Es bestand aus einem mittleren Hauptgebäude, der sogen. Bühnenwand, an das sich rechtwinklig zwei bis an die Orchestra reichende Seitenflügel (die Parascenien) anschlossen. Die Höhe des Bühnengebäudes soll aus akustischen Rücksichten der Höhe des ihm gegenüberliegenden Stufenbaues entsprochen haben. Das Bühnengebäude enthielt die zur Aufbewahrung des ganzen Theaterapparats nöthigen Räume, so wie die Ankleidezimmer der Schauspieler. Das Proscenion erhob sich um etwa fünf Fuß über den Chorraum der Orchestra. Der vordere und mittlere Theil des Proscenions hieß das Logeion, es war der eigentliche Sprechplatz der Schauspieler. Der unter dem Proscenion gelegene und zu Versenkungen ꝛc. benutzte Raum hieß das Hyposcenion.

Daß bei den Griechen Scenerie, Maschinerie und Decoration schon eine gewisse Ausbildung erlangt hatten, steht außer Zweifel. Doch sind die Nachrichten darüber nicht ausreichend, um uns eine klare Anschauung davon bilden zu können; besonders gilt dies von der Scenerie und dem Decorationswesen. So viel kann indeß als gewiß angenommen werden, daß die Decoration nicht unmittelbar an dem Bühnengebäude angebracht war. Hiergegen sprechen allein schon die Periakten, von denen später die Rede sein wird, so wie der Umstand, daß in einzelnen Stücken handelnde Personen auf den Thürmen, Austritten, Dächern der Häuser erschienen. Hätte das Bühnengebäude diese Häuser unmittelbar selbst dargestellt, so würde das bei der außerordentlichen Höhe desselben einen komischen Eindruck gemacht haben. Auch würde mit einer solchen Einrichtung die Angabe sich nicht vereinigen lassen, daß zwischen den Mittel- und Seitengebäuden der Scene sich nicht nur der Blick ins Freie, links auf die Stadt, rechts auf die Landschaft, eröffnete, sondern daß sich hier auch praktikable Aus- und Eingänge befanden, die groß und tief genug waren, um das Hindurchtragen Verwundeter oder Todter zu gestatten. Es ist also anzunehmen, daß die Decoration in einem genügenden Abstande von der Scenenwand und den Parascenien angebracht war, um diesen Forderungen entsprechen zu können, und daß dieselbe keineswegs die Höhe des Scenengebäudes erreichte, wobei es wahrscheinlich ist, daß die Seiten-

decorationen sich nicht ganz rechtwinklig, sondern in einem leichten
stumpfen Winkel an den Hintergrund, in einem scharfen spitzen
vorn an die Parascenien anschloßen. Eine solche Stellung
würde wenigstens manche Vortheile, insbesondere den geboten
haben, daß die Seitendecoration für einen größeren Theil des
Publicums in die Anschauung fallen konnte. Ueber die Anwendung und Stellung der Periakten haben wir ebenfalls
keine sicheren Nachrichten. Doch scheinen sie einen Theil der
Seitendecoration, vielleicht einen nach hinten vorspringenden
Theil derselben gebildet zu haben und in der Nähe der erwähnten
Ausgänge ins Freie verwendet worden zu sein. Sie geben uns
dagegen einen deutlichen Begriff, wenn auch nicht von dem
Mechanismus der Verwandlung überhaupt, so doch von einem
Theile derselben. Sie stellen sich nämlich als prismatische um
einen Zapfen bewegliche Drehmaschinen dar; jede Seite dieses
Prismas entsprach etwa dem was wir heute eine Coulisse
nennen würden; daher sie eine dreifache Verwandlung bei offener
Scene gestalteten. Auf welche Weise die anderen Decorations-
theile verwandelt wurden, wissen wir nicht; doch scheint es, daß
es immer nur stückweise und nicht im Ganzen, und zum Theil
durch Wegschieben oder Wegziehen geschah. Verwandlungen finden
wir schon bei Aeschylos („Eumeniden"), bei Sophokles begegnen
wir ebenfalls einer, im „Ajax", bei Aristophanes zweien.

Theologeion nannte man eine decorative Einrichtung,
durch welche Götlererscheinungen sichtbar gemacht wurden. Flug-
und Schwebemaschinen dienten ähnlichen Zwecken. Ekky-
klema war der Name der Rollmaschine, mittelst welcher man
Ermordete aus der Mittelthüre der Paläste auf die Bühne schob.
Letztere hatten nämlich, außer dieser, noch zwei kleinere Seiten-
eingänge. Unter den Anapiesmata verstand man endlich eine
Art Druckhebel, welche man bei Versenkungen und aus dem
Boden aufsteigenden Erscheinungen anwendete.

Das Costüm war zum Theil durch feste Regeln bestimmt. Das
tragische Costüm bestand für Männer in farbigem Leibrock mit
Ärmeln, der bei den jüngeren bis ans Knie, bei den älteren bis an
die Füße reichte. In der Tragödie trug man Sohlen von Holz

(den Kothurn), welche unter einer Art von Schnürstiefeln befestigt waren. Die Farbe derselben war bei Frauen weiß, bei Kriegern roth. Die Höhe des Kothurns aber entsprach dem Range der darzustellenden Persönlichkeit. Sie war bei Frauen geringer als bei Männern, auch bei diesen jedoch nie über drei Zoll. In der Komödie war die Fußbekleidung niedriger und hieß Soccus. Der Kothurn soll von Aeschylos eingeführt worden sein. Der Anwendung desselben entsprach die von Haaraufsätzen, sowie von Wattirungen und Polsterungen, um die Gestalten größer und stärker erscheinen zu lassen. In der älteren Komödie war das Costüm unmittelbar dem Leben nachgebildet, in der neuern gab es aber auch feststehende Charaktercostüme.

Masken finden sich zuerst bei den bakchischen Chören. Sie lassen sich augenscheinlich auf das Bestreben zurückführen, sich unkenntlich zu machen, und weisen daher auf jene attischen Bauern hin, die sich bei ihren Spottreden das Gesicht mit Hefen bestrichen. Schon der alte Satyrchor hatte Masken, die Phallosträger erschienen in Masken von Betrunkenen. Mason und Tolynos, zwei Komiker der sicilisch-megarischen Komödie, werden als Erfinder der komischen Masken genannt. Thespis führte sie zuerst bei dem tragischen Chore, doch zunächst nur für den Schauspieler ein. Die individuelle Persönlichkeit desselben hinter der Maske verschwinden zu machen, war wohl die nächste Absicht, die er damit verband. Die Maske entsprach aber zugleich dem feierlichen und plastischen Charakter der Tragödie. Man zählte gegen achtundzwanzig verschiedene tragische Masken. Die Zahl der komischen aber muß eine ungleich größere gewesen sein, da man allein zu den Aristophanischen „Vögeln" fünfzig verschiedener Masken bedurfte.

Thespis hat den Schauspieler erfunden, Phrynichos, vielleicht auch erst Aeschylos, führte den zweiten Schauspieler, Sophokles wahrscheinlich den dritten ein. Der Protagonist d. i. der erste Schauspieler behauptete eine bevorzugte Stellung gegen die beiden anderen, den Deuteragonisten und den Tritagonisten. Nur diese drei wurden vom Staate gestellt und bezahlt, alle noch etwa sonst mit auftretenden Schauspieler wurden dem

Chore entnommen, d. h. sie fielen dem Choregen zur Last. Der Staat verhandelte aber unmittelbar nur mit dem Protagonisten. Mit den beiden anderen verhandelte dieser; sie waren ihm unterstellt. Er beutete nicht selten seine Stellung zum Nachtheile des Ganzen aus. Er spielte die dankbaren Rollen, deshalb auch die, welche zuerst ins Spiel kamen, weil sie dafür galten. Zur Zeit des Demosthenes bildeten die Schauspieler bereits einen eigenen Stand und fingen an, die Bühne zu beherrschen, während sie früher der Dichtung ganz untergeordnet waren. Sie fälschten die Stücke, indem sie willkürlich Stellen derselben unterdrückten und wirksame Stellen aus anderen Stücken dafür einfügten, ein Uebergriff, welcher zu Gunsten der drei auf uns gekommenen Tragiker Aeschylos, Sophokles und Euripides das sogenannte Gesetz des Lykurgos hervorrief, nach welchem dieselben nur noch in ihrem ursprünglichen Wortlaut dargestellt werden durften. **Applaus** war auch schon im griechischen Alterthum üblich. Der **Kampfpreis** für den tragischen Dichter bestand in einem Epheukranz, für den komischen in einem Schlauche mit süßem Wein. **Agonotheten** hießen die **Kampfrichter**, ihnen waren die **Mastigaphoren** untergeordnet, eine Art von Theaterpolizei. Beide wurden vom Staate ernannt. Die Zahl der Kampfrichter wird für die Tragödie meist auf zehn, für die Komödie auf fünf angegeben.

Das Eintrittsgeld betrug in Athen für die drei Spieltage nur eine Drachme (54 Pf.). An den Tragödien nahmen auch ehrbare Frauen als Zuschauerinnen theil. Von den Komödien mochten sie sich, wenigstens in den älteren Zeiten, wohl selber ausschließen. Daß ein besonderes Gesetz ihnen den Besuch derselben untersagt hätte, ist urkundlich keineswegs festgestellt. Vielmehr dürfte der Titel einer der verlorengegangenen Komödien des Aristophanes: „Von den die Theaterplätze stürmenden Frauen" darauf hinweisen, daß sie dieselben schon damals zahlreich besuchten.

Drittes Kapitel.

Das Drama der Römer.

§ 12. Allgemeines.

Der römische Staat hat sich in Form einer Colonie aus Bestandtheilen der drei Stammvölker Italiens: der Etrusker, Latiner und Samniter gebildet. Elemente vom dreifachen Wesen der damaligen italischen Cultur vereinigten sich in der römischen zu einem Ganzen. Um sich aber jenen Völkern gegenüber selbstständig behaupten und entwickeln zu können, wurde der junge Staat gleich anfangs in eine kriegerische Richtung getrieben, die seinem Geistesleben den besonderen Charakter mit gab. Denn jenes in schroffer Einseitigkeit nur auf das Praktische, auf die politische Größe und Vergrößerung gerichtete Streben mußte zwar die Kräfte des Verstandes und Willens zu starker Entwicklung bringen und zunächst einer strengen Zucht und Einfachheit der Sitten förderlich sein, die Kräfte des Gemüthes und der Phantasie aber ganz unterbinden. Obschon den Griechen, wie alle italischen Völker, stammverwandt, steht demnach der Römer zu ihnen in einem schroffen Gegensatze. Der römische Geist war mehr darauf gestellt, sich die Bildung anderer Nationen anzueignen, als eine eigene frei aus sich zu entwickeln, und er hatte darin sehr früh eine seltene Kunst erworben. Daß er das Fremde wieder mit eigenem Geiste zu durchdringen wußte, gab gleichwohl seiner Cultur einen eigenthümlichen Charakter.

Die frühesten Bild- und Bauwerke der Römer, ihre Religion, ihr Ritual und Priesterwesen weisen auf etruskischen Ursprung zurück. Rom besaß keine eigene Mythologie, keine eigene epische Sage, vielleicht selbst kein wahres Volkslied. Die salischen Gesänge waren Weihelieder der salischen Priester und etruskischen oder wohl gar kretischen, phrygischen Ursprungs. Ihre Frühlingslieder waren keine eigentlichen Volkslieder, sondern ebenfalls hieratische Gesänge. Auch sie, wie die fescennischen Lieder

Drittes Kapitel. Das Drama der Römer.

(phallische Hochzeitslieder gegen Unfruchtbarkeit in der Ehe), weisen auf die Etrusker zurück. Sie wurden mit Lobgesängen auf die ländlichen Gottheiten untermischt. Daß sich aus diesen Wechselgesängen aber Anfänge des Dramas entwickelt hätten, ist sehr zu bezweifeln. „Nicht das Bedürfniß, ihre festliche Muße durch Darstellungen, welche den Geist aus der Wirklichkeit entrücken, zu erheitern, brachte die Römer auf die Erfindung theatralischer Ergötzlichkeiten, sondern in der Trostlosigkeit einer verwüstenden Pest, wogegen alle Hülfsmittel unzulänglich schienen, griffen sie zuerst zum Schauspiel." (A. W. Schlegel) Die aus Etrurien herbeigerufenen Histrionen (von dem tuskischen Hister: der Spieler) wußten aber nur, ohne Gesang und Geberdenspiel, nach den Tönen einer Flöte zu tanzen. Junge Leute ahmten dies nach und verbanden damit die Recitation scherzhafter Verse. Dieser scherzhafte Tanzgesang wurde nun von den Berufsschauspielern weiter ausgebildet. Es entstanden die Saturen (Allerlei), eine Art musikalisch-poetisches Quodlibet mit gefeilterem Versmaß und kunstgerechteren Tonweisen. Erst 120 Jahr später kam durch Livius Andronicus aus Tarent, wo die Rhinthonische Hilarotragödie oder Tragikomödie besonders gepflegt wurde, das erste eigentliche Drama nach Rom. Heiserkeit soll ihn veranlaßt haben, Tanz und Gesang zu trennen, d. h. einen Anderen das singen zu lassen, was er durch mimetischen Tanz gleichzeitig auszudrücken suchte. Er legte hierdurch vielleicht den Grund zu der später in der römischen dramatischen Kunst eine so hervorragende Rolle spielenden Pantomime. Die jungen Römer, denen das Drama des Andronicus vielleicht zu schwer und ernsthaft war, verlangten nach dem früheren Possenspiel, das ihnen in der alten Form aber auch nicht mehr genügte. Sie fanden den gewünschten Ersatz in der von den Oskern entlehnten Farce, die man nach der oskischen Hauptstadt Atella Atellane zu nennen pflegte. Sie war ursprünglich ohne jede musikalische Beimischung, erst später fügte man ihr ein Canticum (eine Art von Couplet) ein. Die Atellanenspieler waren die Ersten, welche in Rom in Masken spielten, was die übrigen Histrionen anfangs nicht thaten, vielleicht auch nicht durften.

§ 13. Die römische Tragödie.

Sie zerfällt in zwei Classen: die griechisch-römische, nach griechischen Vorbildern bearbeitete und (nach crepida, Schuh) crepidata genannte, und die eigentliche römische Tragödie, die ihren Namen praetexta vom römischen Gewande hat. Alle uns erhaltenen, dem Seneca zugeschriebenen Tragödien, mit Ausnahme der „Octavia", gehören der ersten Classe an. Diese ist die einzige, aber auch nur in verstümmelter Form auf uns gekommene praetexta.

Livius Andronicus, welcher 514 mit dem ersten regelmäßigen Drama in Rom auftrat, ist der Gründer der römischen Tragödie überhaupt und der crepidata insbesondere. Alle seine Tragödien gehörten nur dieser Art an. Cnejus Nävius aus Campanien, noch berühmter als Komödiendichter, führte seit 235 v. Chr. in Rom Tragödien auf, welche nach Aeschyleischen und Euripideischen Vorbildern gearbeitet waren. Quintus Ennius, 239 v. Chr. bei Tarent geboren, ahmte Euripides nach. Wichtiger als sie Alle war aber Lucius Attius, welcher im Aeschyleischen Geiste zu dichten versuchte und wegen seines erhabenen Schwunges gerühmt wird. Er schrieb auch praetextae, ein Werk über „Dramatische Kunst" und eine Geschichte der dramatischen Poesie. Pacuvius (117—27 v. Chr.), des Ennius Neffe, war der letzte der hierher und der Republik noch angehörenden tragischen Dichter. Er hat sich den für einen Poeten etwas verdächtigen Beinamen „des Gelehrten" erworben. Doch werden seine Tragödien gerühmt.

Auch in der Blüthezeit des römischen Geistes, im Augusteischen Zeitalter, behielt die Tragödie wesentlich nur den Charakter der Nachahmung. Obschon die Römer, wie A. W. Schlegel sich ausdrückt, die Tragiker der Weltgeschichte waren, vermochten sie doch aus ihrem eigenen inneren Leben eine Tragödie nicht zu erzeugen. „Sie waren die eiserne Nothwendigkeit der anderen Völker: die allgemeinen Zerstörer, um sich zuletzt einsam mitten in einer einförmig gehorchenden Welt aus den Ruinen das Mausoleum ihrer eigenen Würde und Freiheit aufzuthürmen."

Von der strengsten Tugend waren sie hierbei mit rasender Ge=
schwindigkeit zur furchtbarsten Sittenverderbniß herabgesunken.
„Ihnen war es nicht gegeben, durch gemäßigte Accente des Seelen=
leidens zu rühren und mit schonender Hand die Tonleiter der
Gefühle durchzuspielen. Mit Ueberspringung aller Mittel suchten
sie gerade das Aeußerste, sowohl im Stoicismus des Heldenmuthes,
als in der ungeheuren Wuth verbrecherischer Gelüste. Von ihrer
alten Größe war ihnen nichts übrig geblieben als der Trotz
gegen Schmerzen und Tod, wenn der ausschweifende Genuß
endlich damit vertauscht werden sollte." Was hätte aber wohl
eine Tragödie, welche mit den Aufregungen und Nervenreizen der
Thiergefechte und Fechterspiele zu kämpfen hatte, denen das römische
Volk mit rasender Leidenschaft anhing, auch mit den feineren
Wirkungen des echten tragischen Pathos erreichen können?

Dieser Charakter der Tragödie unter den Kaisern läßt sich
an den wenigen Beispielen, die uns verblieben sind und dem
Lucius Annaeus Seneca zugeschrieben werden, erkennen.
Sie dürften übrigens kaum als Muster der römischen Tragödie an=
gesehen werden, wenigstens weist Nichts darauf hin, daß man
ihnen im Alterthum einen so hohen Werth zuerkannt hätte.
Die philologische Kritik ist aber nicht nur über ihren Werth,
sondern auch über ihre Entstehung und Urheberschaft getheilter
Meinung gewesen. Sie sind von Einigen zum Theil dem Philo=
sophen Seneca (welcher von Anderen für identisch mit dem Dichter
gehalten wurde), zum Theil seinem Vater dem Rhetor zugeschrieben
worden. Andere nahmen fünf verschiedene Verfasser an, wogegen
sich die Franzosen mit Diderot für die Annahme nur eines Ver=
fassers erklärten. Lessing schreibt wenigstens den „Thyest" und den
„Rasenden Herkules" einem und demselben Verfasser zu; Jacobs
ist geneigt, diesem auch noch den „Oedipus" und die „Troerinnen"
zuzuweisen.

L. A. Seneca lebte in der ersten Hälfte des ersten Jahrhun=
derts n. Chr. Er genoß eine sorgfältige Erziehung und bildete
sich unter dem Einfluß der stoischen Philosophie. Er bekleidete
unter Claudius hohe Staatsämter. Agrippina, die Mutter Nero's,
übergab ihm sogar die Erziehung dieses ihres Sohnes, dessen

Mißtrauen er später zum Opfer fiel. Angeblich in die Verschwörung des Piso verwickelt, ward er zum Tode verurtheilt, durfte sich aber die Todesart wählen und starb durch Verblutung im Bade (65).

Wenn man auch nicht geneigt wäre, die dem Seneca beigemessenen Tragödien durchgehends so tief herabzusetzen wie A. W. Schlegel, so würde man diesem doch darin beipflichten müssen, daß sie in einer Geschichte der dramatischen Kunst ganz übergangen werden könnten, wenn sie nicht auf die neuere dramatische Literatur einen bestimmenden Einfluß ausgeübt hätten. Dies geschah aber nicht blos, wie jener berühmte Kritiker meint, weil man mit ihnen eher, als mit den Tragödien der Griechen bekannt geworden war, nicht blos aus blindem Vorurtheil für Alles, was uns aus dem Alterthum überkommen ist, sondern auch, weil man in ihnen einzelnen Momenten begegnete, welche dem Geiste der neueren Dichtung entsprechen. Ihr Grundcharakter ist der des Gewaltsamen und Ueberladenen. Der Vortrag ist überwiegend rhetorisch und schwülstig, dabei frostig und breit. Die Häufung der beabsichtigten Wirkungen läßt meist eine tiefere Wirkung nicht aufkommen. Sie bringen Entsetzen und Grausen, selten aber echte Rührung hervor. Die hierauf gerichteten Erfindungen verletzen häufig durch ihre Geschmacklosigkeit und Widersinnigkeit. Indessen fehlt es dem Senecadrama nicht an einzelnen ergreifenden Situationen, an tieferen psychologischen Zügen. Durch ein entschlossenes, aggressives Pathos, durch eine spannende Energie im Ausdruck der Leidenschaft, durch eine gewisse Kraft dialektischer Bewegung in der Entwicklung der psychologischen Motive leiten sie gewissermaßen zu dem modernen Drama hinüber oder weisen doch auf dasselbe hin. Wir begegnen in ihnen zum ersten Male dem Stimmungsvollen und Malerischen der Situation, sowie Tönen einer lyrischen Sentimentalität.

Der Chor ist bei Seneca, wie wohl überhaupt in der späteren römischen Tragödie, aus der Orchestra ganz auf die Bühne getreten. Er dient nur noch dazu, der Handlung äußerlich einen feierlichen Hintergrund zu verleihen. Sonst tritt er ganz von dieser zurück und wird nur noch benutzt, die Zwischenacte durch lyrisch-musikalische Vorträge zu beleben. Obwohl die Gelehrten sich darüber streiten, ob die Tragödien des Seneca jemals aufgeführt oder auch nur überhaupt für die Aufführung geschrieben worden sind, haben sie auf die Entwicklung der neueren Tragödie und die Gestalt des neueren Theaters doch einen unverkennbaren und zum Theil verhängnißvollen Einfluß ausgeübt. Am meisten in Italien und Frankreich. Doch galt auch in England zu Shakespeares Zeiten Seneca ganz allgemein für den ersten der tragischen Dichter. Auf den starren Begriff, der sich besonders in Frankreich von der Tragödie herausbildete, welcher das Wesen derselben vor Allem in die Regelmäßigkeit und in die drei Einheiten setzte, ist Seneca gewiß nicht ohne Einfluß gewesen. Man würde einzelnen Stellen des Aristoteles eine so einseitige, mißverstandene Auslegung nicht haben geben können, wenn man sie nicht an dem Senecadrama geprüft hätte.

Asinius Pollo, Pomponius Secundus und Verius Rufus gelten für die bedeutendsten Tragiker der ersten Kaiserzeit.

Von der tragoedia praetexta ist uns nur Weniges bekannt. Nur einzelne Namen von Dichtern und Dramen sind uns davon überliefert worden. So schreibt man dem Nävius zwei, dem Pacuvius eine, dem Attius aber fünf Tragödien dieser Art zu. Ein einziges Beispiel, die „Octavia", ist uns verblieben. Sie behandelt die Zeitgeschichte des Nero, aber in einer Weise, wie L. A. Seneca es wohl kaum gewagt haben würde. Dieser kommt sogar selbst darin vor, was verbunden mit dem Umstande, daß sie auf Zeitereignisse anspielt, die erst nach seinem Tode stattgefunden haben, jener Annahme ganz widerspricht. Sie wird daher von den Meisten in die Zeit des Trajan gesetzt.

§ 14. Die römische Komödie.

Etwas günstiger lagen in Rom die Verhältnisse für die Entwicklung der Komödie. Auch sie läßt sich zunächst als comoedia togata und comoedia palliata unterscheiden. Beide zerfallen wieder in stataria (ruhig verlaufende Conversations- und Charakterstücke), motoriae (bewegliche, d. i. Intriguenstücke) und mixtae (gemischte). Die comoedia togata behandelte römische Zustände und Sitten und wurde im römischen Bürgercostüm dargestellt. Bei der palliata sind dagegen Fabel, Personen und Costüme der griechischen Komödie entlehnt.

Man unterschied überdies noch die eigentliche togata, das feinere Lustspiel, das seine Personen den gebildeten Ständen der Römer entnahm, von der comoedia tabernaria, welche das Leben der unteren Stände spiegelte. Eine Zwischengattung bildete die comoedia trabeata, von der wir nichts weiter wissen, als daß sie ihren Namen von dem Festgewande des Ritterstandes herleitete.

Neben diesen verschiedenen Formen des Lustspiels behaupteten sich die früher erwähnten Atellanen mit den stehenden oskischen Masken, die Rhinthonica, so genannt nach Rhinthon von Tarent, dem Erfinder der Hilarotragödie, eine Art Travestie, welche Götter und Helden verspottete und die wahrscheinlich durch jenen Livius Andronicus mit nach Rom kam, dessen schon oben gedacht wurde, so wie die erst später hinzugetretenen Mimen oder Planipedarien.

Es mag fraglich sein, welche Form des Lustspiels eher in Rom auftrat, ob die palliata oder die togata? Der Umstand, daß die letztere von den Einen dem Livius Andronicus, von Anderen dem Nävius zugeschrieben wird, läßt wohl kaum einen Zweifel darüber, daß auch sie wenigstens ursprünglich nach griechischen Mustern gearbeitet wurde. Es ist uns von ihr kein Beispiel übrig geblieben. Als bedeutendster Vertreter derselben wird L. Afranius genannt. In der tabernaria sollen Quinct. Titinius und Quinctius Atta sich ausgezeichnet haben. Von der comoedia palliata sind uns dagegen eine größere Anzahl von Stücken erhalten geblieben und zwar von zweien ihrer bedeutendsten Dichter: Plautus und Terenz. Von dem berühmtesten und ältesten Dichter derselben, von Caecilius Statius, sind dagegen nur wenige Notizen und kümmerliche Bruchstücke auf uns gekommen.

Titus Maccius Plautus (geboren zu Sarsina in Umbrien und 184 v. Chr. gestorben) soll von Sclaven abstammen. Von den 130 Komödien, die seinen Namen trugen, sprach ihm schon

Varro 21 ab, indem er die anderen einem gewissen Plautius zuschrieb. Nach Varro soll er sich besonders im Dialoge ausgezeichnet haben. „Die Musen würden plautinisches Latein sprechen, wenn sie römisch reden wollten", liest man bei ihm, obschon er an anderer Stelle wieder sagt: daß es mit der römischen Komödie am meisten hinke. Eins schließt jedoch nicht ganz das Andere aus. Cicero hält Plautus' Art zu scherzen für gesittet, geistreich und fein, was Horaz jedoch nicht zugeben will. Plautus entwirft seine Handlung mit oft leichtfertiger Keckheit und zeichnet seine Charaktere mit derben, kräftigen Strichen; er opfert nicht selten der Spannung und Wirkung die Wahrscheinlichkeit. Er hat einen behenden, oft dreisten Witz und liebt die lebhafte, selbst lärmende Action. Er ist wahrscheinlich der Erfinder des komischen Senar, des jambischen sechsfüßigen Verses, der in den Prologen und ruhigen Gesprächen zur Anwendung kam. Die neue Komödie der Griechen hat ihm als Muster gedient. Im Gegensatze zu Terenz war er jedoch in der Darstellung der Sitten und Charaktere durchaus römisch. Wie die griechischen Lustspiele ihm, so haben die seinen den neueren Dichtern wieder zum Modelle gedient; so der „Goldtopf" Molière zu seinem „Geizigen". Doch steht dieser in der Motivirung und Verknüpfung der Handlung gegen Plautus zurück. Der „Brautschatz" liegt dem Lessing'schen „Schatze" zu Grunde. Dieser giebt jenem Lustspiele nächst den „Gefangenen" des Plautus, die er für das schönste Stück, das je auf den Schauplatz gekommen, erklärt, den Vorzug vor allen anderen des Dichters. In den „Gefangenen" habe Plautus gezeigt, wie das Lustspiel durch erhabene Gesinnungen zu veredeln sei. Von den „Karthagern" rühmt Klein, daß hier die spanischen Dichter in der Behandlung des Sclaven ein Vorbild für die Stellung des Gracioso in ihrem Lustspiel finden konnten. Vortrefflich sei hier die Liebesscene „voll drolligem Ernst, anmuthiger Spröde und inniger Süße". Die „Zwillingsbrüder" gaben Shakespeare theilweise den Stoff zu seiner „Komödie der Irrungen" und der „Amphitruo", „das Meisterstück aller Kupplerkomödien", dessen Idee wahrscheinlich von Rhinthon ist, wurde von Rotrou, Molière, Camoens und Kleist nachgeahmt und schon von Dryden übersetzt.

Publius Terentius Afer. Afer, der Afrikaner soll er nach seiner Geburtsstadt Karthago genannt worden sein, wo er 194 v. Chr. geboren wurde. Frühzeitig nach Rom als Sclave gekommen, gab ihm sein Herr, Terentius Lucanus, den zweiten Namen, so wie die Freiheit. Den Namen Publius aber soll er von seinem späteren Gönner dem Publ. Scipio angenommen haben. Er starb nur erst 35 Jahre alt in Armuth in Arcadien, wohin er sich nach einem Schiffbruche gerettet hatte, in dem er all seine Habe, darunter die Abschriften aller Komödien des Menander, verlor. Derselben Herkunft, wie die Lustspiele des Plautus, behandeln die auf uns gekommenen sechs Lustspiele des Terenz auch ähnliche Motive, wie diese, nur fast noch einförmiger, da wir in ihnen allen denselben Figuren, nur in verschiedenen Situationen, begegnen. Dagegen ist seine Behandlung eine andere, da er nicht nur den Conversationston der feineren Stände darin anschlägt, sondern die griechischen Sitten und Charaktere seiner Vorbilder beibehält. In Ansehung der Erfindung und des dramatischen Ausdrucks wird Plautus von Terenz nicht erreicht, wohl aber in Feinheit der Motivirung, Lebensbeobachtung und geläutertem Geschmack der Darstellung übertroffen. Er liebt es, mehrere Fabeln in einander zu schlingen, mehr um die Armuth seiner Erfindungskraft zu verdecken, als, wie Shakespeare, die Stärke seiner Gestaltungskraft zu zeigen. Ein feiner Zug von Empfindsamkeit ist fast all seinen Figuren eigen; sein Lustspiel hat schon die Merkmale des späteren Rührstücks. Der Prolog hat bei ihm stets einen polemischen Charakter. Es klingt hierin etwas von der Parabase der Aristophanischen Komödie noch mit nach. Von den uns überlieferten sechs Lustspielen („Andria", „Die Schwiegermutter", „Der Selbstpeiniger", „Der Eunuch", „Phormio" und „Die Brüder") wird das letztgenannte ganz allgemein für dasjenige gehalten, welches alle Vorzüge des Dichters im höchsten Maße in sich vereint.

§ 15. Die Mimen und Pantomimen.

Die römischen Mimen stammen gleich den griechischen Mimen des Sophron von den sicilischen ab, aber von einer

Drittes Kapitel. Das Drama der Römer.

Art derselben. Sie haben sonst Nichts mit ihnen gemein. Es waren schmutzige Possen, die ihren Reiz, außer in den Obscönitäten, in dem sie begleitenden verzerrten Geberdenspiel suchten. Die Darsteller hießen Sanniones, von Sanna (verzerrtes Gesicht). Der Sannio wurde bald zur Aushülfe für den sprechenden Schauspieler benutzt, dessen Rede er mit seinen Geberden begleitete. Später trat er auch noch als Zwischenspieler in der Orchestra auf. Der lateinische Name der Mimenspieler war Planipedes, weil sie barfuß, d. i. ohne Kothurn und Soccus, spielten. Bis zu Sullas Zeit waren die Spiele dieser Art lediglich Stegreifspiele, immer auf einen Hauptspieler und einige Nebenspieler berechnet. Das hauptsächlichste Thema war Diebstahl und Ehebruch. Männer wie Frauen traten darin auf und zwar stets ohne Maske. Das Costüm war ein bunter Harlekinsrock (Centunculus), darüber ein Mäntelchen. Später entstanden auch geschriebene Mimen, sie behielten den Charakter der Stegreifspiele im Wesentlichen bei und fanden besonders den Beifall der Großen; während die letzteren sich in der Gunst des Volkes erhielten. Wir werden einem ähnlichen Verhältnisse bei der commedia dell' arte der Italiener begegnen. Laberius und Publius Syrus galten für die besten Mimendichter. Sie geißelten die öffentlichen und geheimen Sünden der sogenannten guten Gesellschaft. Zu den berühmtesten Mimentänzerinnen gehörte die Origo, die Lycoris und die Arbuscula. Sie erschienen in der bloßen Subucula, einem florartigen dünnen Untergewande. Die Mimen des Philistio waren noch bis ins fünfte Jahrh. n. Chr. berühmt.

Die Trennung von Rede und Geberdenspiel führte zur Pantomime, welche das letztere zum ausschließlichen Darstellungsmittel macht. In der Vereinigung mit dem Tanz näherte sich diese dem späteren Ballet. In diesem herrschen die Bewegungen der Füße, in jener die Bewegungen der Hände vor. In der Pantomime stellte eine einzige Person die ganze Handlung dar. Der Stoff war stets der Mythologie und Heldensage entnommen. Pylades und Bathyllus werden die Schöpfer derselben genannt. Der Erste war berühmt als tragischer Pantomime, Bathyllus als Darsteller des Sinnlichen. Er spielte Schwan und Leda zugleich und wurde von der Damenwelt vergöttert. Wenn wir von den Pantomimen bei Lucian lesen: „Sie enthüllen mit einer solchen Wahrheit und Tiefe das Innerste des Menschen, daß jeder sich mit Lust darin selber erkennt", und dabei berücksichtigen, daß sie in Masken gespielt wurden, das Mienenspiel also ausgeschlossen war, so müssen wir darin eine Kunst erkennen, die für uns ganz verloren gegangen ist. — Unter den Kaisern spielten die Tänzer und Tänzerinnen eine große Rolle. Die ganze dramatische Kunst ging in der Pantomime auf. Von einigen Kaisern (Trajan, Constantin und Galerius) ganz unterdrückt, lebte sie doch immer wieder auf. Obschon Theodosius und Justinian den Schauspielerstand für ehrlos erklärten, liebte der Erstere leidenschaftlich die Pantomime und entblödete sich der Zweite nicht, die berüchtigte Tänzerin Theodora, welche die obscönsten Tänze getanzt hatte, zu sich auf den Thron zu erheben. — Die Feindseligkeit der Kirchenväter gegen das Theater hatte ihren Grund vornehmlich in dieser Entartung, die sie als nothwendige Consequenz desselben ansehen zu sollen glaubten. Schauspieler mußten ihr Gewerbe aufgeben, um Christen werden zu können. Wer dem Theaterbesuch mit Leidenschaft anhing, wurde von der christlichen Gemeinschaft ganz ausgeschlossen. So trat der Schauspieler Genesius zum Christenthum über, starb in der diocletianischen Verfolgung den Märtyrertod, um später als Schutzpatron der Schauspieler wieder verehrt zu werden. Während aber damals das Drama in Europa also herabsank, entwickelte es sich, wie wir gesehen haben, in Indien gerade zur lieblichsten Blüthe.

§ 16. Das Theater und Theaterwesen.

Die Aufführungen der Schauspiele standen auch bei den Römern ursprünglich in einer bestimmten Beziehung zur Religion. Sie waren theils feststehende (ludi stati), theils bei besonderen Gelegenheiten gelobte (ludi votivi), theils außerordentliche Spiele (ludi extraordinarii). Die wichtigsten waren: 1) Die L. Apollinares. Sie fanden am 5. Juli im Circus maximus statt.

2) Die L. Megalenses fielen in den April und wurden zu Ehren der großen Mutter (Cybele) gefeiert. 3) Die L. romani dauerten fünfzehn Tage, waren dem Jupiter, der Juno und Minerva geweiht und fanden im September statt. 4) Die L. plebei beging man zu Anfang November. Sie waren entweder nach Vertreibung der Könige oder nach der Herstellung des Friedens zwischen den Patriciern und Plebejern eingesetzt worden.

Feststehende Theatergebäude entstanden erst gegen Ende der Republik. Sie waren nach dem Muster der griechischen eingerichtet. Censoren und Aedilen wetteiferten in der Erbauung und Ausschmückung derselben. Aemilius Scaurus erbaute als Aedil ein Theater, das 80,000 Menschen faßte. Curio aber ließ bei dem Leichenbegängnisse seines Vaters zwei Theater erbauen, welche so gegen einander gedreht werden konnten, daß sie zusammen ein Amphitheater bildeten. Wie das griechische, bestand auch das römische Theater aus drei Theilen, dem Zuschauerraum, der Orchestra, der Bühne. Die Orchestra war bei dem letzteren jedoch kleiner, da sie nie über die Hälfte des sie bildenden Kreises hinausging. Der Zuschauerraum reichte ebenfalls nie über den Halbkreis hinaus. Die Eintheilung des letzteren war aber im Wesentlichen die gleiche, nur daß sich in der Mitte derselben stets einer der Treppenaufgänge befand. Da der römische Chor nicht in der Orchestra, sondern auf der Bühne aufgestellt wurde, so benutzte man diesen Raum zu bevorzugten Sitzplätzen. Man nannte denselben das Podium. Um sich vor der Sonne und dem Regen zu schützen, überspannte man den Zuschauerraum mit purpurnen Decken. Um die Hitze zu mäßigen, besprengte man Stufen und Podium mit wohlriechendem Wasser und Wein. Die Bühne war niedriger als die griechische, damit man von den Plätzen der Orchestra sie ganz überschauen konnte. Der Sprechplatz der Schauspieler hieß Pulpitum. Eigenthümlich war ihr ein Vorhang, aulaeum, womit sie vor Beginn geschlossen war. Er wurde nicht wie bei uns herauf-, sondern herniedergewunden.

Der Zutritt zu den Theatern war unumschränkt und unentgeltlich. Die Spiele waren ein Geschenk an das Volk

Doch mußte jeder beim Eintritte eine Marke (tessera) aufweisen, auf welcher der Sitz nach gradus und cuneus bezeichnet war. Beifall und Mißfallen wurden durch Händeklatschen und Pfeifen oder Zischen ausgedrückt. Auch verlangte man schon Wiederholungen einzelner Stellen und Scenen.

Die Ausrichtung der Theaterspiele war keineswegs Privat-, sondern Staatssache. Der damit beauftragte Beamte, der dator ludi, mußte für den ganzen Aufwand der Aufführung Sorge tragen. Er besoldete die Schauspieler und zahlte das Honorar an den Dichter. Er hatte auch die Ordnung zu überwachen, wobei er durch Unterbeamte unterstützt wurde (designatores und lictores). Die Conquisitores hatten darüber zu wachen, daß sich unter den Zuschauern keine Parteiungen bildeten und diejenigen ausfindig zu machen, welche zum Beifallklatschen bestellt waren. — Die Vertheilung der Rollen besorgte entweder der Dichter oder der Director nach den Fähigkeiten jedes einzelnen der Darsteller. Weibliche Rollen wurden bis zur Kaiserzeit von Knaben und Männern gespielt. Eine Ausnahme hiervon machten die Mimen. Der Vortrag der Tragödie war getragen, pathetisch. Apulejus sagt: Der Komiker conversirt, der Tragiker declamirt. Aber auch der Dialog der Komödie erhielt noch eine gegenüber der gewöhnlichen Umgangssprache erhöhte Färbung und einen besonderen Tonfall. Die Bewegungen des Tragikers waren gemessen und würdevoll. Der Komiker entwickelte dagegen ein überraschend lebhaftes Geberdenspiel, besonders der Hände und Finger. Masken wurden erst 20 Jahre vor Roscius' Geburt, in die Tragödie durch Minutius Prothonius, in die Komödie durch Cincius Faliscus eingeführt. Später spielte man wohl abwechselnd mit oder ohne Maske. Die Atellanen genossen schon immer das Vorrecht, sich der Masken bedienen zu dürfen. Die Pantomimenspieler bedienten sich derselben ebenfalls, obschon die Mimen ohne Masken gespielt wurden. In späterer Zeit wurden die Atellanen, Mimen und Pantomimen auch als Nachspiele verwendet. Sie wurden auf dem Pulpitum aufgeführt. Der hintere Theil der Bühne war dann durch einen besonderen Vorhang abgetrennt, welcher Siparium hieß. Die Mimen wurden von der

Flöte begleitet, der Tänzer der Pantomimen aber von einem im Hintergrund aufgestellten Chore mit einem Vorspiel auf allerlei Instrumenten empfangen.

Viertes Kapitel.
Das Drama des Mittelalters.

§ 17. Allgemeines.

Rom hatte mit seiner Herrschaft zugleich seine Sprache und Bildung über einen großen Theil von Europa verbreitet, was wesentlich dazu beitrug, daß beide noch lange einen bestimmenden Einfluß auf die geistige Entwickelung der ihn bewohnenden Völker ausübten, als jene Herrschaft schon völlig vernichtet worden war. Indessen hatte das geistige Leben, hatten die Sitten und Anschauungen der von den Römern unterworfenen Völker und Reiche auch auf diese selbst wieder vielfach zurückgewirkt und jene Ausbreitung ihrer Herrschaft, so wie diese Rückwirkung gehörten nicht zu den letzten Ursachen des jähen Verfalls ihres Weltreichs. Von diesen fremden Einflüssen wurden ihnen zwei vor allen verderblich: die Sitten, Gewohnheiten und Anschauungen des Orients, welche die übermüthigen Sieger in das römische Leben hineintrugen und hierdurch einen Zustand sittlicher Entartung förderten, vor welchem jedes bessere Gemüth zurückschrecken mußte, und das Christenthum, dem hierdurch ein überaus empfänglicher Boden bereitet wurde und das seiner Natur nach, selbst noch gegen das Beste im römischen Staatsleben, gegen seine ganz im Heidenthum wurzelnde Bildung gerichtet sein mußte. Wohl erkannten die kräftigsten und einsichtigsten Herrscher des Reichs die von dieser Seite drohende Gefahr, daher es auch gerade sie waren, die sich bisweilen zu einer grausamen Verfolgung des Christenthums hinreißen ließen. Aber selbst diese Verfolgungen trugen noch dazu bei, daß es tiefere Wurzeln im Herzen der nach irgend einer Rettung verlangenden Völker schlug. Schon nach zweihundert Jahren war das Christenthum zu einer Macht im Staate

geworden, die man wohl noch zu verfolgen, aber nicht mehr zu
unterdrücken vermochte. Doch seltsam, in diesem Kampfe mit
römischem Leben und römischer Bildung bedurfte das Christenthum dieser Bildung doch selbst wieder, mußte ihm diese Bildung
selbst erst die Waffen und Mittel darleihen zu seiner eigenen Be-
kämpfung. Dies läßt sich bis in die Entwicklungsgeschichte der
dramatischen Dichtung verfolgen. Denn gegen fast keine andere
Erscheinung des römischen Lebens wendeten sich die Lehren der
christlichen Kirche mit größerer Erbitterung und Heftigkeit und
mit größerem Rechte, als gegen die ganz der Entartung und
Unzucht verfallenen Spiele der römischen Bühne. Mit welchem
Erfolge, beweisen die bis tief ins Mittelalter wiederkehrenden,
gegen sie gerichteten Verbote der Synoden und Kirchenversamm-
lungen. Und doch sehen wir, hiermit in Widerspruch, die christliche Kirche sich selbst nur zu bald dieser bekämpften dramatischen
Formen zu ihren Zwecken bedienen.

Der Völkerfluth, die sich von Asien her über Europa ergoß,
vermochte das also an innerer Zersetzung leidende Reich nicht auf
die Dauer zu widerstehen. Doch sollten seine Besieger selbst wieder
zwei Einflüssen unterliegen, die es ihnen bei seinem Untergange
hinterließ — dem Einflusse seiner Sprache und Bildung und
dem Einflusse des Christenthums; jenem allerdings nur in hier
mehr, dort minder beschränkter Weise, diesem zwar ganz, aber
doch erst allmählich. Lange erhielt sich die Sprache der Römer
noch neben der eigenen Sprache der siegreichen Völker lebendig,
bis sie sich endlich mit dieser zu einer neuen Sprache verband,
oder von ihr verdrängt und verschlungen wurde. Länger noch
blieb sie in fast allen Ländern die Sprache der Gelehrten, daher
auch der Kirche, ja selbst der Gebildeten.

Die Völker, die für die Geschichte des Dramas fortan in
Betracht kommen, lassen sich demnach in zwei große Gruppen
vertheilen: in solche, bei denen in dem Kampfe und der Durchdringung der Sprachen die römische endlich obsiegte und die Form
der neuen bestimmte, und in solche, bei denen der germanische
Geist in der Sprachbildung den römischen im Wesentlichen über-
wand — in die romanischen und die germanischen Völker.

Zu den Einflüssen, welche bei der Entwicklung des mittelalterlichen Dramas in Betracht fallen müssen, würde daher außer der Nachwirkung des römisch-griechischen Theaters und seiner dramatischen Formen und außer der Einwirkung des Christenthums auf dasselbe, auch noch derjenige gehören, welcher aus der eigenthümlichen Natur und Cultur der herrschend gewordenen neuen Völker entsprang, wenn diese zunächst nicht fast ganz unter kirchlichem Einfluß gestanden hätten. Erst als die Volkssprachen sich der dramatischen Dichtung bemächtigten, erst als diese mehr und mehr von der Kirche sich losrang, begann der freilich inzwischen veränderte Geist jener Völker die Formen und den Inhalt derselben mit zu bestimmen, begannen die Stoffe der nationalen Sagendichtung, wenn auch nicht der ursprünglichen, noch in den heidnischen Anschauungen wurzelnden, so doch der mit unter kirchlichem Einflusse entstandenen ritterlichen Sagendichtung Eingang in sie zu gewinnen.

§ 18. Anfänge des mittelalterlichen Dramas.

Der Mißerfolg jener gegen die Schaulust des Volkes und die dramatischen Spiele gerichteten Verbote hatte die Geistlichkeit bald überzeugen müssen, daß beiden ein tief in der Natur des Menschen wurzelnder und darum in einem bestimmten Umfange berechtigter Trieb zu Grunde liege, daher sie sich desselben auch zu bemächtigen suchte und zu bemächtigen wußte. Nicht nur, daß sie der Gottesverehrung eine auf ihn mit berechnete Form gab — die Liturgie mit ihren Wechselgesängen, den Antiphonien und Responsorien, ihren symbolischen Handlungen und Zwischenreden —, sie benutzte auch jeden Anlaß und war nicht um Vorwände dafür verlegen, dieselbe nach dieser Richtung hin weiter auszubilden. Einen dieser Anlässe boten zunächst die Erinnerungsfeste. Lebende Bilder, durch die man die Bedeutung des Tages sinnlich veranschaulichte, und in denen die Geistlichkeit selbst die Personen darstellte, sind schon im fünften Jahrhundert historisch bezeugt. Das Fronleichnamsfest und Weihnachtsfest bildeten später die Centren der eigentlichen kirchlichen Spiele. Indessen gelang es auch hierdurch noch nicht, die weltlichen ganz zu verdrängen. Man liest im Cassiodor, daß noch im sechsten Jahrhundert dramatische Aufführungen zu Rom im Theater des Pompejus stattfanden und Atellanenspieler mit Wanderbuden werden noch im neunten Jahrhundert erwähnt. Ja es scheint, daß diese volksthümlichen Spiele, die sich gewiß überall dem jeweiligen Zustande der Volkssprache und Sitten anpaßten, gleichviel mit welchen Wandlungen, sich bis dahin erhalten haben, wo sie von den späteren Histrionen, den sog. Joculatoren, aufgenommen und fortgesetzt werden konnten. Man behauptet sogar, daß der italienische Arlechino aus dem römischen Cuntunculus, der ebenfalls eine buntscheckige Tracht und ein komisches Schwert trug, der Pulcinello aus dem römischen Maccus entstanden sei. — Selbst die zum Christenthume Bekehrten glaubten deshalb noch nicht den Freuden entsagen zu sollen, die mit den alten religiösen Festen verbunden waren; daher es der christlichen Geistlichkeit nicht genügte, daß einzelne ihrer Feste zufällig mit heidnischen zusammenfielen; sie erfanden auch neue, um sie auf die übrigen verlegen und die heidnischen Lustbarkeiten in etwas veränderter Form in den christlichen Cultus mit aufnehmen zu können. Das Volk pflegte sich bei solchen Gelegenheiten um die Kirchen und auf den Kirchhöfen zu versammeln und sie mit Gelagen, Mummereien und Tänzen zu erfüllen. Schon im vierten Jahrh. wendete sich der heil. Gregor v. Nazianz gegen diesen Unfug, der besonders im Oriente sehr überhand nahm, und J. L. Klein dürfte wohl Recht haben, wenn er sagt, daß, falls das demselben zugeschriebene Mysterienspiel vom leidenden Christus wirklich von ihm herrührte, er es wohl auch nur deshalb verfaßt habe, um das Theaterbedürfniß zum Vortheil der rechtgläubigen Kirche zu benutzen. Er würde sich dann freilich derselben heidnischen Formen, welche die Kirche bekämpfte, selbst wieder bedient haben, gleichwie etwa 600 Jahr später die Nonne Hroswitha sich der Sprache, der Form des Terenz, ja selbst noch ähnlicher Stoffe wie dieser bediente, um mit ihren im Uebrigen von ächt christlichem Geiste und germanischer Empfindung durchdrungenen Lustspielen die seinen bei ihren Klosterfrauen zu verdrängen. Vielleicht gelang es ihr besser damit, als dem heil. Gregor, da in den Capitularien des sechsten Jahrhunderts wieder mehrfach das Tanzen in Kirchen und selbst noch in der Karolinger Zeit den Scenicis das Anlegen geistlicher Kleider untersagt ward. Inzwischen werden wir annehmen müssen, daß dies immer nur Auswüchse waren, und die kirchlichen Spiele in der Regel einen ernsten und feierlichen Charakter bewahrten.

Die frühesten Spiele dieser Art, die auf uns gekommen, stammen aus dem elften Jahrhundert und sind noch immer in lateinischer Sprache verfaßt, obschon diese letztere schon um hundert Jahr früher fast überall aufgehört hatte, Sprache des Volkes zu sein. Allmählich treten Uebersetzungen an die Stelle der lateinischen Texte. Die ersten Zugeständnisse, welche die Geistlichkeit der Volkssprache machte, bestanden aber darin, daß sie dem Volke gestattete, sich derselben bei den Wechselfängen zwischen der Gemeinde und ihr zu bedienen. So besitzen wir schon aus dem Anfange des elften Jahrhunderts ein unter dem Titel: „Die klugen und die thörichten Jungfrauen" bekanntes Mysterienspiel, das theilweise in provençalischer Mundart abgefaßt ist. Die Oelhändler sprechen hier nämlich in letzterer. Ein anderes, die Legende der heil. Katharina behandelndes, in normännischer Mundart verfaßtes Mysterienspiel ließ Godofredus, ein normännischer Trouvère, 1110 zu Dunstable aufführen. Fast gleichzeitig übersetzte der Benediktinermönch Rotker zu St. Gallen die „Andria" des Terenz ins Deutsche. Das älteste Mysterienspiel, dem wir in Deutschland begegnen, ist das Leiden Christi in einer Tegernseeer Handschrift. Es stammt aus dem dreizehnten Jahrhundert. Der Uebergang der Mysterienspiele aus der lateinischen in die Volkssprachen scheint zu dieser Zeit bereits überall vollzogen.

Einen wesentlichen Antheil an dieser Erscheinung hatten die normännischen Trouvères. Sie werden ganz allgemein als die Schöpfer des in der französischen Volkssprache verfaßten Dramas betrachtet, wie sie ohne Zweifel um die Entstehung des neueren weltlichen Dramas die größten Verdienste haben. Die Normannen, ein von Norden her eingewanderter, von abenteuerlicher Kampflust beseelter, phantasievoller und poetisch gestimmter Volksstamm, hatte dem mittelalterlichen Ritterthum, das sich unter dem Einfluß der Kriege und besonders der Kreuzzüge aus dem Lehnswesen der germanischen Völker entwickelt hatte, einen romantischen Schwung, „die eigentliche Seele, das tiefere Gemüth" verliehen. Sie trugen aber nicht nur dazu bei, der ritterlichen Sage einen neuen bedeutenden Inhalt zu geben, sondern ergriffen dieselbe auch, um sie in den verschiedensten Formen dichterisch auszubilden. Der hauptsächlichste Sitz dieses Ritterthums und dieser Dichtung war das nördliche Frankreich, aber ihr abenteuernder Thatendrang verbreitete denselben nicht nur rasch über ganz Frankreich und England, sondern auch in die übrigen Länder und gab hier die fruchtbarsten Anregungen. Zu einer ganz eigenthümlichen Erscheinung hatte sich dieser ritterlich-poetische Geist im Süden Frankreichs und in den angrenzenden spanischen Gebieten entwickelt, in denen die limosinische oder provençalische Sprache herrschte, wo er unter den Einwirkungen eines weichen, sinnlich aufregenden Klimas mit den Einflüssen arabischer Bildung und Dichtung, arabischen Ritterthums zusammentraf. Hier bildete sich jener romantische Frauencultus, jener übersinnliche Liebesdienst aus, jene ritterliche Minnepoesie, die fast wissenschaftlich spitzfindig betrieben wurde, und mehr ein Spiel des Geistes und der Phantasie, als der unmittelbare Ausdruck der Empfindung war, bei welcher es oft fraglich erscheint, ob eine glühende Phantasie im Dienste der subtilsten Verstandeskräfte, oder diese im Dienste einer glühenden Phantasie thätig gewesen sind. Wenn die provençalische Ritterpoesie unmittelbar nur flüchtige Berührungen mit der kirchlich dramatischen Dichtung hatte, wie uns überhaupt nur ein einziges Beispiel eines und auch nur theilweise in provençalischer Sprache geschriebenen geistlichen Spieles bekannt ist, so gewann sie doch schon sehr früh einen bedeutenderen Einfluß auf die Geistescultur zweier Länder, Italiens und Spaniens, daher sie auch mittelbar, und zwar dort früher, als hier, auf deren dramatische Dichtung eine Einwirkung ausüben mußte. Dies war schon deshalb ganz unausbleiblich, weil das Ritterthum ein Element in den religiösen Cultus hineintrug, das jene Poesie fast völlig beherrschte, die schwärmerische und vergeistigende Verehrung der Frauen. Das Aufblühen der italienischen Dichtung fällt mit der Herrschaft der Hohenstaufen zusammen, welche die provençalischen Troubadours an ihren Hof nach Sicilien zogen, das hierdurch zur Wiege derselben geworden ist. Der Einfluß der provençalischen Ritterpoesie auf die spanische Dichtung kann schon deshalb nicht zweifelhaft sein, weil sie ihren Sitz zum Theil mit in Spanien hatte. Dagegen bemächtigten sich die normännischen Trouvères des nördlichen Frankreich nicht nur der Mysterienspiele, sie bereiteten nicht nur ein weltliches Drama vor, indem sie den epischen Sagenstoff dichterisch umbildeten, sondern wir werden auch bei ihnen den ersten Versuchen begegnen, das Drama ganz von dem kirchlichen Einflusse zu befreien.

§ 19. Mysterienspiele und Moralitäten.

Die Mysterienspiele entwickelten sich aus den liturgischen Darstellungen, welche mit dem Gottesdienste verbunden waren und ursprünglich nur von Geistlichen ausgeführt wurden. Das Stoffgebiet der Mysterien, zu deren Darstellungen sich Geistliche und Laien verbanden, umfaßte aber später nicht nur die Geschichte Jesu und die Geschichten des Alten Testamentes, welche man zu einander in allegorische Beziehung zu bringen wußte, sondern auch die Legenden, Pseudoevangelien und Märtyrergeschichten, welche sich im Laufe der Zeiten um sie angesetzt hatten. Besonders lieferte die Marienlegende den Stoff zu einer ganz besondern Art Spiele. Doch auch die Allegorie und die Elemente der Volkspoffe wurden mit in die Mirakelspiele gezogen. Das gab, wie es scheint, den normännischen und anglonormännischen Trouvères Gelegenheit, die erstere von ihnen wieder loszulösen und zu selbständiger Behandlung zu bringen. Ihnen wird wenigstens die Erfindung derartiger allegorischer Spiele zugeschrieben, die man Moralitäten genannt hat; und es ist Thatsache, daß die normännischen und anglonormännischen Jongleurs, welche die Dichtungen und Erfindungen der Trouvères mit ihrem Spiele begleiteten und wohl auch darstellten und weiter ausbildeten, schon frühzeitig einfachere

Spiele dieser Art, z. B. Streitgespräche zwischen Leib und Seele, zwischen Frühling und Winter u. s. w., besaßen. Doch nicht nur von dieser Seite wurden Bemühungen sichtbar, das Drama von der Kirche loszulösen, sie selbst sehen wir entscheidende Schritte nach dieser Richtung hin thun. So erließ Innocenz III. 1210 ein scharfes Verbot gegen die Aufführung dramatischer Spiele in den Kirchen und gegen die Schauspielereien der Geistlichen, welches in mehreren Synodalbeschlüssen wiederholt werden mußte; doch begegnet man auch später noch Spielen, die von Geistlichen und in Kirchen oder Klöstern aufgeführt wurden. 1261 verpflichtete die Gesellschaft der Battuti in Treviso sogar die Canonici der dortigen Kathedrale, ihr für die Rolle der Maria jährlich zwei Geistliche zu liefern. Ueberhaupt traten jetzt an verschiedenen Orten Genossenschaften, wie die der Battuti, zum Zwecke der Aufführung geistlicher Stücke zusammen. So 1264 in Rom die Bruderschaft des Gonfalone und 1268 die Bürgerschaft von Chester. Seit 1303 hatten zu Paris die Schreiber des Parlaments und des Châtelets, als Genossenschaft de la Bazoche, das Gerechtsam erworben, die Anordnung der öffentlichen Feste zu leiten. Sie kamen später in Conflict mit der confrérie de la passion, die aus einer Vereinigung von Bürgern bestand, welche die Aufführung von Passionsspielen zum Zwecke hatte. Karl VI. hatte dieselbe 1402 mit einem Freibriefe hierzu beliehen. Die Genossenschaft der Bazoche bemächtigte sich dafür der Moralitäten, welche von dieser Zeit an in Aufnahme kamen. Beide fanden aber eine gefährliche Concurrenz in der Gesellschaft der enfans sans souci, welche unter Karl VI. zur Darstellung von Spottspielen mit allegorischen Figuren privilegirt worden war. Diese Verhältnisse sollten dazu führen, dem Drama in Frankreich einen mehr und mehr weltlichen Inhalt zu geben. Denn sowohl die Passionsbrüder, wie die Genossenschaft der Bazoche glaubten sich nun mit den fahrenden Spielleuten in Verbindung setzen zu müssen, um das Publicum an sich zu fesseln. Sie nahmen nicht nur ganze Scenen aus der Volksposse, als Zwischenspiele, in ihre Handlungen mit auf, sondern begannen auch Stücke ganz weltlichen Inhalts zu spielen, jene — historische Dramen, diese

— Farcen mit realistischen Figuren aus dem Volksleben. So wurde von den Passionsbrüdern schon 1395 die Geschichte der Griseldis, das erste Beispiel von der Einwirkung der nationalen Dichtung auf das Drama in Frankreich, gegeben und von jenen Farcen der Bazoche hat sich die von dem „Advocaten Patelin" (1480) noch über drei Jahrhunderte auf der Bühne erhalten.

Die confrérie de la passion spielte zuerst in St. Maur les fossés, später in den Straßen von Paris, dann im Hôtel de la trinité und im Hôtel de Flandre, zuletzt im Hôtel de Bourgogne. Die Einrichtung, welche sie der Bühne gab, scheint im Wesentlichen die für die Mysterienspiele allgemein übliche gewesen zu sein; sie war theils durch den Inhalt der Stücke, die einen dreifachen Schauplatz, Erde, Himmel und Hölle, forderten, theils durch das Spielen in Höfen und Straßen bedingt. Man stellte nämlich den dreifachen Schauplatz in einer Uebereinanderordnung, dem zweistöckigen Scenengebäude der Alten entsprechend, dar, indem man gewissermaßen das letztere selbst zum offenen Schauplatze machte, womit ich nicht sagen will, daß es mit diesem in einem bestimmten Zusammenhange stand, da man den dreifachen Schauplatz der Mysterien anfangs in einem Nebeneinander dargestellt hat. Die Galerien der Höfe, die Fenster der angrenzenden Häuser bildeten natürliche Logen für die Zuschauer, und wo es die localen Verhältnisse bedingten, errichtete man gegenüber der Bühne ein Gerüst, um ihnen auch außer dem Parterre der Straße oder der Höfe noch einen erhöhten und bequemen Platz zu gewinnen, oder man hob auch die Reihen der Sitze stufenförmig übereinander empor.

Das dreitheilige Bühnenhaus war auf einem Podium errichtet, das eine Art von Proscenion bildete. Während das mittlere offene Stockwerk für die Vorgänge auf Erden, das obere für die Vorgänge im Himmel bestimmt war, das untere aber die Hölle darstellte, wurde der breite, doch wenig tiefe Raum vor dem Bühnenhause als ein neutrales Gebiet angesehen, welches durch theils sichtbare, theils verborgene Treppen mit den höher gelegenen Stockwerken in Verbindung stand. Hier ordneten sich die Darsteller zu Gruppen und Zügen, hier war der Standort derer, die unmittelbar keinen Antheil am Spiel hatten. Diese Anordnung ließ die mannigfaltigste Aufstellung eines reichen Personals zu (das bisweilen auf mehrere Hundert stieg). Bei aller Pracht, mit der man die Mysterienspiele auszustatten pflegte, läßt doch schon die große Zahl der dabei Mitwirkenden erkennen, daß sie von Seiten der schauspielerischen Leistung Vieles zu wünschen übrig lassen mußten. „Das Mysterium verfuhr", wie Eduard Devrient („Geschichte der deutschen Schauspielkunst") sagt, „ganz in derselben Weise wie die älteren Malerschulen, welche auch auf einem und demselben Bilde alle Momente der heil. Geschichte in einzelnen Bildchen neben- und übereinander darstellten." In einzelnen Gruppen, die sich zusammenstellen und wieder auflösen, entwickelte sich der epische Vorgang. Auf das Costüm, das ebenfalls im Anschluß an die Malerei im Charakter der Zeit und dabei ganz symbolisch war, verwendete man große Sorgfalt und hohe Summen.

Im Jahre 1448 wurden die Spiele der enfans sans souci unterdrückt. Die mit Farcen untermischten Moralitäten gewannen es nun sehr bald über die Mysterienspiele, bis diese dem durch das Studium der Alten erweckten neuen Geiste der Zeit selbst wieder erlagen. Diese neue Richtung ging von Italien aus und machte ihren verändernden Einfluß auch darin geltend, daß sie nach der Wiederbelebung der tragischen und komischen Dichtung der Alten strebte. Im Jahre 1470 führte die römische Akademie einige Lustspiele des Plautus in lateinischer Sprache auf und stellte somit der volksthümlichen Komödie die Commedia erudita gegenüber. Schon zu Ende des 15. Jahrhunderts wurden in Italien Tragödien und Komödien nach antiken Mustern geschrieben und aufgeführt. Nachdem die confrérie de la passion 1547 durch Parlamentsbeschluß unterdrückt worden war, eröffnete 1548 die neue Gesellschaft der comédiens ihr Theater und mit der „Gefangenen Cleopatra" von Jodelle war der Sieg des regelmäßigen, classischen, weltlichen Dramas in Frankreich entschieden. Doch auch die Farcen der

Viertes Kapitel. Das Drama des Mittelalters.

Bajoche, gegen welche die Moralitäten schon länger zurücktreten mußten, sollten jetzt einem fremden Eindringlinge, dem italienischen Maskenspiele, weichen.

Früher noch als in Frankreich trat das Mysterienspiel in England und Deutschland in den Hintergrund, um dort bald ganz zu verschwinden, hier aber noch bis auf den heutigen Tag im Oberammergauer Passionsspiel als in einem letzten Ausläufer fortzuleben. In beiden Ländern, besonders aber in Deutschland, hat das Märtyrerspiel die Bedeutung, die es in Frankreich gewann, niemals erreicht. In England wurde es zunächst von den Moralitäten überflügelt, welche wahrscheinlich eben so, wie die sogenannten Interludes, von den anglonormännischen Jongleurs oder Minstrels hier eingeführt worden waren. Im 16. Jahrhundert aber wurde es durch den fast gleichzeitigen Einfluß der Reformation und des wiedererweckten Studiums der classischen Poesie, so wie durch das Aufblühen des weltlichen Dramas völlig verdrängt. Aehnliche Einflüsse mußten aber auch in Deutschland sein Gebiet allmählich verengern.

Das italienische geistliche Drama, rappresentazione, festa, storia, esempio, doch auch misterio genannt, wird schon im 13. Jahrhundert erwähnt. Man unterschied hier figure und vangeli, jenachdem der Stoff dem Alten oder Neuen Testamente entnommen war. So wenige Beispiele uns aus den ältesten Zeiten davon erhalten geblieben sind, so reich scheint Italien im 15. und 16. Jahrhundert an Mirakelspielen gewesen zu sein. Denn so lange ward diese Gattung hier von Gelehrten und Dichtern gepflegt, worin eben der Grund der höheren Ausbildung mit gelegen ist, den sie in diesem Lande erreichte. Sie ist, so weit man sie kennt, überwiegend allegorischen Inhalts, bisweilen auch reine Allegorie. In dieser Form hat das kirchliche Drama seinen ursprünglichen naiven Charakter eingebüßt, der Einfluß der provençalischen Dichtung sich geltend gemacht. Es tritt nun mit dem Bewußtsein künstlerischer Absichten auf und legt das Gewicht auf die beziehungsvolle Verbindung der Gedanken und auf den musikalischen Wohllaut des sprachlichen Ausdrucks.

Doch giebt es immer noch geistliche Spiele, welche, wie J. L. Klein dies von denen des Feo Belcari (1410—1484) rühmt, naiv, volksthümlich, treuherzig und fromm im Ausdrucke und von einem Hauche jener evangelischen Darstellungsweise umweht sind, die aus den Bildern der Schule des Giotto, besonders des Fiesole, so wunderbar anspricht. Später nahmen sie jedoch mehr und mehr einen akademischen Charakter an, um der wiedererweckten antiken Tragödie und ihren Nachahmungen endlich ganz zu erliegen.

Spärlicher noch sind die Nachrichten, die wir von den ältesten kirchlichen Spielen der Spanier besitzen. Doch geht, wie Schack ("Geschichte der dram. Literatur und Kunst in Spanien") darthut, aus einem in den zwischen 1252—1257 redigirten Siete Partidas enthaltenen Gesetze hervor, daß es um die Mitte des 13. Jahrhunderts in Spanien Vorstellungen von geistlichen wie weltlichen Spielen gab, und die ersteren sowohl von Geistlichen wie Laien innerhalb und außerhalb der Kirchen und Klöster aufgeführt wurden. Hatte sich die spanische Mysterie aber auch augenscheinlich viel später, als in den übrigen Ländern entwickelt, so sollte sie doch grade nur hier zu völliger Blüthe gedeihen, und mit ihr überhaupt das ganze mittelalterliche Drama, mit dem sie, auch erst gegen Ende des 17. Jahrhunderts in Verfall gerieth. Die Entwicklung des mittelalterlichen Dramas wurde hier ebensowenig durch die reformatorischen Bewegungen der Zeit und die Wiederbelebung der antiken dramatischen Formen gehemmt, wie das geistliche Drama durch den Gegensatz des weltlichen, mit dessen Entwicklung es vielmehr gleichmäßig fortschritt. Wir werden dieselbe aber erst im Zusammenhang mit der Geschichte des neueren Dramas in Betracht zu ziehen und an deren Spitze zu stellen haben, nicht sowohl deshalb, weil ihre Blüthe mit den glänzendsten Erscheinungen des letzteren zusammenfällt, sondern weil das spanische mittelalterliche Drama in seiner Blüthezeit einen bedeutenden Einfluß auf die freilich völlig anders geartete Entwicklung des neueren Dramas der übrigen Völker ausübte.

§ 20. Anfänge des weltlichen Dramas.

Es hat im Laufe dieser Betrachtungen wiederholt darauf hingewiesen werden müssen, daß schon während des ganzen Mittelalters ein weltliches Drama neben dem geistlichen herlief; wir haben sogar Elemente desselben vielfach in dieses hereintreten sehen. Auch hat es nicht an Merkmalen gefehlt, welche auf einen ununterbrochenen Zusammenhang volksthümlicher Possenspiele mit Formen des alten römischen Dramas, den Mimen und Atellanen, hinwiesen. Dieser Zusammenhang mußte vor Allem durch Italien vermittelt werden, obschon erhaltene Baureste dafür sprechen, daß auch in Spanien und im südlichen Frankreich die dramatische Kunst der Römer zur Zeit ihrer Herrschaft daselbst gepflegt worden ist. Es haben sich Spuren gezeigt, daß jene Spiele durch wandernde Histrionen verbreitet wurden; ein Erwerbszweig, der dann an die sogenannten Joculatoren kam, welche, wie dies aus einem von dem Troubadour Guiraut Riquier aus Narbonne an Alfons X. (1252—1284) gerichteten Bittschreiben hervorgeht, sich vielfach des Namens von Jongleurs angemaßt haben mochten, wie diese letzteren selbst wieder sich vielleicht der volksthümlichen Stücke der Joculatoren bemächtigt hatten, um dieselben zu verfeinerter Ausbildung zu bringen. Möglich, daß auf solche Weise jene Zwischenspiele entstanden, welche man allerwärts an den Festen der Großen bei Tafel aufzuführen pflegte, und die besonders in England (als interludes) sehr in Aufnahme kamen. Schon 1464 werden dort in einer Parlamentsacte players of interludes erwähnt. Zu dieser Zeit gab es in England schon einen Schauspielerstand, wie denn z. B. Richard III. schon als Herzog von Gloster sich eine eigne Schauspielertruppe hielt. Es ist kein Zweifel, daß diese Berufsschauspieler die dramatischen weltlichen Spiele weiter auszubilden suchten. Dasselbe geschah von den Genossenschaften, die sich in Frankreich und Italien gebildet hatten, freilich zunächst um geistliche Spiele zur Aufführung zu bringen. Ich habe einiger derselben schon früher gedacht. Sie riefen in Italien bald eine Unzahl anderer ins Leben. 1273 begegnen wir zu Siena der Vorstellung eines Schauspiels von rein weltlichem Charakter. Der Lossspruch der Stadt vom päpstlichen Banne wurde durch dramatische Darstellung der ganzen Begebenheit festlich begangen; ein Vorgang, der die Nachahmung anderer Städte Toscanas hervorrief. Schon zu Petrarca's Zeit wird in Italien von dem Gewerbe der Schauspieler gesprochen und Petrarca selbst schrieb in seiner Jugend ein weltliches Lustspiel. 1313 wurden am Hofe Philipps des Schönen Stücke rein weltlichen Inhalts gespielt, darunter eins, welches den Stoff von Reincke Fuchs behandelte. Auf die von der confrérie de la passion dargestellten Stücke dieser Art konnte schon hingewiesen werden und von den normännischen Trouvères sind uns sogar einige erhalten geblieben, darunter das liebliche Schäferspiel „Robin und Marion" von Adam de la Hale.

Die französische Farce, welche später von der Genossenschaft de la Bazoche gepflegt wurde, und von der wir im „Advocat Pathélin" ein Beispiel besitzen, das freilich manche Wandlung erfuhr, ist ohne Zweifel mit der italienischen Farsa verwandt. Man unterschied hier außer der Hof- und der gewöhnlichen Volksfarce auch noch die farsa spirituale, die in den Kirchen dargestellt wurde. — Carni oder Wagenspiele waren in Rom von altersher zum Carneval üblich. Es waren Spottspiele von einem mit Ochsen bespannten Wagen herab. Vielleicht, daß sie Lorenzo dem Prächtigen den Anstoß zu seinen canti carnascialeschi gaben, die in schon kunstmäßigeren, theils vier-, theils sechszehnstimmigen Gesängen bestanden, die ebenfalls von einem mit schönen Pferden bespannten und mit Charaktermasken gefüllten Wagen herab, dem Charakter ihrer Masken entsprechend, gesungen wurden. Dieser Wagen war von einem reichen Schwarme maskirter Berittener und einem eben so zahlreichen Zuge von Fußgängern umgeben, welche brennende Fackeln trugen.

Im 15. Jahrhundert fingen die Fürsten Italiens an, mit einander in Pracht der theatralischen Aufführungen zu wetteifern, die dann fast immer in den Höfen der Paläste und Schlösser stattfanden. 1492 gab es hier noch kein stehendes Theater.

Dem Cardinal Rafaello Riario wird die erste solche Bühneneinrichtung zugeschrieben, insofern er inmitten des Forums zu Rom eine 2 Meter hohe Bühne errichten ließ.

Fünftes Kapitel.
Das Drama der romanischen Völker.

I. Das Drama der Spanier.

§ 21. Allgemeines.

Dem ritterlichen Geiste der spanischen Völker hat der durch Einfachheit der Sitten und tiefe Religiosität ausgezeichnete nationale Charakter derselben, sowie die Abgeschlossenheit ihres Landes und die fortgesetzten Kämpfe und Berührungen mit den Mauren seine besondere Form gegeben. In keinem anderen Lande hat er eine glänzendere, phantasievollere, aber auch sich abschließendere Entwicklung genommen. Es hat dieser Entwicklung zwar nicht an fremden Einflüssen gefehlt, sie ist aber immer nur von ihnen gefördert und in ihrer nationalen Richtung nie unterbrochen worden. Die Berührungen mit der provençalischen Ritterdichtung, die zum Theil in Spanien selbst ihren Sitz hatte, sowie mit der Poesie und Geistescultur der Araber, die Anregungen, welche die spanischen Völker von der am Studium der Alten genährten italienischen Bildung empfingen, setzten die seltenen Verstandes- und Phantasiekräfte, mit denen sie begabt waren, zu Gunsten jenes ritterlichen Geistes ins Spiel. Was aber diesen selbst im Innersten bewegte, war vor Allem ein hochentwickelter Begriff der persönlichen Ehre. Glaube, Loyalität und Frauenverehrung waren die dreifache Wurzel derselben, das Herz der Nation deren nährende Quelle. Als dieser Geist im übrigen Europa bereits zu sinken begann, sollte er hier durch die endliche völlige Besiegung der Mauren einen erhöhten Aufschwung gewinnen, zumal dieses Ereigniß mit anderen das Nationalgefühl mächtig steigernden Vorfällen, mit der politischen

Vereinigung Aragoniens und Castiliens (1479) und der Entdeckung Amerikas (1492) nahezu zusammentraf. Gerade erst jetzt sollten die Einflüsse arabischer Bildung um vieles sichtbarer werden. Trotz der fremdartigen, glühenden Färbung, welche ihre Dichtung hierdurch erhielt, blieb sie doch immer national. Selbst die Befangenheit war es, in die sie bei der Enge der sie beherrschenden Begriffe gerathen mußte, welche letztere allmählich zu einem dogmatischen Systeme spitzfindig ausgebildet wurden. Sie forderte den Volksgeist durch ihre kunstreichen, nicht selten gekünstelten Formen, durch ihre subtilen Unterscheidungen und ausgeklügelten Gedankenspiele wohl zur Parodie und Satire heraus, im Ganzen aber stand die dem ritterlichen Geiste entsprungene Dichtung in keinem vollen Widerspruch zu der volksthümlichen. Daher sich im Drama auch beide mehr und mehr mit einander durchdringen konnten. Wie in den anderen Ländern entwickelte sich dieses auch hier aus den Mysterienspielen und den Stegreifspielen des Volkes, doch strebte auch ihre Romanzendichtung dramatischen Formen zu.

Man hat die spanische dramatische Dichtung für die romantische par excellence erklärt. In gewissem Sinne ist dies auch zutreffend. So wenig sich aber das Wesen des Dramas im Drama der Spanier erschöpft, so wenig erschöpft sich in ihm der Begriff des Romantischen. Es ist zwar sicher eine der glänzendsten, zugleich aber auch eine der einseitig befangensten Erscheinungen desselben. Wenn man die Bezeichnung dieses Begriffs auf das Wort romance zurückgeführt hat, worunter man die aus der Verschmelzung der germanischen Sprachen mit der lateinischen entstandenen Mischsprachen verstand, so wollte man hiermit wohl weniger ausdrücken, daß das Romantische aus der Verschmelzung des ihnen zu Grunde liegenden verschiedenen Geistes hervorgegangen sei, als daß es erst mit der Bildung dieser Sprachen entschiedener in Leben und Dichtung hervortrat. Das Ritterthum ist ohne Zweifel die glänzendste Erscheinung des romantischen Geistes im äußeren Leben des Mittelalters, es ist aber nicht seine Quelle. Diese Quelle kann, wie uns die Dichtung der Inder und Araber beweist, eine sehr verschiedene sein. Die des romantischen Geistes, welche die Dichtung der germanischen Völker bewegt, liegt aber theils in der besonderen Natur und Geistesrichtung dieser Völker, theils im Christenthume. Schon der diesen Völkern eigene abenteuerliche Thatendrang, sowie das bei ihnen obwaltende innigere Verhältniß zwischen den Geschlechtern, läßt auf ein tiefes Gemüthsleben, auf eine Sehnsucht schließen, welche aus einem, mit der unbestimmten Vorstellung von einem glücklicheren Zustande verbundenen Ungenügen entspringt, auf einen gemischten, mit einem inneren Widerspruch behafteten Gemüthszustand. Das Christenthum allein, mit seiner dem Irdischen abgewendeten Sehnsucht nach einem rein geistigen Leben, würde die romantischen Formen niemals haben gewinnen können, die sich in der Wechselwirkung desselben mit jenem Gemüthszustande der germanischen Völker herausbildeten. Indem es in diesem Zustand einen überaus günstigen Boden für seine eigene Entwicklung fand, mußte es aber den Widerspruch, mit welchem derselbe behaftet war, noch bedeutend vertiefen, so daß es einerseits zu einer völligen Abwendung vom Leben der Wirklichkeit oder doch zur Beschaulichkeit hindrängte, andererseits aber dem derben, oft rohen Lebens- und Thatendrang jener Völker einen geistigeren Inhalt, eine idealere Richtung gab. Dieser Gegensatz, der sich fast aller Gemüther, nur bald mehr, bald minder bemächtigte, mußte in seiner Durchdringung einen wechselvollen Zustand und selbst noch bei völliger Versöhnung jene Grundstimmung des Gemüths erzeugen, die man Humor nennt, zugleich aber auch eine solche Steigerung der Gemüthskräfte, daß diese auf die ganze Auffassung des Lebens, auf das ganze Denken und Trachten einen überwiegenden Einfluß gewannen.

Es ergiebt sich hieraus, warum die neueren Völker nicht jene Freiheit des Geistes besitzen konnten, welche den griechischen Künstlern und Dichtern gestattete, ihren Gegenstand nur um seiner selbst willen, losgelöst von seinen Beziehungen zur übrigen Welt und immer nur in so weit darzustellen, als er rein in der Darstellung aufgeht — eine Freiheit, welche sie zu nicht wiedererreichten Meistern in der Kunst der Plastik gemacht und dem plastischen Kunstprincipe die Herrschaft über alle übrigen Kunstgebiete bei ihnen gegeben hat. Wie aber die neueren Völker die Erscheinungen des Lebens immer nur unter dem Einflusse ihres Gemüthslebens auffassen konnten, daher auch nur in Beziehung darauf, so stellten sie diese Erscheinungen, selbst wo sie ganz objectiv zu verfahren glaubten, auch nur in Beziehungen dar, die ihrem Gemüthsleben entsprachen, d. i. also stimmungsvoll, indem sie dem betrachtenden Geiste hierdurch eine doppelte Perspective, auf das äußere und auf das innere Leben, eröffneten. Daher sich bei ihnen die Malerei zur höchsten Vollkommenheit ausbilden konnte, eine Kunst, welche ihren Gegenstand nicht rein an sich, sondern immer in und durch Beziehungen und der Art darzustellen sucht, daß sie eine unendliche Perspective auf den Zusammenhang dieser Beziehungen eröffnet — daher auch das malerische Kunstprincip einen bestimmenden Einfluß auf alle übrigen Kunstgebiete, selbst noch auf das der Plastik, bei ihnen gewann.

Im Wesentlichen bleibt die menschliche Natur freilich immer die gleiche. Wir werden einzelnen Zügen von dem, was wir hiernach im Unterschiede von dem classischen Geiste der Griechen romantisch nennen, auch noch bei diesen und einzelnen Zügen des antiken Geistes bei den neueren Culturvölkern zu begegnen haben. Daß das letztere in ungleich größerem Umfange der Fall, erklärt sich nicht nur aus der Nachwirkung, welche die Bildung der Alten in den ersten Zeiten des Christenthums fort und fort ausübte, sondern auch aus der Wiederbelebung der antiken Kunst zu Ende des Mittelalters.

Es war vorzugsweise diese letztere, welche den romantischen Geist desselben fast überall, wenn nicht aufheben, so doch verändern und herabstimmen sollte. Nur bei zwei Völkern erwies er sich von einer Stärke, welche diesen Einflüssen genügenden Widerstand bot, bei den Spaniern und bei den Engländern. Bei beiden gewann er im Zusammenfallen mit dem Aufschwunge ihrer nationalen Bedeutung, und zwar auf dem Gebiete des Dramas gerade erst jetzt eine Entwicklung, welche die herrlichsten Blüthen trieb. In Spanien konnte diese Blüthe aber eine länger andauernde sein, weil sie hier nicht wie in England durch äußere

Verhältnisse gehemmt wurde, sondern sich erst allmählich mit dem Nationalgeiste und den Talenten erschöpfte.

§ 22. Anfänge und erste Entwicklung des spanischen Dramas bis Lope de Vega.

Juan del Encina (1469 in Salamanca geboren, 1534 gest.) wird als der Vater des eigentlichen spanischen Theaters bezeichnet; 1492 scheint die erste seiner dramatischen Dichtungen aufgeführt worden zu sein. Sie gehören der Gattung jener Schäferspiele an, der wir schon früher begegneten und die wohl in Anknüpfung an die kirchlichen Weihnachtsspiele entstanden sind. Auch die seinigen schließen sich anfänglich denselben noch an, um nach und nach diese Beziehungen zu lockern und aufzulösen. Ob Encina durch die Virgil'schen Eklogen, die er übersetzte, noch besonders hierzu angeregt worden ist, mag dahin gestellt bleiben. Es fehlt ihnen nicht an einzelnen Zügen naiver Anmuth, ihr dramatischer Werth aber ist nur gering. Das Hauptgewicht scheint noch ganz auf die Behandlung der metrischen Form und auf den harmonischen leichtflüssigen Ausdruck der Gedanken gelegt.

Wichtiger schon ist der portugiesische Dichter Gil Vicente, in der zweiten Hälfte des 15. Jahrh. geboren und um 1536 gestorben. Er schrieb Stücke geistlichen und weltlichen Inhalts, zum Theil in portugiesischer, zum Theil in spanischer Sprache — einige sogar in beiden Sprachen gemischt. Er machte in seinen Autos von der Allegorie einen umfassenden Gebrauch, nie ohne Anmuth und Geist. Seine Stärke lag jedoch in der schwankartigen Farsa, in welcher er große komische Kraft und dramatische Lebendigkeit zeigte. Sie wurde das Vorbild der späteren Zwischenspiele (entremeses). Seine Stücke setzen zuweilen schon einen großen scenischen Apparat voraus und wenn man die Pracht und Naturwahrheit rühmt, mit welcher sie aufgeführt wurden, so läßt dies den Zustand der damaligen Bühne nicht ganz so ärmlich erscheinen, als er von einzelnen Zeitgenossen dargestellt wird.

Den Grund zu den späteren Intriguenstücken (comedias de capa y espada und comedias de ruido und de teatro) legte aber Torres Naharro aus Badajoz durch seine unter dem Titel „Propeladia" (1517) herausgegebenen acht Komödien. Er verdient auch noch sonst unsere Beachtung. Zunächst, weil er die von ihm bei ihrer Abfassung befolgte Theorie in einem Vorworte niederlegte, wodurch er beweist, daß eine gesunde Theorie der Praxis nicht immer schadet, sodann, weil sich aus diesem Vorworte zugleich ein wechselseitiger Einfluß der italienischen und spanischen dramatischen Dichtung, sowie ein Aufschluß über einzelne Verhältnisse der letzteren ergiebt.

Naharro unterschied comedias a noticia von solchen a fantasia. Die ersten stellten wirklich geschehene, die letzteren nur erdichtete Begebenheiten dar. Er hält die Eintheilung in Acte, die er Jornadas nennt, für nothwendig und schickt seinen Stücken ein Introito und ein Argumento voraus. Das erste fordert den Zuschauer in lustiger Form zur Theilnahme auf, das letztere enthält eine kurze Inhaltsangabe der Handlung. Beide schmolzen später in das Loa zusammen. Naharro hat seine Komödien in Italien gedichtet, wo sie wahrscheinlich auch aufgeführt wurden. In Spanien riefen sie eine Fluth von Nachbildungen hervor. Erst von dieser Zeit an wurde der Name Auto, der früher von jeder Handlung gebraucht wurde, ausschließlich auf die religiösen Dramen beschränkt.

Die Versuche, griechische und römische Stücke in Uebersetzungen und Nachahmungen auf die Bühne zu bringen, denen wir jetzt zu begegnen haben, übten nur einen ganz allgemeinen und insofern günstigen Einfluß aus, als sie Sinn und Geschmack für eine geschlossene und harmonische Darstellung weckten. Die Zügellosigkeit der dramatischen Dichter, die meist zugleich Schauspieler waren, hatte so überhandgenommen, daß die Cortes von Valladolid (1548) den Druck unzüchtiger Possenspiele verboten. Es kann daher auch nicht Wunder nehmen, daß unter ihnen Lope de Rueda (um 1544 geb.), ein Mann aus dem Handwerkerstande von beschränkten poetischen Gaben, eine hervorragende Stellung einnimmt. Auch er war zugleich Schauspieler, ja Schauspieldirector. Er schrieb Pastorale, Komödien und Pasos, kleine burleske Spiele, die als entremeses verwendet wurden und die Nachahmung der gemeinen Wirklichkeit zum Gegenstand hatten. Sie sind in Prosa geschrieben und nicht ohne Leichtigkeit und Eleganz behandelt. Einzelne Figuren des Volkslebens kehrten darin fast regelmäßig wieder.

Von den Nachahmern des Lope de Rueda nahmen einzelne die metrische Form wieder auf, ihre Dichtungen sind aber fast alle verloren gegangen. Auch liegt uns bis jetzt aus der Zeit von 1561—1590 nicht ein einziges geistliches Drama vor. Um diese Zeit wurde es mehr und mehr aus den Kirchen verdrängt.

Bei der Mittelmäßigkeit der Talente war es eine Zeitlang schwankend geworden, ob die Nachahmungen des antiken Schauspiels nicht zuletzt doch über das volksthümliche Drama obsiegen würden. Ein Mann von großer poetischer Begabung und von gelehrter Bildung zugleich sollte aber endlich den Kampf zu Gunsten des letzteren entscheiden. Dieser Mann war Juan de la Cueva (1550 zu Sevilla geboren). Wir besitzen von ihm eine Poetik und einen Band Komödien. Den letzteren gab er zuerst diejenige Form, welche später die herrschende wurde, indem er seine Personen abwechselnd in Oktaven, Terzinen, Jamben, italienischen Canzonen, Quintillen und im Romanzenvers sprechen ließ. Epische und lyrische Formen treten bei ihm oft als selbständige Momente aus dem Flusse der dramatischen Handlung heraus, eine Eigenheit, welche auch dem späteren spanischen Drama noch anhaftet. Der allgemeine poetische Werth überwiegt bei ihm überhaupt den dramatischen. Seine Spiele haben durch ihren musikalisch-poetischen Reiz und die willkürliche Häufung phantastischer Begebenheiten neben einem guten auch einen schädlichen Einfluß auf die Entwicklung der spanischen Bühne ausgeübt, da das Publicum, hierdurch verwöhnt, beides lange mehr als alles Andere forderte.

Unter den Nachfolgern des Juan de la Cueva erheben sich Rey de Artieda und Christoval de Virues zu besonderer Bedeutung. Im Uebrigen zeigt sich sehr bald ein rasches Sinken, das bis in das letzte Viertel des 16. Jahrhunderts andauert. Um diese Zeit tritt Michael Cervantes in die Reihen der dramatischen Dichter mit ein. 1548 zu Alcala de Henares geboren, ließ er schon früh Merkmale seiner dichterischen Begabung erblicken. Glühende Vaterlandsliebe und kriegerische Begeisterung rissen ihn 1571 in die Kämpfe gegen die Ungläubigen, in denen er sich auszeichnete. 1575—1580 schmachtete er als Gefangener in Algier. Sein frühestes Schauspiel „El trato de Argel", „Leben in Algier" (1581) entwirft ein ergreifendes Bild von den Drangsalen, welche dort über die Christen verhängt waren. In dramatischer Hinsicht ungleich bedeutender ist seine „Numantia", in der er, sich an Juan de la Cueva anschließend, diesen an Reichthum der Gestaltungskraft und Kühnheit des Entwurfs weit übertrifft. Ein größeres dramatisches Talent, als das seine, sollte ihn jedoch auf diesem Gebiete bald aus der Gunst des Volkes verdrängen, was ihn zuweilen zu einer schroffen Opposition gegen die herrschend gewordene Richtung verleitete, die er jedoch selbst gegen den Schluß seines Lebens in ihren Einseitigkeiten noch weit überbieten sollte.

Das rasche Wachsen der dramatischen Literatur, die steigende Zahl der Theater, der zunehmende Hang des Volks zu diesem Vergnügen führten im Jahre 1586 zu einer ernsten Erörterung der Frage nach der Statthaftigkeit der dramatischen Spiele. Sie wurde zu ihren Gunsten entschieden, ja man verwarf sogar den Vorschlag, das Auftreten von Frauen auf der Bühne zu verbieten, da man diesen erst neuerdings aufgekommenen Gebrauch für minder anstößig hielt, als die Darstellung der Frauenrollen durch Knaben.

Mit Lope de Vega beginnt die eigentliche Blüthezeit des spanischen Dramas. Sie fällt mit dem Sinken der politischen und mit dem Drucke zusammen, welchen die kirchliche und monarchische Macht auf die Freiheiten der Nation und des Individuums auszuüben begann. Dies würde zu verwundern sein, wenn die Blüthe der geistigen Entwicklung sich nicht oft nur als die Nachblüthe der politischen Entwicklung darstellte und die dramatische nicht naturgemäß der lyrischen und epischen nachfolgte. Auch ist zu bedenken, daß jener Druck sich zunächst noch nicht allzusehr fühlbar machte und mehr gegen die, über die Schranken des mittelalterlichen Geistes hinausstrebenden individuellen Freiheiten, als gegen diesen Geist selber gerichtet war, dem er gewissermaßen entsprach und darum zu einem neuen mächtigen Antriebe wurde. Dies gilt sogar noch von der Inquisition, wofür eine Stelle des 1656 erschienenen Catalogo real de España ein Beleg ist, in welcher die Einführung dieser furchtbaren Staatseinrichtung zu den glücklichen Ereignissen der Regierung Ferdinands und Isabellas gezählt werden konnte. Jedenfalls gewährte dieselbe dem ritterlichen Geiste des Mittelalters in Spanien einen Schutz gegen die Einflüsse der ihm feindseligen reformatorischen Bewegungen in anderen Ländern; im Gegensatze zu diesen mußten sich gerade hier die nationalen Eigenthümlichkeiten jenes Geistes zu voller Schärfe entwickeln. Die Begriffe der ritterlichen Ehre in den Verhältnissen zu König, Kirche und Frauen bildeten sich jetzt erst ganz zu jener Spitzfindigkeit aus, der wir im späteren spanischen Drama begegnen; wozu noch die Abhängigkeit der dramatischen Dichtung von dem nationalen Sagen- und Romanzenstoffe und von Novellen und Romanen kam, die sämmtlich ganz von jenem ritterlichen Geiste erfüllt waren.

Es zeugt für die Stärke sowohl dieses Geistes als der nationalen Eigenthümlichkeit, daß der Einfluß der italienischen Dichtung, welcher jetzt mehr noch als früher sichtbar wird, doch kein zu tiefgreifender wurde. Er blieb fast nur auf die äußere Form beschränkt. Die Neigung zu spitzfindiger Allegorie, zu gekünstelter Behandlung des gedanklichen Ausdrucks, zu luxuriöser Anhäufung gesuchter und fremdartiger Bilder wurde, und zwar in geistvoller Weise, von dem Dichter Gongora auf die Spitze getrieben. Wie Italien seinen Marinismus, so hatte Spanien seinen Gongorismus.

Zu Lope de Begas Zeit wurden die weltlichen Theaterstücke mit dem Namen: comedias bezeichnet, gleichviel ob sie heiteren oder ernsten Inhalts waren. In den meisten erscheinen beide Momente mit einander verbunden, nur daß das eine oder andere darin überwiegt. Der Begriff des Dramatischen war eben noch immer ein schwankender und viele dieser comedias sind wenig mehr als dialogisirte Novellen und Epen. Auf dem Boden der

Phantasie bewegen sich, nur bald mehr, bald weniger, alle. Die Darstellung wirklicher Begebenheiten nimmt unbedenklich allegorische Figuren mit in sich auf und die Geschichte der Vorzeit wird im Geiste und in den Formen der Gegenwart vorgeführt. Nur bei der nationalen Geschichte und Sage sucht man das historische Colorit und Costüm zu beobachten.

Die Unterscheidung der comedias, als comedias de capa y espada (Mantel- und Degenstücke) und als comedias de ruido oder de teatro (Spectakel- und Ausstattungsstücke) bezieht sich nicht sowohl auf den inneren Charakter derselben, als auf die Form ihrer äußeren Darstellung. Es scheint, daß die ersteren stets ohne decorative Mittel gespielt und nach dem Costüm der höheren Stände benannt wurden, in deren Verhältnissen sie sich ausnahmlos bewegten, während die anderen auf decorative Mittel und deren Wirkungen berechnet waren, was keineswegs ausschloß, daß sie nicht gleichzeitig von einem tiefpoetischen tiefsinnigen Inhalte sein konnten.

Von den comedias unterschied man jetzt auch noch die burlesca (ein schwankartiges Stück), die fiesta (das Festspiel), die entremeses, kurze Spiele, die man bei den comedias zwischen die jornadas, bei den Autos zwischen sie und die Loa einfügte, die loa's, kleine Vorspiele in theils monologischer, theils dialogischer Form, in denen das folgende Drama empfohlen oder auch eingeleitet wurde. Zu Anfang des 17. Jahrhunderts ging jeder dramatischen Dichtung eine Loa voraus; später wurde sie nur bei den Autos noch beibehalten. Die wichtigsten Arten der letzteren waren die autos sacramentales und die autos al nacimiento. Die ersteren dienten der Feier des Fronleichnamsfestes und verherrlichten das Sacrament des Altars. Die letzteren waren Hirtenspiele zur Feier des Weihnachtsfestes; Maria und Joseph spielten darin die Hauptrollen. Jenen waren allegorische Figuren wesentlich, bei diesen waren sie zulässig. Jene waren immer auf nur einen Act beschränkt und wurden im Freien, auf Straßen und Plätzen, aufgeführt, diese umfaßten bisweilen bis zu drei Acten und wurden theils im Freien, theils in Kirchen und Klöstern zur Aufführung gebracht.

§ 23. Das spanische Drama von Lope de Vega bis Calderon.

Lope Felix de Vega Carpia stammte aus einer edlen Familie Altcastiliens. Er wurde am 25. Nov. 1562 zu Madrid geboren. Seine außerordentliche poetische Begabung, welche ihn später zum Gegenstande der Bewunderung aller Nationen gemacht, äußerte sich schon in seinem zartesten Alter. Er selber versichert fast eben so früh dichten, wie sprechen gekonnt zu haben, und vergleicht seine ersten Versuche darin mit dem ersten Zwitschern der Vögel in ihren Nestern. Schon mit eilf Jahren schrieb er Theaterstücke, versuchte sich aber gleichzeitig in allen übrigen Gattungen. Ebenso früh lernte er die Liebe und die Gefahren des Krieges kennen. 1573 sehen wir ihn schon Kriegsdienste leisten und mit 17 Jahren kehrte er von der Universität Salamanca zurück, um aufs Neue die Bücher mit den Waffen zu vertauschen. Zweimal war er verheirathet. Seine zweite Gattin machte ihn so überaus glücklich, daß ihn ihr Verlust, dem der eines Sohnes vorausging, die geistlichen Weihen zu nehmen bewog (1609). Sein poetisches Schaffen, welches schon damals durch die Güte seiner Leistungen und seine beispiellose Fruchtbarkeit zugleich Neid und Staunen erregte, sollte sich erst jetzt zu seinem vollen Glanze entfalten. Obschon er sich vorzugsweise auf dem dramatischen Gebiete bewegte — er selbst giebt die Zahl seiner comedias auf 1500 an, wozu dann noch die Autos, Entremeses und Loas kommen —, hat er doch auch eine erstaunliche Menge lyrischer, epischer und allegorischer Dichtungen hervorgebracht. Er schrieb einmal in Toledo 15 Acte in nur 15 Tagen und versichert uns selbst, mehr als hundertmal Stücke innerhalb 24 Stunden geschrieben zu haben. Mit dieser Schnelligkeit verband er die größte Vollendung in der Behandlung schwieriger kunstreicher Formen, was nur dadurch zu erklären ist, daß er mit derselben spielenden Leichtigkeit in diesen Formen zu denken vermochte, wie wir Anderen in den Formen der geselligen Unterhaltung. Dabei vernachlässigte er keineswegs die

Pflichten seines geistlichen Berufs, er ging vielmehr weit über dieselben hinaus. Es kann sicher nicht Wunder nehmen, daß der Werth seiner Dichtungen zum Theil ein sehr ungleicher ist, wohl aber, daß das Mittelmäßige darin unter der Menge des Trefflichen doch fast verschwindet. Er hat jede Gattung des Dramas gepflegt und in fast jeder Vollendetes geleistet, indem er zugleich bahnbrechend und mustergültig darin war. Er starb 1635.

Wenn man einzelne Stellen seiner „Neuen Kunst in jetziger Zeit Komödien zu schaffen" ganz wörtlich nehmen wollte, so würde Lope de Vega über seine dramatische Thätigkeit, im Vergleich mit dem Drama der Alten, selbst sehr geringschätzig geurtheilt haben. Andere Stellen seiner Schriften weisen jedoch darauf hin, daß sich eine feine, nach zwei Seiten gerichtete Ironie darunter mit birgt. Seine Verehrung des antiken Dramas soll darum ebensowenig geläugnet werden, als daß er es hoch über das nationale spanische stellte. Gleichwohl hielt er es für falsch, die Formen und Regeln der Griechen, die sich historisch aus deren Geiste entwickelt hatten, auf das spanische Drama zu übertragen. Und wenn er auch darüber spottet, daß die spanischen Dichter dem Geschmacke der Menge allzusehr nachgäben, so war es doch Ueberzeugung bei ihm, daß die dramatische, wie jede andere Dichtung, aus der besonderen Natur und dem besonderen Charakter einer Nation hervorgehen müsse. Was einige Zeit später Tirso de Molina in seinen „cigarrales de Toledo" zu Gunsten des nationalen spanischen Dramas gegenüber den sogen. Regeln des Aristoteles vorgebracht hat, würde Lope wohl alles mit unterschrieben haben.

Lope war tief vom Wesen des Dramatischen durchdrungen, ihm war in seinen Dramen Handlung immer die Hauptsache. Obschon seine Darstellung sich in den kunstreichsten Formen bewegt, hat sie doch wesentlich nur den Charakter einer erhöhten Natürlichkeit. Es lag aber theils in der Künstlichkeit dieser Formen, theils in der Natur des spanischen Volksgeistes, so wie in einem bestimmten von Italien aus genährten Hange der Zeit, daß auch seine Werke im Einzelnen manches Gekünstelte, Spitzfindige, Ueberladene im Ausdrucke enthalten. Grundsätzlich war er jedoch diesem Hange entgegen. Bei einer so ungeheueren Productivität und bei der Enge der Weltanschauung, welche die ganze spanische Poesie beherrschte, läßt sich erwarten, daß sich in seinen Werken in Bezug auf Charakteristik und Motive manche Wiederholungen zeigen. Im Ganzen ist aber seine Erfindungs- und Gestaltungskraft fast das Bewundernswertheste an ihm, sie erscheint geradezu unerschöpflich. Das komische Element, das seinen ernsten Stücken fast immer beigemischt ist, dient vorzugsweise dazu, den ernst idealen Theil zu beleuchten, zum Theil auch denselben in feiner und graziöser Weise zu parodiren.

Was die metrische Behandlung der dramatischen Sprache betrifft, so äußert sich Lope selber darüber, wie folgt: „Decimen sind gut für Klagen; das Sonett paßt für die, welche voll Erwartung sind; Erzählungen fordern die Romanzenform, obschon sie sich am glänzendsten in Octaven ausnehmen; Terzinen sind für ernste, Redondillen für Liebesscenen geeignet".

Lope hat seine Stoffe fast allen Gebieten entlehnt. In der Behandlung des Vaterländischen ist er oft von hinreißender Gewalt. Er ist eben so meisterhaft in der Schilderung der ländlich einfachen altcastilischen Sitten, wie in der Darstellung der farbenprächtigen, phantasievollen Zustände des maurischen Lebens („Der Comthur von Ocaña", „Die Jungfrauen von Samancas", „Der Stern von Sevilla"). Am glänzendsten entfaltet sich Lopes Eigenthümlichkeit und Gestaltungskraft aber im eigentlichen Lustspiele („Die größte Unmöglichkeit", „Der Madrider Stahl", „Die unbekannte Geliebte", „Die Wittwe von Valencia", „Die Johannisnacht"). Die beiden Momente, welche die spanische Dichtung charakterisiren und sich im spanischen Drama oft vergeblich zu durchdringen suchen, ein starker, künstlerisch ausgebildeter Verstand und eine glühende, quellende Phantasie, treten bei ihm in den Autos meist noch entschiedener als in allen übrigen Gattungen aus einander. Eine sich in theologische Subtilitäten und räthselhafte Allegorien verlierende Mystik erscheint in ihnen ganz überschüttet von exotischer Farbenpracht, ganz umflossen von berauschendem Blüthendufte. Von Lope's autos sacramentales sei nur „Die Reise der

Seele", von den autos al nacimiento „Der bestrafte Tyrann" hervorgehoben. Besondere Erwähnung verdienen noch die Hirtenspiele des Dichters; vor Allem die durch Klarheit des Stils und Anmuth der Naturschilderungen ausgezeichnete „Arcadia". Von ausschweifender Abenteuerlichkeit sind dagegen die sogen. comedias de santos (z. B. „Das prophetische Thier", „Das unschuldige Kind von la Guardia", „Der Cardinal von Bethlehem").

Obschon Lope mit seinen 1500 comedias die spanische Bühne schon allein genügend hätte versorgen können, so wurde sie doch noch von anderer Seite mit dramatischen Erzeugnissen geradezu überschwemmt. Aus der Menge Unberufener treten auch bedeutende Talente hervor. In Fruchtbarkeit, Umfang und Mannigfaltigkeit der Hervorbringungen wurde zwar Lope von Keinem erreicht, nach einzelnen Richtungen hin aber doch übertroffen. Gerade von diesen Stücken ist uns eine genügende Zahl erhalten geblieben, um uns einen deutlicheren Begriff von der Bedeutung ihrer Dichter zu bilden. Zu ihnen gehört der Valencianer Guillen de Castro, dessen „Cid" Corneille die Anregung zu seiner gleichnamigen Tragödie gegeben. Voltaire nannte ihn den Verfasser der ersten wahren Tragödie im neueren Europa. Auch Mira de Mescua aus Guadix im Königreich Granada und Luis Velez de Guevara, geboren in Ecija in Andalusien, gehören zu den fruchtbarsten und berühmtesten Dichtern der Zeit; der Erste nach Schacks Urtheil nicht mit genügendem Recht. Von dem ungleich bedeutenderen Gabriel Tellez, genannt Tirso de Molina (1570—1648), besitzen wir nur dürftige Nachrichten. „Tirsos Theater", sagt Schack, „gleicht jenem Wunderlande, das uns von romantischen Dichtern geschildert wird, wo berauschende Düfte und zauberische Klänge des Wanderers Herz und Sinn gefangennehmen, wo tausend sich schlängelnde Wege bald durch üppige Gärten, bald durch anmuthige Thäler, bald an schwindelerregenden Abgründen vorbei auf himmelhohe Berge führen." Er ist ein Meister in der Behandlung der Sprache und besitzt das Geheimniß, die feinste Kunst mit dem Reiz des Natürlichen zu verbinden.

Sein Witz und seine Satire zeichnen sich gleichzeitig durch Kühnheit und Anmuth aus. Er hat der Rolle des Gracioso die höchste Vollendung gegeben. In seinen Erfindungen ist er nicht selten phantastisch, in der Charakteristik oft willkürlich. Unter seinen Lustspielen glänzen besonders: „Don Gil von den grünen Hosen", „Die Bäuerin aus der Sagra", „Die Liebe als Arzt", „Die Bäuerin aus Vallecas", „Liebe nach Zeichen", „Die Kunst zu lieben", welches vielleicht Calderon die Anregung zu seinem „Lauten Geheimnisse" gab, wie „Die fromme Martha" Molière zu dessen „Tartüffe". Von seinen ernsteren Stücken mögen: „Die Großthaten des Pizarro" und „Der steinerne Gast" (das Vorbild des „Don Juan") Hervorhebung finden.

Nach einer wesentlich anderen Richtung hin zeichnete sich **Don Ruiz de Alarcon** aus. Er wurde in der mexicanischen Provinz Tasco geboren, war aber spanischen Ursprungs. 1622 lebte er bereits in Spanien, wo er später große Posten im Staatsdienst bekleidete. Der hohe Ton, den er bisweilen gegen das große Publicum anschlug, ist wohl hauptsächlich die Ursache, daß er zu seiner Zeit weniger anerkannt und beliebt war, als er verdiente. Zum Theil lag es aber auch in der Eigenartigkeit seiner dichterischen Individualität. Alarcon behandelt seinen Gegenstand immer nur als Mittel, einen dichterischen Gedanken zum Ausdruck zu bringen. Seine Dramen sind von einer stolzen, flammenden Leidenschaft und von vaterländischer Begeisterung durchglüht, wobei er sich nicht ganz frei von der Befangenheit, von den Vorurtheilen seiner Landsleute zeigt. Sie sind gleich ausgezeichnet durch das Bedeutende ihres Inhalts, wie durch die Geschlossenheit ihrer äußeren Form und die Gediegenheit der Ausführung. Sein „Weber von Segovia" gehört zu den glänzendsten, lebensvollsten Erscheinungen des ganzen spanischen Dramas. Ihm reihen sich „Grausamkeit aus Ehre" und „Wie man Freunde gewinnt" ebenbürtig an. Von seinen Lustspielen ist „Die verdächtige Wahrheit" schon deshalb erwähnenswerth, weil sie dem „Lügner" des Corneille zu Grunde liegt. Von großer Originalität der Erfindung ist „Die Prüfung der Freier".

Von den übrigen dramatischen Dichtern der Zeit mögen Felipe Godinez, Luis de Belmont, Juan Perez de Montalvan, Miguel Sanchez hier noch genannt werden. Auch jetzt fehlte es nicht an einer Opposition gegen das nationale Drama zu Gunsten der wiedererweckten Antike. Der bedeutendste Vertreter derselben war Christoval Suarez de Figueroa. Sie blieb jedoch auch diesmal ohne Erfolg.

§ 24. Uebergang des volksthümlichen spanischen Dramas in das höfische.

Bis zur Thronbesteigung Philipps IV. (1621) hatten die spanischen Könige dem Drama eine Förderung nicht zu Theil werden lassen. Es war bis dahin trotz seiner kunstreichen Form ganz volksthümlich geblieben. Von diesem kunstsinnigen Fürst, welcher das Theater leidenschaftlich liebte, so daß man ihm selbst, mit Recht oder Unrecht, verschiedene der mit der Bezeichnung de un ingenio de esta corte erschienenen dramatischen Dichtungen zugeschrieben hat, wurde es zuerst in die Gunst des Hofes gezogen. Obschon es durch diesen Einfluß zur höchsten Blüthe gelangte, lagen in ihm doch zugleich mit die Keime seines späteren Verfalls. Denn wiewohl Philipp IV. unstreitig von wahrer Kunstliebe beseelt war, machte sich in ihm gleichzeitig ein bedenklicher Hang zu äußerem Glanze bemerkbar, welcher die Pracht und den Luxus der scenischen Ausstattung aufs Höchste zur Entwicklung brachte. Dies konnte nicht ohne Einwirkung auf die dramatische Dichtung bleiben, die diesem Hange bald dienstbar wurde. Steht sie doch immer in einer bestimmten Wechselwirkung mit der Entwicklung der scenischen Hülfsmittel und es wird für sie stets verhängnißvoll werden, wenn sich das natürliche Verhältniß zwischen beiden umkehrt, so daß sie, statt die letzteren zu bestimmen, von ihnen in ihrer Entwicklung bestimmt wird. Es wird demnach hier der geeignete Ort sein, der Entwicklung des scenischen Apparats des spanischen Theaters einen flüchtigen Blick zu vergönnen.

Wir können uns denselben in seinen Anfängen nicht einfach und ärmlich genug denken. Wenn auch die Darstellung, welche

Cervantes hiervon aus seinen Jugenderinnerungen entwirft, nicht mehr ganz maßgebend war für die Zeit, welche er schildert, so ist doch die Annahme erlaubt, daß sie dem ursprünglichen Zustande der dramatischen Spiele entspricht. „Zur Zeit des Lope de Rueda — heißt es bei ihm — bestand das Theater aus vier Bänken ins Gevierte gestellt und aus vier bis sechs Brettern, die darüber hin gelegt wurden. Die Decoration wurde durch einen alten Vorhang gebildet, der mit zwei Stricken von einer Seite zur andern gezogen war. Hinter ihm standen damals, unsichtbar, die Musikanten." Pedro Navarro soll das eigentliche Theater erfunden haben. Aus dem Sacke, der sonst die Kleider enthielt, waren jetzt Koffer und Kasten geworden. Die Komödianten traten nun auf die offene Scene. Navarro führte Theatermaschinen, Wolken, Donner und Blitz ein. Ein Aufwandsgesetz Carls V. vom Jahre 1534 weist darauf hin, daß in Bezug auf Costüm ein gewisser Luxus schon stattgefunden haben müsse. — Rojas berichtet in seiner „Unterhaltenden Reise", daß es zu seiner Zeit acht verschiedene Gattungen von Schauspielern gab. Die vornehmsten von ihnen bildeten die companias, deren Gepäck er auf etwa 3000 Arroben (à 25 Pfund) Gewicht angiebt. Feststehende Bühnen gab es in der ersten Hälfte des 16. Jahrhunderts schon zu Valencia und Sevilla, etwas später (1565) auch zu Madrid. Die Hospitäler der Städte erlangten das Vorrecht, den Schauspielertruppen Locale für ihre Vorstellungen zu liefern. Es gehörte zu ihren wichtigsten Erwerbsquellen. Die Schauspiele kamen hierdurch in die Lage, als Wohlthätigkeitsanstalten betrachtet zu werden, was ihnen bei den immer wieder gegen sie gerichteten Angriffen gewiß sehr zum Vortheil gereichte. In Madrid wurden ihnen zunächst zwei, bald jedoch noch mehr Höfe (corrales) eingeräumt. Die Fenster der sie umgebenden Häuser bildeten natürliche Logen, im Hintergrunde erhob sich die Bühne. Alberto Ganasa, der Vorsteher einer italienischen Schauspielertruppe, gab ihnen (1574) eine bessere Einrichtung. Die Bühne wurde jetzt mit einem Dache bedeckt, der übrige Raum aber nur an den Seiten. Die Logen der oberen Stockwerke hießen desvanes, die der untersten aposentos. Der Hofraum bildete das patio (unser Parterre). Zwischen ihm und den aposentos erhoben sich mehrere Reihen amphitheatralisch geordneter Sitze. Die Frauen hatten einen besonderen Platz (die cazuela) am äußersten Ende des Amphitheaters. Ein Orchester gab es im spanischen Theater nicht, die Musiker traten, wie schon oben bemerkt, unmittelbar auf die Bühne. Encina, Gil Vicente und Torres Naharro pflegten ihre Stücke mit einem Tanz, bei dem eine Villancica angestimmt wurde, zu schließen. Die weiblichen Rollen wurden von Frauen gespielt; der Kleiderluxus war schon ziemlich entwickelt. Zur Zeit des Cervantes gab es bereits Ballets mit allegorischen Figuren und 1580 führte man sogar Schlachten mit Pferden auf der Bühne aus. Gleichwohl war der scenische Apparat bis zu Philipp IV. ein ziemlich beschränkter. Einen Vorhang kannte man nicht, daher keine Scene mit stehenden Gruppen beginnen konnte. Die Decoration bestand gewöhnlich nur aus einfarbigen Teppichen, welche, die Scene umschließend, zu beiden Seiten und im Hintergrunde aufgehängt waren. Hier ragte eine Mauererhebung darüber hinaus, welche je nach Bedürfniß einen Thurm, ein Gebirge, einen Balcon ɪc. vorstellte. Diese Vorrichtung genügte für die comedias de capa y espada. Dagegen kamen in den comedias de teatro Verwandlungen, daher auch decorative Versatzstücke und allerlei Maschinerien zur Anwendung; doch blieb auch hier der Phantasie der Zuschauer noch viel überlassen.

Die Autos wurden dagegen im Freien auf bretternen Gerüsten gespielt. Die Karren, auf denen die Darsteller zum Spiele fuhren, und die mit gemalten Vorhängen versehen waren, wurden so an diese Gerüste geschoben, daß sie dieselben von drei Seiten umschlossen und hierdurch die Scenerie und Decoration des Theaters bildeten. Auch konnte man den Bühnenraum dadurch erweitern, daß durch das Zurückziehen der Vorhänge kleinere Nebenbühnen hergestellt wurden.

Die Darstellungsweise der spanischen Schauspieler war, wie noch heute, von außerordentlicher Lebendigkeit, besonders das Geberdenspiel. Grazie und Feinheit verließen sie selbst bei der

Darstellung des niedersten Lebens nicht. Die rasche und scharfe
Auffassung, welche den Zuschauern eigen, bedingte allein schon
die größte Sicherheit und Genauigkeit des Vortrags und der
Betonung. Ein falscher Accent, eine ausgelassene Sylbe erregte
das Mißfallen des spanischen Parterres. Diese Sicherheit und
Genauigkeit ermöglichten ihnen die größte Schnelligkeit im Vortrage, besonders der langen, romanzenartigen Erzählungen,
welche bei ihrem verwickelten Periodenbau hierdurch an Deutlichkeit nur gewannen, weil sie übersichtlicher wurden.

Da die Hofetiquette den spanischen Königen den Besuch der
öffentlichen Theater nicht gestattete, so ließ Philipp IV. in seinem
Palast Buen Retiro sich ein eignes Theater errichten, das in der
Vollkommenheit und Pracht seiner Einrichtungen alles bisher
Bekannte weit übertraf. Hierzu gehörte, daß man den Hintergrund desselben nach dem Garten des Schlosses öffnen konnte,
was dem decorativen Effect und der Verwendung massenhafter
Comparsen einen ungeheuren Spielraum gestattete. Es entstand ein Ausstattungsluxus, von dem man bisher sich nichts
hatte träumen lassen. Zwar wurde er zunächst nur auf die
Festspiele (fiestas) beschränkt, bald aber auch auf die comedias
de teatro mit übertragen. Man begann diese Spiele vorzugsweise hierauf zu berechnen, doch wußten große Dichter, wie
Calderon, ihnen zugleich einen tiefsinnigen und bedeutsamen
Inhalt zu geben. Allmählich mußte jedoch das Interesse für
das Aeußerliche das für den inneren poetischen Gehalt überwiegen. Der Wohllaut, das musikalische Moment der Sprache,
welchem das spanische Drama schon immer Rechnung getragen
hatte, wurde ebenfalls mehr und mehr zur Hauptsache gemacht.
Tanz und Musik, die früher nur am Schlusse der Stücke oder
als Zwischenspiele angewendet worden waren, drängten sich
mehr und mehr in sie ein und als selbständige Momente aus
ihnen hervor. Die Fiestas bildeten sich allmählich zu förmlichen
Opern um. Calderons „Purpura de la Rosa" soll das erste
Stück gewesen sein, in welchem Alles gesungen wurde. Indessen behaupteten die comedias de capa y espada in ihrer
alten Einfachheit noch immer ihre Stellung daneben. Wie

denn überhaupt das Theater bis zu Philipps IV. Tode in gleichem Ansehn und auf gleicher Höhe blieb. Und wenn sich unter Carl II. mit der sinkenden politischen Macht auch ein Sinken des Theaters erkennen läßt, so war dieses doch noch wenig bemerkbar, weil der Glanz der früheren Zeit stark genug nachwirkte, um das Nationalgefühl wach zu erhalten, und Kräfte wie Calderon, Rojas und Andere noch dafür thätig blieben.

§ 25. Das Drama des Calderon.

Pedro Calderon de la Barca wurde am 1. Januar 1601 in Madrid geboren. Er entstammte einem alten Adelsgeschlechte, das seinen Sitz in demselben Thale hatte, in dem auch Lope de Vega's Vorfahren einst lebten. Er studirte in Salamanca und war ebenfalls frühzeitig entwickelt. Dreizehn Jahre alt, schrieb er sein erstes Schauspiel „Der Himmelswagen", mit neunzehn Jahren hatte er bereits die Bühne erobert. In seinem 25. Jahre trat auch er in den Kriegsdienst ein, aus dem er erst 1640 auf den ausdrücklichen Wunsch des Königs nach Madrid zurückkehrte, wo er in enger Beziehung zum Hofe blieb. Einem immer lebendiger in ihm hervortretenden religiösen Drange folgend, empfing er 1651 die geistlichen Weihen. Der König verlieh ihm als bloße Pfründe eine Kapellanstelle zu Toledo und gleichzeitig, um ihn in seiner Nähe zu behalten, noch eine andre an seiner eignen Kapelle. Obschon Calderon auf seine geistlichen Spiele den weitaus größten Werth legte, fuhr er doch ununterbrochen fort, auch weltliche Stücke zu dichten. Man berechnet die Zahl seiner comedias auf 120, die seiner geistlichen Dramen auf 100, wozu dann noch etwa 200 Loas und 100 Saynetes (eine Art Zwischenspiele) neben einer Menge lyrischer Dichtungen kommen. Er starb 1681, von seinen Landsleuten bewundert und betrauert.

Durch ihn wurde das spanische Drama nach einzelnen Richtungen hin erst auf den Gipfel seiner Vollendung gehoben. Doch nicht nur die Vorzüge, auch die Einseitigkeiten, mit denen es schon immer behaftet war, sind durch ihn zu höchstem Ausdruck gelangt. Das mochte seinen Grund zum Theil in seiner individuellen Natur, zum Theil aber auch in seinem Verhältnisse zum Hofe haben. Wenn Lope de Vega für die ganze Nation schrieb, so faßte Calderon bei seinen Dramen vorzugsweise die Kreise des Hofes ins Auge. Es gereichte ihm zum Vortheil, daß Philipp IV. fast nur Männer von Geist, Bildung und Kunstsinn zu sich heranzog, zum Nachtheil dagegen, daß dieser Geist, diese Bildung, dieser Kunstsinn an einer bedenklichen Ueberfeinerung litt und die religiösen und gesellschaftlichen Begriffe und Vorurtheile der Nation mit großer Spitzfindigkeit zu einem Systeme ausgebildet hatte, welchem eine dogmatische Bedeutung beigelegt wurde.

Die Neigung der spanischen Dichter zu Antithesen und Wortspielen, zu übergreifenden Bildern, zu mystischer, spiritualistischer Allegorie und zu subtilen, sophistischen Beweisführungen erscheinen bei ihm eben so auf die Spitze getrieben, wie die Begriffe der Ehre, des Glaubens, der Loyalität und des Frauendienstes. Lyrische und epische Formen treten oft arienartig um ihrer selbst willen aus dem dramatischen Flusse der Handlung heraus, der Gedanke wird nicht selten als blos anhängender Schmuck behandelt. Der Gegensatz der Thätigkeit der Verstandes- und der Phantasiekräfte tritt nur zu oft ganz unvermittelt aus seiner Dichtung hervor.

Calderon erreichte Lope de Vega weder in Bezug auf Umfang des Talents, noch auf Natürlichkeit des Ausdrucks und Freiheit der Weltanschauung — er übertraf ihn aber, wie alle spanischen Dichter, durch Tiefsinn und jene Feinheit des Kunstgefühls, die alle Theile eines Kunstwerks in ein angemessenes Verhältniß zum Ganzen zu bringen versteht; er übertraf sie in der Gewalt der dramatischen, zu rascher Entwickelung drängenden Energie, in der Folgerichtigkeit dieser Entwicklung, so wie in der kunstvollen Schürzung und Lösung der Intrigue.

Von seinen tragischen Dichtungen ragt „Der Richter von Zalamea" über alle anderen hinaus. Ihm schließen sich fast ebenbürtig die folgenden an: „Drei Vergeltungen in Einer", „Der Arzt seiner Ehre", „Der letzte Zweikampf in Spanien", „Die Haare Absalons", „Der Maler seiner Schande". Zwischen ihnen und den religiösen Schauspielen (comedias divinas) stehen „Das Leben ein Traum" und „Die Gebilde des Prometheus", beide ausgezeichnet durch Tiefe der Symbolik. In seinen religiösen Schauspielen aber hat dieser Dichter nicht nur das Höchste dieser besonderen Gattung, sondern überhaupt Etwas geschaffen, was einzig dasteht in der Literatur aller Zeiten. Hier seien „Der standhafte Prinz", „Der große Fürst von Fez", „Der wunderthätige Magus", „Die Andacht zum Kreuze" als eben so viele Meisterwerke genannt. Unerreicht ist er in seinen, wegen ihres Tiefsinns und Glanzes, wegen der überschwänglichen Fülle mystischer Allegorie, bewunderungswürdigen autos. Seine mythologischen Schauspiele mußte er, obschon sie zugleich Ausstattungsstücke waren, oft mit dem wunderbarsten poetischen Zauber zu erfüllen, wie z. B. seinen „Narciß und Echo" und „Ueber allen Zauber ist Liebe". Am freiesten vermochte sich aber die Genialität seines Geistes in den Formen des eigentlichen Lustspiels zu entfalten, sei es, daß er es auf phantastischen Boden oder in die Verhältnisse des damaligen gesellschaftlichen Lebens verlegte. Zu nennen sind hier „Der verkappte Sterndeuter", „Schärpe und Blume", „Das laute Geheimniß", „Stille Wasser sind tief", „Die Dame Kobold", „Der Tanzmeister".

Man hat Calderon bisweilen vorgeworfen, daß er seine Vorgänger vielfach geplündert und ihre Ideen und Motive benutzt habe. Schack nimmt ihn dagegen in Schutz, indem er darauf hinweist, daß ohne ein solches Zurückgreifen auf schon vorhandene, überlieferte Formen eine höhere Entwicklung der Kunst, die Entwicklung der großen Kunststile gar nicht denkbar sein würde. Hierbei ist jedoch Zweierlei zu unterscheiden, der bloße geschichtlich überlieferte Stoff, welcher unbeschränktes Gemeingut und das, was in der Form des überlieferten Stoffes schon selbst wieder künstlerische Erfindung eines Anderen ist, denn hier ist die Benutzung ohne Zweifel nicht eine völlig bedingungslose. Sie ist hier vielmehr an ein eigenthümliches neues Entwicklungsmoment gebunden, ohne welches sie allerdings nichts weiter sein würde als ein bloßes Plagiat. Wie

Shakespeare hat sich natürlich auch Calderon der Erfindungen seiner Vorgänger wohl immer nur in diesem künstlerisch vollkommen berechtigten Sinne bemächtigt.

§ 26. Nachblüthe des spanischen Dramas.

Um Calderon gruppirt sich wieder eine große Zahl von Dichtern, die zum Theil noch mit ihm wetteiferten. Selbst an den bedeutendsten von ihnen zeigen sich aber schon Merkmale des allmählichen Niederganges. Wennschon einzelne ihrer Werke noch seine volle Höhe erreichen, so scheint sich doch in ihnen die Kraft derselben meist völlig erschöpft zu haben. Francisco de Rojas, der hier vor Allen zu nennen ist, war aus Toledo gebürtig. Schon 1633 als dramatischer Dichter berühmt, besaß er alle einzelnen Eigenschaften eines solchen in außergewöhnlichem Grade. Es fehlte ihm aber die Kraft, dieselben harmonisch zu beherrschen. Daher seine Werke von sehr ungleichem Werthe und in den einzelnen Werken oft hohe Schönheiten neben flachen Mittelmäßigkeiten zu finden sind. Nicht selten erscheinen sie mit den Flecken des gesuchtesten Schwulstes, der ungeheuerlichsten Uebertreibung behaftet. Doch giebt es darunter einzelne, die zu dem Großartigsten und Herrlichsten gehören, was die spanische dramatische Dichtung hervorbrachte — so sein „Garcia del Castañar" oder „Außer meinem König keiner", vielleicht das populärste aller ernsten spanischen Stücke, von einer seltenen Kraft der Charakterzeichnung und von erschütternder Gewalt der Situationen. Ferner sein „Man kann nicht Vater sein, wenn man König ist", welches dem Wenceslas von Rotrou zum Vorbilde diente, und seine von Le Sage im „Gilblas" als Novelle verarbeitete Tragödie „Die Heirath aus Rache". Auch im Lustspiel schuf er einige Meisterwerke, z. B. das von dem jüngeren Corneille (zu seinem „Bertrand de Cigarral") benutzte „Entre bobos anda el juego" und „Leid hat nicht Neid", welches dem „Jodelet" des Scarron zu Grunde liegt.

Agustin Moreto y Cabaña, welcher aus Valencia stammte, glänzte bereits 1637 durch seinen „Schmucken Don

Diego". Er starb 1669 zu Toledo. In seinem Vermächtniß verlangte er — man glaubt, wegen eines seine Seele belastenden Verbrechens — ein unehrliches Begräbniß. Er gehört nicht zu den durch geniale Erfindungskraft glänzenden Geistern, daher er seine Motive oft anderen Dichtern entlehnte, seine Stärke beruhte in der Feinheit der psychologischen Motivirung, in der künstlerischen Ausbildung der Motive, in der sinnreichen, geschmackvollen Ausführung. Von seinen Tragödien steht „Der strenge Gerichtsherr" mit Recht obenan. Es gehört zu den wirksamsten und bedeutendsten Stücken der spanischen Bühne. Die eigentliche Domäne seines Geistes war aber das Lustspiel. Durch ihn kam die comedia de figuron (worin eine chargirte Figur den Mittelpunkt bildete) zu besonderem Ansehen. „Der schmucke Don Diego" ist eines der besten Stücke dieser Gattung. „Der Marchese von Cigarral" eines der lustigsten. Sein Meisterstück, „Donna Diana" aber liegt auf dem Gebiete des feinen psychologischen Lustspiels.

Die Fruchtbarkeit der Dichter zeigte auch noch jetzt keine Abnahme. Aus der Menge derselben seien hervorgehoben: Juan Batista Diamante („Die Jüdin von Toledo"), Antonio de Mendoza, Alvaro Cubillo de Aragon (ausgezeichnet durch Anmuth und rührenden Ausdruck), Juan de la Hoz, Antonio de Solis und Geronimo Cancer (durch seine Burlesken berühmt).

§ 27. **Verfall und neueste Entwicklung des spanischen Dramas.**

Das spanische Theater hatte bisher einen bedeutenden Einfluß auf die italienische und französische Bühne ausgeübt, um jetzt auch selbst eine Rückwirkung von ihnen und dem daselbst herrschenden Drama zu erfahren. Obschon der nationale Geist mit dem Sinken der politischen Macht in Spanien allmählich geschwächt worden war, so würden große Talente noch immer unmittelbar aus dem Leben haben schöpfen können, um in der Richtung des nationalen Theaters Bedeutenderes zu leisten. Es gab deren jetzt aber keine. Selbst noch die hervorragendsten unter ihnen, Cañizares und Zamora (zu Ende des 17. und zu Anfange des 18. Jahrhunderts) waren bloße Nachahmer der früheren Dichter. Das Beste wurde noch auf dem Gebiete der comedia de figuron und der Burleske geleistet.

Die 1714 erfolgte Gründung einer dem Vorbilde der französischen entsprechenden königlichen Akademie trug dazu bei, der französischen Doctrin auf dem Gebiete des Dramas mehr und mehr Eingang zu verschaffen. Schon 1713 war eine spanische Uebersetzung von Corneille's „Cid" erschienen. Ignazio de Luzan verbreitete in seiner Poetik die Grundsätze Boileau's, die mißverstandenen drei Einheiten und die moralische Tendenz. Eine 1749 erschienene Abhandlung über das spanische Theater von Blas Nasarre hatte es sich zur Aufgabe gemacht, das nationale spanische Drama aufs Tiefste herabzusetzen.

Inzwischen hatten auch die äußeren Theatereinrichtungen wieder eine Umgestaltung erfahren. 1708 war in Madrid das erste Schauspielhaus nach dem Muster der französischen und italienischen (von Bartoll) erbaut worden. Das Gastspiel einer italienischen Operngesellschaft (1737) veranlaßte eine noch kostbarere Ausstattung desselben. Ferdinand VI. begünstigte (seit 1746) die schon seit Anfang des Jahrhunderts in Spanien eingedrungene italienische Oper. Der Sänger Farinelli (Carlo Broschi) wurde mit der Leitung des königlichen Theaters von Buen Retiro betraut. Das nationale Theater lebte auf den Volksbühnen fort, sank aber trotz der leidenschaftlichen Parteinahme des Volks immer mehr. Neben sinnlosen Zauberstücken kamen besonders die tonadillas, eine Art Vaudevilles von gemeinem Charakter, sowie die follas, kleine Possenstücke, in Aufnahme.

Carl III. (1759—88) und seine Minister Aranda und Grimaldi nahmen die Reform des Theaters, im Sinne der französischen Regeln, in Schutz. 1765 wurden die Aufführungen der autos sacramentales verboten, weil man sich dem Auslande gegenüber damit nur lächerlich mache. Es fehlte nicht an Dichtern, welche die Poesie verordnungsmäßig behandelten (Fernandez de Moratin, José de Cadahalso, Sancho Garcia,

Prölß, Dramaturgie.

Tomas de Yriarte [Lustspiele] u. A.). Ihre Stücke blieben aber ohne Wirkung. Die Werke der alten Dichter wurden immer wieder verlangt — und auch an Nachahmungen derselben fehlte es nicht, die aber meist schwächlich und roh waren. Luciano Francisco Comella erwarb sich sogar einigen Ruhm, obschon seine Dramen sich wenig darüber erhoben. Nur auf einem kleinen Gebiete, den saynetes, zeichnete sich Ramon de la Cruz, geboren zu Madrid 1731, durch lebensvolle Naturwahrheit, Witz und komische Kraft aus. Seine Stücke sind von höchstem Interesse für die Sittengeschichte der Zeit.

An wohlmeinenden Versuchen und Anstrengungen, die nationale Bühne zu heben, hat es durchaus nicht gefehlt. Unter ihnen verdienen die des Leandro Fernandez de Moratin (im Lustspiele), sowie die des Alvarez de Cienfuegos (in der Tragödie) besondere Hervorhebung. Sie hatten aber der französischen Doctrin einen zu großen Einfluß auf sich gestattet, um eine Reform anbahnen zu können. Francisco Martinez de la Rosa, welcher anfänglich gleichfalls unter ihrem Bann gestanden, war der erste der neueren und bedeutenderen Dichter, welcher sich ganz von ihr lossagte und sogar in Prosa schrieb. Ungleich wichtiger noch ist Breton de los Herreros (1800 geb.), ausgezeichnet durch Fruchtbarkeit und geschmackvolle Feinheit der Ausführung. Er hat an 200 Stücke, hauptsächlich Lustspiele, geschrieben, schmiegte sich anfänglich den französischen Regeln, von denen er sich jedoch mehr und mehr zu befreien suchte. Entschiedener auf die Seite des alten nationalen Dramas, doch mit unter Einfluß der französischen romantischen Schule, trat ein anderer talentvoller Dichter, Antonio Gil y Zarate. So großen Enthusiasmus sein erstes Drama („Carl der Zweite, der Beherzte" 1837) hervorrief, so wurde er doch noch von einem andern der neueren Dichter, José Zorrilla, in Schatten gestellt, der wieder ganz in die Bahnen der alten Dichter einlenkte, aber zu sehr unter ihrem Einflusse stand.

II. Das Drama der Italiener.

§ 28. Allgemeines.

Von allen romanischen Sprachen steht die italienische der lateinischen am nächsten. Lange nachdem sie bereits eine feste Form angenommen hatte, ist aber diese noch immer die Sprache nicht nur der Gelehrten, sondern auch der Gebildeten des Landes geblieben. Selbst Boccaccio, der sich um die Ausbildung des Italienischen so große Verdienste erwarb, stand ganz unter dem Einflusse der römischen Literatur, so daß er noch in den letzten Jahren seines Lebens aussprechen konnte: Dante würde ein würdigeres Werk geschaffen haben, wenn er sein großes Gedicht lateinisch geschrieben hätte. Petrarca, der doch seinen Nachruhm hauptsächlich seinen italienischen Sonetten und Canzonen verdankt, sprach sich in einem Briefe an Boccaccio nicht ohne Mißachtung über diese seine „italienischen Reimereien" aus und der Cardinal Bembo konnte selbst noch Ariost den ernstlich gemeinten Rath ertheilen, sein Epos lateinisch zu dichten. So verschieden der italienische Geist und Charakter auch von dem römischen ist, so lassen sich nichtsdestoweniger deutliche Merkmale einer inneren Verwandtschaft beider erkennen. Fast auf keinem Gebiete mehr, als auf dem der Dichtung und hier insbesondere wieder auf dem dramatischen. Das Drama der Italiener hat eben so wenig eine selbständig nationale Entwicklung gehabt, wie das römische, und wie die Stärke des letzteren, liegt auch die seine, im Lustspiele. Den italienischen Völkern hat es in den Anfängen ihrer poetischen Entwicklung nicht an Patriotismus, wohl aber an eigentlichem Nationalgefühle gefehlt. Ihr Patriotismus war auf die engen Kreise kleiner Gemeinwesen beschränkt, welche in wechselseitiger Rivalität, wenn nicht Feindseligkeit befangen waren. Wie einst das römische Volk empfingen auch sie ihre poetischen Anregungen, Formen und Stoffe von Außen, die sie dann freilich mit poetischem Geiste, besonders mit dem feinsten Formgefühle weiter ausbildeten. In Sicilien, das man die Wiege der italienischen Poesie genannt hat, kamen sie ihm von den Provençalen und Arabern, im Norden von den normännischen Troubadères (die hier ihre Epen, Romane, Novellen- und Sagenstoffe verbreiteten) und überall, wo es gelehrte Bildung gab, von Griechen und Römern. Das einzige große Gedicht von rein nationaler Bedeutung, die „Göttliche Komödie" des Dante, trat phänomenartig in das Leben der Italiener herein und blieb ohne Nachfolge. Der letzte der obengenannten fremden Einflüsse fand seinen Höhepunkt in der von Cosmus Medicis gegründeten Akademie, die nach und nach eine Menge ähnlicher Anstalten durch ganz Italien ins Leben rief, von denen sich nicht wenige ausdrücklich den Zweck setzten, die Entwicklung der Dichtkunst und des Dramas zu fördern, die nationale Entwicklung beider aber durch ihren Localgeist und die Befangenheit ihrer Grundsätze nicht selten mehr hemmten, als förderten. Es ist für den italienischen Volksgeist charakteristisch, daß, obschon die ritterliche Poesie einen bemerkenswerthen Einfluß auf die Entwicklung seiner Dichtung ausübte, das Ritterthum selbst in Italien keine rechten Wurzeln zu schlagen vermochte. Gleich dem römischen Volksgeiste, hatte auch er eine zu starke Richtung auf das Praktische genommen, als daß er die das Ritterthum beseelenden idealen, schwärmerischen Antriebe in sich hätte aufnehmen können. Hier waren Tapferkeit und Abenteuerdrang vorzugsweise auf Erwerb und Handel gerichtet und, wie das Condottierenthum beweist, sogar käuflich. Die Liebe aber kannten die Italiener vorzugsweise nur von Seiten ihres durch Gefahr und Intrigue zu steigernden Sinnengenusses. Tasso ist vielleicht der einzige große Dichter Italiens, der von wahrhaft ritterlichem Geiste durchdrungen war. Im übrigen wurde dieser von ihnen fast durchgehend im Lichte einer feinen Ironie, ja Satire behandelt. Satire und Sinnlichkeit, verbunden mit einem überaus fein ausgebildeten Formgefühle, waren und blieben die hauptsächlichsten Impulse der italienischen Poesie. In der Entwicklung und Ausbildung kunstvoller, auf musikalischen Wohllaut berechneter Formen des sprachlichen Ausdrucks, in der kunstreichen allegorischen Verschlingung und Verknüpfung der Gedanken wurden sie Meister. Wir sahen, wie hierdurch die kirchlichen Spiele in Italien eine

Entwicklung nahmen, die sie zu dieser Zeit über die aller übrigen Länder erhob, zugleich aber mehr und mehr zu dem weltlichen Drama hindrängen mußte. Die kirchlichen Farsen, die kirchlichen Gelegenheitsspiele, in welche volksthümliche und historische Elemente, ja selbst heidnische Gottheiten mit aufgenommen worden waren, bildeten hierzu den Uebergang.

§ 29. Anfänge des weltlichen italienischen Dramas. Das akademische Drama und die Volksspiele bis zu den Anfängen der Oper.

Toscana, das alte Tuscien, welchem einst Rom seine erste Cultur und die Anfänge seines Dramas verdankte, sollte auch jetzt wieder Italien nicht nur seine ersten großen Dichter und durch sie Form und Gestalt seiner Sprache, sondern zugleich die ersten Keime zur Entwicklung eines volksthümlichen Dramas geben. War es doch Siena, in dem wir zuerst einem rein historischen Festspiele in italienischer Sprache begegneten. Andere Städte des Landes folgten dem hierdurch gegebenen Beispiele. Und jene sienesischen Handwerker, welche bereits früh einen Ruf in der Darstellung burlesker Possenspiele erworben hatten und diese nach Rom übertrugen, scheinen nicht auf sie allein beschränkt gewesen zu sein. Wir hören, daß sie dort unter anderem auch die „Virginia" des Bernardo Accolti von Arezzo zur Aufführung brachten, in welcher uns neben noch einem Anderm Drama derselben Art, der „Floriana", das einzige Beispiel einer besonderen Gattung dramatischer Spiele erhalten geblieben ist, welche einen novellenartigen Stoff in romantischer Weise und in unmittelbarem Anschluß an die Mysterienbühne behandelte. Die „Virginia" ist auch noch deshalb bemerkenswerth, weil ihr die gleiche, dem Boccaccio entlehnte, Fabel wie Shakespeares „Ende gut, Alles gut" zu Grunde liegt. Klein ist der Meinung, daß Accolti zu diesem Drama durch die 1505 ins Italienische übersetzte und im Laufe des Jahrhunderts vielfach neu aufgelegte spanische Dichtung: „Cölestine" von Califto y Maliban angeregt worden sei. Ueberhaupt fanden um diese Zeit innigere Berührungen zwischen der spanischen und italienischen Dichtung statt. Wenn die „Virginia" aber (wie wahrscheinlich) auch keine vereinzelte Erscheinung gewesen sein sollte, so müßte diese Gattung doch bald von den gleichzeitig hervortretenden und nach altrömischen Mustern gearbeiteten Dramen verdrängt worden sein.

Schon der Historiker **Albertino Mussato** von Padua, ein Zeitgenosse Dantes, hatte zwei Tragödien in lateinischer Sprache („Achilles" und „Ezzelino") im Stile des Seneca geschrieben. Von **Petrarca** ist eine dramatische Jugendarbeit, die „Philologia", bekannt. Man begann die Komödien des Terenz und des Plautus zur Aufführung zu bringen und ahmte sie nach. Die Akademien wetteiferten darin mit einander. Als erstes italienisches Trauerspiel nach römischem Muster wird der „Orfeo" des **Angelo Poliziano** bezeichnet, der durch die Pracht seiner Darstellung am Hofe zu Mantua, in einem besonders dazu erbauten Theater, Epoche machte. Dieses Beispiel rief eine Menge von Nachahmungen hervor. Wie angemessen die dramatischen Formen der Römer dem damals in Italien herrschenden Geiste aber waren, geht am besten daraus hervor, daß zwei ihrer größten vom romantischen Geiste des Mittelalters angeregten Dichter, Bojardo und Ariost, in ihren dramatischen Versuchen ganz nur unter dem Einfluß der römischen Vorbilder standen. Besonders gilt dies von den uns erhalten gebliebenen vier Lustspielen des **Ariost** (1474—1533) („La cassaria" [„Der Schatzkasten"], „I suppositi" [„Die Untergeschobenen"], „Il Negromante" und „Lena"), welche zuerst am Hofe von Ferrara zur Aufführung kamen und für die außerordentliche Begabung des Dichters in der Erfindung komischer Situationen, in der Schlingung und Lösung der Intrigue sprechen. Es ist keineswegs zufällig, daß Ariost in all diesen Stücken sich nur auf ein bestimmtes Gebiet der römischen Lustspieldichter eingeschränkt hat, daß sie alle die leichtfertigsten, anstößigsten geschlechtlichen Verhältnisse mit cynischer Nacktheit und einer bedenklichen Neigung zum Obscönen zum Gegenstand haben, denn nicht nur schlagen fast alle bedeutenderen Dichter der Zeit auf diesem Gebiete einen ähnlichen Ton an, nicht nur sehen wir diese Hervorbringungen von den Herren und Frauen der gebildetsten Höfe, der feinsten Gesellschaft besonders in Gunst genommen — sontern es läßt sich beobachten, daß die dichterische Genialität der italienischen Lustspieldichter in demselben Maße zu sinken beginnt, als sich dieselben zu einem ehrbaren Tone zu erheben suchen. Wenn uns daher jene Lustspiele auch einen tieferen Blick in die damals herrschenden sittlichen und gesellschaftlichen Zustände Italiens werfen lassen, so würde es doch voreilig sein, diese einzig nach ihnen zu beurtheilen oder auch nur zu glauben, daß in ihnen allein der Grund von der Richtung gelegen sei, welche die komische dramatische Dichtung hier nahm. Ein anderer lag in der Natur des italienischen Geistes überhaupt und in den Anregungen, welche die commedia erudita von der Volksposse empfing, die ja im Wesentlichen, wenn auch wie man behauptet in minder anstößigen Formen, dieselben Stoffe behandelte. Noch größeren Erfolg als die Lustspiele des Ariost hatte die Prosakomödie „Calandria" („Der Hahnrei") des Cardinals Bibbiena, welche auch in der That von großer Lustigkeit, aber von einer Lustigkeit der schmutzigsten Art ist, nichtsdestoweniger aber von den Höfen Italiens und Frankreichs, ja sogar von einzelnen Höfen Deutschlands mit enthusiastischem Beifall aufgenommen wurde. Die hervorragendsten Erscheinungen dieser Art sind aber unstreitig die Komödien des berühmten Geschichtschreibers Macchiavelli (1469—1527), besonders die Prosakomödie „Mandragola" („Der Zaubertrank"), welche das Anstößige mit geistvoller Satire und sprühendem Witze behandelt und ausgezeichnet ist durch komische Erfindung und psychologische Feinheit der Charakterzeichnung.

Die commedia erudita hatte vor der Tragödie den Vortheil voraus, daß sie trotz aller Nachahmung der antiken Vorbilder gezwungen war, einen Theil ihres Inhalts unmittelbar aus dem Leben zu schöpfen. Man wollte hier, wie in der Farsa, zuletzt doch noch die eigenen Zustände, die typischen Gestalten des eigenen Volkslebens, nur in künstlerisch ausgebildeteren Formen, sehen. Die volksthümliche Farsa, welche zu dieser Zeit nicht nur in Toscana und Rom, sondern auch in Neapel und Venedig durch bedeutende schauspielerische Talente zu höherer Entwicklung gekommen war und in reicher Blüthe stand, konnte daher auch nicht ohne Einfluß auf die Entwicklung der gelehrten Komödie bleiben. Dies zeigt sich besonders an den fünf Lustspielen des Pietro Aretino (1492—1557), der seine Vorgänger nicht blos in übermüthiger Schamlosigkeit, sondern auch in der lebendigen Natürlichkeit des Gesprächtons weit übertraf und die besten Wirkungen der zu seiner Zeit schon ausgebildeten commedia dell' arte mit freiem und schöpferischem Geiste erfaßte. Die hervorragendste dieser Dichtungen ist: „Il mareschalco" („Der Marschall"). Sie zeichnen sich aber alle durch scharfe und glückliche Beobachtung des Lebens und geistvolle Reproduction des Beobachteten aus, ohne doch sonst von tieferer dramatischer Bedeutung zu sein.

Gegen diese übermüthige satirische Behandlung des Obscönen hatte sich schon seit Anfang des 16. Jahrhunderts eine Gegenbestrebung gezeigt, welche ihren Sitz wieder in Florenz hatte. Ihre hauptsächlichsten Vertreter waren Araldo und Jacopo Nardi. Sie suchten das Lustspiel von dem Anstößigen zu befreien und ihm eine sittliche Tendenz zu geben. Ihre Stücke können als die ersten Versuche eines feineren bürgerlichen Lustspiels angesehen werden. Araldo's fünfactiges Stück „Die beiden Nebenbuhler" behandelt ein ähnliches Motiv, wie Goethe's „Geschwister"; Nardi (von welchem schon 1494 eine Komödie („L'amicizia") in Venedig aufgeführt worden war) variirte dasselbe Thema. Gerade an diesen Versuchen aber zeigte sich wieder, wie wenig die Italiener Sinn und Talent für die Ausbildung des feineren Lustspiels hatten. Mit dem Anstößigen schien auch zugleich der Geist aus demselben gewichen zu sein. Wie hätten die breiten, langweiligen Darstellungen eines Nardi sich wohl auch behaupten können gegen den sprühenden Uebermuth Aretino's und die Fluth der in demselben Geiste mit ihm wetteifernden oder ihn nachahmenden Dichter. Man kann sich von dieser Productivität einen Begriff machen, wenn man bedenkt, daß im 16. und 17. Jahrhundert 5000 Theaterstücke (zumeist Komödien) nur allein gedruckt worden sind. Indessen wurden Ariost, Macchiavell und Aretino wohl an Fruchtbarkeit, doch nicht an Genialität übertroffen. Sie haben der commedia erudita im wesentlichen Form, Inhalt und Charakter gegeben. Zu den hervorragendsten ihrer Nachfolger und Nachahmer gehört Giovanmaria Cecchi (1518—1587), ein Florentiner, der sich in fast allen Gattungen versuchte und durch eleganten Gesprächston und Treue der Sittenschilderung auszeichnete. Dagegen ist meisterhafte Führung der Intrigue den drei Komödien des Francesco d'Ambra eigen. Lodovico Dolce suchte es seinem Meister, Aretino, in frecher Behandlung des Obscönen zuvorzuthun, ohne ihn doch in Witz und Ironie zu erreichen. Riccolo Secco muß wegen seines Lustspiels „Gli inganni" („Die Verwechslungen") genannt werden, welches denselben Stoff wie Shakespeares: „Was ihr wollt" behandelte. Man kann sich vorstellen, in welch anderm Geiste, da Klein es die Bordellkomödie par excellence nennen durfte. Denselben Gegenstand behandelte auch schon ein anderes aus der Akademie degl' Intronati zu Siena hervorgegangenes Lustspiel: „Gli ingannati". Diese Gesellschaft vertrat eine eigenthümliche Gattung romantisch und sentimental angehauchter dramatischer Spiele, welche in Zusammenhang mit jenen früheren Versuchen zu stehen scheint, aus denen die „Virginia" hervorging und in welcher sich besonders Piccolomini und Parabosco hervorthaten.

Giorgio Trissino aus Vicenza (1478—1550) war der Erste, welcher der Tragödie die Theilnahme der Italiener in größerem Umfange zuwendete. Seine „Sofonisba" hat die akademisch-rhetorische Form der italienischen Tragödie nach dem Muster der Alten für immer entschieden. Sie ist nicht ohne einzelne Züge des Talents für das Tragische, doch sind dieselben ganz überdeckt von der nicht selten geistlosen rhetorischen Weitschweifigkeit ihres Autors. Der Erfolg rief auch auf diesem Gebiete eine rasche Nachfolge anderer Dichter hervor. Rucellai, der sich in seinem „Orest" dem Euripides anschloß, bearbeitete in seiner „Rosamunde" einen romantischen Stoff, wobei er besonders die Wirkungen des Schrecklichen und Gräßlichen ins Auge faßte. Diese Richtung sollte der italienischen Tragödie noch ihren besonderen Charakter verleihen. Vicenzo Martelli, Lodovico Dolce, Giraldi Cintio, Antonio Decia da Orti wetteiferten nicht ohne Talent mit einander, um die großen Effecte Rucellai's zu überbieten. Grausamkeit, Wollust, Blutschande wurden die bevorzugten Hebel der tragischen Verwicklungen. Hierher gehört auch die „Canace" des Speron Speroni. Wie weit man dabei in der Darstellung des Realistischen im Einzelnen ging, beweist die Thatsache, daß man zu einer Darstellung des „Oedipus" zu Vicenza einen wirklichen Blinden, Luigi Groto, verschrieb, den Dichter der „Hadriana", welche den Stoff von „Romeo und Julie" behandelt. Unter der Menge von Trauerspielen, welche die erste Hälfte des 16. Jahrhunderts hervorgebracht, zeichneten sich von den rein antikisirenden „Die Horatier" des Peter Aretino, und von denen, welche romantische Stoffe in antiker Form behandelten: „Torismondo" von Tasso aus.

Die Volksspiele hatten indessen nicht stillgestanden; vielmehr hatten sich zwei Formen aus ihnen entwickelt, die unsere Beachtung in hohem Grade verdienen: Die Maskenkomödie und die schon erwähnte Stegreifkomödie, la commedia dell' arte (die Kunst- oder Zunftkomödie). Die erste wurde in bestimmten typisch gewordenen landschaftlichen Charaktermasken gespielt. Sie war keineswegs Improvisation, es lag ihr vielmehr stets ein vollständiger Text zu Grunde. Ihre Erfindung wird dem Angelo Beolco aus Padua (1502—1542) genannt Ruzzante beigemessen. Er führte die Maske des venetianischen Kaufmanns, als Pantalon, den bolognesischen Dottore, so wie den bergamaskischen Bedienten in der Doppelrolle des albernen Arlechino (des römischen Zanni) und des verschmitzten Scapino ein. Silvio Fiorillo fügte den Pulcinello (dem römischen Maccus verwandt) in calabresischer Mundart hinzu. Später wurden noch andere Masken erfunden, so der Tartaglia und Brighella, der ferraresische Kuppler und Schelm. Der Plautinische miles gloriosus lebte in dem spanischen capitano glorioso und spavento wieder auf. In all diesen Masken wurden die hervortretenden Schwächen der verschiedenen Gemeinwesen, Städte und Landschaften verspottet. Die wechselseitige Eifersucht machte sich hierbei in übermüthig satirischer Laune

Luft, daher auch die Masken im Laufe der Zeit verschiedene Wandlungen erfuhren.

Die Stegreifkomödie, commedia dell' arte, war der vorigen verwandt, hatte jedoch einen freieren Charakter. Sie wurde aus dem Stegreif gespielt, nur ein Scenarium lag ihr zu Grunde. Der Arlechino mit seinen Späßen, Lazzi (Bändern), hatte die lose Verbindung zu vermitteln und im Nothfalle einzuspringen. Francesco Cherea, der Lieblingskomiker Leo X., soll sie erfunden haben, doch ist sie wohl älter, als er. Die commedia dell' arte wie die Maskenkomödie wurden in Gesichtsmasken gespielt, doch waren diese nur für den Pantalone, Brighella, Arlechino und den Dottore obligatorisch. Wie wir schon sahen, waren jedoch die Darsteller dieser Spiele keineswegs auf sie nur beschränkt. Sie bemächtigten sich sogar der commedia erudita und des Schäferspiels. Die erste Aufführung des „Pastor fido" wurde von ihnen bewirkt. Später suchte die commedia dell' arte sich sogar selbst den Zuschnitt des akademischen Lustspiels zu geben. Mit diesen Versuchen beginnt ihr Verfall. Ueberhaupt lag in den Maskenspielen der Italiener, so charakteristisch sie für ihre dramatische Entwicklung sind, keineswegs ein zu einer höheren Entwicklung treibendes Moment. Bei dem engen Kreise der Verhältnisse, in den sie durch ihre Masken gebannt waren, mußten die Motive und Formen der Handlung bald eben so stehend und conventionell werden, wie diese selbst. So waren besonders die Stegreifspiele zwar sicher geeignet, das schauspielerische Talent nach verschiedenen Richtungen hin zu hoher Ausbildung zu bringen, aber doch nur in einseitiger Weise. Und da sie noch überdies ganz an das einzelne Talent gebunden waren, so liefen sie auch vor Allem Gefahr, sich, wo es versiechte, ins Platte und Phantasielose zu verlieren.

In der zweiten Hälfte des 16. Jahrhunderts macht sich ein bedeutendes Sinken der dramatischen Dichtung bemerkbar, wobei indeß die Tragödie so tief nicht zu fallen hatte. Die antireformatorischen Bestrebungen der Kirche, der Druck, den die Inquisition auf die Geister ausübte, mochten ihren Theil daran haben. Es fehlte wohl aber auch an Talenten. Nur einmal noch sehen wir ein solches mit dem alten satirischen Uebermuth, mit der alten sinnlichen Kraft in dem „Candelajo" („Der Lichtzieher") des berühmten Philosophen Giordano Bruno, der später ein Opfer der Inquisition wurde, hervortreten.

Dafür entwickelte sich eine andere Form dramatischer Dichtung, die früher nur eine untergeordnetere Rolle gespielt hatte, zu größerer Bedeutung: das Schäferspiel. Obschon ohne Zweifel aus den kirchlichen Weihnachtsspielen hervorgegangen, lag ihm wohl zugleich, wie überhaupt der ganzen Idyllen- und Schäferpoesie, noch die Sehnsucht zu Grunde, sich aus dem Drange und Kampfe der großen Welt in die Stille und den Frieden und zu den erträumten Freuden einfacher Naturzustände zu retten. Diese Dichtung erhielt jedoch bald mit einer gekünstelten Form auch einen erkünstelten Inhalt, und an die Höfe gekommen, gewährte sie der Schmeichelei nur allzuwillig Eingang und Stimme. Aus zwei Gründen verdient gleichwohl das italienische Hirtendrama hier der Berücksichtigung. Zuerst weil Torquato Tasso (1544—1595) in seiner 1572 gedichteten „Aminta" in dieser Gattung ein echtes Kunstwerk schuf, sodann weil sie den Uebergang zur Oper bildete, welche im 17. Jahrhundert das italienische Theater völlig beherrschen sollte.

§ 30. Entstehung der Oper. Das neuere italienische Drama. Politische Richtung desselben.

Musik und Gesang spielten schon in den mittelalterlich geistlichen Spielen eine hervortretende Rolle. In der Mysterie „Conversazione di S. Paolo" von Cardinal Rafaello Riario (1490) hörte die Musik fast nicht auf. In der Tragödie gewann sie Raum in den Chören. Die Lustspiele öffneten ihr die Zwischenacte. Das Hirtendrama aber sollte bald den umfänglichsten Gebrauch von ihr machen. Hier nahm sie nicht blos von den Chören und Zwischenspielen Besitz, sondern trat auch in die Handlung selber mit ein. Der „Pastor fido" des Battista Guarini aus Ferrara (1537—1612), welcher alles, was man bisher von theatralischen Wirkungen kannte, in sich zu vereinigen suchte, war auch hierfür epochemachend. Ausgezeichnet durch die Anmuth und den musikalischen Reiz seiner Verse, wurde er das Muster einer Menge von Nachahmungen. Emilio del Cavalieri, Kapellmeister zu Florenz, dem die Erfindung des Recitativs zugeschrieben wird, setzte zwei Hirtendramen ganz in Musik. Der Graf Giovanni Bardi, der ebendaselbst eine Gesellschaft zu dem Zwecke um sich vereinigt hatte, die Musik der Alten wiederherzustellen, componirte mit Luca Marenzio die Musik zu einem von Ottavio Rinuccini gedichteten Intermezzo. Es wechselten darin einstimmige und vierstimmige Sätze mit Chören. Diese Versuche wurden im Hause des Jacopo Corsi von Rinuccini und dem Componisten Peri weiter verfolgt. Das Ergebniß war das musikalische Hirtendrama „Dafne", welches als erste Oper bezeichnet wird und 1594 im Hause Corsi zur Aufführung kam. Die Musik bemächtigte sich nun allmählich auch noch der übrigen dramatischen Formen. Orazio Vecchio aus Modena gilt für den Dichter und Componisten der ersten komischen Oper: „Anfiparnasso" (1597). Die erste tragische Oper aber war die „Euridice" des Rinuccini, von Peri und Corsi in Musik gesetzt. Ihr folgte die „Arianna" des Claudio Monteverde. Die Oper war nun für lange die herrschende Form geworden und entwickelte sich rasch zu reichster Blüthe.

Unter den Trauerspieldichtern der ersten Hälfte des 17. Jahrhunderts ist Prospero Bonarelli insofern nennenswerth, als er zuerst den Chor davon ganz wieder ausschied. Auf dem Gebiete des Lustspiels erlangte dagegen die „Tancia" von Michelangelo Buonarotti, einem Enkel des Großen, eine fortwirkende Berühmtheit. Graf Testi schrieb eine größere Zahl Opern und Trauerspiele, welche letztere aber ebenfalls mehr musikalischen Wirkungen zuneigten. Während sich gegen Ende des Jahrhunderts im Lustspiele spanischer Einfluß mehr und mehr geltend machte, gerieth die Tragödie jetzt völlig unter die Herrschaft der französischen Muster und Regeln. Von dieser Richtung war auch Apostolo Zeno (1669—1750) ergriffen. Er glaubte die Oper, die jetzt allerdings dem Ausstattungsprunke zu huldigen begann, auf diesem Wege nicht nur reinigen, sondern ihr auch einen wahrhaft dramatischen Inhalt, dessen sie bisher noch entbehrt hatte, geben zu können. So sehr es ihm dazu auch an Fülle und Schwung der Phantasie gebrach, und so einseitig seine Richtung auch war, so hat er doch bisweilen einen zugleich feierlicheren und natürlicheren, dem Tragischen angemesseneren Ton angeschlagen als die meisten Dichter vor ihm. In der komischen Oper erscheint er dagegen gezwungen. In jedem Falle hat er das Verdienst, einem größeren Talente, das ihn verdunkeln sollte, die Wege gebahnt zu haben: Pietro Metastasio (1698—1782). Dieser besaß weder Umfang noch Tiefe des Talents, aber er beherrschte den Ausdruck mit der vollkommensten Leichtigkeit, Anmuth und Reine. Seine Lieder sind von dem lieblichsten Wohllaut. „Vielleicht", sagt A. W. Schlegel von ihm, „hat nie ein Dichter eine größere Fähigkeit gehabt, als er, in der Kunst, die wesentlichen Züge einer pathetischen Situation in der Kürze zusammenzufassen." Er übte die weitgehendsten Wirkungen aus. Um die Mitte des Jahrhunderts waren die meisten seiner Opern schon durch ganz Europa berühmt.

Die ersten Versuche der Italiener, mit den Franzosen in ihrer eigenen Manier zu wetteifern, waren im Lustspiel wie im Trauerspiel ohne besonderen Erfolg. Dem Marchese Maffei (1675 bis 1755) sollte dies endlich (1713) mit seiner „Merope" gelingen. Sie machte ein Aufsehen, wie kaum ein anderes Gedicht. Eine Auflage jagte die andere. Lessing erklärt sie gleichwohl mehr für die Arbeit eines Gelehrten, als eines künstlerisch schöpferischen Geistes. Einen Vorzug hat sie allerdings vor den Dramen der Franzosen voraus, die größere Wahrheit und sittliche Strenge. Sie vermeidet die Hohlheit und Falschheit des Ausdrucks und alle höfische Galanterie ist ihr fremd. Maffei's Erfolge riefen viel Nachahmungen hervor, die sich jedoch meist wieder in rhetorische Breite verloren. Von ihnen seien die von Alfonso Barano und Grenelli als die erfolgreichsten hervorgehoben. Saverio Bettinelli ahmte Voltaire nicht ohne Geschicklichkeit nach. — Der Erste, welcher die Reform des Lustspiels mit Erfolg unternahm und die alte commedia dell' arte, die er verdrängen wollte, wenigstens in den Hintergrund schob, war Carlo Goldoni, geboren zu Venedig 1707, † 1793. Ursprünglich Advocat, wendete er sich erst spät dem Theater zu, ging aber dabei ganz systematisch und als tüchtiger Geschäftsmann zu Werke. Es handelte sich ihm nicht um einen einzelnen Erfolg, sondern um die siegreiche Durchführung eines Princips, welches auf die sogen. Naturwahrheit, d. h. auf die porträtmäßige Darstellung der alltäglichen Wirklichkeit, und auf moralische Nutzanwendung gerichtet war. Es war gerade das, wozu sein Talent etwa ausreichte. Zu etwas Höherem fehlte ihm die Tiefe der Lebensauffassung, die Genialität der Erfindung, die echte komische Kraft. Er war zwar ein glücklicher Beobachter, doch immer nur des äußeren Lebens, und besaß weder die Freiheit, das Wesentliche von dem nur Beiläufigen genügend zu unterscheiden, noch die Kunst, eine wahrhaft dramatische Anwendung davon zu machen. Die meisten seiner Figuren haben so viel mit der Exposition ihrer charakteristischen Eigenthümlichkeiten zu thun, daß die Handlung darüber ins Stocken geräth. Auch hier begegnen wir wieder dem eigenthümlichen Verhängniß des italienischen Lustspiels, daß es immer weitschweifig und langweilig wird, sobald es die Miene der Ehrbarkeit annimmt. Goldoni's Fehler mußten sich in dem Maße steigern, als er ein Vielschreiber wurde, und obschon er scheinbar große Erfolge errang, war es doch nicht zu schwer, ihn auf die Seite zu drängen.

Dies geschah von dem venetianischen Grafen Carlo Gozzi (1722—1806). Er hatte, um der Gesellschaft Sacchi (welcher er durch sein Verhältniß zur Schauspielerin Ricci verbunden war) und der durch sie vertretenen commedia dell' arte etwas wieder aufzuhelfen, eine neue Art phantastischer Spiele erfunden. Das dramatisirte Ammenmärchen „Die drei Pomeranzen" erzielte besonders durch die darein verwebte Satire auf die Manier Goldoni's einen solchen Erfolg, daß dieser sich vor demselben zurückziehen mußte. Die Dichtungen Gozzi's, obschon zum Theil leicht, ja selbst roh in der Ausführung, zeichnen sich durch eine gewisse Kühnheit des Entwurfs und einen poetischen Anhauch, sowie durch anregende Gedanken aus. Es ergriff die Märchenstoffe der Araber und die romanischen Stoffe der Spanier, um sie in Verbindung mit einigen der Masken der volksthümlichen Komödie (Pantalone, Tartaglia, Brighella und Truffaldino) und in einen komischen Gegensatz zu diesen zu bringen. Es ist ein erneuter Versuch, das nationale Moment im Drama der Italiener mittelst der mittelalterlichen Romantik zur Entwicklung zu bringen. Ich glaube kaum, daß es auf diesem Wege möglich gewesen sein würde, doch bleibt der Versuch eine der eigenthümlichsten Erscheinungen in der Geschichte des italienischen Theaters. Er war jedoch ohne Nachfolge.

Inzwischen nahm die tragische Dichtung ungestört ihren Fortgang. Man wollte nun einmal durchaus ein großes nationales Drama hervorbringen und dieser Wetteifer war in der zweiten Hälfte des 18. Jahrhunderts ein überaus fruchtbarer. Besonders hervor treten Graf Pepoli, der Abbate Willi, der Abbate Monti, der Ritter Pindemonte und Graf Alfieri. Auf das Haupt des Letzteren ist gewissermaßen der poetische Glanz aller Anderen mit übergegangen. Was ihm diese Bevorzugung gab und dieselbe auch berechtigt erscheinen läßt, liegt in Natur und Bedeutung seines Charakters, welche in seine Werke mit einflossen.

Vittorio Graf Alfieri, 1749 zu Asti geboren (gestorben 1803), war eine rauhe, strenge Natur, die sich an den Alten, besonders am Römerthum, genährt hatte. Die traurigen Zustände Italiens lasteten schwer auf seiner Seele; er glaubte dem Uebel begegnen zu können, indem er in seinen Landsleuten die patriotische Tugend zu wecken suchte. Obschon nicht ohne poetische Neigungen, ergriff er die Dichtung doch vornehmlich zu diesem Zweck, indem er die dramatische Form für die hierzu geeignetste hielt. Ohne sinnliche Wärme, ohne jedes Interesse für das Malerische, sind seine Tragödien kaum von größerem dramatischen Werth als die mancher seiner Zeitgenossen. Wie sie stand auch er ganz unter dem Einflusse der Regeln und des rhetorischen Ideals, aber seine Rhetorik entsprang dem lebendigen Quell einer Begeisterung, die, wenn auch mehr politisch und moralisch als poetisch, doch zündend in die Herzen seiner Landsleute einschlagen mußte.

Von seinen 21 Tragödien seien hier nur „Virginia", „Brutus", „Agamemnon", „Myron", „Die Pazzi" genannt.

Alfieri hatte der italienischen Tragödie eine rein historische Richtung und politische Färbung gegeben, die wir auch bei seinen zum Theil höchst talentvollen Nachfolgern wieder zu beobachten haben und welche in ihren Extremen zum politischen Tendenzstück führten.

Ugo Foscolo, ein Mann von großer Bildung, tiefen poetischen Antrieben und einer glühenden Freiheitsliebe, hat drei Tragödien hinterlassen, von denen die früheste, „Tieste", ganz unter dem Einflusse Alfieri's, die letzte „Ricciardo" aber zugleich unter den Anregungen Lord Byrons stand. Deutscher Einfluß aber macht sich bei ihm besonders in seinem Briefromane „Jacopo Ortis" geltend, welcher, obschon ihm auch eigne Erlebnisse des Dichters zu Grunde liegen, mit Goethe's „Werther" eine überraschende Aehnlichkeit hat.

Größeres dramatisches Talent, verbunden mit Sinn für scenische Wirkung, zeigen die Dramen des G. Pindemonte, aus denen „Adelina e Roberto" besonders hervorleuchtet.

Alessandro Manzoni (1784—1873), ein Verehrer Goethe's und von diesem als dramatischer Dichter wohl überschätzt, wich in seinen beiden Dramen („Carmagnola" und „Adelchi") von der Strenge der Forderungen des classischen Dramas ab, daher man sie auch wohl romantisch genannt hat.

G. B. Niccolini (1785—1861) ahmte ihm mit großem Erfolge nach. Sein erstes Drama „Polissena" ward preisgekrönt. Seinen Höhepunkt erreichte er in seinem „Giov. da Procida". In seinen späteren Arbeiten huldigt er der wiederkehrenden Neigung zum Gräßlichen („Beatrice Cenci"). Der bedeutendste und durch seine Schicksale, wie seinen Charakter das Interesse gleichmäßig tiefer herausfordernde Tragiker der neueren Zeit ist aber Silvio Pellico aus Venedig (1789—1854). In seiner „Francesca da Rimini" begegnet man großen, echt dramatischen Zügen.

Auf dem Gebiete des Lustspiels versuchten in der zweiten Hälfte des 18. Jahrhunderts Graf Pepoli und der Abbate

Villi das rührende Lustspiel der Franzosen (die commedia lagrimosa) in Italien einzuführen. Im Uebrigen schloß man sich der von Goldoni eingeschlagenen Richtung an. Auch hier erzielte Abbate Villi neben Doctor Nelli aus Siena und dem Marchese **Francesco Albergati** die größten Erfolge. **Goldoni** selbst fuhr bis in sein 80. Jahr fort, für das Theater zu dichten, zuletzt sogar französisch („Le bourru bienfaisant"). Auch noch im Anfang des 19. Jahrhunderts blieb das Goldonische Lustspiel das Vorbild der Nachahmung, doch machten sich Einflüsse der französischen und deutschen Bühne geltend. Die hervortretendsten Dichter dieser Periode waren Graf **Giraud**, **Stanislao Marchisio**, **Alberto Rota**, 1775—1847 (der den Theatern an 30 Lustspiele lieferte), **Augusto Von** und **Angelo Brosferio**.

III. Das Drama der Franzosen.

§ 31. Anfänge des neueren Dramas unter Einfluß der Italiener und Spanier.

Die Franzosen gingen aus einer Vermischung römischer Elemente mit celtischen und germanischen Stämmen hervor. Die Grundlage dieser Vermischung bildeten die Celten. Züge ihres Charakters leben in den heutigen Franzosen noch fort, da auch sie als von leicht beweglichem Geiste, von rasch entzündbarer Einbildungskraft, ruhm- und putzsüchtig, neugierig und veränderungsliebend geschildert werden. Römischer Geist, römische Sprache und Bildung hatten rasch und ganz allgemein von ihnen Besitz genommen, um dann wieder eben so rasch von der Sprache der eindringenden Germanen verdrängt zu werden. Im Jahre 813 wurde den Geistlichen vorgeschrieben, dem Volke die Predigten in der Volkssprache und in der deutschen zu wiederholen. Und doch war bald darauf auch diese wieder völlig aus Frankreich verschwunden, das Lateinisch wieder ganz herrschend geworden.

Im Süden von Frankreich, wo sich aus einer Anzahl unabhängig gewordener Herrschaften ein blühendes Reich, die Provence, gebildet hatte, das zeitweilig auch spanische Landestheile in sich vereinigte, nahm die Volkssprache zuerst, als provençalische, eine bestimmte Form und Gestalt an. In dieser ersten romanischen Sprache sollte ein fröhliches Ritterthum unter den Einflüssen normannischen und arabischen Geistes und unter den Einwirkungen eines milden Klimas eine von stolzem Unabhängigkeitsgefühl und von sinnlichem Lebensdrange durchglühte erste romanische, aber ganz lyrische Dichtung ausbilden. Der darin mit verborgen liegende Keim eines Gegensatzes und Widerspruchs gegen die Forderungen und Anmaßungen der Kirche brach, nachdem er sich lange nur in der Satire Luft gemacht hatte, endlich um so heftiger hervor und erzeugte blutige Kämpfe. Das Reich der Provence ging zwar darin unter, seine Sprache und Bildung aber in die des siegenden Frankreichs mit ein.

Inzwischen hatte sich auch noch im Norden Frankreichs, im Reiche der Normannen, der Heimath des ritterlichen Geistes, eine Bildungsstätte vorbereitet. Auch hier war eine besondere Sprache und Dichtung, doch von einem wesentlich anderen, von einem überwiegend epischen Geiste entstanden, auch hier entwickelte sich aus dem ihr zu Grunde liegenden Unabhängigkeitsgefühl eine, nur gemäßigtere Opposition, die vornehmlich gegen den idealen Schein gerichtet war, mit welchem Kirche und Staat ihre weltlichen, selbstischen Interessen und Uebergriffe zu unkleiden wußten. Der Geist der Ironie und Satire trat mehr und mehr bei dieser Dichtung in den Vordergrund und schlug dabei den freien, aber meist nüchternen Ton einer gesunden Verständigkeit an. Wir sahen die normännischen Trouvères sich auch der Mysterienspiele bemächtigen, wir sahen sie im Verein mit der bürgerlichen Volkspoesie dieselben allmählich verdrängen, bis ihre Versuche auf diesem Gebiete selbst wieder dem von Italien her eindringenden Geiste des wiedererweckten Alterthums unterlagen. Die Uebersetzungen griechischer und römischer Stücke von Octavien de St. Gelais, Despéciers, Lazare de Baïf und Anderen fanden rasche Verbreitung und Nachahmung. Der erste, dürftige, mit dem leichten Sinn der Jugend unternommene Versuch eines Jodelle (1532—1573), ein nationales Theater nach diesen Vorbildern zu begründen, begegnete der günstigsten Aufnahme. Jodelle schrieb 20 Jahr alt seine „Kleopatra" in regelmäßigen Alexandrinern in nur zehn Vormittagen und wies damit der sogenannten classischen Tragödie der Franzosen ihre Richtung eben so an, wie er durch sein Lustspiel „Eugène ou la rencontre" der Vorläufer Molière's wurde. Seine Erfolge riefen eine fruchtbare Nacheiferung hervor. Jean de Laperouse, durch seine „Medea" berühmt, Charles Toutain, Gabriel Bonin, Jacq. Grévin, Alex. Hardy und Garnin pflegten die Tragödie, während sich im Lustspiel, welches gleich dem der Italiener vorzugsweise die geschlechtlichen Verhältnisse zum Gegenstande einer witzigen, satirischen, meist aber auch frivolen Behandlung machte, Pierre Leloyer, Pierre Larivey, der sich dabei meist der Prosa bediente, so wie der oben schon erwähnte Vielschreiber Hardy auszeichneten, welcher letztere 800 Stücke verfaßt haben soll.

Schon zu Jodelle's Zeit wurden in Frankreich Bemühungen sichtbar, Wissenschaften und Künste, nach dem Vorbilde Italiens, durch Akademien zu fördern und die von ihm eingeschlagene Richtung zu befestigen. Der Verein des poetischen Siebengestirns (1570—91), dem Jodelle mit angehörte, gab hierzu das erste Beispiel. Die Umbildung einer von Chapelain gegründeten Privatgesellschaft zu einer, unter dem Schutze Richelieus stehenden Staatsanstalt führte zur Gründung der Académie française. Doch nicht nur dieser akademische Geist, auch Einflüsse anderer Art sollten der französischen Bildung im 16. Jahrhundert von Italien kommen. Die Franzosen, welche damals, von Ruhm und Erwerbsucht getrieben, siegreich in dieses Land eingedrungen waren, fanden dasselbe im blüthenreichen Schmuck seiner Kunst und seines Gewerbfleißes, im Glanz seines Wohlstandes, ausgestattet mit den verführerischen Reizen einer überfeinerten Bildung, aber auch befleckt von den Lastern der Civilisation. Die französischen Könige verpflanzten die Eleganz seiner Sitten, sie zogen seine Gelehrten und Künstler an ihre Höfe und Ludwig X. gab dem Hofstaat der Königin noch überdies eine Einrichtung, durch die er die Herrschaft der Damen in der guten Gesellschaft vorbereitete. Dies alles mußte eine Einwirkung auf den Geist der Dichtung mit ausüben, zumal die öffentliche Meinung mehr und mehr in Abhängigkeit von dem Hofe gerieth, was um so verhängnißvoller wurde, als hier, besonders unter Franz I., welcher das Scheinbild eines Ritterthums wieder in die Mode brachte, die Form über das Wesen zu siegen begann. Auch für den Erfolg von Jodelle's „Kleopatra" (er spielte sie zum erstenmal selbst mit seinen Freunden vor Heinrich II.) war dessen Beifall entscheidend. Diese höfisch-akademische Richtung fand ein Gegengewicht theils in den Anregungen, die man um diese Zeit von der romantischen Dichtung der Spanier empfing, theils in der naturwüchsigen Fröhlichkeit, in dem bon sens und in dem Hang zur Verspottung, dem sich das französische Volk nur zu gern und nicht selten mit übermüthigem Humor überließ. Hierin fand wenigstens das Lustspiel eine fruchtbar lebendige Quelle, was wohl dazu beitrug, daß gleich den Italienern auch die Franzosen vorzugsweise in ihm den geeigneten Boden für eine nationale dramatische Entwicklung fanden.

Die religiösen und politischen Kämpfe des 16. Jahrhunderts in Frankreich hatten eine Art von Tendenzstücken ins Leben gerufen, von denen „Chilperic second" von Louis Léger und die „Guisiade" von Pierre Mathieu nennenswerth sind. Etwas später kam unter italienischem und spanischem Einflusse auch noch eine andere dramatische Gattung in Aufnahme: die Schäferspiele. Wir begegneten denselben schon früh bei den normännischen Dichtern und ein sentimentaler Zug war ihnen damals schon eigen. Jetzt aber erhielten sie noch überdies einen akademischen Anstrich, sie wurden conventionell und geziert, bisweilen auch lüstern. Lecocq, Claude de Bassecourt und Guillaume waren ihre hauptsächlichen Vertreter. Den größten Erfolg aber hatte die „Sylvanie" des Mairet — der auch in der Tragödie von Bedeutung und gewissermaßen ein Vorläufer Corneille's war. Drei Jahre nach seiner „Sophonisbe" erschien dessen „Cid". Er so wie Rotrou (Wenceslas), Nicolas de Montreux und jener Vielschreiber Hardy, so wie fast alle Lust-

Spieldichter der Zeit, Boisrobert, d'Ouville u. A., standen unter dem Einfluß der spanischen Dichter.

§ 32. Die classische Tragödie der Franzosen.

Auch Pierre Corneille (1606—1684) gehörte anfänglich der von den Spaniern angeregten romantischen Richtung an. Fast zu all seinen früheren Stücken, die durchgehend Lustspiele waren, hat er den Stoff von ihnen entlehnt. Nur sein erstes Stück, das Lustspiel „Melite" (1625), war der unmittelbare Ausfluß eines eigenen Erlebnisses, einer zärtlichen Jugendliebe. Wogegen sein erstes Trauerspiel, der „Cid", auch noch spanischen Ursprungs (dem des Guillen de Castro nachgebildet) war. Er schloß sich aber schon bei der Bearbeitung spanischer Stoffe mehr und mehr den Forderungen des Classicismus an, die später von Boileau (in dessen „Poetik") zu Regeln erhoben und festgestellt wurden. Das Wesentliche dieser Forderungen beruht auf den sogenannten drei Aristotelischen Einheiten, von denen jedoch die eine (die des Orts) von diesem gar nicht in Frage gestellt, die andere (die der Zeit) zwar flüchtig berührt, doch nicht zur Bedingung gemacht, die dritte (die der Handlung) wohl aufgeworfen, aber in ungenügender Weise erklärt und von den Franzosen ganz mißverstanden worden ist. Ich werde hierauf an anderer Stelle noch näher einzugehen haben, hier sei nur vorläufig bemerkt, daß die Beschränkung, welche sich die französische Tragödie durch ihre drei Einheiten auferlegte, und die hierdurch bedingte dramatische Form da, wo sie der freien und vollen Entfaltung des bestimmten dramatischen Gedankens und Vorgangs nicht hinderlich ist, unstreitig ihre Vortheile und Vorzüge hat, wogegen diese drei Einheiten als allgemeingültige Regel das Gebiet des Dramatischen außerordentlich verengen, es in eine einseitige Richtung drängen und die größten Unzuträglichkeiten herbeiführen mußten. Gefährlicher als diese Beschränkung sollte der zur Entwicklung drängenden Blüthe des Dramas noch eine andere werden, die von der höfischen Convenienz ausging und sich wie ein giftiger Mehlthau auf sie legte. Sie betraf nicht nur die äußere Form und Gestalt, sondern das innerste Wesen des Dramas, die Wahrheit und Freiheit der Empfindung. Für die classische Tragödie war damals Frankreich nicht nur, wie noch heute, blos in Paris, sondern sogar blos am Hofe. Das „l'état c'est moi" galt für sie schon lange, bevor es gesprochen wurde. Obschon Corneille nicht eigentlich zum Hofe gehörte, schrieb er doch nur für diesen, nicht für die Nation, und die Verhältnisse lagen dabei für ihn nicht so günstig, wie in Spanien für Calderon. Er konnte sich auch sonst mit diesem nicht messen, obschon er eine überaus glänzende Erscheinung war und mit seinem „Cid" alles verdunkelte, was man in Frankreich bisher für das Theater geschrieben hatte. Der Glanz dieser Dichtung war so mächtig, daß selbst die Eifersucht des allmächtigen Richelieu, welcher auch Dramen schrieb und den Ehrgeiz besaß, der erste Dichter Frankreichs heißen zu wollen, dagegen nichts ausrichten konnte. Er vermochte wohl ihn der Censur der Akademie zu unterwerfen, aber die einstimmige Anerkennung desselben, als des besten und mustergültigsten Dramas der französischen Bühne, keineswegs abzuwenden. Wie man einst Lope's Namen zur Bezeichnung der höchsten Vortrefflichkeit angewendet hatte (ein Lopegemälde, eine Lopeschönheit), so wurde es jetzt wieder sprichwörtlich, zu sagen: Cela est beau comme le Cid. Durch Würde des Vortrags, durch Erhabenheit der Empfindungen steigerte Corneille in „Horace" und „Cinna" noch seinen Ruhm. Doch schon in „Polyeucte" erscheint seine dichterische Kraft im Sinken, bis sie sich allmählich in seinen rasch auf einander folgenden Werken erschöpfte. Er huldigte bald mehr und mehr der Kunst des rhetorischen Vortrags. Es handelte sich ihm bald mehr um die spitzfindige Bloßlegung der Triebfedern der Handlung, als um ihre dramatische Darstellung. Ueberhaupt war es ihm aber mehr darum zu thun, die Berechtigung der Motive eines Conflicts in der glänzendsten Weise darzulegen, als diesen selbst zu fortreißender Entwicklung zu bringen; und wenn er bei seiner Stoffwahl fast nur in die Zeiten des Alterthums zurückgriff, so geschah es meist in der Absicht, Anschauungen und Vorurtheile seiner eignen Zeit und der besonderen Atmosphäre, in welcher er lebte, darin darzulegen. Ein größeres Talent sollte ihn überdies später in Schatten stellen und seinen Nachruhm ihm streitig machen.

Jean Racine, geboren am 31. Dec. 1639 zu La Ferté de Milon, stammte, wie Corneille, aus guter Familie. Er besuchte die Schule von Beauvais und setzte seine Studien im Port royal zu Paris, „der Wiege des Jansenismus", fort. Wenn Corneille noch immer vorzugsweise unter dem Einflusse des Seneca stand, so ging Racine auf dessen griechische Vorbilder selber zurück. Mit seinen „Feindlichen Brüdern" (1664) erregte er sofort die Aufmerksamkeit der Kenner, mit „Andromache" und „Britannicus" aber hatte er sich die Bühne erobert. Er hat im Ganzen verhältnißmäßig wenig Stücke geschrieben (elf Tragödien und ein Lustspiel: „Les plaideurs"). Sie haben sich aber fast alle auf der Bühne erhalten, während von den vielen Stücken des Corneille nur noch einige auf dem Repertoir sind. In „Phädra" „Britannicus", „Berenice", „Mithridate" und „Athalie" schuf er eben so viele Meisterwerke in ihrer Art. Er erreichte vielleicht in ihnen, was sich überhaupt in der Richtung des französischen classischen Dramas erreichen läßt. Auch seine Werke haben noch dessen Enge. Auch er ist in den Vorurtheilen der französischen „Vorzimmertragödie" befangen, auch seine Römer, Griechen und Türken sind nichts Anderes als die Franzosen vom Hofe Ludwigs XIV. und sprechen die Sprache höfischer Galanterie. Auch bei ihm herrscht die Rhetorik noch vor — aber es ist die Rhetorik der Leidenschaft und zwar einer Leidenschaft, deren Natur der Dichter bis in ihre letzten Tiefen durchblickte, die er zum Hebel einer oft mächtig bewegten Handlung zu machen verstand. Ein so großer Dichter Racine aber auch unzweifelhaft war, so möchte es doch noch fraglich sein, ob er in einer anderen dramatischen Form etwas Höheres geleistet haben würde.

Der Ruhm dieses Dichters, obschon er lange ein Günstling Ludwigs XIV. war, war doch ein bestrittener. Es gelang sogar den Intriguen einer einflußreichen Clique, einem seiner besten Werke, der „Phädra", eine nur kühle Aufnahme zu bereiten. Das bestärkte ihn in dem Entschlusse, der Bühne ganz zu entsagen, wozu ihn seine, durch Frau von Maintenon geförderte Neigung zur Frömmigkeit ohnedies schon getrieben hatte. Und doch sollte es gerade sie wieder sein, welche ihn später noch einmal zu ihr zurückführte, indem sie ihn zur Dichtung zweier religiöser Dramen: „Esther" (1669) und „Athalie" (1691) bestimmte. Seine Freimüthigkeit zog ihm zuletzt noch die Ungnade des Königs zu. Racine starb vor Kummer darüber nach einigen Jahren des Siechthums (21. April 1699).

§ 33. Das Lustspiel von Molière bis zur Entstehung der französischen Oper.

Die dramatischen Darstellungen in Paris hatten seit 1548 im Theater des Hôtel de Bourgogne stattgefunden. 1577 eröffnete bei ungeheurem Zudrang eine italienische Gesellschaft, die Gelosi, ihre Vorstellungen im Hôtel de Bourbon, welche dem französischen Theater mit wechselndem Glück die Gunst des Publicums streitig machte. Eine fast noch gefährlichere Concurrenz sollte ihm aus einem der Jahrmarktstheater erwachsen, dem Théâtre de la foire, welches ein Privilegium für ein stehendes Theater, du Marais, erhalten hatte und eine ganz neue Gattung dramatischer Darstellungen, die Vau de Ville's, in Schwung brachte. Mit ihm verband sich nach Molière's Tode dessen Gesellschaft.

Jean Baptiste Poquelin, welcher als Schauspieler den Namen Molière annahm, wurde 1620 in Paris geboren. Er wurde anfänglich für den Stand seines Vaters, der erblich Tapezierer und Kammerdiener im Dienste des Königs war, erzogen. Die Darstellungen des Hôtel de Bourgogne hatten aber seine Phantasie in dem Maße entzündet, daß er auf eine bessere Bildung drang. Man gewährte ihm denn auch wirklich einige Studienjahre im Collège Clermont. Gegen den Willen seines Vaters trat er 1642 als Schauspieler in eine Truppe ein, welche unter dem Namen des Illustro théâtre im Faubourg St. Germain ihre Bühne aufgeschlagen hatte. Er scheint die neue Carriere ziemlich lange ohne besondere Auszeichnung verfolgt zu haben. Auch seine ersten schriftstellerischen Versuche, die auf dem Gebiete der Tragödie lagen, waren ohne Erfolg. Mit dem Lustspiele „L'étourdi" (1653) sollte sich ihm aber plötzlich eine Laufbahn des Ruhmes eröffnen. Schon 1654 erzielte er mit seinem: „Dépit amoureux" und seinen „Précieuses ridicules" die weittragendsten Erfolge. 1654 gelang es ihm in Paris die Gunst des Prinzen von Conti zu erwerben, der ihm die Erlaubniß erwirkte, abwechselnd mit den Italienern im Palais de Bourbon zu spielen. Er stand jetzt an der Spitze einer Gesellschaft, welche sich den Namen der troupe de Monsieur beilegte. Der König, der sie bald selbst in seine Dienste nahm, verwandelte diesen Namen in den der königlichen Truppe. Der Schutz des Monarchen gestattete seiner komischen Muse eine oft weit gehende Freiheit. — Die Größe und der Umfang seines Talentes stellen Molière, besonders wenn man ihn in der Totalität seines Schaffens betrachtet, zu den größten Dichtern der Gattung. Er, der so hoch über den Schwächen der Menschen, die er verspottet, zu stehen schien, sollte aber auch selbst eine Beute des Spottes werden, indem er mit 46 Jahren eine Heirath mit der schönen, doch leichtfertigen Schauspielerin Bejart einging, und die heftigsten Qualen der Eifersucht duldete. Selbst noch im Tode, der ihn mitten in der Ausübung seiner Kunst ereilte, sollte diese letztere ein ironisches Streiflicht auf ihn fallen lassen. Im dritten Acte seines „Malade imaginaire" ergriff ihn plötzlich ein Krampf, den er durch erzwungenes Lachen verbergen wollte. Das Publicum applaudirte, während er selbst sich von der Hand des Todes erfaßt fühlte. Ein Blutsturz endete wenige Stunden später sein Leben. — Molière war zugleich ausgezeichnet als Dichter, Schauspieler und Schauspieldirector. Es scheint jedoch, daß die beiden letzteren zuweilen den ersteren in ihm schädigten, denn mehr als alle anderen Künste ist die des Schauspielers auf den momentanen Erfolg gestellt. Er ergriff Alles, was das Theater damals Glänzendes darbot. Die Maskenspiele der Italiener regten ihn nicht weniger an, als die Lustspiele der Spanier oder die Komödien des Terenz und des Plautus, ja er verachtete selbst nicht die Possen und Schwänke des Volkes und entlehnte ihnen Stoffe, Motive und Formen. Er schrieb Intriguenstücke nach dem Muster der spanischen Imbroglio's, Opernprologe und musikalische Intermezzi, groteske Ballete und Possen, feinere Charakter- und Sittengemälde und derbere im Genre der Comedias de figuron. Sein „Fâcheux" ist das erste Beispiel einer ganz neuen Art Spiele, die man Schubladenstücke (pièces à tiroir) genannt hat. — Wenn Tiraboschi behauptet, Molière habe die italienischen Komiker so sehr benützt, daß, wenn man ihm Alles nehmen wollte, was er von Anderen genommen, die Bände seiner Lustspiele ansehnlich zusammenschmelzen würden, so ist das allein noch kein Vorwurf, da hierbei, wie schon gesagt, Alles nur darauf ankommt, wie der Dichter die von Anderen entlehnten Stoffe, Motive, Charaktere benützt, ob er sie zu neuer, höherer, eigenthümlicher Entwicklung bringt oder nicht. Das letzte wird man Molière unmöglich absprechen können. Er würde seinen Ruhm sonst gewiß nicht Jahrhunderte lang behauptet haben. Wohl aber ist richtig, daß er bisweilen mehr das Interesse des Schauspielers, als das des Dichters ins Auge faßte. Sein „Geiziger" ist hierfür ein Beispiel. Er gehört zu denjenigen seiner Stücke, die auf der Bühne die größten Erfolge errangen, und zu den wenigen, welche sich auch noch heute auf dem deutschen Repertoire erhalten — obschon A. W. Schlegel nachweisen konnte, in wie vieler Hinsicht er darin unter seinem Vorbilde (der „Aulularia" des Plautus) blieb, und die Folgerichtigkeit und Reinheit des Charakters, sowie die Einheit der Handlung verletzte. Welcher Widerspruch sich nur daraus erklären läßt, daß diese Fehler des Dichters der Kunst des Darstellers und dem momentanen Erfolge derselben, der so viel Täuschendes hat, zum Vortheil ausschlugen. „Molière, sagt Schlegel, hat gleichsam alle Arten des Geizes auf eine Person gehäuft", dem Darsteller gab er aber hierdurch eben Gelegenheit, die Virtuosität seiner Kunst in proteusartiger Weise entfalten zu können. Es hängt dies mit einer anderen Seite seines Charakters zusammen, der sich zwar vielfach über die Vorurtheile und Schwächen seiner Zeit erhob, um sie zu verspotten, doch selbst in ihnen bisweilen in einer Weise befangen erscheint, welche fast peinlich berührt, wie z. B. in seinem „Mysanthrope". Vortrefflich ist er in seinen Burlesken („Monsieur de Pourceaugnac", „Le malade imaginaire", „Le bourgeois gentilhomme"). Von seinen feineren Lustspielen aber ragen „Tartufe", „L'école des femmes", „Le mysanthrope", „Les femmes savantes" über alle anderen hervor. „Tartufe" mußte zwei Jahr auf die Erlaubniß zur Aufführung warten. Der Groll, den die Geistlichkeit ihm dieses Stückes wegen bewahrte, war später der Grund, weshalb ihm ein christlich Begräbniß versagt blieb.

Neben Molière verdienen „Les plaideurs" des Racine Erwähnung, welcher darin ein Motiv des Aristophanes behandelte. Eine echt komische Begeisterung weht uns daraus entgegen. Es ist einzig in seiner Art und das einzige Lustspiel des Dichters. Scarron behandelte zwei dem Spanischen entlehnte Stoffe in seiner travestirenden und herabziehenden Weise: „Jodelle oder der Bediente als Herr" und „Don Japhet von Armenien". Boursault bildete die Gattung der pièces à tiroir weiter aus. Régnard (1647—1709) gehörte zu Molière's besten Nachahmern. Sein erstes Stück, „Le joueur", gehört zu den vorzüglichsten französischen Lustspielen. Quinault errang mit seiner „Mère coquette" einen großen Erfolg. Dieser ward noch von dem des „Roi de Cocagne" übertroffen, einer Zauberposse des Schauspielers Legrand, von welcher A. W. Schlegel sagt, daß sie ein anschauliches Beispiel sei, wie die Gattung des Eupolis, der einen ähnlichen Gegenstand behandelte, mit Vermeidung des Anstößigen und des persönlichen Spottes auf unserer Bühne sich ausnehmen dürfte. Dufresny schrieb regelmäßige Stücke mit geistreichem Dialog, doch ohne dramatisches Leben. Dancourt wußte kleine Tagesgeschichten recht glücklich dramatisch zu verwerthen und mit komischen Einfällen auszustatten.

In der Tragödie blieben die nächsten Nachfolger der Corneille und Racine weit hinter diesen zurück. Thomas Corneille, ein Bruder des Pierre, und François Duché halfen die nach spanischen Mustern gearbeiteten Schauspiele von der Bühne verdrängen. Des ersteren „Graf von Essex" ist durch Lessing's Dramaturgie allgemeiner bekannt. Jean Nicolas Pradon, dessen „Phädra" durch die Intriguen einer im Hôtel Rambouillet ihren Sitz habenden Coterie über die des Racine gesiegt hatte, ist im Uebrigen längst der Vergessenheit verfallen. Dagegen nähert sich der „Manlius" des Antoine de la Fosse den Dramen Racine's mehr als irgend ein anderes gleichzeitiges

Drama. Große Erfolge übten die auf die Wirkung des Gräßlichen ausgehenden Tragödien des **Prosper Jolyot de Crebillon** aus, der sich damit den Beinamen des Schrecklichen erwarb. **Philippe Quinault** (1634—1685), der, wie wir gesehen, im Lustspiel Erfolge errang, versuchte sich auch noch im Trauerspiel, wurde aber erst auf dem Gebiete der Operndichtung epochemachend.

Die Oper wurde (1645) durch Mazarin von Italien eingeführt. Die ersten Versuche wollten nicht glücken. Doch wußte man dieselbe dem französischen Geschmacke bald näher zu bringen. Man führte zunächst die Musik und das Wunderbare mit seinem decorativen Apparate in das heroische Drama ein. Es entstanden hieraus Stücke wie Corneilles „Toison d'or" und die „Andromède". Erst 1669 legte der Marquis de Sourdéac im Verein mit dem Dichter **Perrin** und dem Musiker **Cambert** den Grund zu einer französischen Oper in der Académie Royale de musique, zu der sie das Privilegium vom König empfangen hatten. 1672 wurde dieselbe von dem Componisten **Lully**, einem Italiener, übernommen. Er hatte das Glück, in Quinault den zur Entwicklung der ernsten Oper geeigneten Dichter zu finden. Seine „Armide", „Atys", „Isis" und „Roland" erlangten große Berühmtheit. Mit richtigem Blicke entnahm er seine Fabeln der Mythologie und den romantischen Stoffen des Mittelalters. **Lafontaine, Thomas Corneille** und **Campistron** wetteiferten vergeblich mit ihm.

§ 34. Das französische Drama seit Voltaire. Die politisch-sociale und die empfindsame Natürlichkeitsrichtung desselben.

Der erste tragische Dichter, welcher den Vergleich mit Corneille und Racine wieder aushalten konnte, war **François Marie Arouet**, geboren am 20. Februar 1694 zu Châtenay bei Paris. Den Namen Voltaire legte er sich später erst bei, er ist aus der Umstellung des Namens Arouet l. j. entstanden. Für die juristische Laufbahn erzogen, wählte er sich, gegen den Willen des Vaters, den literarischen Lebensberuf. Einer der vielseitigsten, beweglichsten Geister des Jahrhunderts fielen die

Lehren der englischen Deisten und Rationalisten zündend in seine dem Widerspruch geneigte Seele, in welcher nichts bleibend zu sein schien, als eine brennende Ruhmsucht und ein fanatischer Haß gegen Alles, was ihm für Vorurtheil und Aberglauben galt. „Dramen, Romane, Gedichte, Flugschriften, philosophische Abhandlungen, Geschichtswerke, Encyklopädien und Wörterbücher — sagt Hermann Hettner in seiner „Literaturgeschichte des 18. Jahrhunderts" — kurz, alle nur irgend erdenkbaren Formen der dichterischen und wissenschaftlichen Darstellung dienen ihm nur, die aus jenen englischen Ideen fließende machtvolle Lehre zu verkünden." Wenn er hiernach aber auch in die Dichtung eine über ihren eigentlichen Zweck hinausreichende Tendenz trug (ein Beispiel, das heute noch nachwirkt), so wurde er doch durch seine Ruhmsucht geschützt, jenen dabei ganz aus den Augen zu verlieren. Voltaire wollte zugleich noch der erste Dichter der Nation sein. Daher er sich auch die höchsten Muster, die Griechen, zum Vorbilde nahm und selbst für Shakespeare's Größe nicht völlig blind war. Im Grunde war aber auch er in den französischen Regeln, in der Convenienz der französischen tragischen Bühne befangen. Die Werke Corneille's und Racine's standen ihm zuletzt doch näher, als alles Andere. Einigen seiner Dramen („Merope", „Zaire", „Tancred", „Alzire") fehlt es keineswegs an Zügen wahrhaft dramatischen Talents und an lebendiger Empfindung. Sie zeichnen sich durch verständige Planführung und kraftvoll gezeichnete, folgerichtig entwickelte Charaktere aus. Lessing hatte unstreitig zu seiner Zeit Recht, seine Landsleute auf die Schwächen des von ihnen vergötterten fremden Genius hinzuweisen. Schon Schlegel, welcher dem französischen Drama doch gewiß nicht günstig gestimmt war, glaubte dessen Urtheil aber wieder einigermaßen berichtigen zu sollen. Kurz vor seinem am 30. Mai 1778 erfolgenden Tode erlebte Voltaire bei einem letzten Besuche in Paris die höchsten Triumphe, die ein Volk seinem Genius darbringen kann.

Der Hinweis Voltaire's auf Shakespeare hat wohl hauptsächlich die Versuche des François Ducis hervorgerufen, die Dramen des großen Briten in die französischen Regeln zu zwängen. Sie verdienen Erwähnung, weil Talma in ihnen besondere Berühmtheit errang. Seine selbständigen Dramen erheben sich aber ebensowenig über die Mittelmäßigkeit, wie die der Laharpe, Marmontel, Dubelloy und Anderer.

Zur selben Zeit, da die regelmäßige conventionelle Tragödie der Franzosen in Voltaire zu neuer Blüthe gelangte, bereitete sich eine ihr feindliche Richtung vor. Neben der Philosophie des gesunden Menschenverstandes und der Theorie des Nützlichen war von England noch eine andere Einwirkung nach Frankreich gekommen, welche von Lillo und Richardson ausging und eine sentimentale Verherrlichung des Natürlichen zum Zwecke hatte. Beide Richtungen trafen in dem Geiste eines Mannes von ganz ungewöhnlicher Begabung zusammen, welcher der Theorie der Kunst einen neuen Inhalt und dem Drama eine neue Form geben sollte. Denis Diderot (am 5. Oct. 1713 geboren, Sohn eines Handwerkers in Langres), glaubte, weil der Mensch sich nicht immer in einer ganz ernsten oder ganz heiteren, sondern vielmehr in einer gemischten, mittleren Stimmung befinde, die comédie sérieuse oder larmoyante zwischen die reine Tragödie und das reine Lustspiel einfügen zu sollen. Diese mittlere Gattung hielt Diderot für die höchste, weil sie der Natur unserer Verhältnisse am nächsten stehe und den Zweck des Dramas, zu bessern, hierdurch in größtem Umfange erreichen könne. „Einem falschen von aller Naturwahrheit entfernten Idealismus trat ein eben so falscher aller idealen Erhebung entfremdeter Naturalismus gegenüber" (Hettner a. a. O.). Diese Gattung von Dramen war durch die Lustspiele des Destouches (1680—1754) und des Nivelle de Lachaussée (1691—1754) vorbereitet worden. Die Erfolge des letzteren ließen auch Voltaire nicht ruhen. Er schrieb 1736 in demselben Geiste sein „Enfant prodigue", das aber nur in den pathetischen Stellen mit seinem Vorbilde wetteifern konnte.

Diderot stellte für seine Theorie auch selbst die maßgebenden Beispiele auf in seinen beiden 1787 und 88 erschienenen Dramen: „Le fils naturel" und „Le père de famille". Der Zweck zu rühren und zu bessern tritt zwar ab-

sichtlich genug daraus hervor, gleichwohl haben sie ihn bei der
großen Menge erreicht. Sie riefen daher auch eine Masse von
Nachahmungen ins Leben. War es doch eine Gattung, in der sich
die Mittelmäßigkeit besonders breit machen konnte. Die bedeutendsten Erscheinungen darunter sind die „Mélanie" des La
Harpe, die „Eugénie" und die „Mère coupable" des Pierre
Augustin Caron de Beaumarchais (1732—1799) der
seinen Ruhm aber erst auf dem Gebiete des eigentlichen Lustspiels
erwarb. Unstreitig ist dieser einer der geistvollsten Schriftsteller
dieser Periode und es ist ein Vorzug seiner beiden berühmten Lustspiele: „Der Barbier von Sevilla" und „Die Hochzeit des Figaro"
(welche bekanntlich durch die Fabel zusammenhängen und erst in
der „Mère coupable" ihren endlichen Abschluß finden), daß die
politische, ja revolutionäre Tendenz, mit welcher er sie verband,
wohl die Ausbildung des Einzelnen, nicht aber die dichterische Conception des Ganzen beeinträchtigt hat. Ich glaube jedoch, daß
man ihren poetischen Werth weit überschätzt und sich hier wie
so oft von dem äußeren Erfolge hat leiten lassen, obschon dieser,
wie A. W. Schlegel bemerkt, der Kunst zum großen Theil fremd
war. Von den anderen hierher gehörigen Dichtern seien Le
Sage, Marivaux (1688—1765), dessen gekünstelte Schreibweise seinen Namen (Marivaudage) sprichwörtlich machte,
Alexis Piron (1689—1773), berühmt durch seine „Métro-
manie", Carmontel (1717—1806), der Erfinder der
Proverbes dramatiques, und Gresset genannt, dessen
leichtfertige Possenspiele die größte Anziehung ausübten. Die
politisch-revolutionäre Tendenz wurde im Lustspiel besonders noch
durch den späteren Revolutionsmann Philippe François
Nazaire, mit dem Beinamen l'Eglantine, vertreten. Als
sein bestes Lustspiel wird die „Philinte de Molière" genannt.

Im Jahre 1780 wurden die beiden französischen Schauspielergesellschaften des Hôtel de Bourgogne und des Palais
royal in diesem letzteren zu einer einzigen unter dem Namen des
Théâtre français vereinigt, wogegen den Italienern das Hôtel
de Bourgogne (als Théâtre italien) angewiesen wurde. Schon
seit 1715 bestand noch daneben das Théâtre de l'Opéra comi-

que, die sich aus den Vaudevilles des Jahrmarktstheaters entwickelt hatte. Die Vaudevilles waren dadurch entstanden, daß man diesen Theatern zu Gunsten der privilegirten Theater das Recht, zu sprechen und zu singen entzog und sie auf die Musik und Pantomime beschränkte. Um nun die leichtfertigen Lieder, durch die sie das Volk vorzugsweise anzogen und welche ursprünglich dem Val oder Vau de Vire (im Depart. Calvados) entstammten, zu retten, schrieb man diese auf Zettelchen, die man von der Decke des Theaters ins Publicum herabhingen ließ, von dem sie dann selbst nach der Melodie des Orchesters gesungen wurden. Die Anziehungskraft dieser Spiele wurde hierdurch nur noch gesteigert, so, daß man das Verbot wieder aufhob. Talentvolle Männer waren indeß auf sie aufmerksam geworden. Lesage, d'Orneval, Fuselier, Piron bildeten sie zu einer besonderen Gattung von grotesken, durch volksthümliche Lieder unterbrochenen Pantomimen aus. Charles Favart und Marmontel näherten sie dem regelmäßigen Schauspiel und verdrängten die italienischen Masken, die in sie Eingang gefunden hatten. Daneben entwickelte sich auch noch die Operette aus ihnen. In dieser glänzte besonders Marmontel („Zemire und Azor", „Jeannot und Jeannette" ?c.). Rousseau's „Devin de village" ist eines der anmuthigsten Beispiele dieser anfänglich in ländlich natürlichem Charakter verfaßten Dichtungen. Im eigentlichen Vaudeville aber glänzte zu dieser Zeit François Panard (1690—1765).

Rousseau gilt (durch seinen „Pygmalion") auch noch für den Erfinder des Melodramas, worunter man ursprünglich einfache, stellenweise von Musik unterbrochene oder von ihr begleitete dramatisch bewegte Stimmungsbilder verstand. Da man durch den Hinzutritt der Musik ihre Wirkung auf das Gemüth zu steigern suchte, so ward jener Name bald auf jede Zuthat dieser Art übertragen. Es entstanden jene Stücke, deren drastisch theatralische Wirkung auf das Gemüth und die Sinne man durch die gesuchtesten und oft äußerlichsten Mittel zu steigern wußte. Diese Gattung, welche man ebenfalls mit dem Namen Melodrama bezeichnete, bewährte eine große Anziehungskraft, artete aber bald in rohe Geschmacklosigkeit und Brutalität aus. A. W. Schlegel nennt sie eine Fehlgeburt des Romantischen.

§ 35. Entwicklung des französischen Dramas von der ersten Revolution bis auf unsere Tage.

Die politische Tendenzrichtung des Dramas mußte in der Revolutionszeit zur herrschenden werden. Die Trauerspiele Marie Joseph de Chénier's stehen hier allen anderen voran („Charles IX. ou l'école des rois", „Jean Calas ou l'école des juges" etc.). Victor Joseph Etienne de Jouy, der sich in allen Gattungen versuchte, ist besonders durch seine Operndichtungen („Vestalin", „Cortez", „Die Abencerragen" und „Wilhelm Tell") und durch seine Streitigkeiten mit den Romantikern bekannt. Casim. Delavigne (1794—1844) ist der letzte bedeutende der hierher gehörigen Dichter. Mit seinen Anschauungen im Kaiserthum und im classischen Alterthum wurzelnd, suchte er dieselben mit dem neuen Liberalismus und mit den Bestrebungen der neuen romantischen Schule zu vermitteln. Seine „Sicilianische Vesper", sein „Ludwig XI.", seine „Kinder Eduards" haben seinen Namen berühmt gemacht. Er schrieb auch einige Lustspiele. In dieser Gattung zeichneten sich jetzt wieder aus: Colin d'Harleville, 1755—1806 („L'inconstant", „L'optimiste" etc.), Stanislas Andrieux, 1759—1833 („Les étourdis"), L. B. Picard, 1769—1828, der vierzig, sich zum Theil durch seine Lebensbeobachtung und lustige Einfälle auszeichnende Lustspiele schrieb, und Ch. G. Etienne (1778—1845), Lemercier (1773—1840), der schon als Erfinder des historischen Lustspiels Erwähnung verdient.

Die Einflüsse englischer und deutscher Dichtung hatten, wie in Italien, so auch in Frankreich, den romantischen Ideen allmählich Eingang in die Dichtung verschafft. Die Restauration war den hierauf gerichteten Bestrebungen günstig. Der Classicismus war unter dem Kaiserthum zur leeren Form herabgesunken. Man sehnte sich nach einem neuen Inhalt. Kein Wunder, daß es einigen talentvollen Männern gelang, jenen ganz zu verdrängen. Victor Hugo, geboren 1802 in Besançon, steht an der Spitze der neuen, romantischen Schule und war auf dramatischem Gebiete ihr Vorkämpfer und Muster. In royalistischen Gesinnungen aufgewachsen, neigte er sich nach Chateaubriands Sturze mehr und mehr zur liberalen Partei, um endlich im Demokratismus und Republikanismus sein wahres Lebenselement zu finden. Ein mit glänzenden Eigenschaften begabter Geist, hat es ihm nie an Zügen echter Genialität, wohl aber nicht selten an künstlerischem Maß, an künstlerischer Weihe gefehlt. Er schlug in der Lyrik Töne an, die man in französischer Sprache noch nicht gehört hatte, er beschwor tragische Conflicte herauf und legte sie bis zu einer Tiefe bloß, wie vorher kein anderer französischer Dichter. Andererseits ist er aber auch Allen auf dem Wege einer sophistisch aufregenden Rhetorik, im Raffinement der Ausmalung gesuchter Contraste und empörender Situationen vorausgegangen. Das Häßliche schön und anziehend, die Tugend durch das Laster pikant erscheinen zu lassen, ist leider ein Grundzug seiner dramatischen Muse. Er suchte Shakespeares Großheit und Kühnheit mit den rohen Effecten des Melodramas zu verbinden. „Hernani", „Marion Delorme", „Triboulet ou le roi s'amuse", „Lucrèce de Borgia", „Ruy Blas" mögen als die vorzüglichsten seiner Dramen genannt werden. Blendende und ergreifende Schönheiten liegen hier dicht neben dem Abstoßenden. — Alexandre Dumas hat diese Richtung mit ungleich niedrigeren Antrieben, doch mit fruchtbarem Talente weiter verfolgt und als Industrieritter ausgebeutet. Felix Pyat vertritt gewissermaßen die letzten, ausschweifendsten Consequenzen derselben. Dagegen bereicherte Alfred de Vigny (1797—1863) die Bühne nicht nur mit seinen trefflichen Uebersetzungen des „Othello" und des „Kaufmann von Venedig", sondern auch mit einem eigenen vorzüglichen Drama: „Le maréchal d'Ancre". Auch George Sand — Aurora Dupin — (1804—1876) mag wegen ihrer sonstigen Bedeutung hier noch genannt werden. Unter ihren vielen Dramen zeichnet sich besonders „Claudie" durch Kraft und Vertiefung der Darstellung aus. Alfred de Musset aber schrieb geist- und reizvolle Proverbes.

Der herrschend gewordenen romantischen Richtung setzten sich vergeblich einige schwache Versuche entgegen, die classische Tragödie wieder neu zu beleben, so François Ponsard mit seiner „Lucrèce", St. Ybars mit seiner „Virginie" und Emil Augier mit seinen akademisch correcten moralisirenden Dramen.

Der industrielle Charakter der Zeit bemächtigte sich jetzt mehr und mehr auch der Dichtung. Das Drama sank zu einem Mittel der bloßen Unterhaltung und schriftstellerischen Speculation herab. Scribe (1791—1858) ist der hervorragendste und talentvollste Vertreter dieser Bestrebungen. Es läßt sich nicht sagen, wie fruchtbar er war, weil man nicht weiß, wie vielen der unter seinem Namen laufenden Arbeiten er wenig mehr als diesen gegeben. Die dramatische Mitarbeiterschaft ist fast so alt, wie die Bühne. Wir begegnen ihr schon bei den Griechen. Zu keiner Zeit aber in solchem Umfange, wie jetzt. Scribe hat, wie Kreyßig sehr richtig bemerkt, „das Geheimniß der dramatischen Fabrikation en gros entdeckt" und auch in ausgiebigster Weise in Scene gesetzt.

In den vierziger Jahren dieses Jahrhunderts treten die socialistischen Tendenzen und nach ihrer Besiegung die des Materialismus und des Raffinements des Genusses dreister hervor. Der Blick der dramatischen Dichter ward hierdurch auf die gesellschaftlichen Gebrechen und Gefahren gelenkt. Sie waren aber meist selbst zu sehr von den ersteren mit behaftet, um sie in einem anderen als speculativen Sinne zur Darstellung bringen zu können. Es entstand das gesellschaftliche Sensationsdrama, welches dem Raffinement des Genusses, den es doch geißelte, zugleich selbst wieder diente, und welches das Courtisanenthum und den Ehebruch zu seinem ständigen Thema machte. In ihm lebte zugleich die lascive Sittenkomödie der Römer und Italiener und das larmoyante Lustspiel des vorigen Jahrhunderts in einer veränderten, von den Dramen Victor Hugo's, so wie von den melodramatischen Ungeheuerlichkeiten beeinflußten Form wieder auf. Alexandre Dumas, der Sohn („Demi monde", „La Dame aux camélias"), Octave Feuillet („Delila", „La clef d'or"), Victor Sardou („La famille de Benoiton" „Nos bons villageois", „Andrea") sind seine talentvollsten Vertreter.

Sechstes Kapitel.
Das Drama der germanischen Völker.

I. Das Drama der Engländer.

§ 36. Entwicklung des weltlichen Dramas.

Wie das Drama der romanischen Völker ist auch das der germanischen und insbesondere das der Engländer aus dem Mysterienspiele hervorgegangen, nachdem dieses sowohl volksthümliche, wie allegorische Elemente in sich aufgenommen, und seinen Darstellungskreis allmählich dahin erweitert hatte, daß es neben den religiösen oder kirchlichen auch noch andere lehrhafte Zwecke verfolgen konnte. Zunächst hatten sich, wie in den übrigen Ländern, die sogen. Moralitäten (morals) daraus abgesondert; wahrscheinlich während der Regierung Heinrichs VI. Zu dieser Zeit ist wenigstens schon von wandernden Schauspielern die Rede, welche im Schutz und Sold mächtiger Herren standen. Daß gleichzeitig Volksspiele nebenherliefen, ist kaum zu bezweifeln. Schon zu Eduards III. Zeit wird einer Art von Mummenschanz (dumb-show) gedacht. Unter Eduard IV. giebt es bereits players of interludes, Spieler von Zwischenspielen, welche damals noch den Charakter der morals gehabt haben mögen. Richard III. hielt sich, wie schon S. 71 bemerkt, sogar eine eigene Truppe und das Institut der königlichen Kapellknaben bestand ebenfalls schon zu seiner Zeit. Auch wurde während seiner Regierung London von einer Gesellschaft österreichischer und bayrischer Sänger und Spielleute besucht, die großen Erfolg hatte. Er selbst ließ willkürlich in allen Theilen des Landes Sänger für seinen Dienst ausheben. Unter

Heinrich VII. gewann das Institut der königl. players of interludes eine festere Form. Ein besonderer Intendant (the lord of misrule) wurde an dessen Spitze gestellt. Im Jahre 1513 aber wird die erste Maske erwähnt, eine Art Spiele, die bei Hof sehr beliebt wurde und, unzweifelhaft italienischen Ursprungs, gleich den aus Frankreich herübergekommenen dumb-shows zunächst wohl nur einen pantomimischen Charakter hatte. Die letzteren wurden später auch mit dem Drama in Verbindung gebracht. Sie dienten demselben als Vor- und als Zwischenspiele, indem sie den Inhalt jedes folgenden Actes pantomimisch zur Darstellung brachten. Schon 1520 wurden die königl. Kapellknaben zu dramatischen Vorstellungen benutzt. Der Sinn für dramatische Belustigungen war damals so im Wachsen begriffen, daß sich fast jeder Lord von Bedeutung und Vermögen eigene Schauspieler hielt. Doch begannen die Spiele bereits einen Ton anzuschlagen, der nach verschiedenen Seiten hin Anstoß erregte. So ließ Wolsey den Verfasser eines Interlude verhaften, welches satirische Anspielungen auf die Geistlichkeit enthielt. Andererseits hatten sich die Mirakelspiele der Historie mehr und mehr bemächtigt. Ein Stück, welches eine Legende vom König Robert von Sicilien behandelte, wurde wahrscheinlich schon zur Zeit Heinrichs VII. geschrieben. Um 1530 begann John Heywood († 1565), einer der Spielleute des Königs, seine Interludes zu schreiben, welche den Uebergang von den Allegorien zu den Darstellungen des wirklichen Lebens bilden. Was man bis dahin so nannte, gehörte, soweit wir es kennen, den Moralitäten noch an, obschon es wohl möglich ist, daß es darunter, wenn auch vielleicht nur in der Form des volksthümlichen Stegreifspiels, auch schon Spiele ähnlichen Charakters gab. Heywoods Interludes bestanden immer nur aus einigen wenigen Personen. Sie stehen unserem deutschen Fastnachtsspiel ziemlich nahe und zeichnen sich wie diese durch derben, aber meist gesunden Humor aus. („The pardoners fryar, curate and neighbour prate." „The merry play betweene Johan the husband, Tyb his wife and Sir Ihan, the priest." „The play of the four P." „A play of the weather" u. s. f.)

Fast gleichzeitig verfaßte ein gewisser John Bale Dramen, die er tragedies und comedies nannte und die von einem kirchlich religiösen Charakter waren, wie z. B. sein: „God's promises", das für die Reformation Partei ergriff. Es fand in ihnen gewissermaßen eine Umkehrung des Verhältnisses statt, in welchem der religiöse und kirchliche Gedanke zu dem historischen Stoffe im Mysterienspiele gestanden hatte. Die außerhalb der Kunst liegende Tendenz trat hier gleich in den Anfängen des weltlichen Dramas in dasselbe mit ein. Bale's Beispiel fand lebhafte Nachahmung. So wurde im Jahre 1540 ein gegen die Mißbräuche der katholischen Geistlichkeit gerichtetes Drama von Lindsay zur Aufführung gebracht. Hier beginnen denn auch die Angriffe der Londoner Bürgerschaft und der Geistlichkeit auf die Schauspieler, welche nun, bis zur endlichen Schließung der Theater im folgenden Jahrhundert durch die Puritaner, nach bald kürzeren, bald längeren Unterbrechungen immer wiederkehren sollten. Schon 1543 erschien eine Parlamentsacte gegen Druck und Aufführung dramatischer, wider die römische Kirche gerichteter Werke. 1549 wurden sogar aus politischen Rücksichten die dramatischen Spiele für eine bestimmte Zeit ganz untersagt. Eine der ersten Regentenhandlungen der Königin Maria betraf eine ähnliche Maßregel. Sie wurde 1556 sogar noch verschärft. Auch Elisabeth begann 1559 ihre Regierung mit einem ähnlichen Verbote. Es scheint jedoch bald wieder zurückgenommen worden zu sein. — Inzwischen hatte das Schauspiel mehr und mehr einen weltlichen, derb realistischen Charakter gewonnen. Das stoffliche Interesse, die Freude am epischen Wechsel des äußeren Geschehens überwog noch darin die innere Entwicklung der Handlung.

Neben diesen ganz volksthümlichen dramatischen Bestrebungen fingen nun auch die Einflüsse des Studiums der Alten, sich geltend zu machen, an. Nicholas Udall, der Vorsteher der Schule von Eton, machte den Versuch, den Interludes eine regelrechte Ausbildung nach den Mustern des Plautus und Terenz zu geben. Sein „Ralph Roister Doister" (um 1540 verfaßt) ist das älteste auf uns gekommene Stück, welches den Namen eines

Lustspiels verdient. Es ist in Acte und Scenen getheilt, abwechselnd in Versen und Prosa geschrieben und aus dreizehn Personen zusammengesetzt. Erst fast zwanzig Jahr später versuchte Thomas Sackville, Graf von Dorset, in Gemeinschaft mit dem Rechtsgelehrten Norton etwas Aehnliches auf dem Gebiete der Tragödie mit dem antikisirenden Drama „Ferrer und Porrex". Sie waren damit aber minder glücklich, als ihr Vorgänger Jodelle in Frankreich. Nicht, daß sie ohne jeden Einfluß geblieben wären. Allein gegen die ungleich unmittelbareren Wirkungen der zwar rohen, aber frischeren, lebensvolleren volksthümlichen Spiele, die jetzt in ungeheurer Menge hervortraten, vermochten diese künstlichen Erzeugnisse doch nicht recht aufzukommen. „Ferrex und Porrex" ist aber auch noch deshalb von Wichtigkeit, weil hier zum ersten Male die vom Grafen Surrey in die englische Dichtung eingeführten reimlosen Jamben im Drama zur Anwendung kamen.

Die um diese Zeit in England allgemeiner werdende Kenntniß der alten und der romanischen Sprachen hatte nicht nur zur Folge, daß man mit der Literatur der Griechen, Römer, Italiener und Spanier, die man bisher nur aus französischen Uebersetzungen kannte, unmittelbar näher vertraut wurde, sondern, daß man deren Werke auch ins Englische zu übertragen begann. 1560 erschien bereits eine Uebersetzung der „Suppositi" des Ariost und der „Jocaste" des Euripides von Gascoigne, welche man aufführte. Fast gleichzeitig wurden die Tragödien des Seneca von Jasper Heywood ins Englische übertragen. Unter den zahlreichen selbständigen Dichtern dieses Zeitraums aber erlangte Richard Edwards durch seine Stücke: „Damon und Pythias" und „Palamon und Arcite" eine besondere Berühmtheit. (Fletcher entnahm dem letztern das Motiv zu seinen „Two noble kinsmen".) Wichtiger noch ist das gleichzeitige, im volksthümlichen Tone gehaltene Lustspiel: „Gummer Gurton's needle", während „Tancred und Ghismunda" als der erste Versuch der dramatischen Bearbeitung einer italienischen Novelle (von Boccaccio) angesehen werden darf. Auch wird um diese Zeit schon ein Drama erwähnt, welches den Tod Julius Cäsars behandelt. — Im Jahre 1574 wurde den

Schauspielern des Grafen Leicester, unter denen der Vater des berühmten Burbadge war, das erste königliche Patent verliehen. Es berechtigte sie zur Ausübung ihrer Kunst in ganz England. Die bald darauf ausbrechenden Streitigkeiten zwischen den Schauspielern und dem Londoner Magistrate gaben die Veranlassung zur Errichtung von drei unmittelbar vor der Stadt, in den sog. Freiheiten von London, gelegenen Schauspielhäusern, dem von Blackfriars, dem „Theatre" und dem „Curtain".

Außer den königlichen Schauspielern werden um diese Zeit besonders die Leute des Lord Oberkämmerer, des Lord Howard, des Lord Warwick und die Kapellknaben von St. Paul, Windsor und Westminster erwähnt. Die Morals treten zurück, die Historien und das eigentliche Lustspiel werden nun herrschend. In diesem gewinnt zunächst der roheste Scherz, in den Trauerspielen aber das Abenteuerliche und Gräßliche die Oberhand. Zu den Angriffen, welche das Theater von Seiten der Puritaner und Frommen erfuhr, traten jetzt hierdurch gereizt auch noch die Ausfälle der Gelehrten gegen die rohe Willkür des volksthümlichen romantischen Dramas hinzu. Neben den vaterländischen chronikalen Stoffen kamen die der französischen, spanischen und besonders der italienischen Novellen und Romane in Aufnahme. John Lily schrieb in Nachahmung der italienischen Concettimanier seine höfischen Prosakomödien, die nach ihrem dramatischen Werthe zwar ohne Bedeutung, doch dadurch von Wichtigkeit sind, daß er durch sie die Prosa im Drama zu Ehren brachte und durch seine, wennschon gezierte, doch auch zierliche Schreibweise, die für längere Zeit in die Mode kam, zunächst zwar zu noch geschmackloseren Nachahmungen verleitete, zugleich aber auch zur Verfeinerung des auf der Bühne herrschenden und zur Zeit noch sehr rohen Tones wesentlich beitrug.

In den achtziger Jahren nahm das romantische Drama in England einen bedeutenden Aufschwung. Der Schaffenslust auf diesem Gebiete, die sich durch die mannigfaltigsten Anfechtungen nicht zurückdrängen ließ, ist nur die Schaulust des Volks zu vergleichen, welche durch die wiederholten Beschränkungen, die sie erfuhr, noch gesteigert zu werden schien. Man verlangte noch

immer vorzugsweise nach einem mannigfaltigen Wechsel der
Begebenheiten, nach einer von starken Gegensätzen, von starken
Affecten und Leidenschaften bewegten und dabei reich gegliederten
äußeren Handlung. Der lyrische Bestandtheil des Dramas durfte
noch immer gegen den epischen zurücktreten. Die außerordentliche
Einfachheit der englischen Bühne, welche in einer simplen Teppich-
bekleidung bestand, that keinen Abbruch hierbei. Mußte man
einmal Phantasie genug haben, um sich einbilden zu können,
daß diese nichtssagende Decoration überhaupt einen bestimmten
Schauplatz vorstellte, so war die Schwierigkeit nicht so viel
größer, derselben bald diese, bald jene Bedeutung beizulegen. Die
Phantasie konnte hierbei wenigstens ungleich schneller verfahren,
als der geschickteste Maschinist; daher auch die spöttischen Bemerkungen der Anhänger des regelmäßigen Dramas über die
scenischen Zumuthungen der romantischen Dramendichter damals
ganz wirkungslos an dem Ohre der Menge verhallten. Hätte das
Volk aber nicht selbst genug Phantasie besessen, um von dem
sinnlichen Scheine des scenischen Apparats völlig absehen zu
können, so würde der einfache und starre Mechanismus der altenglischen Bühne, der, wie er eine eigentliche Decoration gar
nicht darbot, auch keine Verwandlung derselben erlaubte, dem
Wechsel der Scene nicht, wie man gewöhnlich meint, förderlich,
sondern nur hinderlich gewesen sein können. Gleichwohl würde
sich das romantische Drama in dem Zustande, in dem es jetzt
war, auf die Dauer nicht gegen das classische behauptet haben,
wenn sich ihm nicht glücklicherweise fast alle bedeutenderen dramatischen Talente der Zeit zugewandt hätten. Von ihnen treten
vor Allen Thomas Lodge, George Peel, Robert Green
und Christopher Marlow hervor. Während es den beiden
ersten zwar nicht an der Kühnheit, sich an die höchsten Aufgaben
des historischen Dramas zu wagen, wohl aber an der poetischen
Kraft, diesen zu entsprechen gebrach, bezeichnen Green und
Marlow einen wahrhaften und gewaltigen Fortschritt.

Robert Green (zwischen 1550—60 in Norwich geboren),
war eine hochbegabte Natur. Er hatte in Cambridge studirt und
die Grade eines bachelor und eines master of arts erworben.

Seine sinnlich-leidenschaftliche Natur, die ihm verhängnißvoll wurde, hinderte ihn aber nicht nur an der harmonischen Ausbildung seines Geistes und an der gleichmäßigen Durchbildung seiner Werke, sondern stürzte ihn auch in mancherlei Ausschweifungen, die ihm ein frühes und trübseliges Ende bereiteten. Seine Dramen — von denen uns sechs erhalten sind — zeichneten sich gegen die seiner Vorgänger und Zeitgenossen durch Wärme der Empfindung, Beweglichkeit der Phantasie, Schmelz und Gewandtheit des sprachlichen Ausdrucks vortheilhaft aus, ließen jedoch die nöthige innere Geschlossenheit der Motivirung, die wünschenswerthe Kraft und Schärfe der Charakteristik, die Fülle und Tiefe des Inhalts vermissen. Das Befriedigendste hat er da geleistet, wo er sich auf dem Boden der volksthümlichen Sage bewegt, wie in „George-a-Greene, the pinner of Wakefield" und in der „Honorable historie of frier Bacon and frier Bongay" (beide durch L. Tieck in dessen altenglischem Theater verdeutlicht).

Christopher Marlow, wie ähnlich auch dem Vorigen in einzelnen Beziehungen, steht gleichwohl in einem bestimmten Gegensatze zu ihm und überragt denselben noch weit. Der Sohn armer Eltern 1564 in Cambridge geboren, genoß er wohl nur durch fremde Unterstützung eine gelehrte Erziehung. Auch er studirte in Cambridge und erlangte daselbst die akademischen Grade, wandte sich aber früh dem Theater und dem ausschweifenden Leben zu, das damals hier herrschte. Auch ihm wurden seine Leidenschaften verderblich, doch in anderer Weise als Green, da er von einer ungleich stärkeren, widerstandsfähigeren Constitution war. Er starb 1593 an einer Verwundung, die er im Kampfe mit einem Nebenbuhler empfing. Kühn, wild, regellos und energisch, wie seine Natur, ist auch seine Dichtung. Er konnte sich seine Aufgaben nicht hoch genug stellen, doch interessirte ihn fast immer nur die Gewalt des sinnlichen Ausdrucks. Sein Gemüth war an seiner Dichtung nur wenig betheiligt. Das Gewaltige artet bei ihm nicht selten ins Gewaltsame, das Furchtbare ins Gräßliche, das Erhabene ins Ungeheuerliche aus. Die ethische Natur des Menschen kümmerte ihn wenig. — Auch von ihm kennen wir nur sieben Stücke. Sein erstes Drama „Tamerlan der Große" fällt in das Jahr 1586. Ihm folgten „Die tragische Geschichte des Doctor Faust" (wahrscheinlich von dem nur eben erschienenen deutschen Volksbuche angeregt), „Eduard II.", „Die Pariser Bluthochzeit", „Der Jude von Malta".

§ 37. Das Shakespeare'sche Drama.

Es war nach der gewöhnlichen Annahme genau um dieselbe Zeit, da Marlowe seine ersten Triumphe feierte, als Shakespeare nach London kam und gewiß mit einer Art von Bewunderung zu ihm aufblickte. Wie bald aber sollte er ihn, so wie überhaupt Alles vor, neben und nach sich weit überflügeln! Es ist bezeichnend für den Lauf menschlicher Dinge und für die Geringschätzung, mit welcher die dramatische Dichtung überhaupt und Shakespeare insbesondere von den literarischen Autoritäten seiner Zeit noch angesehen worden sein muß, daß wir von einem der größten Dichter aller Zeiten nicht einmal mit Sicherheit den Geburtstag wissen, und daß die Geschichte seines Lebens, obwohl schon in hellere Zeiten fallend, kaum mehr als ein Mythos ist. Im Ganzen möchte ich dies jedoch kaum beklagen, weil es uns nöthigt seine Werke vorzugsweise unter demjenigen Gesichtspunkte zu betrachten, den ich dafür gerade für den wesentlichsten halte, nämlich unter dem poetischen.

William Shakespeare wurde vermuthlich am 23. April 1564 zu Stratford am Avon in Warwickshire geboren. Sein Vater, John Shakespeare, welcher zugleich Wollhändler, Handschuhmacher und Grundbesitzer, später auch Alderman und durch seine Frau mit einer angesehenen Familie der Grafschaft verwandt war, kam durch Speculationen allmählich in seinen Vermögensverhältnissen herab. Dies blieb wahrscheinlich nicht ohne Einfluß auf William's Erziehung, da, obschon er zunächst die lateinische Schule besuchte, er später doch keine gelehrte Bildung genoß. Er mußte vielmehr ziemlich früh, wenn auch vielleicht nur widerwillig, in den Beruf des Vaters mit eintreten. Selbstverschuldete Umstände zwangen ihn dann, sich schon in seinem

15. Jahre mit der um mehrere Jahre älteren Anna Hatheway zu verheiraten. Im Uebrigen ist sein früheres Leben fast völlig in Dunkel gehüllt. Wir wissen mit Sicherheit nur, daß ihm seine Frau bis zum Jahre 1585 zwei Töchter, Susanne und Judith, und einen Sohn Hamnet gebar und daß er Gelegenheit hatte, zu verschiedenen Malen Vorstellungen von Schauspielern in seiner Vaterstadt beizuwohnen und zwar von Schauspielern derselben Gesellschaft, zu welcher er später in London trat, wie denn verschiedene Darsteller derselben, zu denen wahrscheinlich auch der berühmte Richard Burbadge, gewiß aber Thomas Greene gehörte, theils aus Stratford selbst, theils aber wenigstens aus Warwickshire waren. Das Wahrscheinlichste ist, daß Shakespeare 1586 nach London ging, da er bei der Geburt seines letzten Kindes (1585) wohl noch in Stratford war, 1587 aber nach Ben Jonson's Zeugniß bereits sein „Titus Andronicus" mit Beifall aufgeführt wurde. Diese Thatsachen weisen darauf hin, daß sich in Shakespeare wohl schon seit länger der Beruf zum dramatischen Dichter geregt haben mochte, und es vor Allem auch dieser gewesen sein wird, der ihn neben noch mancherlei anderen Rücksichten nach London zu gehen bestimmte. Die lange Trennung von seiner Familie, die seltsame Bestimmung seines auf uns gekommenen Testamentes, welche seinem Weibe nichts weiter, als das beste Bette nach dem besten vermachte, läßt kaum einen Zweifel, daß seine nothgedrungene Ehe eine höchst unglückliche war. Andererseits ist zu bedenken, daß Shakespeare seine Familie nicht nur alljährlich besucht zu haben scheint, sondern auch alle seine Bestrebungen augenscheinlich darauf gerichtet waren, sich schließlich in seiner Vaterstadt und in dem Kreis seiner Familie eine sorgenfreie Existenz zu begründen. — Schon um 1592 mußte er große Erfolge und eine bedeutendere Berühmtheit erlangt haben, da sie den Neid seiner Standesgenossen erregte. Möglich sogar, daß in diese Zeit bereits die ersten Bearbeitungen seines „Romeo" und seines „Hamlet" fallen. Auch hatte er sich schon damals die Achtung und Neigung von Männern der glänzendsten Lebensstellung und Bildung, den Earls von Southampton, Pembroke und Montgomery, erworben, wie er ja dem ersten um

1593 seine „Venus und Adonis" zugeeignet hat. Diese Thatsache ist um so höher anzuschlagen, als die dramatische Dichtung damals von Vielen noch nicht zur eigentlichen Poesie und Literatur gerechnet wurde, so daß es immerhin möglich ist, daß Shakespeare seine epischen Dichtungen, wenn auch nicht, wie man gewöhnlich annimmt, nur deshalb dichtete, um seinen Dichterberuf nach allen Seiten hin sicher zu stellen, so doch dieselben aus diesem Grunde auf Anregung seiner Freunde veröffentlichte. Ihrer Form und ihrem Inhalte nach weisen sie wenigstens auf eine frühere Zeit des Entstehens zurück. 1594 erschien dann auch noch sein „Raub der Lucretia". Es ist kein Zweifel, daß diese Gedichte zu der allgemeinen Anerkennung, die er errang, außerordentlich beitrugen. 1599 wird er von Weever in einem Sonette gepriesen, das neben „Romeo" und „Richard" besonders „Venus und Adonis" und „Lucretia" hervorhebt. Meres vergleicht ihn 1598 in seinem „Palladio Tamia, Wit's treasury" mit Plautus und Seneca, die damals für die höchsten Muster des heiteren und ernsten Dramas galten. Es scheint, daß, etwa vom Jahre 1605 an, die Gemüthsstimmung des Dichters sich allmählich verfinsterte. Möglich, daß er um diese Zeit oder doch wenig später schon London verließ und sich nach Stratford zurückzog. Doch scheint er bis in die letzten Jahre seines Lebens noch in Verbindung mit dem Theater gestanden zu haben. Mit Sicherheit weiß man, daß er seit 1613 in seiner Vaterstadt lebte. Wenn er in dieser Zurückgezogenheit auch behaglichen Frieden gefunden haben sollte, so ward er ihm doch nicht lange zu Theil. Schon im Jahre 1616, am 23. April, dem vermeintlichen Geburtstage des Dichters, ereilte denselben nach kurzer Krankheit der Tod. Es war, als ob er niemals gelebt hätte, so wenig nahm damals die Welt von diesem Ereigniß Notiz, doch sagen wir lieber: es ist, als ob er niemals gestorben wäre, so lebendig blieb er für alle Zeit in seinen Werken. Was die Nation in ihm besaß und verlor, was er ihr hinterließ, dessen sollte sie sich erst in seinem ganzen Umfange bewußt werden, als seine Freunde und Berufsgenossen, die Schauspieler Heminge und Condell, 1623 mit einer Gesammtausgabe seiner Dramen hervortraten, von der schon neun Jahre später eine zweite Auflage erschien.

Die Zeit, in welcher Shakspere aus dem stillen Stratford nach London kam, mußte für einen Dichter von seiner Beanlagung die fruchtbarsten Anregungen darbieten. Bühne und Leben waren von den mannigfaltigsten Gegensätzen, von einer ungeheuren Fülle der Erscheinungen bewegt. Auf der Bühne: der Gegensatz des volksthümlich romantischen und des antikisirenden Dramas, der derben Späße und Possen der Interludes und Jigs und der überfeinen gezierten Hofkomödien Lily's und seiner Nachahmer. Im Leben: der Gegensatz des abblühenden mittelalterlichen und des eben aufblühenden modernen Geistes, der Gegensatz eines sich in Pracht und Lebensgenuß erschöpfenden Ritterthums und eines in Macht und Wohlstand sichtlich erstarkenden Bürgerthums, der Gegensatz von puritanischer Strenge und fröhlicher, wohl auch ausschweifender Lebensfülle, von Scholastik und griechischer Bildung und einer (Bacon an ihrer Spitze) sich neuentwickelnden Wissenschaft, von Aberglauben und Freigeisterei. Wozu nun der durch die Erfolge der äußeren Politik bedingte Aufschwung des Nationalgeistes kam, das Emporblühen von Handel und Gewerbe, sowie die ganze Stimmung der Zeit und des Volks, das trotz des sich schon regenden Puritanismus doch im Großen und Ganzen noch völlig poetisch gestimmt war, erfüllt von den Sagen und Thaten der Vorzeit, von Gesang und von Liedern, von einer phantasiedurstigen Schaulust, welche dem Hange zu Mummerei und theatralischer Lustbarkeit überall nachgab und den mannigfaltigen Stoff, den ihm die Mythen des classischen Alterthums, die Legenden und Dichtungen des Mittelalters, die Novellen und Romane der romanischen Völker von allen Seiten entgegenbrachten, mit Begierde ergriff und mit einander verschmolz.

Wie hoch man aber auch all diese und ähnliche in der Zeit liegenden Momente bei der Entwicklung des Shakespeare'schen Geistes und seiner Dichtung auch anschlagen möchte, so bleibt doch zu bedenken, daß sie nicht nur für ihn, daß sie für alle poetisch beanlagten Naturen der Zeit in gleichem Maße vorhanden waren und nicht blos etwas Auf- und Anregendes hatten, sondern zugleich nothwendiger Weise auch einen verwirrenden Eindruck ausüben mußten. Wenn daher Shakespeare unter ihren Einwirkungen all seine Mitstrebenden so unendlich weit überragte und hinter sich zurückließ, wenn er im Gegensatz zu ihnen all diese Einwirkungen frei und beherrschend in sich aufnahm, wenn seine Dichtung grade durch ihre Eigenartigkeit und Harmonie zu immer neuer Bewunderung hinreißt, so kann der letzte und wahre Grund dieser Erscheinung doch nur in ihm selbst, in der universalen Vielseitigkeit, in der ursprünglichen Kraft und Einheit seiner individuellen Natur, seines individuellen Geistes gefunden werden, mit der er jenen reichen, aber chaotischen widerspruchsvollen Stoff zu seinen poetischen Zwecken ergriff und zur Harmonie und Einheit verklärte.

Wer in Shakespeare nur einen Dichter sieht, der das, was seine Vorgänger in einseitiger und darum unvollkommener Weise erstrebt, zusammenfassend zu höherem Ausdruck brachte, der hat seine Bedeutung noch entfernt nicht erkannt. Denn wie begabt und talentvoll einzelne dieser Dichter auch waren, sie wollten zuletzt doch kaum mehr, als ihre Talente ins Spiel setzen und hierdurch der Bühne zu wirkungsvollen Stücken verhelfen. Shakespeare faßte die Dichtung in einem höheren Sinne auf. Sie sollte die Offenbarerin der Natur, der Zeit und des menschlichen Lebens überhaupt werden. Er ergriff hierzu die dramatische Form, nicht nur weil sie seiner Begabung am Besten entsprach, sondern auch weil sie ihm hierzu die geeignetste, weil sie ihm in ihren Wirkungen hierzu als die unmittelbarste und bedeutendste erschien. Das ist es, was Shakespeare nicht nur zu einem Höhepunkte in der dramatisch-poetischen Bewegung seiner Zeit und Nation, sondern zu einem Höhepunkte in der poetischen, ja in der geistigen Entwicklung der Menschheit überhaupt macht.

Die wahre Größe Shakespeare's wurde während seines Lebens durchaus nicht erkannt. Es scheint, daß hierzu, wie bei hohen tief im Gebirge liegenden Gipfeln, erst eine gewisse Ferne nöthig war. Viel mochte dazu beitragen, daß er in seinem Auftreten nichts Revolutionäres hatte. Er trug vielmehr Allem

Rechnung, was ihm Leben und Bühne entgegenbrachten. Er ergriff all ihre Formen, selbst ihre Auswüchse. Indem er sie aber mit seinem Geiste durchdrang, gab er ihnen eine neue, ganz ungeahnte Bedeutung, indem er sie als Mittel zu seinen poetischen Zwecken ergriff, erhob er sie zu wirkungsvollen Momenten im Processe der Schönheit. Welch glückliche Verwendung hat er z. B. von den Clowns und Jigs der altenglischen Bühne, von den Zoten der Possenreißer, dem Euphuismus Lily's, von dem Volkslied zu machen gewußt! In welch wunderbarer Weise hat er den Volks- und Aberglauben der Zeit für seine poetischen Zwecke ergriffen!

Shakespeare schloß sich in seinen ersten dramatischen Dichtungen (soweit wir sie kennen) noch ganz an seine Vorgänger an. In seinem „Heinrich VI.", seinem „Andronicus", so wie auch im „Perikles" (den man ihm zuschreibt) sieht man aufs Deutlichste die Einflüsse Kyd's, Marlow's und Green's. Es läßt sich kaum sagen, daß er sich darin wesentlich über die letzten beiden erhoben habe. In den Lustspielen: „Verlorene Liebesmüh", „Die beiden Veroneser", „Die Irrungen", welche mit „Ende gut, Alles gut" ebenfalls einer frühen, wohl aber schon etwas späteren Zeit angehören, ist der Einfluß des Euphuismus und der älteren Dichter zwar auch unverkennbar, doch ragen sie über diese bereits merklich hinaus. Daher das 1592 erschienene Pamphlet Green's den Dichter hauptsächlich nur als Tragiker verspottet, während Henry Chettle, der Verleger desselben, in seiner Vertheidigungsschrift besonders dessen Bedeutung als Lustspieldichter betont, indem er den anmuthigen Witz seiner Schriften hervorhebt. 1598 mußte Shakespeare außer jenen Jugendwerken jedenfalls noch „Romeo und Julia", den „Sommernachtstraum", den „Kaufmann von Venedig", „Richard III.", „Richard II.", „Heinrich IV." und „König Johann" geschrieben haben, da Meres in diesem Jahre dieselben namentlich aufführt. Im Jahre 1606 waren bereits alle Stücke, welche wir kennen, geschrieben, mit Ausnahme von „Coriolan", „Antonius und Cleopatra", „Macbeth", „Sturm", „Cymbeline", „Wintermärchen", vielleicht auch „Troilus und Kressida". Seine letzten Stücke waren wahrscheinlich „Heinrich VIII." und „Timon von Athen".

In fast all diesen Dramen zeigt Shakespeare die wesentlichen Eigenschaften des Dramatikers in einem Grade und Umfange und in einer Vereinigung, die nie übertroffen, wohl auch nie erreicht worden sind. Er ist ein Meister in der Entwicklung der Charaktere, so wie in der Motivirung und inneren Verknüpfung der Handlung. Das ganze Leben in seiner vollen Breite und Tiefe lag offen vor seinem Blick. Das menschliche Herz, die letzten Triebfedern des Handelns hat er wie keiner erkannt und sie doch noch so darzustellen verstanden, daß sie sich zum Theil in die Sphäre des Unbewußten verlieren. Seine Erfindungskraft war von einer nie wieder erreichten Stärke. Dies dürfte in Ansehung dessen bezweifelt werden, daß er den Stoff und die Fabel fast all seiner Dramen, sei es der Geschichte, sei es Novellen und Romanen, entnahm und seinen Quellen bisweilen Schritt für Schritt bis ins Einzelne folgte. Wer aber seine Dichtungen aufmerksam mit ihnen vergleicht, wird mit Bewunderung finden, wie er mit seinem Zauberstab Schlacken in Gold zu verwandeln verstand, wie er aus den unscheinbarsten Keimen das blühendste Leben hervorzuzaubern, oder denselben Begebenheiten und Charakterzügen eine neue Seele zu verleihen, sie als eine Welt von ganz eigenthümlicher Bedeutung zur Erscheinung zu bringen wußte. Besonders bewundernswerth aber ist er darin, daß, indem er eine besondere Seite des Lebens darstellt, er immer das ganze volle Leben, den ganzen vollen Menschen mit zur Erscheinung bringt. Jede seiner Dichtungen zeigt seine Weltanschauung unter einem ganz neuen Gesichtspunkte. In ihr liegt der Schlüssel zu jeder von ihnen, denn in ihr wurzelt seine eigenthümliche Compositionsweise, welche der Grund ist, warum in seiner Dichtung Idealismus und Realismus völlig versöhnt erscheinen.

Gleichwohl hat es niemals an Einwürfen gegen diesen Dichter gefehlt, die zum Theil auch begründet sein mögen. Zumeist aber erklären sie sich daraus, daß man ihn mit der Schablone eines bestimmten Kunstbegriffs oder mit einem Maßstabe maß, der an die Größe und Eigenartigkeit seiner Werke nicht hinanreichte. Auch faßte man den Umstand zu wenig ins Auge, daß Shakespeare für die Bühne seiner Zeit schrieb, die den Dichter nicht einschränkte. Shakespeare war sein eigener Decorationsmaler. Fast jede seiner Scenen trägt ihr Colorit in sich selbst. Je mehr er der Phantasie seiner Zuhörer glaubte vertrauen zu können, welche schneller und zuverlässiger war, als selbst noch die ausgebildete Maschinerie unserer heutigen Bühne, um so uneingeschränkter mußte er sich ohne Zweifel in dem Wechsel der Scene fühlen. Dieser wurde zu seiner Zeit im Allgemeinen nicht als Störung empfunden und ebensowenig konnte es sichtbar werden, daß einzelne der oft sehr kleinen Scenen an und für sich ohne eigentliche theatralische Wirkung waren. Nicht so wie heute legte man damals das Gewicht auf die Spannung von Scene zu Scene, sondern auf den Wechsel und die Contraste der inneren und äußeren Vorgänge. Wenn Shakespeare auf diese Forderung einging, so genügte sie ihm deshalb doch nicht. Er legte vielmehr den Schwerpunkt in die Geschlossenheit und Einheit der inneren Verknüpfung. Aus dieser Einheit entfaltet sich bei ihm die äußere Mannigfaltigkeit. In ihr, nicht in den sogenannten drei, rein äußerlichen Einheiten der modernen classischen Schule lag für ihn das Gesetz der Composition. Von ihm aus betrachtet wird sich in seinen besten Werken Alles, was äußerlich, mit dem Charakter des Zufälligen oder Willkürlichen behaftet erscheint, als durchaus nothwendig und tief begründet erweisen; womit nicht gesagt werden soll, daß man bei ihm nicht auch einzelnen künstlerischen Nothbehelfen und theatralischen Kunstgriffen zu begegnen hätte. — Nur wer nicht bis in das innerste Wesen der Shakespeare'schen Compositionsweise einging, konnte behaupten, daß er ein bloßes, wenn auch noch so großes Naturgenie war. Vielmehr ist vielleicht bei keinem zweiten Dichter neben der unmittelbar und halb bewußtlos aus der künstlerischen Begeisterung schaffenden Phantasie der ausgebildetste künstlerische Verstand so ununterbrochen mit thätig gewesen.

Shakespeares Dramen zerfallen in die vaterländischen Historien („König Johann", „Richard II.", „Heinrich IV.", „Heinrich V.",

„Heinrich VI.", „Richard III." und „Heinrich VIII."); in die Römer-Tragödien („Coriolan", „Julius Cäsar", „Antonius und Cleopatra"); in die eigentlichen Tragödien („Titus Andronicus", „Romeo und Julia", „Hamlet", „Othello", „Lear", „Macbeth", „Timon"); in die romantischen Schauspiele („Maß für Maß", „Wintermärchen", „Cymbeline"); in die Lustspiele („Die beiden Veroneser", „Verlorene Liebesmüh", „Die Irrungen", „Liebes Leid und Lust", „Ende gut Alles gut", „Viel Lärmen um Nichts", „Zähmung der Widerspenstigen", „Sommernachtstraum", „Was ihr wollt", „Wie es euch gefällt", „Die lustigen Weiber von Windsor", „Sturm") und in die Tragikomödie: „Troilus und Kressida".

Daß Shakespeare auch während seines Lebens große Triumphe feierte, ist nicht zu bezweifeln. Vom Jahre 1610 an scheint er jedoch mehr und mehr wieder in den Hintergrund getreten zu sein. Während vom Jahre 1597—1600 19 Ausgaben verschiedener seiner Dramen, von 1601—1610 17 Ausgaben erschienen, finden wir von da an bis zu seinem Tode (1616) nur noch 5 Ausgaben verzeichnet und von 19 seiner Stücke bis dahin keine einzige Ausgabe. Fast sämmtliche Stücke seiner späteren Dichtungsperiode blieben bis zu seinem Tode ungedruckt. Sein Ruhm hinderte auch nicht, daß andere, ihm unendlich untergeordnete Dichter neben und unmittelbar nach ihm zu gleich großer Berühmtheit gelangten. Die dramatische Fruchtbarkeit dieses Zeitraums war eine sehr große. In den sechs Jahren von 1591—97 sind allein von denjenigen Schauspielergesellschaften, mit denen der Theaterunternehmer Henslow in Verbindung stand, 110 neue Stücke zur Aufführung gekommen. Von 1597—1603 aber 160. Im Jahre 1596 erscheinen Chapman und Heywood zuerst auf der Bühne. Dem letzteren werden allein 220 Stücke zugeschrieben. 1598 traten Marston und Dekkar dazu, auch wurde in diesem Jahre Ben Jonson's: „Every man in his humour" auf Verwendung Shakespeares im Globustheater gegeben.

Von den Dichtern dieser Periode schließen sich neben Thomas Heywood („A new wonder", „A woman vexed"), George

Chapman („The duke of Byron"), Thomas Dekkar („Old Fortunatus", „The honest whore") noch Anthony Munday, Henry Chettle und Andere der Shakespeare'schen Richtung an, ohne es doch über eine blos äußerliche Nachahmung desselben zu bringen. Wogegen Benjamin Jonson (1573—1637) der Gründer einer eigenen Schule wurde, deren charakteristisches Merkmal ein strenges Festhalten an den drei Einheiten und an einer verständigen, satirischen Auffassung und Darstellung der prosaischen Wirklichkeit ist. Dichter wie Thomas Middleton („Women beware women", „A mad world"), William Rowley („A new wonder"), John Marston („Antonio and Mellida", „The malcontent") und John Webster („Sir Thomas Wyatt", „The dutchess of Malfi", „The white devil") schwanken zwischen den Einflüssen beider Richtungen.

§ 38. Das englische Drama von Ben Jonson bis zur Schließung der Bühnen durch die Puritaner.

So sehr sich Elisabeth und anfänglich auch Jacob I. für Shakespeare interessirt haben mögen, so wurde doch am Hofe, besonders unter der Regierung des letzteren, die antikisirende und die Ben Jonson'sche Richtung begünstigt. Wir finden Shakespeare auch nicht ein einziges Mal mit der Dichtung eines der hier üblichen Maskenspiele betraut (welche zu dieser Zeit in kleinen singspielartigen Stücken bestanden), wogegen Ben Jonson seit 1603 eine längere Reihe von Jahren mit diesen Dichtungen beauftragt und im Jahre 1616 von Jacob sogar zum poeta laureata ernannt wurde.

Ben Jonson wurde 1573 zu London in ärmlichen Verhältnissen geboren. Zunächst zum Handwerker erzogen, wurde er nach einander Soldat, Schauspieler und zuletzt durch eigenes Studium Gelehrter. Er war wie alle Autodidakten stolz auf seine, für die damalige Zeit auch wirklich umfassende Gelehrsamkeit und blickte daher gelegentlich mit einiger Geringschätzung auf Shakespeare herab, mit dem er zwar andauernd in freundlichstem Verkehre stand und dessen Begabung er schätzte, nur daß er in ihm, wie so manche Zunftgenossen der Gegenwart, ein bloßes ungeregeltes Naturgenie erblickte. Ihm selbst aber fehlte es an den unentbehrlichsten Eigenschaften zum großen Dichter, an Gemüth, Phantasie und Gestaltungskraft. Er suchte dies durch einen überaus fein ausgebildeten Verstand zu ersetzen. Seine Tragödien („Sejanus" und „Catilina") sind frostig und nüchtern. Besser gelang es ihm dagegen im Lustspiel und besonders im allegorischen Maskenspiel. Mit seinem „Every man in his humour" hatte er 1598 zuerst großes Aufsehen erregt. Ihm folgte im nächsten Jahr das Gegenstück: „Every man out of his humour". Für seine besten Arbeiten werden „Der Alchimist" und der „Volpone" gehalten (von denen das erste von Baudissin, das zweite von Tieck übersetzt worden ist). Was er darin für Humor ausgab, war freilich nur immer Satire. Allein diese Satire war treffend und in der Sittenschilderung der Zeit war er von porträtartiger Wahrheit. Im Jahre 1616 veröffentlichte er selbst eine Gesammtausgabe seiner Werke. Dies, so wie die Thatsache, daß, nur etwas später, auch Shakespeares Werke unbeanstandet veröffentlicht werden konnten, läßt kaum einen Zweifel darüber, daß das Verhältniß der Autoren zur Bühne die Rechte derselben nicht so nahe berührte, als daß Shakespeare zu seinen Lebzeiten nicht ebenfalls seine Dramen, sei es nun einzeln oder zusammen, hätte herausgeben können. Seit Carls I. Thronbesteigung scheint Ben Jonson an Ansehen verloren zu haben. Von 1632 an machte ihm sogar sein eigener Diener und Schüler Richard Bronn Concurrenz. 1637 starb er, wie es heißt, fast vergessen, in Dürftigkeit.

Größere Wirkungen als Ben Jonson selbst übten eine Reihe von Dichtern auf das Publicum aus, die, obschon man sie als seine Schule bezeichnet hat, doch nur theilweise von ihm und seinen dramaturgischen Ansichten beeinflußt waren. Zu ihnen gehören Francis Beaumont (1586—1615), John Fletcher (1576—1625), Philipp Massinger (1584—1639), John Ford (1586—164?) und Nathanael Field. Sie übertrafen ihn alle an dichterischer Begabung. Die bedeutendsten von ihnen aber waren Fletcher und Massinger.

Zur Zeit als Beaumont und Fletcher auftraten, standen Marston und Middleton gerade in Blüthe und Drayton, Chapman, Dekkar, Heywood, Rowley und Webster arbeiteten noch für die Bühne. Die dramatische Dichtung scheint damals fast eben so industriell betrieben worden zu sein, wie in unseren Tagen in Frankreich. Wir finden nicht wenige Beispiele, daß zwei, ja drei verschiedene Dichter ihre Kräfte oder Namen zu diesem Zwecke vereinigten. Beaumont, der Sohn eines Richters, und Fletcher, der Sohn eines Geistlichen und späteren Bischofs, haben so vieles gemeinsam gearbeitet, daß sie fast nur mit einander genannt werden. Sie traten im Jahre 1607 zuerst gemeinsam hervor und schrieben innerhalb der nächsten zehn Jahre 25 Stücke, die großen Beifall erwarben und von denen unter den Tragödien: „The tragedy of Valentinian" und „The maid's tragedy", von den Lustspielen „Wit without money", „The fair maid of the mill", „The knight of the burning pestle", „Rule a wife and have a wife" (Schröder's: „Stille Wasser sind tief") hervorgehoben sein mögen. Die Stärke der beiden Dichter liegt in der Behandlung der Sprache, im Ausdruck der Empfindung und Leidenschaft, worin sie Shakespeare oft nahe kommen. Es fehlt ihnen aber an Tiefe der Gedanken, an Adel der Gesinnung, an harmonischer Durchbildung und an ideellem Lebensgehalt. Sie neigen zu Uebertreibungen und Effecten. Ihre Stücke laufen fast alle auf nichts, als eine platte Moral hinaus, mit welcher die nicht selten frivole Behandlung in bedenklichem Widerspruche steht. Fletcher darf wohl von beiden als der Begabtere angesehen werden, da nach Beaumonts 1615 erfolgten Tode seine Productivität weder an Fruchtbarkeit noch an Kraft merklich abnahm. Er schrieb noch 25 Stücke, darunter sein bestes: „The spanish curate". Um diese Zeit blühen neben ihm Webster und Rowley. Etwas später (von 1623 an) auch Massinger und Ford. — Massinger zeichnete sich ebenfalls durch Kraft und Gewandtheit der Sprache und Charakteristik aus und war gleich bedeutend im Lustspiel und Trauerspiel („New way to pay old debts", „The duke of Milan").

So viele und große Talente um und nach Shakespeare demnach auch noch hervortraten, so macht die englische Dramatik dieser Zeit doch fast den Eindruck, als ob für sie der größte dramatische Dichter gar nicht gelebt habe. Man ahmte ihn doch nur im Einzelnen nach. Inzwischen waren die Zeiten für die Entwicklung des Theaters auch allmählich ungünstiger geworden. Der puritanische Eifer griff mehr und mehr um sich, die Anfeindungen, die dieses von ihm erlitt, wurden nach und nach drohender. Selbst das Volk begann, sich von ihm abzuwenden. — Schon 1606 war eine verschärfte Verordnung gegen die Nennung des Namens Gottes, Christi und des heiligen Geistes auf der Bühne erlassen worden. 1617 widersetzten sich der Lordmayor und die Aldermen von London einer neuen Theaterunternehmung. 1618 spielte dieser Stimmung zum Trotz der Kronprinz eine Rolle in einer Ben Jonson'schen Maske und der König erließ eine Verordnung, in welcher er anständige Vergnügungen an Spätnachmittagen des Sonntags verstattete. 1619 machen die Londoner Behörden vergebliche Anstrengungen, das Privilegium des Theaters zu Blackfriars einzuziehen. — Unter Carl I. wirkten die freien Sitten des Hofs höchst nachtheilig auf den Ton der Theater ein. Eine französische Truppe mit Schauspielerinnen wurde 1629 vom Publicum ausgezischt und mit Aepfeln und Eiern beworfen. Dies gab Veranlassung zu einer die Königin beleidigenden Stelle im „Ilistriomastix", einem von Prynne gegen die Bühne in puritanischem Eifer gerichteten Buche. Man war unklug genug, den Verfasser aufs Grausamste verfolgen zu lassen. Die Geistlichkeit nahm ihre Repressalien. Die Spannung zwischen dem Hof und den Puritanern wuchs in bedenklicher Weise. 1635 traten trotzdem französische und spanische Schauspieler wieder mit großem Erfolge auf. Der König selbst spielte in diesem Jahre in einer Maske. 1642 aber erfolgte die Aufhebung aller öffentlichen dramatischen Vorstellungen durch das Parlament und im Jahre 1647 wurden die letzten Reste des Theaters beseitigt.

§ 39. Das englische Drama von der Restauration bis auf unsere Tage.

Erst unter Cromwell durfte Davenant wieder eine kleine Schaubühne errichten, wobei er jedoch anfangs sich fast ganz auf musikalische Darstellungen beschränkte. Er wurde mit der Restauration des Hauses Stuart (1660) der Reformator der Bühne, und führte dabei die italienische Decoration, den Gebrauch des Orchesters und die Frauen als Darstellerinnen zuerst auf der englischen Bühne ein. Carl II. hatte sowohl ihn, wie einen gewissen Henry Killegrew mit den nöthigen Privilegien hierzu versehen. Der letztere übernahm das Königl. Theater zu Drurylane, der erstere das unter dem Schutze des Herzogs von York stehende Theater zu Innfields, dessen Gerechtsame später an das Coventgarden-Theater übergingen. Davenant schrieb selbst Schauspiele und Opern. Das epochemachendste Talent dieser Zeit aber war John Dryden (1631—1701), der zwischen der Nachahmung römischer und französischer Muster und des altenglischen Theaters hin und her schwankte, Trauerspiel und Lustspiel streng von einander schied, die Prosa ganz aus dem Drama verbannte, und seine Stücke ausschließlich in zehnsilbigen Versen schrieb. Obschon dies seiner dramatischen Sprache eine große Steifheit gab, so ist doch die Leichtigkeit seiner Versification das einzig Verdienstliche an seinen dramatischen Dichtungen, denen er einen romantisch-heroischen Charakter zu geben suchte. Sie zeichnen sich durch eine ans Abgeschmackte streifende Unwahrscheinlichkeit, durch Mangel an wahrer Charakteristik und durch eine bald platte, bald bombastische Ausdrucksweise aus.

Otway (1651—1585) und Lee (1657—1693) ahmten ihm nach. Der erste nicht ohne Talent. Sein „Befreites Venedig" darf zu den besseren Stücken der englischen Bühne gerechnet werden. Rowe schloß sich enger an Shakespeare und das altenglische Theater an. Im Ganzen war aber die Zeit der Tragödie nicht günstig. Der so lange niedergehaltene sinnliche Lebensgenuß begann naturgemäß aufs Heftigste zu reagiren. Dazu hatte Carl II. den leichtfertigen Ton des französischen Hofes mit sich nach England gebracht. Freigeisterei verband sich mit sinnlicher Zügellosigkeit, um die niedergeworfene puritanische Partei zu verhöhnen. Das englische Lustspiel fing an, mit Aretin und dessen Schule zu wetteifern. Witz, Bosheit, Frivolität, Unzüchtigkeit und Satire nahmen von der Bühne Besitz und bestimmten den Modegeschmack der Zeit. Glänzende Talente traten auf diesen Bahnen hervor, so Villiers, Shadwell, Etheredge, Sedley u. A. Auch Frauen fehlten nicht (Aphra Behn und Susanne Centlion). Besonderen Erfolg aber hatten: William Wicherley (1640—1715) mit seinen „Country wife" und „The plain dealer". Nach ihm William Congreve (1670—1728) mit „The old bachelor" und „Love for love", George Farquhar (1678—1707) mit „The recruting officer" u. A. und John Vanbrugh: „The false friend" und „The provoked wife". Wicherley übertrifft sie an Unzüchtigkeit vielleicht alle. Congreve war der an Talent bedeutendste und zeichnete sich auch als Tragiker aus („The afflicted bride"). Auch jetzt traten wieder einzelne Stimmen gegen die Zuchtlosigkeit der Bühne hervor. Jeremias Collier, ein Geistlicher, griff sie mit solcher Heftigkeit an, daß sie sich mehr und mehr von dieser zurückzog, besonders da sie seit der Thronbesteigung Wilhelms III. vom Hofe keinerlei Förderung mehr erfuhr. Freilich war die Decenz zur Zeit der Königin Anna kaum mehr, als eine vorgesteckte Maske und mit den beiden Georgs trat die alte Sittenlosigkeit nur in noch roherer Form wieder auf. An die Stelle der literarischen Kaffeehäuser, welche zu Drydens Zeit über die Literatur entschieden, traten jetzt die literarischen Salons und die Kunst des geistreichen Plauderns. Die französische Geschmacksrichtung kam entschiedener zur Herrschaft. Addison (1672—1719) ist der bedeutendste Vertreter derselben. Sein Trauerspiel „Cato" ist zwar ein eben so schwächliches, als frostiges, streng nach den Regeln gearbeitetes Stück, die rhetorische Prosa in Versen. Daneben traten auch bürgerlich moralisirende Tendenzen hervor. George Lillo hat auf diesem Wege, besonders mit seinem „London merchant or the history of George Barnwell" große Erfolge erzielt. Dies Drama ist ganz in Prosa geschrieben, sein Stoff einer alten Ballade entnommen, eine Criminalgeschichte, welche eine abschreckende Wirkung auszuüben bestimmt war. — Auf dem Gebiete des Lustspiels ist hier vor Allen Richard Steele (1671—1729) zu nennen. Er schrieb Conversationsstücke in Prosa, die zu seiner Zeit großen Beifall fanden. Auch sie lebten von der moralischen Tendenz und von der Rührung. „The conscious lovers", ein Rührstück, gilt für sein bestes.

Die Wiederbelebung der Werke Shakespeare's sollte jetzt mehr als 100 Jahre nach seinem Tode der englischen Bühne, wenn auch nur vorübergehend, neuen Glanz geben. Die neue Ausgabe derselben von Lewis Theobald (1733) hatte die Anregung dazu dargeboten. Der Schauspielkunst aber gebührt das größte Verdienst daran. David Garrick (1716—79) war es, der die Gestalten Shakespeare'scher Muse, wenn auch vielfach verkürzt und beschnitten, wieder zu unmittelbarer Anschauung brachte. Der große Erfolg rief aber auch jetzt eine Reaction dagegen hervor. Die größte kritische Autorität der Zeit, Samuel Johnson, wollte in Shakespeare nichts als das große Naturtalent sehen. Die Massen wendeten sich dem Rührdrama und dem satirischen Possenspiele zu, welches der Schauspieler Samuel Foote in die Mode gebracht. Ihm schlossen sich die Lustspieldichter George Colman, Garrick und Goldsmith an. Unter diesen Umständen durfte Richard Brinsley Sheridan aus Dublin (1751—1816) als eine bedeutende Erscheinung in der englischen dramatischen Literatur begrüßt werden. Besonders hob er das Lustspiel. Er vereinigte das Talent eines Congreve mit geläutertem Geschmack und ethischem Geiste. Seine „School for scandal" wird für sein bestes Werk gehalten. Doch versuchte er sich mit gleichem Glück und Erfolg in der Oper und Farce. Der Glanz seines politischen Ruhms fiel wohl auch etwas mit auf die Stirne des Dichters.

Das Interesse und die Bewunderung, welche Shakespeare in der zweiten Hälfte des 18. Jahrhunderts in Deutschland erregte, mußte auch auf England wieder zurückwirken. Es war gegen das Ende desselben, als der an der Spitze des Drurylane-Theaters stehende Schauspieler Philipp Kemble und dessen

Schwester, Mrs. Siddons, einen Sturm der Begeisterung für die
Werke des großen Dichters hervorriefen. Fast gleichzeitig erregten die
Dramen von Joanna Baillie (1762—1851) gerechtes Auf=
sehen. Den dramatischen Dichtungen Lord Byron's (1788—
1824), welche sich in der Form die Dramen Alfieris zum Muster
genommen, in ihren kühnen poetischen Flügen aber zum Theil ins
Phantastische schweiften (wie z. B. sein „Manfred" und „Cain"),
fehlte es aber doch zu sehr an wahrhaft dramatischem Leben und
an Technik der dramatischen Behandlung, als daß sie auf die
Bühne einen Einfluß hätten ausüben können. „Marino Falieri"
und „Die beiden Foscari" stehen noch dieser am nächsten.

Von dieser Zeit an sank die englische dramatische Dichtung
mehr und mehr auf einen Zustand herab, welcher insofern eine
Aehnlichkeit mit dem des vor=Shakespeare'schen Dramas dar=
bietet, als jetzt so wie dort die eigentliche Literatur keine Notiz
davon nahm. Die Versuche einiger der großen englischen
Novellisten und Romanschreiber Bulwer, Dickens u. A. waren
zu schwächlich, um diesem Zustande aufzuhelfen. Im Augenblicke
steht das englische Drama fast ganz unter der Herrschaft der
französischen Bühne.

II. Das Drama der Deutschen.

§ 40. Hans Sachs und die englischen Komödianten.

Weder die ritterliche Poesie, noch das Studium der Alten ist
auf die Anfänge der Entwicklung des weltlichen Dramas in
Deutschland von irgend einem nennenswerthen Einflusse ge=
wesen. Zwar rief das letztere auch hier Nachahmungen auf
diesem Gebiete hervor, doch abgesehen noch davon, daß die Stoffe,
die man dazu wählte, fast immer nur der Bibel und der Legende
entnommen waren, wurden sie auch, nach dem Vorgange der
Nonne Hroswitha, deren Dramen wieder ans Licht gezogen
unter den Gelehrten einen Sturm der Bewunderung hervorriefen,

zunächst nur in lateinischer Sprache geschrieben und für die Zwecke der Schule verfaßt. Selbst als man sie ins Deutsche zu übertragen oder in deutscher Sprache zu schreiben begann, blieben diese Nachahmungen und ihre Darstellungen noch lange hierauf beschränkt, daher sie auch den Namen Schulkomödien führen.

Hatte das kirchliche Drama gewisse possenhafte Elemente der volksthümlichen Stegreifspiele in sich aufgenommen, an denen es wohl auch in Deutschland damals nicht fehlte, so entlehnten jetzt diese ihm selbst wieder die Allegorie und die moralisirende Tendenz. Besonders am Feste der heiligen drei Könige und zu Fastnacht waren dergleichen Spiele im Schwange. Sie wurden von den Mitgliedern einzelner Zünfte gepflegt und erhielten hierbei eine gewisse Organisation, bis sich der aufblühende Meistergesang ihrer bemächtigte. Der Erste, der sich hierin einen gewissen Ruf erwarb, war der Nürnberger Meistersinger und Wappenmaler Hans Rosenplüt (um die Mitte des 15. Jahrhunderts) mit dem Beinamen „Der Schnepperer", was Einige als Spaßmacher, Andere als Bezeichnung des Bartscherterhandwerks gedeutet wissen wollen. Seine Spiele, noch wenig mehr als Gespräche von derbem, anstößigem, ausgelassenem Charakter, sind durchaus realistisch und ganz dem Leben des Tages entnommen. Ihm folgte neben Anderen Hans Volß. Erst in Hans Sachs (1494—1576) gelangten aber diese Spiele zu höherer Entwicklung. Hans Sachs war eine poetisch beanlagte Natur, begabt mit starkem Lebensgefühl, rastlosem Bildungstrange und einer regen Phantasie. Er theilte seine Zeit zwischen sein Schuhmacherhandwerk, sein Studium und seine Dichtung ein. Letztere erhob sich weit über den nüchternen Pedantismus des Meistergesanges, dem auch er angehörte. Luthers Erscheinung, Thaten und Werke übten die mächtigste Wirkung auf ihn aus. Mit Eifer ergriff und vertrat er dessen Anschauungen und Lehren. Die Bibelübersetzung, in welcher der große Reformator der Kirche der deutschen Nation eine neue Schriftsprache gab und dem deutschen Geist gewissermaßen zu einer neuen Wiedergeburt verhalf, konnte daher auf seine Dichtung nicht ohne Einfluß bleiben. Den reichen Stoff seiner Erfahrung und Belesenheit wußte er mit einer Fruchtbarkeit zur Darstellung zu bringen, welche die aller Dichter der Zeit übertraf. „Fest in der reichsstädtisch bürgerlichen Lebensauffassung wurzelnd — sagt Adolf Stern — und die ganze Welt nach ihr anschauend, schildert er mit Glück und Frische Alles, was auf und unter dem Niveau seines Lebenskreises stand; was darüber hinausging blieb ihm fern und fremd (wobei immer nicht zu vergessen, daß er in dem volkreichen, kunstreichen, wohlhabenden Nürnberg, der ersten Stadt seiner Zeit, lebte)." Seine dramatischen Dichtungen bilden jedoch nur den kleineren Theil seiner poetischen Werke. Vortreffliches leistete er im Fastnachtsspiel, dem er einen mannigfaltigeren und bedeutenderen Inhalt gab. Viele dieser Spiele nähern sich den Moralitäten, einige nehmen den Anlauf zu höheren dramatischen Formen. Außer 64 dergleichen Spielen schrieb er noch 80 weltliche und geistliche Komödien und 52 weltliche und geistliche Tragödien. Seine Gestalten und ihre Gruppirung erinnern an die Bilder altdeutscher Meister. Er versucht oft darzustellen, was sich nicht darstellen läßt, und läßt oft nur erzählen, was dargestellt werden sollte. Aber überall begegnen wir bei ihm einem gesunden Sinn, einem zwar derben, doch glücklichen Humor, einer zwar beschränkten, doch durchaus tüchtigen Lebensanschauung und einer Fülle sinnreicher Einfälle. Was Hans Sachs für seine Zeit und in seinen Verhältnissen geleistet, ist immer erstaunlich. Es läßt sich am Besten an der Unfähigkeit seiner Nachfolger erkennen, die ihn entfernt nicht erreichten, so wie aus dem, was unser größter Dichter aus den von ihm geschaffenen dürftigen, eckigen Formen zu höchster Schönheit zu entwickeln vermochte. Die Grundlage und die Keime zur Entwicklung eines echt nationalen Dramas waren durch Hans Sachs also für Deutschland gegeben. Es fehlte auch nicht an Versuchen, wohl aber an Talenten dazu. Die Namen Jörg Wickram aus Colmar, Adam Puschmann aus Görlitz, Peter Probst aus Nürnberg, Sebastian Wild aus Augsburg sind hier zu nennen. Kein Wunder also, daß bei der ganzen Richtung der Zeit das Schuldrama und das kirchliche Drama ganz in dem Vordergrund standen. Besonders die Jesuiten bemächtigten sich jetzt der drama-

nischen Kunst, doch waren sie dabei mehr auf die ländlichen
Bezirke, als auf die Städte verwiesen. Durch sie wurden die
Einflüsse der spanischen Autos über die Niederlande nach Deutschland geleitet, während von Italien her Tasso's und Guarini's
Schäferspiele, die Komödie der Bibbiena und Macchiavelli, so wie
die improvisirten Maskenspiele hie und da auch nach Deutschland
eindrangen. Ungleich wichtiger als beides aber wurde für die
Entwicklung des deutschen Dramas das Erscheinen englischer
Komödianten gegen Ende des 16. Jahrhunderts. Man hat oft
an die Thatsächlichkeit dieses Erscheinens oder doch an den Einfluß desselben nicht recht glauben wollen. Indessen ist durch die
Untersuchungen Cohn's beides jetzt ganz außer Zweifel gestellt.
Dieser Einfluß konnte schon deshalb nicht ausbleiben, weil man
zum ersten Male in Deutschland die dramatische Kunst durch
Berufsschauspieler und in größerem Umfange ausüben sah. Denn
bis hierher waren die dramatischen Darstellungen ganz in den
Händen von Geistlichen, Handwerkern, Schülern und der Genuß
mochte wohl meist mehr auf Seiten der Darsteller, als der Zuschauer gewesen sein. Zwar waren schon früher in einzelnen
Fällen fremde Berufsschauspieler in Deutschland erschienen, doch
nur vorübergehend und in ihren Wirkungen auf engste Kreise
beschränkt. So hatten schon 1417 englische Bischöfe auf dem
Concile zu Constanz drei Stücke von englischen Schauspielern vor
Kaiser Sigismund aufführen lassen, was wohl mit einem Besuch des letzteren in England (1416) zusammenhing. Um die
Mitte des 16. Jahrhunderts spielten italienische Schauspieler an
süddeutschen Höfen die „Calandra" des Cardinals Bibbiena.
1560 ist von einem flamländischen Actor und seiner Gesellschaft in Wien die Rede, 1569 treffen wir daselbst italienische
Schauspieler an, unter ihnen einen gewissen Taborini, der 1570
als kaiserlicher Komödiant angestellt wurde. Der Wechselwirkung
der Theater verschiedener Länder und Sprachen ist schon früher
gedacht worden. Eine Aufführung der „Calandra" in Lyon
vor Heinrich II. von Frankreich (1548) hatte die Einführung
der italienischen Schauspielergesellschaft de' Gelosi in Paris zur
Folge. 1570 zeichnete sich Giovanni Ganasso aus Bergamo

als Leibharlekin Philipps II. von Spanien aus und die Italiener behaupten, daß er den Spaniern die Kunst, züchtige Komödien zu schreiben, gelehrt habe. 1577—78 waren italienische Schauspieler in London. 1585 nahm Graf Leicester seine Truppe mit nach den Niederlanden. Und wie wir schon am Hofe Richards III. bayrische und österreichische Sänger, und unter den Minstrels Heinrichs VIII. ebenfalls wieder Deutsche finden, so waren gleichzeitig an deutschen Höfen nicht nur italienische Sänger, sondern auch englische Musiker angestellt. Dazu kam, daß es gegen Ende des 16. Jahrhunderts zum guten Tone hoher Häuser gehörte, nach England zu reisen. Es ist kein Zweifel, daß man an verschiedenen deutschen Höfen mit der englischen Sprache vertraut war und daß gerade von ihnen englische Komödianten zuerst nach Deutschland berufen wurden. Auch ist es festgestellt, daß die ersten öffentlichen Darstellungen derselben in englischer Sprache stattfanden. Allerdings mußten sie ihre Stücke demgemäß einrichten, sie so viel wie möglich auf die äußeren Vorgänge der Handlung beschränken und dem Geschmacke des Volkes anpassen. Die handgreiflichen Späße der Clowns mußten natürlich die am meisten verständlichen sein. Später, nachdem sie die Sprache des Landes etwas erlernt hatten, begannen sie wahrscheinlich auch in dieser zu spielen. Junge schauspielerische Talente des Landes schlossen sich, von ihren Spielen angezogen, ihnen wohl an oder spielten auf ihre eigene Faust, indem sie ihre Spiele ihnen ablernten. Eine große Menge der damals die Londoner Theater füllenden Stücke kamen auf diese oder eine ähnliche Weise nach Deutschland herüber, darunter auch einige Shakespeare'sche. Man kann sich vorstellen, in welch verkürzter und veränderter Gestalt. Wenn wir die auf uns gekommenen ältesten deutschen Bearbeitungen von „Hamlet" und von „Romeo und Julie" ins Auge fassen, so drängt der Gedanke sich auf, daß ihnen unmittelbar der ursprüngliche Text gar nicht zu Grunde gelegen haben kann, daß sie vielleicht schon von den englischen Schauspielern nur aus dem Gedächtniß dargestellt wurden und längere Zeit den Charakter von immer roher werdenden Stegreifspielen gehabt haben mögen.

Diese englischen Komödianten riefen die deutschen Wandertruppen und eine Menge platter und roher Nachahmungen der mitgebrachten Stücke ins Leben. Sowohl der Herzog Julius von Braunschweig (1564—1613) wie der Nürnberger Procurator Ayrer († 1605), die sich jedoch beide im Tone an die Manier des Hans Sachs noch mit anschlossen, wurden von ihnen angeregt. Ayrer erklärt dies ausdrücklich in der Vorrede zu seinem Opus theatricum. In einigen der Dresdner Manuscripte desselben sind sogar die englischen Muster bezeichnet.

§ 41. Die Wandertruppen und die Gottsched'sche Bühnenreform.

So wurde das deutsche Drama denn gleich im Entstehen von fremdem Einfluß bestimmt. Bei der innern Verwandtschaft beider Nationen würde dies aber von keinen zu nachtheiligen Folgen gewesen sein, wenn dieser nur unmittelbar von den großen Dichtungen der englischen Bühne und nicht blos von entstellten und entarteten Nachahmungen derselben ausgegangen wäre. Je mehr aber die englischen Komödianten und ihre Nachahmer dem rohen Geschmacke des Volkes nachgaben, um so mehr mußten auch Dichtung, wie Darstellung selbst mit in Rohheit verfallen. Der Spaßmacher, der Ayrer'sche Kurzweiler, wurde der Mittelpunkt und das Hauptanziehungsmittel der Bühne. Man hat diesen in Wirklichkeit meist plumpen und rohen Gesellen rückblickend nur zu gern in dem schmeichlerischen Lichte gesehen, in welchem man überhaupt das Mittelalter oft zu betrachten pflegt. In Wahrheit hat er wesentlich dazu beigetragen, ein wahres Interesse der Gebildeten in Deutschland an der Bühne nicht aufkommen zu lassen, und es ist nicht zu verwundern, daß die Schul- und Gelehrten-Dichter sich nicht an sie und ihre zwar volksthümlichen, doch rohen und schmutzigen Stücke, sondern an römische Vorbilder anschlossen.

Und doch, was war andererseits wieder von dieser Gelehrsamkeit für die Entwicklung des Dramas zu hoffen, das doch vor Allem den unmittelbarsten Antheil des Menschen am Leben, das Empfindung und Leidenschaft, Phantasie und Gestaltungskraft fordert? Wie hoch man auch immer den Einfluß äußerer Verhältnisse und Zustände anschlagen möge, der Hauptgrund, weshalb die Entwicklung des Dramas in Deutschland so lange gehemmt und verzögert wurde, war der Mangel an wahrhaft poetischen, an wahrhaft dramatischen Talenten. Der Formalismus eines **Martin Opitz** (1597—1639) kam wohl der Ausbildung der Sprache, nicht aber der dramatischen Dichtkunst zu Gute. Sein dramatischer Versuch „Judith" war frostig und ungenießbar und durch seine Uebersetzungen italienischer Schäferspiele half er den mächtigsten Rivalen des noch in unbeholfener Kindheit stehenden Schauspiels heranziehen und fördern. Seine „Daphne", nach Rinuccini, führte 1627 die Oper im Triumphe in Deutschland ein.

Wohl suchte **Andreas Gryphius** (1616—1664) mit seinen nach römischen, französischen, ja holländischen antikisirenden Vorbildern in Alexandrinern gedichteten Tragödien wieder eine Anlehnung an Ayrer und die Stücke der englischen Komödianten zu gewinnen, allein sein Talent reichte nicht aus, um diese wohlgemeinten Bestrebungen für die Bühne fruchtbar zu machen. Glücklicher war er im Lustspiel, wo ihm ein derber Humor und eine gewisse sinnliche Kraft der Charakteristik zu Statten kamen. Sein Possenspiel „Peter Squenz", welches das Handwerkermotiv von Shakespeares „Sommernachtstraum" erweitert behandelt, so wie das Festspiel „Die geliebte Dornrose" verdienen auch jetzt noch Beachtung. Die von schwülstiger Rhetorik und brutaler Rohheit erfüllten Dramen seines Nachfolgers **Caspar von Lohenstein** (1635—1683) fordern dagegen nur als literarische Curiositäten Erwähnung, insofern sie zu ihrer Zeit einzelne Bewunderer fanden; auf die Entwicklung der Bühne wirkten sie nicht im Mindesten ein.

Wichtiger, weil ungleich einsichtsvoller, waren die Versuche des Schulrectors **Weise** in Zittau (1642—1708), den natürlichen Ton und die Beobachtung des Lebens in das gelehrte Drama einzuführen. Allein auch hier scheiterte Alles an dem ausgesprochenen Mangel an wahrem Talent.

So blieben denn bis gegen das Ende des 17. Jahrhunderts die Schauspieler fast ganz auf ihre eigene Thätigkeit und auf die meist schlechten Uebertragungen englischer und jetzt auch französischer Stücke beschränkt. Natürlich war unter diesen Umständen die Entwicklung der Schauspielkunst der der dramatischen Dichtung vorausgeeilt. Ein unnatürliches Verhältniß war hieraus zwischen beiden entstanden, dessen Folgen noch heute bemerkbar sind und die Entwicklung eines wahrhaft nationalen Dramas nicht wenig gehemmt haben. Die dramatische Dichtung ist in Deutschland fort und fort in Abhängigkeit von dem wohl und übel verstandenen Interesse der Schauspielkunst, oder richtiger des Schauspielers geblieben, welches auch noch heute die deutsche Bühne und ihre Entwicklung ganz einseitig bestimmt und beherrscht. Von den verschiedenen Schauspielerverbänden, welche zu jener Zeit eine gewisse Berühmtheit erwarben, verdient hier der Velthen'sche schon deshalb besonders hervorgehoben zu werden, weil er eine neue, vollständigere und bessere Uebersetzung der Molière'sche Komödien veranlaßte. Doch auch Uebersetzungen des Corneille und Racine machten sich jetzt schon bemerkbar, obschon sie meist der Art waren, daß diese sie gewiß nicht als ihre Stücke anerkannt haben würden. An Velthen's Namen knüpft sich zugleich die vorübergehende Errichtung des ersten deutschen Hoftheaters in Dresden, wo bereits früher die Oper mit großem Aufwand gepflegt wurde. Wichtiger war, daß Velthen in späterer Zeit, nach dem Vorgang der Niederländer, die italienische Stegreifkomödie nach Entwürfen des Théâtre italien von Gherardi in roherer Nachahmung einführte. Die Schauspielkunst warf sich hierdurch zur alleinigen Beherrscherin der Bühne auf. Wenn das gelehrte Drama auf die scenische Darstellung verzichten zu können glaubte, so emancipirte sich hier umgekehrt die Schauspielkunst ganz von der Dichtung. Die Commedia dell' arte, die bei den Italienern nur eine nebenherlaufende Form der schauspielerischen Kunstübung war, suchte sich in Deutschland zur ausschließlichen zu machen. Die Improvisation bemächtigte sich hier nicht nur des Lustspiels, sondern auch des Trauerspiels. Englische, französische, niederländische und italienische Einflüsse wirkten neben denen des Alterthums zusammen auf die Entwicklung des Dramas in Deutschland ein, um zuletzt zu einer ganz willkürlichen Vermischung und Behandlung ihrer verschiedenen Elemente und Formen zu führen.

Es war daher immer als eine Art von Fortschritt zu begrüßen, da ein gelehrter Pedant, der Leipziger Professor **Johann Christoph Gottsched** aus Judithenkirchen bei Königsberg (1692—1766), sich mit einer von glühender Begeisterung für ihre Kunst beseelten, thatkräftigen und talentvollen Frau, der Theaterunternehmerin **Friederike Karoline Neuber**, geborene Weißenborn aus Reichenbach (1692—1760), zum Zwecke der Regeneration des der wildesten Anarchie verfallenen Theaters verband. Er hat unstreitig das Verdienst, eine Verbindung der Bühne mit der Literatur wiederhergestellt zu haben. Auch war es vielleicht nicht zu tadeln, daß er zunächst die französischen Muster mit ihrer, wenn auch nur äußerlichen Regelmäßigkeit, zur Grundlage seiner Bühnenreform machte, wohl aber war es die pedantische Einseitigkeit, die trockene und dürre Geschmacklosigkeit, der rechthaberische Hochmuth, womit es geschah. Er übersah fast Alles, was dem Formalismus des classischen französischen Dramas seinen besonderen Werth giebt; den reichen Gedankengehalt, welcher seine höfisch conventionellen Formen belebt, das nationale Element, das ihnen noch immer zu Grunde liegt, die künstlerische Feinheit, mit der diese Formen ausgebildet sind. Er kämpfte nicht nur gegen die Auswüchse der deutschen Bühne, sondern auch gegen die volksthümlichen Elemente, welche ihr eigen. Er ergriff die Theaterreform ohne jede wärmere Beziehung zur Nation und zum Leben. Gottsched selbst, obschon er auf seinen „Sterbenden Cato" das größte Gewicht legte, suchte mehr nur durch Lehre, als durch Beispiel zu wirken. Seine Schule aber überschwemmte die deutsche Bühne mit einem Wuste von Armseligkeit. Das Publicum verhielt sich dieser Neuerung gegenüber anfangs sehr spröde. Besonders in Süddeutschland wollte es von den Haupt- und Staatsactionen, dem Harlekin und dem Stegreifspiele nicht lassen. Ohne die Ausdauer und Begeisterung der Neuber würde der Kampf ein eben so hoffnungswie erfolgloser gewesen sein. Gottsched's Hochmuth sollte ihn aber auch mit dieser genial beanlagten, sich jedoch leicht übereilenden Frau, wie später mit aller Welt verfeinden. Indessen war dem deutschen Drama durch seinen Anstoß für länger die Richtung gegeben. Männer von literarischem Ansehen, wenn auch nur von mäßigem Talente, traten fördernd für diese mit ein. Unter ihnen der Leipziger Professor Christian Fürchtegott Gellert aus Hainichen (1715—1769) mit seinen Schäfer- und Lustspielen („Das Band", „Sylva", „Die Betschwester"). Durch ihn wurde das Rührende zuerst in das deutsche Lustspiel eingeführt. Johann Elias Schlegel aus Meißen (1718—1749), ein Mitglied des Kreises der Bremer Beiträge, berechtigte durch seine Tragödien: „Orest und Pylades", „Die Trojanerinnen", „Canut" und durch die Lustspiele: „Die Wittwe", „Die stumme Schönheit" schon zu höheren Erwartungen. Neben ihnen mögen noch Rost („Die gelernte Liebe oder der versteckte Hammel") und Mylius („Die Schäferinsel") genannt werden.

§ 42. Das Lessing'sche Drama und dessen Dramaturgie.

Im Jahre 1747 trat Gotthold Ephraim Lessing als achtzehnjähriger Student mit seinem Erstlingswerke: „Der junge Gelehrte" auf der Bühne der Neuber in Leipzig hervor. „Damon" und „Die alte Jungfrau" folgten ihm nach. Das Theater war damals fast ganz vom Geschmack der Franzosen, von ihren Regeln und Dichtungen beherrscht. Neben Corneille, Racine, Voltaire, Molière, Marivaux, Destouches, Favart u. A. wurden aber auch Goldoni und Holberg gespielt und selbst englische Einflüsse machten sich wieder bemerkbar. Bei Christ. Felix Weiße aus Annaberg (1726—1804) beschränkte sich dies zwar nur auf die Stoffe, da er seinen „Richard III." und „Romeo und Julie" im Stil der Franzosen behandelte. (Seine Oper: „Die Jagd" und sein Lustspiel: „Lottchen bei Hofe" zeigten dagegen volksthümliche Elemente und erwarben viel Beifall.) Stücke wie „Der Spieler" von Moore und „Georg Barnwell, der Londoner Kaufmann" riefen das bürgerliche Schauspiel ins Leben. Die Romane Richardsons blieben darauf nicht ohne Einfluß. Lessing's „Miß Sara Sampson", welche am 6. October 1756 zur Aufführung gelangte und in der Geschichte des deutschen Theaters epochemachend ist, steht sichtbar unter diesen Einwirkungen. Seine bald darauf folgende Uebersetzung der Diderot'schen Rührdramen gab diesen Bestrebungen einen weiteren Anstoß.

Gleichzeitig riefen die kleinen durch Niccolini in die Mode gebrachten Zwischenspiele (Intermezzi) die seit längerer Zeit verdrängte Oper wieder hervor, welcher einer der gefeiertsten Dichter der Zeit seine Theilnahme zuwendete. Christoph Martin Wieland, 1733 in Biberach in Schwaben geboren, 1813 zu Weimar gestorben, hat durch seine Dramen einen nennenswerthen Einfluß auf die Entwicklung der Bühne nicht ausgeübt. Wichtiger schon ist sein Antheil an der Wiederherstellung der Oper. Das aber, was ihm allein eine Stelle in der Geschichte des Dramas sichern sollte, ist seine Uebersetzung der Shakespeare'schen Werke, welche, wie unvollkommen auch gegen das, was deutsche Uebersetzungskunst hierin später erreichte, für seine Zeit doch immer ein höchst wichtiges und folgenreiches Unternehmen war. Ein neues, dem deutschen Geist innig verwandtes Muster ward hierdurch der dramatischen Dichtung der Deutschen vor Augen und dem romanischen Einfluß entgegengestellt.

Von nicht minderer Wichtigkeit aber war die Erscheinung von Lessing's „Minna von Barnhelm", in welcher das erste Beispiel eines nationalen Lustspiels gegeben war. Nur erst durch dieses hat die Regeneration des deutschen Dramas eine feste Grundlage erhalten.

Gotthold Ephraim Lessing (am 22. Jan. 1729 zu Camenz in Sachsen geboren, am 15. Febr. 1781 gestorben), empfing als Student die ersten Anregungen zur dramatischen Dichtung durch die Vorstellungen der Neuber'schen Truppe in Leipzig. Seine ersten Versuche bewegten sich noch im Zwange französischer Regeln. Doch knüpft er schon in seinem „Gelehrten" an das eigene, unmittelbare Erlebniß an. In seinen nächsten Dramen ist kein Fortschritt bemerkbar. Seine literarischen Studien machten ihn jedoch bald mit dem Drama der Engländer näher bekannt und er empfand sofort die innere Verwandtschaft desselben mit dem deutschen Geiste, daher er es seinen Landsleuten als Muster empfahl und dem conventionellen Drama der Franzosen entgegenstellte. Nach der eigenthümlichen Richtung seines Geistes knüpfte er aber zunächst an das sentimental moralisirende Drama Lillo's und das von der Richardson'schen Richtung beeinflußte rührende Drama Diderots an. Doch schon in seiner „Miß Sara Sampson" ging er weit über dieselben hinaus. Er stellte dem Formalismus der französischen classischen Tragödie die Sprache der Natur und Leidenschaft gegenüber. Die dialektische Gewalt dieser Sprache hatte etwas Hinreißendes. Der Schauspielkunst waren darin ganz neue Aufgaben gestellt. — Fast noch wichtiger als sein directes Beispiel wurden aber seine kritischen Untersuchungen für die Entwicklung der Bühne und Kunst. Seine zwar nur kurze Thätigkeit als Dramaturg des im Jahre 1767 in Hamburg neu errichteten deutschen Nationaltheaters übte die nachhaltigsten Wirkungen aus. Sie wurde durch den gleichzeitigen Erfolg seiner „Minna von Barnhelm" unterstützt, der ein bis dahin ganz unerhörter war. „In der Form, sagt A. W. Schlegel, hält dieses Lustspiel die Mitte zwischen der französischen und englischen Weise, der Geist der Erfindung aber und der geschilderte gesellige Ton ist eigenthümlich deutsch." Die unmittelbare Anknüpfung an Verhältnisse und Umstände der Zeit trugen nicht wenig zu jenem Erfolge bei.

Die wohlgeführten Angriffe seiner Dramaturgie schlugen die Autorität der französischen Regeln und des höfischen Conventionalismus zu Boden und setzten dafür die Natur in ihr lange verkümmertes Recht wieder ein. Shakespeare und die Griechen wurden fortan als das Maß und die Vorbilder der dramatischen Dichtung verehrt. Daß aber selbst noch ein seine Zeit und ihre Vorurtheile so mächtig überragender Geist in seiner eigenen Natur eine Schranke findet, sollte sich in den beiden letzten dramatischen Werken dieses Dichters, obschon sie seine Größe und Eigenthümlichkeit in glänzendster Weise zur Erscheinung bringen, noch zeigen. „Emilia Galotti" ist das Product des ausgebildetsten künstlerischen Verstandes, nur kann nicht geleugnet werden, daß dieser darin auf Unkosten der künstlerischen Begeisterung thätig war. „Die sichtbare Sorgfalt, alles zu motiviren, fordert zu näherer Prüfung auf, wobei man durch keinen

Zauber der Einbildungskraft gestört wird." In "Nathan dem Weisen" aber tritt die unmittelbar auf das äußere Leben über den künstlerischen Zweck des Dramas hinausgehende Tendenz noch schärfer, als in seinen übrigen Dramen hervor. Sagt er doch selbst, daß er ihn nur schrieb, um den Theologen einen Possen zu spielen. Das Stück ist aber auch deshalb merkwürdig, weil Lessing, der, um den Alexandriner aus dem deutschen Drama zu entfernen, sich in einseitiger Weise für die Prosa erklärt hatte, sich hier für die freie Benützung der Jamben entschied, die schon Brawe's "Brutus" (1770) in das deutsche Drama eingeführt hatte.

Natürlich rief Lessing eine Zahl directer Nachahmer hervor, unter denen Johann Jacob Engel aus Parchim in Mecklenburg (1741—1802) wohl der bedeutendste war. Erwähnt seien von ihm nur die Schauspiele: "Pflicht und Ehre" und "Der Edelknabe". Wichtiger wurde er noch durch seine dramaturgischen Schriften, besonders durch seine Mimik, in welcher er für die Natürlichkeitsrichtung mit voller Entschiedenheit eintrat und welche noch heute berücksichtigt zu werden verdient. Um diese Zeit machten sich die Einwirkungen Shakespeares fühlbarer. Man faßte ihn aber meist nur als einen Protest gegen den Regelzwang auf, welchen man unterschiedlos willkürlich nannte, um selbst der willkürlichsten Regellosigkeit zu verfallen. Diese Wirkungen fielen mit einem sich in der deutschen Jugend regenden Drange zusammen, sich von dem auf dem bürgerlichen Leben lastenden Drucke gesellschaftlicher Vorurtheile zu befreien. Unter den dramatischen Dichtern, die diese Richtung vertraten, muß Maximilian Friedrich Klinger aus Frankfurt a. M. (1752—1831) schon darum zuerst genannt werden, weil eines seiner Dramen "Sturm und Drang" derselben den Namen gegeben hat. Er war überdies einer ihrer fruchtbarsten Bühnendichter. Von seinen übrigen Dramen seien hier nur noch "Die Zwillinge" und "Der Günstling" genannt. Johann Anton Leisewitz aus Hannover (1752—1806) hat durch sein einziges Drama "Julius von Tarent" eine gewisse Berühmtheit erlangt. Es hält etwa die Mitte zwischen den Dramen Lessing's und Klinger's. Hier verdient auch der Jugendfreund Goethe's Erwähnung: Michael Reinhold Lenz aus Sußwegen in Livland, ein unentwickeltes Talent, dessen Lustspiele „Der Hofmeister", „Die Soldaten", „Der neue Menoza" nach der Seite der Charakteristik manche glückliche und originelle Züge enthalten, in ihrer Zerfahrenheit aber nichts mehr als literarische Curiositäten sind. Ungleich bedeutender sind die phantasievollen, aber dabei formlosen dramatischen Dichtungen Friedrich Müller's aus Kreuznach (1750—1825), gewöhnlich Maler Müller genannt („Das Leben Faust's" und „Die Pfalzgräfin Genovera").

Wie gering man die Werke dieser Halbtalente an sich aber auch schätzen mag, so sind diese selbst für die Geschichte der dramatischen Dichtung doch schon deshalb von Bedeutung, weil aus ihrer Mitte der größte neuere Dichter der Deutschen hervorging.

§ 43. Das deutsche Drama unter dem Einflusse Goethe's und Schiller's.

Johann Wolfgang Goethe, geb. am 28. August 1749 zu Frankfurt a. M., gestorben am 22. März 1832, wurde von seinem zwar pedantischen, in den Vorurtheilen der Zeit noch vielfach befangenen Vater, dem Titularrath Joh. Casp. Goethe, mit seltener Sorgfalt und persönlicher Hingabe erzogen. Schon früh kündigte sich in dem Knaben eine außergewöhnliche, vielseitig bildsame, zu mächtiger Entwicklung drängende Natur an. Die ersten theatralischen Eindrücke empfing er von einer französischen Truppe, die während der Besetzung Frankfurts durch die Franzosen in seiner Vaterstadt spielte. Wie mächtig diese Eindrücke waren, können wir nicht nur aus „Dichtung und Wahrheit" ersehen, es klingt nicht nur vielfach in seinem „Wilhelm Meister" noch nach, es ergiebt sich auch aus seiner bis fast ins späte Alter andauernden Vorliebe für das Theater. Die ältesten dramatischen Dichtungen Goethe's („Die Mitschuldigen" und „Die Laune des Verliebten") sind noch unter der Nachwirkung jener Eindrücke entstanden. Die Anregung, welche er später von Shakespeare empfing, verbunden mit dem Einflusse Herders, der ihn auf das nationale Moment in Kunst und Dichtung aufmerksam machte, so wie der unruhige Freiheitsdrang, von dem er in Straßburg die studirende Jugend ergriffen fand, bewirkten eine Stimmung in ihm, aus der unter Anderem sein „Götz von Berlichingen" entsprang. Mit Recht sagt A. W. Schlegel von diesem, daß er „nicht Nachahmung Shakespeares", sondern das Product einer durch einen genialischen Dichter in einem verwandten Geiste nur angeregten Begeisterung sei. Noch nie war den Deutschen das Eigenste, Heimlichste ihres Wesens, Empfindens und Denkens in so anheimelnder Weise, mit so offener, rührender Treuherzigkeit offenbart, noch nie ihrer Sprache bei aller Schlichtheit, ja zuweilen selbst Derbheit des Ausdrucks ein solcher Wohllaut entlockt, noch nie von einem anderen deutschen dramatischen Dichter eine solche Fülle lebensvoller Gestalten zu einem beziehungsvollen Ganzen vereinigt worden. Die Wirkung war eine ganz außerordentliche. Was man auch einwenden mochte gegen die Form des Gedichts, den gewaltigen Dichtergeist, der sie beseelte, konnte doch keiner leugnen. Freilich — die Meisten faßten auch diese tief innerliche Erscheinung wie immer nur äußerlich auf. Dies ergiebt sich allein aus der Fluth ganz mißverstandener Nachahmungen, welche diese Dichtung hervorrief, von denen hier „Otto von Wittelsbach" von Franz von Babo, „Agnes Bernauer" von Josef Graf Törring und „Fust von Stromberg" von Meyer genannt werden mögen. Es ist, als ob Goethe vor diesen Wirkungen selbst erschrocken wäre, da wir ihn in seinen nächsten beiden dramatischen Dichtungen („Clavigo" und „Stella") an die Formen des Lessing'schen Schauspiels anknüpfen sehen. Indessen gab er hierin wohl nur vorübergehenden Stimmungen nach. In der Tiefe seiner Seele wurde er gerade damals von den mächtigsten Problemen bewegt. Entwürfe drängten sich auf Entwürfe. Verschiedenes wurde gleichzeitig in Angriff genommen. Der Plan zu „Egmont" als einem Seitenstücke zu „Götz" gewann schon festere Gestalt. Die Bekanntschaft mit Hans Sachs ließ ihn erkennen, daß hier die vernachlässigten Keime zu einem volksthümlichen deutschen Drama lagen. Er ergriff sie in genialer, großartiger Weise, um sie auch ohne die fehlenden Mittelglieder zu höchster künstlerischer Entwicklung zu wunderbarster Blüthe zu bringen. Es entstanden die Anfänge des „Fauſt", der größten, tiefſinnigſten und dabei herzigſten Dichtung der Deutſchen.

Die Ueberſiedelung nach Weimar, die ihn in einen Strudel von Zerſtreuungen und Geſchäften riß, unterbrach aber all dieſe Pläne. Es entſtand eine Reihe kleinerer dramatiſcher Dichtungen, welchen der Charakter des Gelegentlichen, Zufälligen eigen („Claudine von Villabella", „Erwin und Elmire", „Lila", „Jery und Bätely", „Die Fiſcherin", „Scherz, Liſt und Rache"). Sie haben auf die Entwicklung des Theaters und der dramatiſchen Literatur keinen Einfluß gehabt. Allmählich ſollten aber auch tiefere poetiſche Antriebe wieder hervortreten. Zu den alten traten neue Entwürfe. Neben „Egmont" wurden „Iphigenia" und „Taſſo" in Angriff genommen. Beide ſollten erſt in Italien, unter den Einflüſſen der Antike und der Renaiſſance, welche die früheren Neigungen für germaniſche Architektur und für Shakeſpeare in den Hintergrund drängten, die vollendete Form gewinnen.

Inzwiſchen war ein anderes Geſtirn am Himmel der deutſchen Dichtung aufgegangen, welches zunächſt eine blendende, alles Andere verdunkelnde Wirkung ausübte.

Friedrich Schiller (am 10. Nov. 1759 in Marbach geboren, am 19. Mai 1805 geſtorben), der Sohn des Regimentschirurgen Joh. Caspar Schiller, wurde auf der hohen Karlsſchule erzogen, in welcher trotz des auf ihr laſtenden Druckes die neuen freiheitsſchwärmeriſchen Ideen Eingang und einen ſehr fruchtbaren Boden gefunden hatten. Das dichteriſche Talent und die Neigung zur Bühne regten ſich früh in der auf Unabhängigkeit dringenden Seele des Jünglings. Mit achtzehn Jahren hatte er bereits ſeine „Räuber" gedichtet. Eine hochfliegende Begeiſterung anticipirte darin mit ihren weltſtürmenden Gedanken die Erfahrung des Lebens. Eine ſeltene Urſprünglichkeit dichteriſcher Kraft machte ſich neben den Einflüſſen Shakeſpeares darin bemerkbar. Ueberraſchend aber war vor allem das inſtinctive ſichere Gefühl für theatraliſche Wirkung. Stärker und großartiger noch trat dieſer letztere Zug in ſeinen folgenden Dramen „Fiesko" und „Kabale und Liebe" hervor. Schiller's Bedeutung für die Entwicklung des deutſchen Dramas liegt nicht nur in ſeiner

ganz eigenartigen Genialität, sondern besonders auch darin, daß
er trotz der Begeisterung für Shakespeare den Blick offen hielt
für die unerläßlichen Forderungen der modernen Bühne und für
die eigenthümlichen Vorzüge des französischen Dramas. Indem
er die starre, conventionelle Regelmäßigkeit desselben vermied,
verband er die ununterbrochene Continuität der äußeren Handlung, die wachsende Spannung von Scene zu Scene, von Act
zu Act mit der freien Behandlung von Ort und Zeit, die er
jedoch hierdurch einschränkte. Die Tragödie „Don Carlos" brachte
die erste Periode seiner Dichtung zum Abschluß und zu höchster
Blüthe und leitete zugleich die folgende ein.

Der Gegensatz der dramatischen Dichtung und der Bühne tritt
vielleicht nirgend schärfer hervor, als aus dem Verhältniß unserer
beiden größten Dichter zu dieser. Goethe war damals noch so gut
wie nicht für sie da. Schiller's erste Stücke waren zwar mit
großem Erfolge gegeben worden, sein „Don Carlos" wurde aber
gleichwohl mit so geringer Theilnahme aufgenommen, daß Schiller
sich fast acht Jahre lang der dramatischen Dichtung enthielt.
Die bevorzugten Bühnendichter der Zeit waren auch jetzt die Leute
vom Handwerk, die Schauspieler, denen es um nichts als um
die Ausübung ihrer Kunst, wie sie dieselbe verstanden, zu thun
war. Ein Glück, daß diese sich wenigstens auf solchem Wege
nach einer bestimmten Seite hin zu großer Vollendung ausgebildet hatte, ein noch größeres Glück, daß unter jenen auch
Männer waren, denen es nicht ganz an poetischen Antrieben
fehlte. Unter ihnen steht Ludwig Schröder obenan, der sich
durch seine Bearbeitungen englischer und spanischer Stücke um
das Repertoire des damaligen Theaters große Verdienste erworben
hat. Für die Entwicklung des Dramas noch ungleich wichtiger
war Aug. Wilh. Iffland aus Hannover (1759—1814),
welcher durch seine bürgerlich moralischen Rührdramen („Die
Jäger", „Der Spieler", „Die Mündel", „Elise von Valberg",
„Die Hagestolzen") eine von Empfindsamkeit angekränkelte und
vielfach nur affectirte Natürlichkeitsrichtung begründete. Am
Wichtigsten aber war, daß man jetzt Shakespeare zu spielen begann, wenn auch zunächst in verfälschter und verkümmerter Form.

Mit „Wallenstein" leitete Schiller (1799) eine neue Reihe von Dramen ein, durch welche er das Repertoire des deutschen Theaters noch heute beherrscht. Ihm folgten: „Maria Stuart" (1800), „Die Jungfrau von Orleans" (1801), „Die Braut von Messina" (1803) und „Tell" (1804). Gegen die Wirkung dieser Dichtungen konnten Goethe's gleichzeitige Dramen („Der Großkophta", „Der Bürgergeneral", „Die natürliche Tochter") freilich nicht aufkommen. In „Faust", der aber erst 1806 zum Abschluß kam und bis tief zurück in die Jugendzeit des großen Dichters greift, hat er freilich alles, was vor und nach ihm in deutscher Zunge gedichtet worden, in Schatten gestellt und ein Werk von einer eminent nationalen Bedeutung geschaffen, welches zugleich epochemachend ist in der Entwicklungsgeschichte menschlicher Cultur überhaupt. — Was die Entwicklung einer nationalen dramatischen Dichtung bisher immer theils unterbrochen, theils doch gehemmt hatte, das Schwanken oder Erliegen derselben unter fremden Einflüssen, sollte sich ihr selbst jetzt, in der Epoche ihres größten Glanzes, noch feindlich zeigen. Auch hier noch sehen wir sie bald nach den ersten begeisterten und siegreichen nationalen Anläufen zwischen verschiedenen fremden Einflüssen hin und her schwanken und hier und da einer Art von Eklekticismus verfallen. Goethe verlor sich zuletzt sogar ganz in symbolisirende Abstraction.

So haben unsere beiden größten Dichter, besonders Goethe, uns zwar eine Reihe der glänzendsten und wunderbarsten Vorbilder und Meisterwerke hinterlassen, damit aber keineswegs ein sicheres Fundament für die Entwicklung einer einheitlichen, nationalen Schule. Daher diese Werke die widersprechendsten Nachahmungen hervorrufen, daher diese Nachahmungen in die mannigfaltigsten Richtungen zersplittern konnten. Es mag hier nur an Theodor Körner („Zriny"), an Heinrich Josef Collin und seine sich der französischen Regelmäßigkeit nähernden Griechen- und Römertragödien, an August von Kotzebue's zwischen Iffland und Schiller schwankenden Schauspiele und Trauerspiele, an A. von Klingemann (1777—1831), Heinrich Zschokke, den Freiherrn von Auffenberg aus

Freiburg (1788—1857) und Franz Grillparzer (1791—1871), so weit sie hierher gehören, erinnert werden. Das Lustspiel war von Goethe und Schiller fast völlig vernachlässigt worden. Auf diesem Gebiete sollte dagegen ein anderer Dichter längere Zeit herrschend bleiben, nachdem seine ernsten Dramen schon verblaßt waren. August von Kotzebue (1761—1819) war unter den Bühnendichtern der Zeit einer der talentvollsten und fruchtbarsten. Er schloß sich aber nur an das Bedürfniß der Bühne, an den Geschmack des Tages und die Bildung der großen Menge an. Er opferte der Wirkung die Würde der Kunst, dem bestrickenden Scheine die Wahrheit der Natur und der Empfindung. Seine ernsten Dramen, die einst mit Glück gegen Schiller in die Schranken traten (wie z. B. „Menschenhaß und Reue") sind deshalb heute nicht mehr genießbar. Eher noch einzelne seiner Lustspiele, vor allen „Die deutschen Kleinstädter", „Die beiden Klingsberg", „Das Epigramm". Sie beherrschten bis in die dreißiger Jahre die Bühne, heute empfinden wir auch in ihnen nichts so sehr, als ihre Flachheit. Ihm zur Seite wirkten Jünger, Bretzner, Beil, Beck, Steigentesch u. A. Die Schauspielkunst, deren Blüthe in den Zeitraum von 1760—1800 fiel, genoß noch einer langen und herrlichen Nachblüthe. Sie hatte erfolgreich und ehrenvoll mit der sich aus dem Singspiele zu höchster Blüthe aufschwingenden Oper gerungen, welche durch Gluck's ganz auf die Durchbringung des musikalischen und dramatisch poetischen Ausdrucks gerichtete Reform eine bisher ungeahnte Würde und durch Mozart eine Fülle des charakteristischen Ausdrucks entfaltete, welche zugleich das Gebiet des Anmuthigen, Humoristischen und Erhabenen umfaßte.

§ 44. Die romantische Schule.

Der Einfluß, welchen zu Anfang unseres Jahrhunderts das Studium des mittelalterlich romantischen Dramas, insbesondere des Shakespeare'schen und Calderon'schen, auf Theorie und Praxis der Dichtung ausübte, rief eine Schule ins Leben, welche nach ihm ihren Namen führte. Seltsamer Weise gewannen die Häupter dieser romantischen Schule in Bezug auf die dramatische Dichtung ihre Herrschaft aber nicht durch eigene Erfolge. Die Schlegel haben dieselben sogar nie auf diesem Wege gesucht. Der Ton des „Jon" von A. W. Schlegel und des „Alarkos" von seinem Bruder Friedrich steht der „Iphigenie" Goethe's näher, als irgend einem Drama des Calderon oder Shakespeare und Ludwig Tieck aus Berlin (1772—1855) mit seinen phantastisch-satirischen Märchendramen („Der gestiefelte Kater", „Der Blaubart", „Prinz Zerbino", „Kaiser Octavian" 2c.) oder Clemens Brentano mit seinem Lustspiel „Ponce de Leon" und seinem Drama „Die Gründung von Prag" haben zu jenen Zeiten nicht Fuß auf der Bühne gefaßt. Aber im Anschluß an sie entwickelte sich eine nicht unbedeutende Zahl bedeutender dramatischer Talente. So Friedrich de la Motte Fouqué mit seinen Ritterdramen, Zacharias Werner, der mit seinen „Söhnen des Thals", der „Weihe der Kraft", dem „Vierundzwanzigsten Februar" große Erfolge erzielte. An das letztgenannte Stück schlossen sich die Schicksalstragödien Adolph Müllner's (1774—1829) an, welchen seine Zeit als einen zweiten Schiller verehrte. Am bekanntesten ist uns seine „Schuld", welche mit Grillparzer's „Ahnfrau" den Höhepunkt dieser einseitigen, ausschweifenden Richtung bezeichnet, in der selbst noch ein Houwald Triumphe feierte, die aber Tieck dem verdienten Gelächter preisgab. Grillparzer (1791—1871), welcher unmittelbar nach dem Erfolge der „Ahnfrau", der ihm wohl selbst verdächtig vorkommen mochte, sich den classischen Dichtungen Goethe's anschloß (in seiner „Sappho", „Des Meeres und der Liebe Wellen", dem „Goldenen Bließ"), schwankte in seinen späteren Dramen zwischen dem Einflusse Shakespeare's („König Ottokar's Glück und Ende", „Ein treuer Diener seines Herrn") und der Spanier („Die Jüdin von Toledo", „Libussa"). Er hat schon bei Lebzeiten das Schicksal gehabt, abwechselnd überschätzt und vergessen zu werden. Wollte man ihn als Repräsentanten der gern zu theatralischem Pathos und poetischer Rhetorik hinneigenden Wiener Schule bezeichnen, so würde man doch hinzuzufügen haben, daß er sich nicht nur hoch über diese erhebt, sondern auch von jenen Neigungen ziemlich frei ist.

Die glänzendste Erscheinung unter den eigentlichen Romantikern war aber Heinrich von Kleist (1776—1811). Die Ursprünglichkeit seines dramatischen Ausdrucks, die charakteristische Kraft und der Glanz seiner Gedanken, der hinreißende, oft machtvoll ins Dämonische wachsende Zug, welcher bei ihm die Entwicklung der Leidenschaften und Conflicte bestimmt, stellen diesen Dichter in die Reihe der ersten Dramatiker. Ihm fehlte nichts, als die volle Harmonie, die volle Gesundheit des Geistes, welche noch mehr als jedem anderen Dichter, gerade dem Dramatiker nothwendig ist, um reine und wahrhaft erhebende oder erheiternde Wirkungen auszuüben. Bei ihm aber liegt das Anziehende zuweilen dicht neben dem Abstoßenden, das Anmuthige neben dem Geschmacklosen, das Erhabene neben dem Fratzenhaften, das Zwingende neben dem Willkürlichen. Seine Probleme und Situationen spitzen sich zuweilen bis zum Launenhaften und Bizarren zu. Er liebt es, den Schwerpunkt der psychologischen Processe in die Sphäre des Unbewußten und Wunderbaren, ja selbst des Pathologischen zu verlegen. Die wichtigsten seiner hierhergehörenden Werke sind die Schau- und Trauerspiele „Das Käthchen von Heilbronn", „Penthesilea" und „Der Prinz von Homburg", so wie die Lustspiele: „Amphitryon" und „Der zerbrochene Krug".

Die bedeutendsten Wirkungen übten die Romantiker aber mittelst ihrer Kritik und ihrer Uebersetzungen spanischer und englischer Dramatik aus. Durch die classische Uebertragung der Shakespeare'schen Dramen von Schlegel und Tieck wurde dieser Dichter gewissermaßen zum zweiten Male, aus dem Geiste der deutschen Sprache geboren, so daß wir ihn ohne Eifersucht mit als den Unsern zu betrachten und zu verehren gewohnt sind.

§ 45. Neueste Entwicklung.

Als Vertreter eines schwächlichen Eklekticismus traten in den zwanziger Jahren dieses Jahrhunderts Michael Beer und Ernst Raupach auf. Letzterer mit großem Erfolge. Er beherrschte längere Zeit mit seinen Lust- und Trauerspielen die Bühne. Vergeblich stellten sich dieser matten Dichtung einzelne

Erscheinungen entgegen, welche mit unverkennbarem Talent der dramatischen Dichtung einen tieferen Inhalt und neue Formen zu geben suchten. In ihrem Streben nach Originalität knüpften sie aber bewußt oder unbewußt noch selbst wieder an die Formen früherer großer Erscheinungen an. So August Graf Platen aus Ansbach (1796—1835) mit seinen antikisirenden phantastischen Märchenkomödien („Die verhängnißvolle Gabel", „Der romantische Oedipus") an Aristophanes und an die italienische Dichtung, Karl Immermann aus Magdeburg (1796—1840) mit seinen der Bühne ungleich näher stehenden, an großen Zügen reichen Tragödien („Alexis", „Das Opfer des Schweigens", „Andreas Hofer"), nächst dem mit seinen genialischen Kraftstücken der theatralischen Form spottenden Chr. D. Grabbe aus Detmold (1801—1836) an Shakespeare. Ihre Arbeiten übten auf die Bühne ebensowenig unmittelbar einen Einfluß aus, wie die dramatischen Dichtungen Rückert's, welche hier nur als literarisch-gelehrte Curiositäten Erwähnung verdienen. Entschiedener das praktische Bedürfniß ins Auge fassend und doch von poetischen Intentionen ausgehend begann jetzt Julius Mosen aus Marienei (1803—1867) eine Reihe historischer Dramen zu dichten, denen es jedoch an der zureichenden Kraft und Unmittelbarkeit des dramatischen Ausdrucks fehlte, um nachhaltige Wirkungen ausüben zu können. Dagegen gewannen aus den Reihen des jungen Deutschlands zwei Dichter einen nicht unbedeutenden, noch jetzt andauernden Einfluß auf die Bühne: Karl Gutzkow aus Berlin (geb. 1811) und Heinrich Laube aus Sprottau (geb. 1806), nicht nur weil sie mit wirklichem dramatischen Talente und, besonders der letztgenannte, mit einem ausgebildeten Sinne für das Theatralische begabt waren, sondern auch dadurch, daß sie die dramatische Form mit deshalb ergriffen, um ihre publicistischen Antriebe, ihre social-politischen Tendenzen zu befriedigen. Sie bedienten sich hierzu abwechselnd verschiedener der herrschenden Formen, beide unter dem Einfluß der französischen Bühne, Gutzkow, indem er dabei Fühlung mit Schiller und Goethe behielt, mit größerer dramatischer Begabung, mit tieferen poetischen Impulsen, die ihn zu einzelnen durchgreifenden Erfolgen führten ("Werner", "Zopf und Schwert", "Urbild des Tartüffe", "Uriel Acosta"). Laube bei noch sichererer Fühlung mit der Bühne und ihren Wirkungen aufs Publicum, und deshalb mit stetigerem Glücke ("Monaldeschi", "Struensee", "Karlsschüler", "Gottsched und Gellert", "Graf Essex").

Ihnen gegenüber entfaltete Friedrich Hebbel aus Wesselburen in Dithmarschen (1813—1863) sein wuchtiges dramatisches Talent, das weitaus stärkste der ganzen Periode seit Kleist. In der Eigenthümlichkeit seiner Natur, die er rücksichtslos gegen das Herkommen der Bühne und den Geschmack des Tages durchsetzen wollte, wurzeln zugleich seine Vorzüge und seine Fehler. Er wollte der Dichtung nur große Probleme gestellt wissen, behandelte dieselben jedoch nicht selten mit einer Spitzfindigkeit, welche der Symbolik seiner Erfindungen zuweilen den Charakter des Bizarren und Gewaltsamen gab. Er ist Meister in der Entwicklung dramatischer Motive und psychischer Processe, aber er verfolgt sie zu gern bis ins Dunkel ihrer körperlichen Bedingungen, was um so verletzender wirkt, als er seine Conflicte meist in die Sphäre der geschlechtlichen Beziehungen verlegt. In ihm schädigte der Philosoph den Dichter um so mehr, als der erstere in ihm durchaus nicht auf der Höhe des letzteren stand. Er ist einer der wenigen dramatischen Dichter, welche ein deutliches Gefühl für den eigenthümlichen Charakter des dramatischen sprachlichen Ausdrucks haben. Seine vorzüglichsten Werke sind: "Judith", "Maria Magdalena", "Agnes Bernauer", "Gyges" und "Die Nibelungen". Neben ihm steht am Schicklichsten der Name des ihm vielfach geistesverwandten, doch ihn an Kraft nicht erreichenden Otto Ludwig aus Eisfeld (1813—1865), welcher der Bühne in seinem "Erbförster" und seinen "Makkabäern" zwei bedeutende Werke gab. Er mochte aber selbst ein bestimmtes Gefühl davon haben, daß es ihnen noch an einem wesentlichen Momente des Tragischen, an dem befreienden, rein erhebenden Momente, gebrach. Er verlor sich darüber in theoretische und kritische Speculationen, die ihn im Verein mit langen körperlichen Leiden an einer genügenden Concentration seines poetischen

Schaffens, an einer unbefangen und unmittelbar aus der poetischen Begeisterung fließenden Thätigkeit hinderten.

Gleichzeitig begründete in Wien Friedrich Halm (Freiherr von Münch-Bellinghausen) aus Krakau (1806—71) durch den Erfolg seiner früheren Dramen („Griseldis", „Sohn der Wildniß") die sogen. neuere Wiener dramatische Schule, deren charakteristisches Merkmal es ist, den theatralischen Effect mit den Mitteln einer schwungvollen, aber nicht selten weichlichen und blos affectirten rhetorischen Lyrik zu verklären. Wogegen sich in den bürgerlichen Lustspielen Eduard v. Bauernfeld's aus Wien (geb. 1812) ein gesünderer Geist mit anmuthiger Frische und mit gereifter Kenntniß der Bühne entfaltete. Er machte besonders das gesellschaftliche Leben der mittleren und höheren Stände Wiens zum Gegenstande seiner meist lebensvollen Darstellungen. Gustav Freytag aus Kreuzburg in Schlesien (geb. 1816) aber bildete mit seiner „Valentine" und noch mehr mit seinen „Journalisten" den Uebergang zu der realistischen Richtung des neuesten Dramas. Unter denen, welche in dieser Periode bei ihren Dichtungen hauptsächlich das Bedürfniß der Darsteller und den Geschmack des Tages im Auge hatten, seien als die bedeutendsten: Carl Töpfer, Roderich Benedix und Charl. Birchpfeiffer genannt. Sie beherrschten für längere Zeit das Repertoire.

III. Das Drama der Holländer und Skandinavier.

§ 46. Das Drama der Holländer.

Bei den lebensfrohen, realistischen Niederländern waren schon früh allegorische Aufzüge, so wie Spiele und Schwänke, welche ihre Motive dem bürgerlichen und bäuerlichen Leben entlehnten, bekannt und beliebt. Der Aufschwung, welchen Künste und Wissenschaften nach den Befreiungskriegen nahmen, hatte einen fördernden Einfluß auf die weitere Ausbildung dieser bis dahin noch ganz in den Anfängen liegenden Kunstübungen. Joost van den Vondel (1587—1659) ist die bedeutendste Erscheinung auf diesem Gebiete. Er schloß sich zunächst mit seinen geistlichen und weltlichen Tragödien den lateinischen und griechischen Mustern an. Erst mit dem Nationalschauspiel „Gijsbrecht van Aemstel" übte er eine tiefere und volksthümlichere, über die Grenzen seines Vaterlandes und seiner Zeit hinausreichende Wirkung aus. Später gerieth das holländische Drama völlig in Abhängigkeit von der französischen Bühne. Die Versuche Pieter Langendijk's, ein nationales Lustspiel zu schaffen, konnten gegen die Nachahmungen der Franzosen nicht aufkommen.

§ 47. Das Drama der Dänen, Schweden und Norweger.

Einen ungleich fruchtbareren Boden fand die dramatische Poesie bei den skandinavischen Völkern, zunächst bei den Dänen. Ludwig Holberg aus Bergen (1684—1754) hat zwar die Anregungen zu seiner Dichtung im Ausland empfangen und sich besonders an den Mustern der französischen Bühne geschult, allein er faßte ihre Formen mit ganz freiem und selbständigem Geiste auf, um sie zur Darstellung von Zuständen und Charakteren des vaterländischen Lebens zu benützen. Seine Schilderungen der dänischen Bürger- und Bauernwelt zeugen von einer gesunden Beobachtungsgabe und von einem zwar derben, aber glücklichen Humor. Seine Komödien: „Der politische Zinngießer", „Jeppe vom Berge", „Die Wochenstube", „Don Ranudo di Colibrados", „Jean de France", „Ulysses von Ithaka" wirkten nachhaltig auf das deutsche Theater herüber und haben sich theilweise bis zum heutigen Tage auf der dänischen Bühne erhalten.

In Schweden wurde im 18. Jahrhundert ganz wie in Holland die französische Dichtung maßgebend und herrschend. Die Nachbildungen O. v. Dalin's (1708—1763) werden von den schwedischen Literarhistorikern als Beginn einer Art von Nationalliteratur angesehen. König Gustav III., Johann Henrik Kellgren (1751—1795) und J. Wallenberg verfolgten die gleiche Richtung.

Die Einflüsse der neuen deutschen romantischen Schule lenkten den Blick der skandinavischen Völker auf ihre nationale Vergangenheit und auf ihre Heldensage und Dichtung zurück. Adam Oehlenschläger aus Kopenhagen (1779—1850) war der hervorragendste Vertreter der sich hieraus entwickelnden dramatischen Dichtung („Hakon Jarl", „Palnatoke", „Yrsa", „Hagbarth und Signe", „Axel und Walburg" ꝛc.). Schon vor ihm hatte jedoch Johannes Ewald (1743—1781) in seinem „Rolf Krake" den ersten Anlauf zu diesem vaterländischen Drama genommen, welches von J. C. Hauch und Henrik Hertz („Svend Dyring's Haus") weiter gepflegt wurde. Der letztere griff zugleich auf das Holberg'sche Lustspiel zurück, an welches sich auch P. A. Heiberg aus Vordingborg (geb. 1758) mit seinen meist satirischen Lustspielen anlehnte. („Die sieben Puhmen", „Holger Thndske").

Neuerdings hat sich eine eigene norwegische dramatische Dichtung hiervon abgezweigt, welche durch zwei bedeutende Talente Henrik Ibsen („Die Kronprätendenten", „Nordische Brautfahrt") und Björnstjerne Björnson, geb. 1832 („Hulda", „König Sigurd", „Das Fallissement") vertreten ist, und trotz der noch überwiegend romantischen Stoffwahl mehr und mehr einem realistischen Darstellungszuge folgt.

Zweiter Theil.
Theorie des Dramas.

Erstes Kapitel.
Allgemeines.

§ 1. Begriff des Dramatischen. Verhältniß desselben zum Lyrischen und Epischen.

Es ist eine landläufige Meinung, daß die Theorie der künstlerischen Thätigkeit, wenn auch nicht immer schädlich, so doch wenigstens niemals förderlich sei, weil sie im glücklichsten Falle immer nur lehre, was die Kunst schon ohne ihr Zuthun vollbracht, und also von dieser, die ihr der Zeit nach vorausgehe, wohl Gesetze empfangen, nicht aber derselben ertheilen könne. Dies würde wahr sein, wenn die Kunst immer nur etwas ganz aus dem Dunkel der bewußtlos schaffenden Phantasie, der bewußtlos schaffenden künstlerischen Begeisterung Hervortretendes wäre. In jeder Kunstäußerung aber macht sich zugleich ein Moment bewußter Einsicht und Absicht geltend, welches der Thätigkeit des künstlerischen Verstandes entspringt und, obwohl hierbei ganz auf das Praktische gerichtet, doch nur theoretischen Ursprungs ist. Insofern der Künstler über Absicht, Zweck und Mittel seiner Kunst oder eines Kunstwerks nachdenkt, verfährt er schon selbst theoretisch. Die Theorie thut im Grunde nichts Anderes, nur daß sie dabei von allgemeinen Gesichtspunkten ausgeht, und die Ergebnisse dieses Verfahrens einheitlich mit einander verknüpft, wodurch sie dem Künstler gewissermaßen erst eine freiere Einsicht verschafft in das, was er schuf, und ihm zugleich eine neue Perspective der Thätigkeit eröffnet. Freilich können diese Ergebnisse auch fehlerhaft sein, und es wird in diesem Falle nachtheilig werden, sich von ihnen beeinflussen zu lassen. Doch selbst noch, wenn sie die richtigsten wären, wird diesem nicht völlig vorgebeugt werden, weil Alles hier von dem Gebrauche abhängt, den man von ihnen macht. Nach der Theorie allein läßt sich ein Kunstwerk nicht construiren. Sie muß dem Künstler erst selbst wieder zu unmittelbarem Leben, zu einem lebendigen Momente seiner individuellen Natur geworden sein, um fruchttragend für ihn werden zu können. Aber auch noch im besten Falle ist sie von nur relativer Bedeutung für ihn, weil sie, wie die Kunst selbst, immer nur etwas in der Entwicklung Begriffenes und in ihrer Entwicklung von dem individuellen künstlerischen Momente wesentlich Abhängiges ist. Theorie und Kunst können sich also ununterbrochen im Fortgange ihrer historischen Entwicklung bedingen, hemmen, aber auch fördern.

Alle Kunst hat es mit sinnlichen Anschauungen zu thun. Alle sinnliche Anschauung aber beruht auf einem Verhältniß von Subject zu Object, einem Verhältnisse zwischen dem Gegenstande der Anschauung und dem, der es anschaut. Insofern die Anschauung Gegenstand ist, muß dieses Verhältniß vor Allem ein räumliches sein, muß dieser Gegenstand sich räumlich darstellen, insofern sie dagegen auf der Thätigkeit des Subjectes beruht, das ist erst von diesem zum Gegenstand seiner Anschauung gemacht wird, muß sie dagegen sich als etwas Zeitliches darstellen, denn alle Thätigkeit verläuft in der Zeit. Jede sinnliche Anschauung, daher auch jede künstlerische, stellt sich mithin zugleich in räumlichen und zeitlichen Verhältnissen dar. Es ist aber möglich, daß die eine Art dieser Verhältnisse dem Kunstwerke wesentlich, die andere dagegen nur beiläufig ist. In der That lassen sich die Werke der Kunst in solche unterscheiden, welche sich wesentlich nur in räumlichen, oder wesentlich nur in zeitlichen Verhältnissen darstellen, so wie in solche, welchen das eine und andere gleich wesentlich ist. Die Poesie gehört zu den Künsten, welche wesentlich nur in zeitlichen Verhältnissen darstellen. Dies gilt von der lyrischen und epischen Poesie ohne Ausnahme. Die dramatische Poesie kann zwar an und für sich ebenfalls nur in solchen Verhältnissen darstellen, allein sie verlangt zu ihrer vollkommenen Versinnlichung eine Darstellung in Verhältnissen, denen es wesentlich ist, daß sie zugleich räumliche und zeitliche sind.

Insofern die Natur der künstlerischen, so wie aller Anschauung überhaupt, sinnlich ist, d. h. insofern sie nur erst durch die Sinnesthätigkeit des Schauenden für diesen zur Anschauung wird, muß ihr etwas zu Grunde liegen, was auf diese Sinnesthätigkeit in entsprechender Weise einwirkt, daher etwas Wirkliches, weil Wirkendes. Was dieses aber etwa noch sonst im Causalzusammenhange der Dinge ist, fällt hierbei nicht in Betracht. Für die Anschauung sind vielmehr nur diese Wirkungen wesentlich, aber auch sie nicht als solche, sondern nur insofern sie Anschauung bewirken, daher sie, um reine Anschauung bewirken zu können, an sich gar nicht einmal mit in Betracht kommen, gar nicht unmittelbar in das Bewußtsein des Anschauenden fallen dürfen. Rein ist vielmehr nur diejenige Anschauung, in der sich der Gegenstand einzig in räumlich-zeitlichen Verhältnissen darstellt. Nur solche Gegenstände stellen sich uns in einer Weise dar, die uns frei von ihnen und sie frei von uns erscheinen läßt, mithin als reine Anschauungen und freie Objecte. Nur die Anschauung zweier Sinne vermittelt sie uns, die des Gesichts und die des Gehörs. In der Anschauung aller übrigen Sinne stellt sich dagegen der Gegenstand stets noch ganz unmittelbar in einem Verhältnisse causaler Verbundenheit mit uns dar; selbst noch in der des Tastsinns, obschon auch er uns in einem gewissen Sinne freie Objecte vermittelt. Nur die Anschauungen dieser beiden Sinne eignen sich daher zur künstlerischen Darstellung, weshalb auch die Künste weiterhin noch zerfallen in sichtbare, lautbare und in solche die beides zugleich sind. Die Poesie vermittelt uns lautbare Anschauungen. Die dramatische Poesie gelangt aber erst zu vollkommener Objectivirung in Verhältnissen, die zum Theil lautbare, zum Theil sichtbare sind.

Die sichtbaren Anschauungen stellen sich wesentlich in räumlichen Verhältnissen dar und haben einen überwiegend objectiven Charakter, insofern sie bleibend an einen bestimmten materiellen Gegenstand als Stoff und Mittel der Darstellung gebunden sind. Nur der mimische Theil der Schauspielkunst stellt in Verhältnissen dar, denen es wesentlich ist, daß sie zugleich räumliche und zeitliche sind. Ueberhaupt stellt die Schauspielkunst, obschon durch materielle Gegenstände im Raume, doch immer zugleich in zeitlich verlaufenden Verhältnissen dar. Dies beruht darauf, daß während bei den übrigen sichtbaren Künsten die Thätigkeit des Künstlers und das subjective Moment dieser Thätigkeit ganz in das Object derselben ein- und in demselben aufgeht, bei ihr das Kunstwerk sich nur in der Thätigkeit des Künstlers selber darstellen läßt, daher immer an diese gebunden und aufs Neue verwiesen bleibt.

Das letztere ist auch bei allen lautbaren Künsten in einer bestimmten Weise der Fall. Insofern sich aber ihre Darstellungen zum Zwecke ihrer Fixirung auf ein sichtbares Medium übertragen, d. h. insofern sich Dicht- oder Musikwerke niederschreiben oder drucken lassen, scheint auch in ihnen die künstlerische Thätigkeit und das ihr wesentliche subjective Moment in die Darstellung mit ein- und in ihr aufgehen zu können. Indessen ist dies nur in einem bestimmten Grade und Umfange der Fall, da sie in dieser Form gar nicht in der ihnen eigenthümlichen Weise zur Anschauung kommen, sondern hierzu erst wieder der entsprechenden Uebertragung auf das lautbare Medium bedürfen, wobei sie nicht nur an eine erneute künstlerische Thätigkeit, sondern auch an ein hierzu wesentliches neues subjectives Moment gebunden erscheinen. In Bezug auf die Musik wird dies jedermann einleuchten. Doch gilt es nicht weniger von der Poesie. Selbst noch das lautlose Lesen eines poetischen Werkes beruht auf einem heimlichen Sprechen und erst in der Verlautbarung desselben, und zwar durch einen demselben angemessenen künstlerischen Vortrag, gelangt es zu seiner vollen Veranschaulichung. Die dramatische Dichtung ist aber zu diesem Zweck nicht nur an ein neues subjectives Moment, sondern auch noch an eine ganz neue Kunst, die Schauspielkunst, verwiesen, deren Darstellungsmittel jedoch, wie wir schon sahen, nur zum Theil auf dem lautbaren, zum anderen Theil aber auf dem sichtbaren Gebiete der Kunst liegen.

Das Material und Mittel aller in der Zeit verlaufenden Künste ist die menschliche körperliche Bewegung. Zwar beruht auch bei allen übrigen Künsten die Thätigkeit des Künstlers auf körperlichen Bewegungen, nur daß bei ihnen das Kunstwerk selbst nicht an diese gebunden bleibt. Wo dies aber der Fall, kann dieses letztere sich schon deshalb nicht anders, als so wie sie selbst, d. i. in zeitlichen Verhältnissen darstellen. Diese Darstellung ist daher keine bleibende, sie hat einen nur ganz vorübergehenden, flüchtigen Charakter.

Von allen Künsten, deren Darstellungen in der Zeit verlaufen, liegt einzig der mimische Theil der Schauspielkunst auf dem Gebiete des Sichtbaren, nur in ihm erscheint daher die körperliche Bewegung schon an sich selbst als Stoff und als Object der Darstellung. Bei allen übrigen ist zwar das Object der Darstellung auch an bestimmte körperliche Bewegungen gebunden, nur daß diese darum noch nicht selbst das Object derselben sind. Vielmehr entsteht bei ihnen das Object erst durch diese Bewegungen, es ist ein Product derselben, deren sinnliches Medium: der Laut, aber an diese Bewegungen in einer bestimmten Weise gebunden erscheint. Er entsteht durch sie und vergeht mit ihnen. Der Laut kann in zwei verschiedenen Formen zum Stoff und Mittel der lautbaren Künste werden: in der Form des Tones und in der Form der Sprache.

In der Instrumentalmusik ist der Ton das ausschließliche Mittel. Im Gesang tritt mit dem Worte die Sprache hinzu, doch bleibt sie dem Tone hier untergeordnet. Das Wort geht in ihn ein, ja in einem gewissen Sinne sogar in ihm unter. In der Poesie ist dagegen der Ton dem Wort untergeordnet, geht hier in dieses ein und auch in ihm auf. Er wird zur Betonung.

Das Wort ist die sinnliche Erscheinungsform des Begriffs, aber der Begriff erscheint darin noch nicht unmittelbar, sondern nur vermöge einer Beziehung auf ihn; d. h. das Wort hat zwar die Bedeutung des Begriffs, ist aber selbst nur ein sinnliches Zeichen dafür. Die Poesie, indem sie durch Worte darstellt, stellt also gewissermaßen durch Begriffe dar. Begriffe sind als solche nichts Wirkliches, ursprünglich aber immer etwas von der Wirklichkeit Abgeleitetes. Die poetische Darstellung ist also befähigt, in einer bestimmten Weise das ganze Gebiet der Wirklichkeit, daher auch des Sichtbaren darzustellen, aber nie unmittelbar, sondern nur mittelst sinnlicher Zeichen, welche die Bedeutung von Begriffen haben, und immer nur in zeitlichen Verhältnissen, daher sie denn auch in der Darstellung räumlicher Verhältnisse die Unmittelbarkeit und Vollständigkeit der bildenden Künste niemals erreicht. Andererseits vermag die Poesie aber über diese schon darin hinauszugehen, daß sie nicht blos auf den Kreis des Sichtbaren, sondern auch bei der Darstellung dieses letzteren keineswegs blos auf die des Gleichzeitigen beschränkt ist. Sie kann vor- und zurückgreifen, und auch die Welt der inneren seelischen Zustände, Gedanken und Bewegungen, so wie die Welt des Lautbaren in den Kreis ihrer Darstellung ziehen. Sie kann aber auch die von dem ganzen Bereiche der Wirklichkeit abgeleiteten Begriffe in solcher Weise mit einander verbinden und auf einander beziehen, daß sie sich hierdurch in ihren Darstellungen über das Gebiet des Wirklichen in die Welt des Idealen zu erheben vermag.

Es entstehen hierdurch vier verschiedene Darstellungsweisen der Poesie: Darstellungen von überwiegend realistischer oder von überwiegend idealer Bedeutung, und Darstellungen von überwiegend subjectiver oder überwiegend objectiver Bedeutung.

Ich habe hier zunächst nur die letzteren Beiden in Betracht zu ziehen. Die subjective Poesie umfaßt das ganze Gebiet der Lyrik. Sie stellt entweder unmittelbar die eigenen Zustände und Empfindungen in ihren Beziehungen und Verhältnissen zur Außenwelt oder die Außenwelt in den Beziehungen zu derartigen Empfindungen und Zuständen dar. Das Object der Darstellung kann dabei ebensowohl der Vergangenheit oder Zukunft, als der Gegenwart angehören, aber es kann immer nur dargestellt werden in Beziehungen auf gegenwärtige Empfindungen und Zustände des Darstellenden selbst.

Die objective Poesie hat dagegen vorzugsweise die Welt des äußeren Geschehens zum Gegenstande, zwar nicht ohne Beziehung auf die Welt der Empfindungen und inneren Zustände, auf die Bewegungen der Seele und auf deren Willensäußerungen, aber ohne Beziehung auf diejenigen des Darstellenden selbst. Sie umfaßt das ganze Gebiet der epischen Dichtung und stellt vorzugsweise das Vergangene, das bereits völlig zum Abschluß Gekommene dar.

Aus der Verbindung der subjectiven und objectiven, der lyrischen und epischen Dichtung ging eine dritte Grundform des poetischen Geistes hervor, durch welche derselbe ein äußeres Geschehen ganz objectiv, doch unmittelbar aus der Welt fremder Empfindungen und Zustände, fremder seelischer Antriebe und Willensäußerungen entwickelt und zur Anschauung bringt — ein äußeres Geschehen, welches sich also ganz als Handlung und unmittelbar an den und durch die Personen, aus denen es sich entwickelt, darstellt: die dramatische Poesie.

Ist in der lyrischen Poesie der Dichter gewissermaßen selbst sein Object, bleibt er in der epischen wenigstens immer noch als der Darsteller derselben, als der Erzähler, zugegen, so verschwindet er dagegen in der dramatischen Dichtung ganz. Seine Objecte stellen sich hier unmittelbar selbst und in unmittelbarer Gegenwart dar.

Diese drei verschiedenen Gattungen der Poesie, die lyrische, epische und die dramatische, haben aber nicht nur ihre Berührungspunkte, sondern gehen in ihren Formen nicht selten mehr oder weniger in einander über. Was die dramatische Dichtung insbesondere betrifft, so hat sie bald einen mehr lyrischen, bald einen mehr epischen Charakter. Sie nimmt auch nicht selten rein lyrische und epische Momente mit in sich auf, was aber immer auf Kosten ihres eigenen Charakters geschieht, sobald diese Momente den dramatischen Fortschritt nicht fördern, nicht selbst wieder zu Momenten desselben werden, sondern als selbständig und für sich wirksam aus dem Flusse der Handlung heraustreten. Woraus sich allein schon ergiebt, daß die bloße dialogische Form und die bloße zeitliche Unmittelbarkeit der Darstellung noch keineswegs das Dramatische macht, sondern dieses immer erst darin liegt, daß jedes Moment der Darstellung sich als ein Moment der Willensäußerung oder als ein die Willensäußerung bedingendes Moment offenbart und sich hierdurch zugleich als ein Fortschritt des äußeren Geschehens mit darstellt. Dies gilt schon deshalb auch von der dramatischen Sprache, weil ja die Sprache nebst der Betonung das einzige Mittel der poetischen Darstellung im Drama ist. Die dramatische Sprache ist daher eine von der lyrischen und epischen wesentlich verschiedene.

§ 2. Begriff der dramatischen Handlung. Der dramatische Charakter. Der dramatische Conflict.

Alles äußere Geschehen beruht zunächst auf dem ursächlichen Zusammenhang der Dinge, deren Wechselwirkung sich streng nach Gesetzen vollzieht. Es kann daher möglicherweise auch so dargestellt werden, als ob es nur auf diesem beruhte. Aus unmittelbarer Erfahrung nehmen wir aber etwas in uns selbst wahr, welches einen bestimmenden Einfluß auf diesen Zusammenhang auszuüben vermag, insofern wir uns nämlich entweder zu einer diesem Zwecke entsprechenden Thätigkeit bestimmen oder eine solche Thätigkeit, selbst wenn wir uns zu ihr getrieben fänden, unterdrücken können. Beides ist der Erfolg eines Vermögens, welches wir mit dem Namen „Wille" bezeichnen. In jeder Willensäußerung liegt ein Motiv, liegt ein Moment der Handlung. Wir müssen jedoch von ihr noch die Thätigkeit unterscheiden, die durch sie bestimmt oder unterdrückt wird und welche ebensowohl wie die Ruhe an und für sich nur ein Zustand ist, in welchem wir uns befinden, wie andererseits die Ruhe gleich ihr zu einem Momente der Handlung gemacht werden kann. Dies geschieht aber nur, falls sie als ein Product der Willensäußerung erscheinen, die sich ihrer bedient, um einen geforderten äußeren Zweck zu erreichen oder dieser Forderung zu widerstreben. Für die Anschauung ist aber nur das wirklich da, was erscheint. Um einen Zustand, sei es der Ruhe oder der Thätigkeit, als Handlung erscheinen zu lassen, muß er sich also als ein Product einer mit einer bestimmten Absicht verbundenen Willensäußerung offenbaren. Sehe ich jemand essen oder arbeiten und beachte dabei nichts als diese Thätigkeit, so wird sie mir nur als Zustand erscheinen, obschon sie sich mit unter dem Einflusse des Willens vollzieht. Es erscheint eben keine darüber hinausgehende Absicht damit verbunden. Sehe ich aber, daß der Essende die für einen Anderen bestimmte Mahlzeit verzehrt, in der Absicht, diesem einen Streich zu spielen, oder daß der Arbeitende die Arbeit zu Gunsten eines Anderen, etwa aus Mitleid, verrichtet, so offenbart sich in beiden Zuständen ein Moment der Handlung. Ginge andererseits z. B. Hamlet an dem betenden König ohne jeden Antrieb, denselben zu tödten, vorüber, so würde das Unterlassen dieser That sich noch keineswegs im Lichte einer Handlung darstellen. Da aber der Anblick des Königs ihn hierzu auffordert, da wir sein Schwert hierzu schon erhoben sehen, und er gleichwohl die That aus Gründen einer von ihr wieder ablenkenden Zweckmäßigkeit unterläßt, so offenbart sich in diesem Unterlassen, in dieser Unthätigkeit ein bestimmtes Moment der Handlung.

Zu einer vollständigen Handlung gehört daher eine Lage, welche zu einer bestimmten Willensäußerung auffordert, der Entschluß zu derselben und die Ausführung des Entschlusses, gleichviel, ob sich darin ein Thun oder Unterlassen zeigt und ob der damit beabsichtigte Zweck erreicht wird oder nicht. Allein diese einfachste Form der Handlung genügt noch keineswegs zur künstlerischen Darstellung der dramatischen Handlung. Sie bildet vielmehr immer nur erst ein Theilglied derselben. Als solches darf sie aber nicht zum Abschlusse kommen. Sie muß vielmehr die Keime zu neuen Momenten der Handlung in sich tragen und deren Entwicklung mit Nothwendigkeit fordern. Die dramatische Handlung fordert also eine Entwicklung und diese Entwicklung einen bestimmten Gegensatz, einen Widerstreit von Zwecken und Handlungen, einen Conflict (der jedenfalls ein äußerer sein muß, zugleich aber noch ein innerer sein kann) und endlich die Lösung dieses Conflictes.

Handlungen meſſen wir, gleichviel ob mit Recht oder Un=
recht, einzig dem Menſchen bei. Das Drama, welches, wie alle
Poeſie, mittelſt der Sprache d. i. durch Begriffe darſtellt, würde
ſchon deshalb nur auf die Darſtellungen menſchlicher Hand=
lungen beſchränkt ſein, weil nur der Menſch zur Bildung von
Begriffen oder doch zu einem ſinnlichen Ausdrucke derſelben in
der Sprache und dazu befähigt erſcheint, ſich ſolche Zwecke zu
ſtellen, welche nothwendig Begriffe vorausſetzen. Obſchon Hand=
lung im Drama das Erſte und Weſentliche iſt und zwar nicht
die einzelne Handlung, ſondern die Verknüpfung der einzelnen
Handlungen zu einem ſich einheitlich entwickelnden und harmoniſch
auflöſenden Proceſſe der Handlung, ſo ſind es doch immer nur
Handlungen von Menſchen, welche hier dargeſtellt werden
ſollen, ſo ſind es doch immer nur Menſchen, aus denen ſich
Handlung entwickeln läßt. Handlung darſtellen heißt daher nichts
anderes, als den Menſchen von einer beſtimmten Seite, von
Seiten ſeines Charakters, in Beziehung auf Willensäußerungen
und durch dieſe zur Darſtellung bringen. Mit der Entwicklung der
Handlung iſt alſo die Entwicklung der Charaktere aufs Engſte
verbunden. Jedes Moment in der Entwicklung der letzteren muß
zugleich ein Moment in der Entwicklung der erſteren ſein, und
durch die Entwicklung des Charakters ſoll der Dichter zugleich
den ganzen Menſchen, nur von einer beſtimmten Seite betrachtet,
zur Erſcheinung bringen. In Bezug auf dieſe höchſte Forderung
der dramatiſchen Charakteriſtik iſt Shakespeare das unerreichte
Muſter geblieben.

Wenn die dramatiſche Handlung aber auch weſentlich aus
den Charakteren zu entwickeln iſt, ſo ſind dieſe deshalb doch nicht
die einzigen Factoren derſelben. Der ſich in den Handlungen
der Menſchen offenbarenden Freiheit ſteht die Nothwendigkeit
des cauſalen Zuſammenhangs gegenüber, die entweder in der
Form eines bloßen Spiels des Zufalls oder in der Form ſtrenger
Geſetzmäßigkeit auf die Entwicklung der Handlung mit einwirkt,
in der ſich aber dabei hier und dort noch eine höhere Ordnung
der Dinge, eine höhere Zweckmäßigkeit als die des einzelnen,
befangenen, kurzſichtigen und beſchränkten menſchlichen Handelns

oder doch die dichterische Anschauung von einer solchen Ordnung offenbaren mag.

Nur weil es sich im Drama nicht blos um die Darstellung menschlicher Handlungen, sondern um die Darstellung dieser Handlungen im causalen Zusammenhange des Weltganzen, daher auch um die Darstellung dessen handelt, was diesem etwa noch zu Grunde liegt und sich aus diesem offenbart, nur deshalb konnte Aristoteles und mit Recht in seiner Poetik sagen: daß die Handlung und ihre Verknüpfung das Erste im Drama, die Charaktere aber erst das Zweite seien. Denn obschon Handlung und Charaktere eigentlich gar nicht zu trennen sind, weil eines nur durch das Andere und mit dem Anderen ist, so gehört doch zur dramatischen Handlung noch mehr, als die bloßen Charaktere.

§ 3. Theile des Dramas. Aufbau und Gliederung. Einheit derselben.

Wie jedes Kunstwerk ist auch das Drama ein aus verschiedenen Theilen Zusammengesetztes. Einheit und Harmonie des Mannigfaltigen ist ein wesentliches Merkmal des Schönen, wenn auch noch dieses nicht selbst. Damit der darzustellende Conflict einer Handlung ein äußerer sei, ist es allein schon nöthig, daß er zwischen zwei oder mehreren Personen stattfinde. Es werden aber noch überdies verschiedene Personen an ihrer Entwicklung und Lösung betheiligt sein können, weil sowohl die Hauptcharaktere, wie der im causalen Zusammenhange des Weltganzen wirkende Factor möglicherweise dieser Vermittlung bedürfen. Doch auch die Entwicklung von Charakteren und Handlung muß ihre unterschiedene Gliederung und ihre verschiedenen Phasen haben. Die Eintheilung in Acte bietet nur einen äußerlichen Anhalt dafür, da man sich ja auch Stücke ohne eine solche Eintheilung denken könnte und jedes einactige Drama dafür das Beispiel giebt. Noch unabhängig von dieser Eintheilung werden wir aber an jeder dramatischen Handlung drei Haupttheile zu unterscheiden haben: Die Exposition und Schürzung des Knotens der Verwicklung, die Entwicklung des Conflicts und die Katastrophe oder Lösung. Bei einer reicher gegliederten Hand-

lung wird man, um Ruhepunkte zu gewinnen, diese verschiedenen
Theile auch äußerlich von einander zu trennen suchen. Dem
würde die Dreitheilung des Dramas entsprechen. Da aber der
mittlere Theil, die Entwicklung, meist einen ungleich größeren
Raum, als die beiden anderen Theile fordert, so wird dieser sich
selbst wieder schicklich in mehrere Theile zerlegen lassen, wobei
sich eine nochmalige Dreitheilung am meisten empfiehlt, so wie
daß der Höhepunkt der Entwicklung in den mittelsten Theil, der
Um- und Rückschlag der Handlung (die Peripetie) in den folgenden fällt. Die dieser Anordnung entsprechende Fünftheilung des
Dramas hat unstreitig ihre Vorzüge vor jeder anderen.

Das Drama der Griechen kannte ursprünglich nicht die
Eintheilung in Acte. Die Handlung vollzog sich bei ihnen
ohne Unterbrechung durch Pausen. Der Chorgesang, aus dem
es sich ursprünglich entwickelte, bot aber die nothwendigen Ruhepunkte. Die Fünftheilung des Dramas wurde anfänglich nicht
regelmäßig dabei beobachtet. Wo wir dieselbe hier antreffen, ist es
nur zufällig. Später, als der Chor nur noch die Bedeutung
eines lyrisch-musikalischen Zwischenspiels hatte, achtete man
mehr darauf; wodurch die griechische Tragödie auf natürlichem
Wege die Eintheilung in fünf Acte erhielt, die bei Seneca festgehalten erscheint, und von der classischen Tragödie der Franzosen
zum Gesetze erhoben wurde.

Die Exposition des Stücks umfaßt die Darstellung der
Situation, aus welcher der Gegensatz und Widerspruch der
Charaktere und somit der Anfang der Handlung hervortritt.
Es wird immer das Beste sein, wenn es zum Verständniß dieser
Situation der Mittheilung einer längeren Vorgeschichte nicht
erst bedarf. Die Griechen bedienten sich hierzu des Prologs,
welcher meist einen epischen Charakter hatte und nicht selten nur
einer direct an die Zuschauer gerichteten Erzählung gleichsam.
Doch begegnen wir bei ihnen auch wieder der kunstvollsten Verwendung der Vorgeschichte zum Zwecke des dramatischen Fortschritts der Handlung. Die Art, wie Sophokles in seinem „König
Oedipus" die Vorgeschichte zum Hebel der dramatischen Entwicklung und der Peripetie gemacht, ist zwar hie und da nicht

ohne Künstlichkeit, steht aber im Uebrigen als ein noch unerreichtes Muster da. Der echte Dramatiker wird die Vorgeschichte seines Dramas immer wieder zu einem Moment in der dramatischen Entwicklung desselben zu machen suchen. Auch hierin war Shakespeare Meister, selbst da, wo er sich dazu breiterer epischer Formen bediente, wie z. B. in dem Berichte des Geistes in „Hamlet" oder in der Vertheidigungsrede Othello's vor dem Senat. So werden wir auch bei ihm gleich mit der ersten Scene in die charakteristische Atmosphäre und Stimmung der Handlung versetzt und schon mit den ersten Redesätzen auf den Grundgedanken derselben verwiesen.

Nicht minder wichtig, als die zweckmäßige Anordnung der Theile und Glieder der Handlung, ist ihre organische Verbindung zu einem einheitlichen Ganzen. Die Franzosen haben die Einheit des Dramas in den sog. drei Einheiten des Aristoteles von Zeit, Ort und Handlung zu finden geglaubt. Abgesehen davon, daß Aristoteles, auf den sie sich doch berufen, dieselben, so viel wir wissen, gar nicht zum Gesetze erhob, die Allen einem solchen Gesetze thatsächlich auch nicht überall folgten, so bietet diese Forderung zwar unleugbar gewisse Vortheile, engt aber zugleich das Gebiet der Handlung auf eine Weise ein, welche den Dichter nicht selten nöthigt, die innere Wahrheit, so wie die äußere Wahrscheinlichkeit und den dramatischen Stil, um so mehr zu verletzen. Wie Vieles müssen z. B. die französischen Tragiker nur deshalb episch berichten lassen, weil die Einheit des Orts die dramatische Darstellung desselben verwehrt, wie oft sind sie ferner durch diese genöthigt, Handlungen dahin zu verlegen, wo sie schicklicherweise nicht statfinden sollten. Wie Vieles, was eigentlich schon zur dramatischen Entwicklung gehört, lassen sie als Vorgeschichte berichten, weil ihre Einheit der Zeit ihnen keinen Raum für die unmittelbare Darstellung desselben gestattet; wie rasch und gewaltsam müssen sie häufig aus eben dem Grunde in der Entwicklung der psychologischen Processe vorschreiten!

Doch auch der Begriff der Einheit der Handlung ist von den Franzosen, wenn nicht falsch, so doch zu enge gefaßt worden.

Im Grunde haben sie darunter die Einfachheit der Handlung verstanden. Und diese Einfachheit läuft nur zu häufig auf Armuth hinaus. Es darf zugegeben werden, daß eine dramatische Darstellung ohne Scenenwechsel, in welcher nur ein bestimmter Conflict mit nur wenigen Episoden das Interesse des Zuschauers in Anspruch nimmt, eine größere Geschlossenheit und Spannung, besonders der äußeren Handlung, möglich macht, als eine mehrseitige Entfaltung eines bestimmten dramatischen Gedankens und Conflictes bei wechselnder Scene. Wenn man jedoch die Einheit der Handlung in dem Interesse derselben und dieses nicht blos in ihrer äußeren Form, sondern in ihrer inneren Verknüpfung sucht, so wird man in den vorzüglicheren Werken Shakespeares, welche der sogenannten drei Einheiten doch zu spotten scheinen, eine Einheit und Geschlossenheit der Darstellung finden (zugleich aber noch eine Fülle dramatischen Lebens), die von keinem der nach den französischen Regeln verfaßten Dramen erreicht worden ist.

Der Scenenwechsel, selbst noch der häufigste, ist also, wie Shakespeare beweist, an sich allein noch kein Beweis gegen die Einheit der Handlung. Bei ihm freilich geht diese aus einem Kunstprincipe hervor, welches von den meisten seiner Nachahmer entfernt nicht verstanden und von keinem derselben irgend erreicht worden ist. Auch ist er in Bezug auf den Scenenwechsel viel weiter gegangen, als sein Princip es gefordert hat. Sein Publicum, welches von der Decoration völlig absah, nahm keinen Anstoß daran und er selbst benützte die ihm hierdurch gewordene Freiheit. Es läßt sich gewiß nicht bezweifeln, daß er, ohne sein Compositionsprincip deshalb im Wesentlichen aufgeben zu müssen, dem heutigen Zustande der Bühne gegenüber vom Wechsel der Scene einen viel eingeschränkteren Gebrauch machen könnte und gewiß auch gemacht haben würde. Auch bleibt zu bedenken, daß er das, was seinen Dramen vielfach an äußerer Spannung und Geschlossenheit abgeht, durch etwas Anderes ersetzte, was die Bearbeiter seiner Stücke für die heutige Bühne fast ganz übersehen zu haben scheinen: durch das Verhältniß nämlich, in welchem die auf einander folgenden Scenen zu einander stehen, von denen fast eine jede den wirksamen Hintergrund der folgenden bildet.

Im Ganzen der Kunstentwicklung kann sich der einzelne Künstler, wie groß er auch wäre, immer nur als lebendiges Glied einer Kette fühlen. Das Vergangene wirkt bestimmend als Tradition und in der Form von Gesetz und Regel auf ihn ein, zugleich aber liegt in der freien Bethätigung seines individuellen Kunstprincips der Grund jedes Fortschritts in der weiteren Entwicklung der Kunst und ein ganz wesentliches Moment im Processe der Schönheit. Der Dramatiker wird daher weder die überlieferten Formen und die überlieferten Hülfsmittel noch den jeweiligen Entwicklungs-Zustand der Bühne bei seinem Schaffen ignoriren dürfen, er wird aber andererseits ebensowenig die berechtigte Freiheit seiner individuellen künstlerischen Antriebe den jeweiligen Ansprüchen und Forderungen derselben blind unterwerfen. Ja, er wird dies nicht einmal dürfen, wenn diese Ansprüche und Forderungen auf einer einseitigen und dem eigensten Interesse der Kunst und des Dramas mehr oder weniger zuwiderlaufenden oder sie doch beschränkenden Entwicklung der Bühne beruhen. Denn die Dichtung bleibt ihrer Natur nach das erste und die Form der übrigen dramatischen Darstellung wesentlich bestimmende Moment, daher auch die Zustände der Bühne entweder durch diesen bestimmenden Einfluß selbst erst entstanden sind oder in nur ganz willkürlicher Weise ihr Dasein behaupten. So hat man in neuester Zeit angefangen, das Hauptgewicht auf die möglichst reiche und naturwahre decorative Ausstattung der Scene, auf die malerische Illusion und das Stimmungsvolle derselben zu legen — ein Moment, welches die Shakespeare'sche Bühne, und sehr lange auch die spanische völlig vernachlässigten. Man kann immerhin zugeben, daß hierdurch nicht blos Wirkungen überhaupt, nicht blos künstlerische Wirkungen, sondern selbst solche erzielt werden, welche die dramatische Wirkung verstärken. Allein man sollte auch nicht verkennen, daß diese Wirkungen an und für sich noch keine dramatischen sind und die letzteren daher ebensogut beeinträchtigen können, ja, falls sie sich zu maßgebenden Bedingungen derselben aufwürfen, der freien Entfaltung des dramatischen Lebens nothwendig hinderlich werden müßten. Was würde z. B. die außerordentliche Vervollkommnung der Maschinerie des Theaters nützen, die doch hauptsächlich den Zweck hatte, die rasche Verwandlung der Decoration bei offener Scene zu begünstigen, wenn der reiche, oft überladene Apparat der scenischen Ausstattung ihre Anwendung gleichwohl unmöglich machte und den Dichter mehr und mehr wieder in die Enge der französischen Regeln, in die Enge der Einheit des Ortes, zurücktriebe? Oder die, falls er die complicirteren Verwicklungen, die nach Zeit und Ort sich weiter ausbreitenden Handlungen nicht aufgeben wollte, ihn wenigstens nöthigte, sich darauf zu beschränken, daß er einzelne Bilder aus dem organischen Verlaufe derselben heraushebt und die oft höchst wichtigen Zwischenvorgänge und Entwicklungen nur erzählend berichten läßt?

Die Theorie wird nicht zugeben können, daß die Forderungen der Bühne jemals so weit gehen dürfen, um die freie Entfaltung des dramatischen Lebens in solcher Weise zu unterbinden. Die Decoration und Ausstattung der Bühne droht dies heute aber thatsächlich fast in demselben Maße zu thun, wie früher die akademischen Regeln. Sie wird sich an das Beispiel des spanischen Theaters zu erinnern haben, welches in einem ähnlichen Falle neben den „Comedias de teatro" (den Ausstattungsstücken) die „Comedias de capa y espada" fortdichten und in der alten decorativen Einfachheit fortspielen ließ.

Abhängig, wie aber heute der dramatische Dichter von der Bühne nun einmal ist, wird er sich zu fragen haben, wie weit er in seiner Nachgiebigkeit gegen ihre so tief in den Organismus, den Bau und die Structur seines Werkes eingreifenden Forderungen zu gehen hat. Bestimmte Regeln lassen sich darüber nicht aufstellen. Im Allgemeinen aber mag gelten, daß er von der Verwandlung der Decoration bei offener Scene einen äußerst sparsamen Gebrauch mache und die äußere Geschlossenheit, die äußere von Scene zu Scene, von Act zu Act gehende Spannung ins Auge fasse, ohne doch die Geschlossenheit der inneren Verknüpfung.

die immer die Hauptsache bleibt, die Folgerichtigkeit und den Reichthum der dramatischen Entwicklung dabei zu vernachlässigen.

§ 4. Einheit und Harmonie der Behandlung. Der dramatische Stil.

Nächst der Geschlossenheit und Einheit in der Entwicklung und Motivirung der Charaktere und Handlung fordert das Drama auch Einheit und Harmonie der formellen Behandlung. Proportionalität der Verhältnisse ist wie bei jedem Kunstwerk auch hier unerläßliche Bedingung. Dazu gehört die nöthige Unterordnung des Nebensächlichen, Beiläufigen, Episodischen unter das Wesentliche. Vor Allem aber muß das Drama in all seinen Theilen, in all seinen Momenten dramatisch sein. Das Lyrische und Epische darf nie als selbständiges Moment daraus hervortreten. Hierin würde stets eine Verletzung des dramatischen Stils liegen. Das Drama fordert ferner Continuität der seiner Lösung entgegenstrebenden und sich hierin gegen den Schluß hin beschleunigenden Handlung. Jeder Stillstand, jedes Zurückgreifen in der dramatischen Darstellung widerspricht dem Gesetz der dramatischen Bewegung und bedingt ebenfalls ein Herausfallen aus dem dramatischen Stil. Wo das Drama eines Zurückgreifens bedarf, muß es sich daher der epischen und lyrischen Form bedienen, das epische oder lyrische Moment aber zugleich zu einem dramatischen Momente mit machen. Eben so wie das Drama das Lyrische und Epische überall in dramatische Motive zu verwandeln hat, darf es sich auch der retardirenden Momente nur zu diesem Zwecke bedienen. Dies ist, was man in Shakespeares „Hamlet" zuweilen ganz übersah, und wofür er doch ein so vorzügliches Muster ist. Man hat Hamlet Unthätigkeit vorgeworfen, ohne zu bedenken, daß diese scheinbare Unthätigkeit überall den Charakter der Handlung hat. Er verzögert die That, aber sein Zögern zögert, wie es im „Faust" heißt, den Tod, seinen Untergang, die Katastrophe heran. Die dramatische Motivirung ist eben eine durchaus andere, als die der epischen oder lyrischen Dichtung. Sie darf den Fortschritt der Handlung nie aufhalten, sie muß ihn überall fördern. Wie in der Exposition des Dramas nicht nur die äußeren Bedingungen und Keime zur Handlung, sondern auch schon die ersten Bewegungen derselben gegeben sein müssen (man denke an die erste Scene von „Romeo und Julia", von „Julius Cäsar", von „Othello", „Heinrich IV.", „Richard III." ɾc.), so muß auch die Exposition eines dramatischen Charakters sich in der Form des Handelns vollziehen. Nur in dieser Form ist überhaupt die Darstellung und Entwicklung eines Charakters eine dramatische.

Die Continuität, der stetige Fortschritt der Handlung schließt aber nicht gewisse Unterbrechungen, gewisse Ruhepunkte aus. Sie dürfen aber immer nur scheinbare sein, weil sie nur für den Zuschauer gefordert sind. Die Handlung selbst schreitet nichtsdestoweniger vorwärts. Daher diese Ruhepunkte auch niemals willkürlich gewählt sein dürfen, sondern mit einem bestimmten Abschnitt oder mit dem Eintritt einer neuen Phase der Entwicklung zusammenfallen müssen. Hieraus ergiebt sich allein, welch ein barbarischer Gebrauch die neuerdings in verschiedenen unserer Theater beliebte Anwendung des Zwischenvorhangs ist. Es ist ferner nothwendig, daß da, wo Unterbrechungen stattfinden, auch wirklich ein gewisser Zeitraum, ein gewisses Geschehen, zwischeninne liegt, gleichviel wie groß oder klein dieses ist. Wollte die Handlung gerade eben da wieder anknüpfen, wo wir sie verlassen haben, so würde uns die Unterbrechung gewiß als ganz unzweckmäßig, ungehörig und darum auch störend erscheinen. Daher wirkt es in Kotzebue's „Deutschen Kleinstädtern" nur deshalb komisch, wenn wir die Personen, die sich in höflicher Umständlichkeit am Schlusse des einen Actes becomplimentirten, zu Anfang des folgenden noch eben so wiederfinden, weil wir uns eine dazwischen liegende Zeit nothwendig mit vorstellen müssen. Was aber innerhalb einer solchen Unterbrechung geschieht, muß entweder für den Fortschritt der Handlung nicht wesentlich sein, oder, falls es dafür von Wichtigkeit wäre, doch so beschaffen, daß es im dramatischen Sinne zweckmäßiger ist, es berichten, als es unmittelbar darstellen zu lassen. Wogegen es immer falsch ist, solche Begebenheiten berichten zu lassen, die unmittelbar dargestellt von größerer dramatischer Wirkung gewesen sein würden.

§ 5. Das Drama in dem Verhältniß zur Naturwahrheit und zur historischen Wahrheit.

Alle Künste erhalten ihre Darstellungsmittel, sei es unmittelbar oder mittelbar, von der Natur, einige finden in ihr auch noch die Gegenstände künstlerischer Nachahmung. Wenn die Kunst nur auf unmittelbarer Naturnachahmung beruhte, so müßten wir alle Künste ohne Ausnahme wesentlich nur hierauf gerichtet sehen, so müßten die Künste in demselben Maße im Werthe steigen, je vollkommener und in je größerem Umfange sie diesem Zwecke entsprächen. In jedem Falle aber würde die Kunst dann immer nur ungleich weniger leisten, als die Natur, sie würde gegen diese unendlich zurückstehen, ohne irgend einen Ersatz dafür zu bieten. Indessen finden wir, daß bei einzelnen Künsten die directe Naturnachahmung völlig ausgeschlossen, ja daß von Naturnachahmung bei ihnen eigentlich gar nicht die Rede ist, so bei der Architektur und bei der Musik. Aber auch diejenigen Künste, welche augenscheinlich mit auf unmittelbarer Naturnachahmung beruhen, Plastik und Malerei, abstrahiren dabei und nicht blos nothgedrungen von verschiedenen Verhältnissen derselben; so die Plastik von allen sich in der Zeit, in der Aufeinanderfolge darstellenden Verhältnissen des causalen Zusammenhangs und, obschon nicht von der Form des Körperlichen, so doch von fast allen Beziehungen und Erscheinungen, welche zwischen den Körpern durch das Licht vermittelt werden, die Malerei dagegen, wenngleich nicht von diesen letzteren, so doch von der Körperlichkeit der natürlichen Gegenstände selbst, die sie zwar räumlich aber nur in den Flächenverhältnissen des Raums darstellt. Dagegen umfaßt die Nachahmung der Poesie zwar das ganze Gebiet der äußeren sinnlich wahrnehmbaren Natur, so wie die Welt der inneren Vorgänge des menschlichen Bewußtseins in all ihren Formen (Empfindungen, Antrieben, Willensäußerungen, Vorstellungen und Gedanken), allein diese Naturnachahmung, welche sonach umfassender, als die aller anderen

Künste ist, ist dafür keine unmittelbare, da sie sich nur in der Form von Begriffen, mit den Mitteln der Sprache und des Tons, und in nur zeitlichen Verhältnissen vollzieht. Sie ist also bei der Darstellung von räumlichen Verhältnissen auf die Uebertragung derselben auf zeitliche, bei der Darstellung von sichtbaren Verhältnissen auf die Uebertragung von lautbaren verwiesen. Es liegen hierin die Bedingungen, daß auch die Nachahmung der Poesie weder eine unmittelbare, noch vollständige sein kann.

In Wahrheit ist aber die Naturnachahmung auch niemals der letzte Zweck, sondern immer nur das Mittel der Kunst. Eine jede will zuletzt darstellen, was nur gerade sie in solcher Weise darzustellen vermag, selbst wenn dies der nachgeahmte Gegenstand selbst wäre, wie sich in jedem einzelnen Werke eines wahrhaften Künstlers etwas zur Darstellung gebracht zeigt, was nur gerade er in solcher Weise zur Erscheinung zu bringen im Stande ist.

Wie aber die Kunst überall an die Natur ihrer Darstellungsmittel und deren gesetzliche Beziehungen gebunden erscheint, wie sie dieselbe überall zu beachten und zu studiren hat, so ist sie dies zu thun auch bei den Gegenständen gehalten, welche sie nachahmt. Sie kann nicht willkürlich von ihnen abweichen, weil sie bei verfehlten Mitteln auch ihre Zwecke nicht vollständig erreichen würde. Andererseits kann sie aber auch wieder nicht Alles, so wie die Natur es ihr darbietet, gebrauchen. Denn bei ihr soll jedes in Verhältnissen erscheinen, die sich zu einem harmonischen, einheitlichen Ganzen verbinden. Bei ihr ist Erscheinung das Wesentliche, da sie ganz reine Anschauung und für diese nur da, wogegen in der Natur die Erscheinung immer nur beiläufig ist. Das Product der frei schaffenden Phantasie soll bei ihr mit dem Charakter einer inneren Nothwendigkeit auftreten. Dagegen ist in der Natur die Nothwendigkeit des causalen Zusammenhangs nur zu oft mit dem Scheine der bloßen Zufälligkeit behaftet.

Dies Alles gilt von der dramatischen Dichtkunst um so mehr, in um so größerem Umfange diese Kunst die Natur und Wirklichkeit zum Gegenstande der Nachahmung macht, was besonders in ihrem Vereine mit der Schauspielkunst der Fall ist, bei welcher der Darsteller seine eigene Körperlichkeit als Mittel der Darstellung einsetzt. Erst in diesem Vereine kann sie ja überhaupt auf eine unmittelbare Nachahmung der Natur und Wirklichkeit ausgehen, und selbst noch dann, wie das im mittelalterlichen Theater geschah, nur auf die Darstellung des Menschen beschränkt sein. Erst durch den Hinzutritt der bildenden Kunst, insbesondere der Malerei, gewann sie sich hierzu in einem bestimmten Umfange auch noch das übrige Gebiet der sichtbaren Welt.

Das Drama bringt Vorgänge des menschlichen Lebens in der Form von Handlung zur Anschauung. Es ist hierbei an die Gesetze derjenigen Seelenprocesse gebunden, welche dem menschlichen Handeln zu Grunde liegen, so wie an die Gesetze des äußeren Geschehens, soweit es das wirkliche Leben dabei zum Gegenstand der Nachahmung macht, nicht aber durchaus an bestimmte Vorgänge des letzteren selbst, noch an die zufällige Form dieser Vorgänge. Es kann dieselben zwar zu seinen Zwecken dem wirklichen Leben des Tages, es kann sie der geschichtlichen Ueberlieferung oder der Sage, ja selbst der Dichtung entnehmen, es kann aber ebensowohl auch frei erfundene Vorgänge auf das Gebiet der Wirklichkeit oder auch auf ein nur eingebildetes, phantastisches, verlegen.

Selbst wo der echte dramatische Dichter die Vorgänge, welche er darstellt, unmittelbar der Wirklichkeit entnimmt, geschieht es nie zu dem ausschließlichen Zwecke der Nachahmung, sondern auch deshalb, weil in ihnen etwas zur Erscheinung kommt, was ihn durch den Eindruck, den es auf ihn macht, zur Darstellung reizt, oder weil sich darin Verhältnisse zeigen, welche ihm besonders geeignet scheinen, einen bestimmten dramatischen Gedanken in bedeutsamer Weise zu versinnlichen. Wäre die treue Wiedergabe des wirklichen Verlaufs einer bestimmten Begebenheit der letzte Zweck der dramatischen Darstellung, so würde der bloße Copist der Wirklichkeit der beste dramatische Dichter, und Erfindungskraft keine wesentliche, sondern nur eine störende Eigenschaft desselben sein. Es würde dann weniger darauf ankommen, wie eine Handlung beschaffen ist, und welche Wirkung ihre Darstellung auf uns ausübt, als daß sie in allen Punkten mit der Wirklichkeit genau übereinstimme. Indessen fällt die poetische und die dramatische Wahrheit durchaus nicht vollständig mit der Naturwahrheit zusammen. Schon deshalb nicht, weil das Drama, wie jedes Kunstwerk, von einem großen Theile der Wirklichkeit, ja eigentlich von aller Wirklichkeit so weit absehen muß, als diese nicht Erscheinung ist, wogegen die Erscheinung wieder für die Wahrheit des Wirklichen nicht ins Gewicht fällt, da sie für diese nur etwas Beiläufiges, Zufälliges ist, während es bei der poetischen oder künstlerischen Wahrheit hauptsächlich darauf ankommt, daß Alles nicht nur erscheint, sondern auch in seiner Erscheinung nothwendig, d. i. genügend motivirt ist. Im Kunstwerk, welches ganz nur Erscheinung, oder doch nur so weit von Bedeutung ist, als es Erscheinung, soll in dieser nichts zufällig oder beiläufig, nichts unbedeutend, nichts disproportional sein. Das Mannigfaltige der Erscheinung muß sich hier also in einer nicht blos durch die Nothwendigkeit des Causalzusammenhangs bedingten, sondern zugleich noch in einer durch die Natur des menschlichen Geistes geforderten und durch die Eigenthümlichkeit des individuell künstlerischen Geistes bestimmten Weise zu einem einheitlichen harmonischen Ganzen zusammenschließen. Die künstlerische, die poetische, die dramatische Wahrheit muß daher noch eine wesentlich andere sein, als die Wahrheit der Natur oder Wirklichkeit. Sie ist eine höhere. Sie muß, so weit es ihre Zwecke gestatten, zwar diese mit in sich aufnehmen, doch nur um sie zu einer höheren Form der Wahrheit zu läutern und zu erheben.

Wie wenig Gewicht die bedeutendsten dramatischen Dichter darauf legten, daß der von ihnen dargestellte Vorgang der Wirklichkeit entnommen sei und dieser völlig entspreche, geht schon daraus hervor, daß der größte Theil der Dramen mehr oder weniger frei erfundene Stoffe behandelt. Nur im historischen Drama scheint Beides in erhöhtem Grade gefordert. Doch fällt selbst hier die dramatische Wahrheit nicht schlechthin mit der historischen, noch die historische mit der poetischen zusammen. Fast in keinem anderen Punkte gehen die Ansichten der Theoretiker mehr aus einander, als in der Beurtheilung des Verhältnisses, welches der dramatische Dichter zu seinem historischen

Stoffe einzunehmen hat. Allerdings ist er ihm gegenüber in einer schwierigeren Lage, als bei jedem anderen der Wirklichkeit entnommenen Stoffe. Einerseits will und darf er sich auch noch hier das Recht einer seinen poetischen Zwecken entsprechenden Abstraction und Umgestaltung nicht ganz verkümmern lassen, andererseits sind ihm dabei aber zwei, es wesentlich beschränkende Rücksichten auferlegt. Denn erstens handelt es sich bei dem historischen Drama um die Darstellung eines dramatisch-poetischen Gedankens nicht blos von allgemeiner, sondern von einer ganz bestimmten historischen Bedeutung und zweitens tritt hier der Zuschauer meist schon mit einem ganz bestimmten Begriff, mit einer ganz bestimmten Vorstellung von dem darzustellenden Vorgang an diesen heran. Indessen ist unter Anderem Shakespeares „Julius Cäsar" ein Beispiel, daß auch bei sehr großer historischer Treue dem Dichter noch ein außerordentlicher Spielraum freier Erfindung und Gestaltung verbleibt — Goethes „Egmont" dagegen dafür ein anderes, daß bei großer dichterischer Gestaltungskraft die poetische Wahrheit selbst über die historische noch obsiegt. Gelang es doch diesem Dichter trotz des Widerspruchs, in welchem sein Egmont zu den historischen Thatsachen steht, mit ihm den historischen Egmont ganz aus der Phantasie seiner Zuschauer zu verdrängen, welchen Platz ihm bisher keine Kritik, kein Studium der Geschichte wieder zu rauben vermochte. Nichtsdestoweniger wird es dem dramatischen Dichter im Allgemeinen anzuempfehlen sein, sich den geschichtlichen Thatsachen, besonders aber dem Costüm und den Sitten der Zeit und der Nationalität, so sehr anzuschließen, als es immer seine poetischen Zwecke gestatten; denn wenn es auch nur davon abhängt, ob es dem Dichter gelingt, uns von der inneren Wahrheit seiner Gestalten zu überzeugen und in den Kreis seiner Anschauung zu bannen, so wird sich derselbe doch leicht über die Kraft und Fähigkeit hierzu täuschen können. Die Kritik wird aber bei Beurtheilung solcher Werke zu bedenken haben, daß die Poesie und daher auch das Drama nicht unmittelbar den Zweck haben, historisch zu belehren, daß sie nicht sowohl unmittelbar unsere Kenntnisse als unsere Anschauungen erweitern und die Kräfte des Verſtandes und Gemüths durch die Phantaſie in einer beſtimmten Weiſe ins Spiel ſetzen ſollen.

§ 6. Das Drama in der Totalität ſeiner Darſtellungsmittel und ſeiner Veranſchaulichung.

Die dramatiſche Dichtung bildet den urſprünglichen Ausgangspunkt und die naturgemäße Grundlage des Dramas. Sie iſt das erſte, alle übrigen, zum Zweck ſeiner vollſtändigen Verwirklichung etwa noch hinzutretenden Künſte beſtimmende Moment. Auch ſcheint ſie in der That allein ſchon genügend, das Weſentliche eines Dramas veranſchaulichen zu können. Allerdings nur bis zu einem gewiſſen Grade. Wie jedes andere Kunſtwerk iſt auch das Drama an ein ſubjectives Moment des darſtellenden Künſtlers gebunden, welches ihm weſentlich iſt und nicht, wie bei den im Raume darſtellenden, bildenden Künſten, ganz in das künſtleriſche Object mit eingeht, ſondern wie bei allen in der Zeit darſtellenden Künſten auch noch der Träger des letzteren, und darum an die immer wieder erneute Reproduction des Kunſtwerks verwieſen iſt. Dieſe Reproduction mit ihrem ſubjectiven Momente liegt aber hier in den Händen noch einer anderen Kunſt, in den Händen einer Mehr- oder Vielheit künſtleriſcher Individualitäten. Schon beim Leſen eines Dramas, wäre es auch nur ein lautloſes, findet eine Reproduction ſtatt, aber ſie iſt nur ſcheinbar eine vollſtändige. Erſt durch die Schauſpielkunſt gelangt die dramatiſche Dichtung zu ihrer vollkommnen ſinnlichen Veranſchaulichung, die wie keine andere ſich zugleich räumlich und zeitlich, zugleich auf dem Gebiet des Hörbaren und Sichtbaren darſtellt.

Die Schauſpielkunſt gehört zu den reproducirenden Künſten. Sie beſitzt weder die Selbſtändigkeit der Poeſie, noch der Muſik. Sie iſt immer an die eine oder andere dieſer Künſte oder auch an beide gebunden und von ihnen abhängig; ſie ſetzt ſie voraus. In der Pantomime und im Stegreifſpiel hat ſie ſich zwar als das herrſchende und beſtimmende Moment aufgeworfen. Im zweiten Falle mehr ſcheinbar, als thatſächlich. Immer aber hat ſie in dieſer vermeintlichen Selbſtändigkeit ſich bald wieder erschöpft. Indeß muß der dramatische Dichter der Kunst des Schauspielers zur vollen sinnlichen Veranschaulichung seines Werkes noch viel überlassen. Wenn aber hier in der Erfindungs- und Gestaltungskraft dieser letzteren ein großer Spielraum gegeben ist, so müssen doch schon in der Dichtung überall die wesentlichen und charakteristischen Merkmale hierzu liegen. Es ist ein Irrthum, daß ein wirklich gut gezeichneter dramatischer Charakter verschiedene Auffassungen zulasse. Wie verschieden wir dieselben auch dargestellt sehen, so kann doch nur eine Auffassung die richtige sein. Nur in der individualisirenden Ausführung derselben ist der Kunst des Darstellers ein bestimmter Spielraum gewährt.

Obschon bei einem der bedeutendsten Culturvölker, den Griechen, das Drama sich aus dem religiösen Chorgesange entwickelt hat, und ihnen deshalb der Chor, so wie überhaupt der musikalische Theil des Dramas lange für ein wesentlicher Bestandtheil desselben galt, so hat dessen weitere Entwicklung doch gezeigt, daß es auch ohne denselben bestehen, ja daß ohne die Musik das specifisch Dramatische des Dramas sich noch reiner entwickeln läßt. Dies wird nicht dadurch widerlegt, daß dieses letztere immer wieder aufs Neue eine Anknüpfung mit der Musik gesucht und gefunden, woraus verschiedene neue Formen des Dramas entstanden sind, und daß in einigen derselben die Musik sogar eine dominirende Stellung gewann. Ebensowenig wie der Hinzutritt der Musik, ist der Hinzutritt der bildenden Künste zur sinnlichen Verwirklichung der dramatischen Dichtung unbedingt nothwendig. Allein sie können beide die dramatischen Wirkungen — die Musik das Stimmungsvolle der inneren, die Malerei das Stimmungsvolle der äußeren Situation — nicht unbeträchtlich erweitern und erhöhen.

Alles, was die bildenden Künste für die volle Verwirklichung des Dramas leisten, läßt sich in dem Begriff der Scenerie und des Theaters zusammenfassen. Die dramatische Kunst ist nicht die einzige, welche zur vollen sinnlichen Veranschaulichung ihrer Werke des einheitlichen Zusammenwirkens Vieler bedarf, noch die einzige, deren Darstellungen auf den gleichzeitigen und gemeinsamen Genuß einer größeren Menge berechnet sind. Aber keine andere Kunst bedarf hierzu eines gleich großen Apparates, um nach beiden Seiten hin die hierzu nöthigen günstigen Bedingungen zu schaffen.

So sind es denn also vier verschiedene Factoren, die wir in Bezug auf die Totalität der Verwirklichung des Dramas in Betracht zu ziehen haben: die dramatische Dichtkunst, die Musik, die Schauspielkunst und das Theater mit seinem scenischen Apparate.

Zweites Kapitel.
Die dramatische Dichtkunst.

§ 7. Von der Sprache und dem Tone als ihren Darstellungsmitteln. Metrik, Accentuation und Rhythmik. Prosa und Vers.

Wenn der dramatische Dichter sein Werk zunächst in der Schriftsprache giebt, wenn er von einem ganz wesentlichen Theil seiner Darstellungsmittel, dem Laut und dem Ton, dabei absieht, so liegt doch demselben, gleich wie der Partitur des Componisten, das lautbare Medium, d. i. hier die Lautsprache, noch immer zu Grunde.

Zwei Momente lassen sich an dieser letzteren zunächst unterscheiden: das Wort und die Wortverbindung, und an ihnen wieder der Sinn und der Laut. Der Wortsinn hat unmittelbar seinen Grund in dem Begriffe, dessen sinnliche Anschauungsform der Wortlaut ist. Das Wort ist zwar der Begriff noch nicht selbst, es ist nur sein Zeichen. Es hat aber die Bedeutung desselben. Diese Bedeutung kommt in dem Worte nicht unmittelbar, sondern immer nur beziehungsweise zur Erscheinung, sie ist eine conventionelle, allegorisch-symbolische. Um den Begriff eines Wortes bestimmter zur Erscheinung zu bringen, bedarf das Wort wieder selbst der Erklärung. Auch sie kann nur durch Worte gegeben werden. Der Begriff selbst aber ist seinem Ursprunge nach etwas von der sinnlichen Wahrnehmung Abgeleitetes. Er ist es jedoch nicht immer unmittelbar. Vielmehr erhalten wir die meisten unserer Begriffe gleich in der Form von Worten durch Ueberlieferung. — Die Begriffe haben theils eine objective, theils eine subjective Bedeutung, jenachdem sie von der objectiven oder subjectiven Wahrnehmung abgeleitet worden sind oder sich doch auf die eine oder andere beziehen. Begriffe können aber durch Beziehung auf einander auch weiter entwickelt werden und hierdurch zu neuen Begriffen führen. Insofern uns diese über die Welt der sinnlichen Wahrnehmung und Erfahrung erheben, nennen wir sie Ideen. Worte können also auch die Bedeutung von Ideen haben. Wie wir durch die Verbindung von Worten die Welt der Erfahrung, die innere sowohl wie die äußere, in einem bestimmten Umfange darzustellen vermögen, so läßt sich durch sie auch eine ideale Welt zur Darstellung bringen.

Durch die Wortbeugungen und Wortverbindungen zu Sätzen entstehen Verhältnisse, an denen wir ebenfalls den Sinn und den Laut zu unterscheiden haben. Die Lautverhältnisse der Sprache lassen sich selbst wieder unterscheiden als Maß-, Betonungs- und als Bewegungsverhältnisse — Metrik, Accentuation und Rhythmik. Wir unterscheiden dreierlei Art des Accents: den Wort- oder Silbenaccent, den logischen oder den Sinnaccent und den Accent der Empfindung und Willensenergie. Die rhythmischen Verhältnisse werden theils durch Maß-, theils durch Betonungsverhältnisse, theils durch den Sinn der Wortverbindung, endlich aber auch durch die Empfindung, der sie ebenfalls mit zum Ausdruck dienen, bestimmt.

Während in den altclassischen Sprachen Rhythmik und Accentuation den Maßverhältnissen untergeordnet erscheinen, herrschen in den Cultursprachen der Neueren die Verhältnisse der Rhythmik und der Betonung vor. Die metrischen Verhältnisse der einzelnen Worte erscheinen darin von nur relativem Werth.

Die Empfindung kann zwar schon durch die Sinnverbindung der Worte einen bestimmten Ausdruck in der Spra gewinnen, in der Rhythmik und Accentuation geschieht dies aber noch in einer ganz unmittelbaren und selbständigen Weise.

Insofern der Dichter sich der Schriftsprache bedient, muß er sich allerdings eines bestimmten Theils des Empfindungsausdrucks begeben, um ihn dem die Schrift in die Lautsprache übertragenden Darsteller zu überlassen. Er würde aber davon nicht absehen können, wenn es ihm nicht möglich wäre, auch schon in der Schriftsprache die wesentlichen Bedingungen für den angemessenen Empfindungsausdruck zu geben. Das gilt, jedoch in minderem Umfange, auch noch von einem anderen Momente des rednerischen Vortrags, welches dem Darsteller zunächst ganz überlassen zu sein scheint — von der Tonfarbe der Rede. Darunter ist die eigenthümliche Tonlage, die eigenthümliche Schattirung, die Helle oder das Dunkel des Tons zu verstehen, welche das charakteristische Moment für den Ausdruck der inneren und äußeren Situation, für den Ausdruck des darzustellenden Charakters bildet. Auch hierfür findet der Darsteller theils in dem Sinn und theils in den Lautverhältnissen der Dichtung genügenden Aufschluß.

Die Sprache ist aber nicht nur das Mittel poetischer Darstellung, sondern überhaupt ein Mittel der Verständigung und Mittheilung, dessen wir uns zu den verschiedensten Zwecken des Lebens bedienen. Nur daß es immer ganz andere Eigenschaften der Sprache sein werden, die man bei diesen verschiedenen Zwecken ins Auge faßt. Und es fragt sich, was denn nun eigentlich die Sprache erst zur poetischen und zur dramatischen macht.

Wie alle Kunst will auch die Poesie vor Allem darstellen und zwar das menschliche Leben, sowohl in seinen inneren, wie in seinen äußeren Beziehungen. Da sie bei ihren Darstellungen aber ganz auf die Sprache beschränkt und diese zunächst nur von einer begrifflichen Bedeutung ist, so würde sie eine lebendige Anschauung des Lebens wohl niemals vermitteln können, wenn einestheils die Empfindung darin nicht einen ganz unmittelbaren Ausdruck zu gewinnen vermöchte und andererseits nicht die Begriffe die ihnen ursprünglich zu Grunde liegenden sinnlichen Anschauungen, vermöge der Reproduction der Vorstellungen, wenn auch nur ganz flüchtig, im Bewußtsein wieder hervorriefen.

Es wird also die besondere Aufgabe und Kunst des Dichters sein, die hierzu in der Sprache liegenden Mittel seinen besonderen Zwecken gemäß ins Spiel zu setzen. Nun sind die Zwecke des Dramatikers aber wieder wesentlich andere, als die des Lyrikers oder Epikers, daher auch die Sprache eines jeden von ihnen ihre besonderen Eigenschaften, ihren besonderen Charakter hat. Dies läßt sich am leichtesten aus der dramatischen Behandlung des Verses und aus dem Verhältniß von Vers und Prosa im Drama erkennen.

Es hat Zeiten gegeben, in denen man fast allgemein die metrische Behandlung der Sprache schon für ein wesentliches Merkmal des Poetischen ansah. Auch bietet sie sich als ein nicht zu unterschätzendes Hülfsmittel dafür an. Wie aber die künstliche und kunstvolle Gebundenheit der metrischen Formen die Sprache allein noch nicht zur poetischen macht, so kann umgekehrt auch schon die ungebundene Rede wieder sehr poetisch sein. Die dramatische, sich in einem stetigen, wenn auch bald gemäßigteren, bald reißenderen Flusse bewegende Poesie schließt aber ihrer Natur nach sowohl den Strophenbau mit seinen kunstreichen Formen, wie überhaupt alle complicirteren metrischen Formen ganz von sich aus. Die Griechen haben dieselben zwar angewendet, aber meist auf die Chöre beschränkt, die ohnedies von einem überwiegend lyrisch-musikalischen Charakter waren. Italiener und Spanier haben dies nachgeahmt und nach ihrem Vorgange auch einzelne deutsche Dramatiker, doch nicht ohne Benachtheiligung des eigentlichen dramatischen Charakters der Sprache. Das Drama, welches neben dem stetigen Fortschritt auch Freiheit für den mannigfaltigen charakteristischen Ausdruck der individuellen Stimmungen, Antriebe, Leidenschaften und Entschlüsse fordert, darf hierin durch den Vers keine Schranke erfahren. Es wird sich daher mit Vortheil nur solcher Maße bedienen können, welche gestatten, daß der Rhythmus der momentanen charakteristischen individuellen Empfindung und Willensenergie in den Rhythmus des Versmaßes eingehe, indem es denselben theilweise aufhebt. Kein Vers bietet sich hierzu so günstig an, als der fünffüßige Jambus, welcher zugleich das Uebergreifen dieser rhythmischen Bewegung von dem einen Vers in den folgenden gestattet, daher die männlichen dies begünstigenden Endungen bei der dramatischen Behandlung desselben vorherrschen müssen. Indem er durch die ihm selbst eigene rhythmische Form die Sprache über das Maß des gewöhnlichen Lebens erhebt und hierbei zugleich dem gedanklichen und bildlichen Ausdrucke, dem Schwunge der Phantasie und Empfindung einen freieren Spielraum gewährt, legt er dem Ausdruck jenes charakteristisch individuellen Moments doch keine Fessel an, sondern kommt ihm vielmehr entgegen, indem er die Energie desselben verstärkt und ihm hierdurch eine noch größere Bedeutung verleiht.

Shakespeare überragt alle anderen Dichter in der dramatischen Behandlung der Sprache überhaupt und des Jambus insbesondere. Lessing stand in seinem „Nathan" zu sehr unter dem Einfluß der Reflexion, um durch seine Behandlung der Jamben nach allen Seiten hin befriedigen zu können. Das Princip Shakespeares scheint darin richtig erkannt, aber, obschon mit bewunderungswürdigem Verstande erfaßt, doch ohne die charakteristischen Empfindungsantriebe zur Anwendung gebracht. Schiller erreichte zwar hier und da Shakespeare, unterlag aber zu oft seinen lyrisch-rhetorischen Neigungen. Goethe hat in Deutschland den Jambus zu höchster poetischer Schönheit ausgebildet, läßt aber den specifisch dramatischen Ausdruck dagegen zurücktreten, was allerdings durch die behandelten Stoffe begünstigt und gerechtfertigt war. Zudem stand er, als er sich dieses Versmaßes zu dramatischen Zwecken bediente, bereits ganz unter dem Einflusse des Schönheitsideals der Renaissance. Dagegen hat er im ersten Theile des „Faust", in welchem die deutsche Sprache überhaupt ihren höchsten Triumph feiert, den Hans Sachsischen Reimvers zu einer ungeahnten dramatischen Bedeutung erhoben und zugleich zu höchster Schönheit verklärt. Unter den neueren Dramatikern ragen in Bezug auf Bedeutsamkeit des dramatischen Ausdrucks der Sprache Kleist und Hebbel weit über alle anderen hinaus, nur daß wir sie nicht immer auf gleicher Höhe finden.

Das der dramatischen Sprache wesentliche Moment des individuell charakteristischen Ausdrucks, des individuell charakteristischen Empfindungsrhythmus kann demnach in die metrische Behandlung der Sprache wohl eingehen, ist ihr jedoch selbst in nur beschränkterm Maße eigenthümlich. Es kann sich ebensowohl in der ungebundenen Rede geltend machen und muß dies sogar, um dieselbe zur dramatisch-poetischen Sprache zu erheben. Welch einen Reichthum rhythmischer Verhältnisse die dramatische Prosa zu entfalten vermag, mit welchem poetischen Zauber dieselben erfüllt sein können, läßt sich genugsam an den Werken Shakespeares, Lessings, Goethes und Schillers beobachten. So dürfte es z. B. Goethe schwer gefallen sein, für die Prosa seines „Götz" in einer metrischen Behandlung desselben vollen Ersatz zu bieten.

§ 8. Idealismus und Realismus, Formalismus und Naturalismus im Drama.

Mit dem Gegensatze von Prosa und Vers bei Behandlung der dramatischen Sprache hängt ein anderer zusammen, den wir in allen auf unmittelbare Nachahmung des wirklichen Lebens gerichteten Künsten, mithin auch im Drama, zu beobachten haben: der Gegensatz von idealistischer und realistischer Auffassung und Darstellung seiner Erscheinungen. Man faßt diesen Gegensatz nicht selten nur in seinen Extremen auf, ja verwechselt ihn wohl gar mit dem von Formalismus und Naturalismus. Realismus und Idealismus sind aber in der Kunst beide berechtigt, schon deshalb, weil beide sich einander nie vollständig ausschließen, wofür schon Natur und Wesen, wie die äußeren Bedingungen der Kunst hinlänglich sorgen. Wir sehen vielmehr zuweilen beide und zwar gerade in ihren bedeutendsten Erscheinungen zur Einheit versöhnt einander durchbringen.

Der Idealismus geht bei seinen Darstellungen von Ideen aus, die, obschon ursprünglich selbst erst durch Ableitung von der Wirklichkeit entstanden, sich doch über die Sphäre derselben erheben. Auch ist er, indem er sie darstellen will, an die Erscheinungen der Natur und Wirklichkeit wieder gebunden. Möglich sogar, daß er diese Darstellungen selbst wieder auf den Boden der Wirklichkeit verlegt, obschon er sich auch einen phantastischen

Zweites Kapitel. Die dramatische Dichtkunst.

dafür schaffen kann. Der Idealismus braucht also seinem Wesen nach nicht vollständig von der Natur und Wirklichkeit abzusehen; er darf es selbst nicht einmal, insofern er sich ihrer als Mittel zu seinen Zwecken bedient. Er studirt sie dann vielleicht mit kaum minderer Aufmerksamkeit, als der Realismus. Allein er sieht sie mit anderen Augen und zu anderen Zwecken an. Der Idealismus thut dann aber immer nur das, was auch noch der Realismus zu thun gehalten ist, wennschon in minderem Umfange und in seiner besonderen Weise. Er abstrahirt nämlich von Allem, was er für seine künstlerischen Zwecke für unwesentlich hält. Er thut es selbst dann, wenn, wie im Porträt, die Nachahmung eines bestimmten Naturgegenstandes der unmittelbare Zweck seiner Darstellung ist. Allein er braucht es auch immer nur so weit zu thun, als es seine künstlerische Absicht durchaus bedingt. Alle großen Dramatiker beweisen, daß sie, obschon Idealisten, bei ihrem Schaffen überall auf die sorgfältigste Beobachtung der Natur zurückgingen, ja zum Theil Meister in der Darstellung des realen Lebens waren. Goethe ist auf dem Gebiete des Dramas hierfür unter den Neueren das überzeugendste Beispiel und Shakespeare konnte in seinen Dramen gleichzeitig vom Idealismus, wie vom Realismus als Muster in Anspruch genommen werden.

Der Realismus geht von den Erscheinungen der Wirklichkeit aus. Er kennt für die künstlerische Darstellung kein bedeutenderes Object, welches ihm zugänglich wäre. Für ihn giebt es darin nichts Unbedeutendes und gerade in dem Zufälligen, mit dem ihre Erscheinungen behaftet sind, ist ihm ein besonderer Reiz gelegen. Es ist ihm aber bei der Darstellung des Wirklichen zugleich mit darum zu thun, die durch dieses in ihm erregten und ihn zu dieser Darstellung reizenden Empfindungen darin mit zum Ausdruck zu bringen, nur daß er hierbei nie über die ihm durch die Natur gezogene Grenze hinausgeht. Indem er jedoch so die Natur und die Wirklichkeit, sei es wissentlich oder nicht, in Beziehung zu einem bestimmten Gemüthszustande, zu bestimmten Empfindungen und Ideen bringt, werden, obschon er ganz realistisch verfährt oder doch zu verfahren glaubt, idealistische Momente in seine Darstellung einfließen.

Künstlerisch bildende Phantasie und künstlerische Technik der Ausführung sind ebenfalls als sich nie vollkommen ausschließende Gegensätze der künstlerischen Thätigkeit zu bezeichnen, sie können aber beide in ganz einseitiger Weise daraus hervortreten. Der Idealismus läuft Gefahr, die künstlerische Technik, der Realismus, die künstlerisch bildende Phantasie zu vernachlässigen.

Wenn der Kunst das ihr wesentlich individuelle subjective Moment verloren geht, sinkt sie zur bloßen Nachahmung herab, auf Seiten des Idealismus zur Nachahmung überlieferter idealistischer Formen — 'zum Formalismus, auf Seiten des Realismus zur bloßen Nachahmung der Natur — zum Naturalismus. Der Naturalismus hat vor dem Formalismus die größere Frische voraus und kann der Entwicklung der Technik förderlich sein, so lange er auf unmittelbarer Nachahmung der Natur beruht. Die Nachahmung realistischer oder wohl auch naturalistischer Werke wird aber ebensowohl wie der Formalismus traditionell und conventionell werden können. Ganz wird das individuell-subjective Moment freilich weder aus dem einen, noch aus dem anderen verschwinden. Es kann sich sogar des einen, wie des anderen, mit einem gewissen Raffinement bemächtigen, das sich dann meist auf die übertreibende Behandlung des Einzelnen und Aeußerlichen wirft. Diese falsche Originalität tritt der conventionellen Kunst fast immer entgegen, nur um meist selbst wieder habituell und conventionell zu werden. Sie ruft auf Seiten des Formalismus die Stilentartung, den Schwulst, das Gewaltsame und Bizarre, auf Seiten des Naturalismus das Manierirte hervor. Das Manierirte ist von der Manier wohl zu unterscheiden. Wenn man Stil den Charakter der künstlerisch bildenden Phantasie nennen kann, so darf Manier der Charakter der künstlerischen Technik genannt werden. Auf Seiten des Idealismus bilden sich Stile, auf Seiten des Realismus bildet sich dagegen die Manier aus. Man spricht von dem Stile eines Raphael und von der Manier eines Rembrandt.

Nicht die Nachahmung an sich ist in der Kunst verwerflich, sondern nur die unproductive Nachahmung, in welcher das individuell-subjective Moment des Künstlers latent bleibt. Die productive Nachahmung ist schon darum gerechtfertigt, weil sowohl in der Natur, wie in den Werken der Kunst, die ihr zum Gegenstande dienen, befruchtende Keime zu künstlerischer Weiterentwicklung gelegen sind. Wenn der Künstler die überlieferte Form frei in sich aufnimmt, sie zu höherer und dabei eigenartiger Entwicklung zu bringen strebt, wenn er in Allem, was in derselben auf Naturnachahmung beruht, den Blick für die Natur offen behält, so wird er niemals Gefahr laufen, sich in Formalismus und Conventionalismus zu verlieren.

Auf diesem Wege sind einzig die großen Kunststile entstanden. Auf ihm haben fast alle großen Künstler ihre Laufbahn begonnen. Er hat ihrem Talente eine bestimmte Richtung gegeben, ohne daß sie dadurch behindert wurden, dasselbe zu immer freierer Eigenthümlichkeit zu entfalten.

§ 9. Vom Zwecke des Dramas.

Das Drama hat es mit der einem bestimmten künstlerischen Zwecke entsprechenden Darstellung einer Handlung zu thun. Welches ist dieser Zweck? Der Aufschluß, den uns die dramatischen Werke selbst darüber ertheilen, ist ein sehr widersprechender und unsicherer. Nicht minder widersprechend und unsicher ist der, den wir uns aus den dramaturgischen und ästhetischen Schriften erholen können. Und doch ist diese Frage von großer Bedeutung, sowohl für den dramatischen Dichter, wie für seine Beurtheiler.

Insofern die dramatische Dichtung zu den Kunstwerken zählt, wird ihr besonderer Zweck dem allgemeinen Zwecke der Kunst unmöglich widersprechen dürfen. Der Zweck jeder einzelnen Kunst wird vielmehr immer nur sein können, diesen allgemeinen in ihrer besonderen Weise zu erstreben und zu erreichen. Wäre der Zweck aller Kunst aber nichts Anderes, als was so Viele vom Theater einzig verlangen: Unterhaltung, so würde schwer zu begreifen sein, wie sich hierzu die Architektur, ja selbst die Plastik verhielte. Daß er ebensowenig blos in der Naturnachahmung, in der Naturwahrheit gelegen sein könne, habe ich früher schon ausgeführt (S. 200 ff.). Sind doch Architektur und Musik unmittelbar gar nicht darauf gerichtet. Müssen doch selbst diejenigen Künste, welche es sind, von einem großen Theil der Naturwahrheit absehen. Können sie doch immer nur den Schein des Wirklichen, nicht dieses selbst zur Darstellung bringen. Allein nur gerade, indem sie dies thun und hierdurch eine freie und reine Anschauung vermitteln, entheben sie den Beschauer dem sonst immer mit unerbittlicher Nothwendigkeit auf ihm lastenden Drucke des causalen Zusammenhangs und üben hierdurch eine befreiende Wirkung auf ihn aus.

Die Kunst hat also zunächst und vor Allem den Zweck, reine Anschauungen zu geben; Anschauungen, die uns vom Drucke und Zwange des wirklichen Lebens, von der Nothwendigkeit des causalen Zusammenhangs, so weit dies überhaupt möglich, befreien und uns in eine solchen Anschauungen entsprechende freie und reine Gemüthsverfassung versetzen. Sie muß daher bei ihren Darstellungen von Allem absehen, was das Sinnenleben des Menschen in ein Verhältniß setzt, welches sich unmittelbar als causales offenbart oder doch solche Verhältnisse, wenn auch nur indirect, zur Folge hat. Woraus sich ergiebt, daß die Kunst mit ihren Wirkungen auf den menschlichen Geist einen unmittelbar auf das äußere Leben gerichteten Zweck nicht verbinden darf, weil sie ihm sonst den causalen Zusammenhang mit diesem wieder fühlbar machen würde. Ihr Zweck soll vielmehr sein, den Geist über diese Sphäre zu erheben, ihn von den Fesseln derselben zu befreien, was z. B. selbst der Traum nur selten vermag, der, obschon noch viel reiner, als die Werke der Kunst, bloße Vorstellung, doch aber nicht von jeder Beimischung causaler Verhältnisse freie und reine Anschauung ist.

Wenn wir ferner die Wirkungen der Erscheinungen der Kunst, z. B. der Malerei, auf die höheren, intelligenteren und an den Umgang mit Menschen gewöhnten Thiere oder auf Kinder und bloße Naturmenschen beobachten, so erkennen wir leicht, daß diese Wirkungen für sie zum Theil ohne alle Bedeutung oder doch von einer wesentlich anderen, untergeordneteren Bedeutung, als für den künstlerisch gebildeten Menschen sind. Selbst noch für Menschen von hoher allgemeiner Bildung bleibt der Genuß einzelner Kunstgebiete für lange, ja für immer verschlossen. Die Wirkungen der Kunst können mithin keine ganz unmittelbaren, durch sie nur bedingten, sein. Sie können und müssen vielmehr zum Theil erst mühsam erworben werden. Sie setzen gewisse Kräfte des menschlichen Geistes ins Spiel, und zwar bei dem Einen leichter, als bei dem Anderen. Diese Kräfte müssen geübt und ausgebildet werden, da wir erst durch sie im Stande sind, den Kunstwerken die Bedeutung reiner Anschauungen, und diesen Anschauungen ihre Bedeutung für die Empfindung, für unser geistiges Leben zu geben. Es ist dabei schon immer etwas im Bewußtsein vorausgesetzt, was der Mensch zwar erst durch diese Kräfte und ihre Thätigkeit, nicht aber erst aus der Anschauung von Kunstwerken, sondern schon aus der bloßen Sinnesanschauung, wie sie die Natur und das wirkliche Leben vermittelt, erworben haben muß. Dieses sind die Begriffe und die aus ihnen entwickelten Ideen. Können uns doch schon allein diese, wenngleich in einer wesentlich anderen Weise als die Kunst, über die Sphäre des Wirklichen erheben. Es leuchtet daher ein, daß die Kunst ihre Zwecke nicht leichter und vollkommener wird erreichen können, als indem sie uns Anschauungen vermittelt, welche Ideen darstellen, oder sich doch auf Ideen beziehen und indem sie hierbei eine Wahrheit erstrebt, welche der Naturwahrheit zwar nicht widerspricht, wohl aber noch über diese hinausgeht. In keiner Kunst tritt die ideale Natur derselben so augenscheinlich hervor, als in der Poesie, deren Medium noch überdies aus nichts anderem, als den sinnlichen Erscheinungsformen von Begriffen und Ideen besteht.

Es ist mir daher immer unerklärlich gewesen, wie man behaupten konnte, daß die Begriffe wohl unsere abstracte Erkenntniß, nicht aber unsere sinnliche Anschauung zu erweitern vermöchten, daß das begriffliche Denken wohl für die Wissenschaft unentbehrlich, für die künstlerische Thätigkeit aber nur hemmend und störend sei. In Wahrheit erhalten wir durch die Begriffe nicht nur eine Welt ganz eigenartiger Vorstellungen, sondern auch die Welt der sinnlichen Anschauung erhält durch sie erst ihre bestimmtere, höhere Bedeutung. Und wenn es nicht möglich ist,

Begriffe ohne sinnliche Anschauung zu erlangen, daher die Ausbildung unserer Begriffe uns zur sinnlichen Anschauung immer wieder zurückführt, so könnte es andererseits ohne Begriffe ebensowenig eine höhere Entwicklung der Sinnesanschauungen, daher auch keine Kunst, als eine Entwicklung des Gemüthslebens zur Sittlichkeit, geben. Wie viel man auch immer von den Kunsttrieben der Thiere gesprochen hat, ein künstlerisches Bewußtsein, eine Kunstthätigkeit, eine Kunst konnte das Thier ebensowenig wie eine Welt der Sittlichkeit haben, schon weil es keine Begriffe, oder doch keine sinnlichen Anschauungszeichen der Begriffe, keine Sprache hat.

Wenn die Abstractionen der Kunst bei ihrer Nachahmung der Natur als Mangel empfunden würden, so müßte das Maß derselben ihre Rangfolge bestimmen. Dies ist jedoch keineswegs der Fall. Vielmehr erschließt jede einzelne Kunst dem menschlichen Geiste eine nur ihr eigenthümliche Welt, oder doch Wirklichkeit und Natur von einer nur ihr zugänglichen Seite. In beschränkterem Umfang läßt sich das sogar von jedem wahrhaften Künstler, von jedem wahrhaften Kunstwerk behaupten. Raphael erschließt uns eine andere Welt, als Michel Angelo, Shakespeare eine andere, als Goethe und gerade deshalb haben die Werke eines jeden ihre besondere Bedeutung.

Ist diese Bedeutung nur auf die bloße Anschauung, die sie gewähren beschränkt, oder üben sie auch noch einen darüber hinaus, einen auf das praktische Leben gerichteten Einfluß aus?

Daß dieser Einfluß kein unmittelbarer sein dürfte ist oben schon ausgeführt, daher auch kein unmittelbar auf sittliche Besserung oder auf Belehrung gerichteter. Einzelne Künste würden einem solchen Zwecke gar nicht entsprechen können und eine Menge der den übrigen angehörenden und nach ihrem künstlerischen Werthe hochgeschätzten Werke, demselben wenigstens gar nicht entsprechen. Der Poesie und insbesondere dem Drama hat man gleichwohl die Verfolgung solcher Tendenzen zur Pflicht gemacht, und wenn wir die dramatische Production überblicken, finden wir einen nicht geringen Theil ganz unmittelbar auf die Verfolgung sei es politischer, sei es kirchlicher, socialer, belehrender, sittlicher Zwecke gerichtet. Auch scheint es, als ob selbst der größte Dramatiker, Shakespeare, in seinem tiefsinnigsten Werke, „Hamlet", darauf habe hinweisen wollen, indem hier das Schauspiel im Schauspiel zur Entlarvung des Verbrechens benutzt wird. Und doch ist es gerade dieses Drama, welches uns gewissermaßen veranschaulicht, daß überall, wo die Kunst ganz unmittelbar tiefergehende sittliche Wirkungen ausübt, sie die ihr eigenthümlichen Wirkungen, den Kunstgenuß gleichzeitig aufhebt, da wir den vom Schauspiel in seinem Gewissen getroffenen König hier ganz unfähig sehen, demselben länger noch beizuwohnen und diese so tiefgehenden Wirkungen keineswegs Besserung, sondern nur neue Frevel, neue Verbrechen zur Folge haben. Wohl hat das Drama es mehr als jede andere Kunst mit der Darstellung sittlicher Motive, Probleme und Handlungen zu thun. Wie aber Malerei und Plastik, indem sie anatomische oder mathematische Verhältnisse zur Darstellung bringen, nicht unsere anatomischen und mathematischen Kenntnisse, oder die historische Kunst, indem sie solche Verhältnisse zur Darstellung bringt, nicht unsere historischen Kenntnisse erweitern will, so braucht auch das Drama, indem es sittliche Verhältnisse zur Darstellung bringt, uns nicht unmittelbar belehren oder bessern zu sollen.

Würde dies doch das Drama in größerem Umfange nur dann erreichen können, wenn es den Ton zu dem des gewöhnlichen Lebens herabstimmte und vorzugsweise solche Fälle behandelte, wie sie das tägliche Leben für jeden von uns mit sich zu bringen pflegt. In der That ist dies auch immer von den eigentlich moralisirenden dramatischen Schriftstellern geschehen, während die großen dramatischen Dichter stets darauf ausgingen, mächtige Antriebe und Leidenschaften außergewöhnlicher Naturen in außergewöhnlichen Lagen zur Darstellung zu bringen.

Einen praktischen, wenn auch zunächst nicht auf das äußere Leben, sondern ganz nur auf die Anschauung des Kunstwerks gerichteten Zweck hat gleichwohl das Drama, insofern es bestimmte Kräfte des Geistes in einer dem entsprechenden Weise ins Spiel setzt. Wesentlich ein Product der Phantasie, wirkt es zunächst auf diese, durch sie aber zugleich auf die Kräfte des Gemüths und des Verstandes mit ein. Die Bedeutung der Thätigkeit der Phantasie und ihrer Kräfte, der Vorstellungskräfte, für das ganze bewußte, mithin auch für das praktische Leben wird sofort ersichtlich, sobald man bedenkt, wie es immer nur Vorstellungen sind, welche die Triebe aller übrigen Thätigkeiten des Geistes wecken und bestimmen; wie es immer nur Vorstellungen sind, womit wir auch noch selbst diese Thätigkeiten wieder bestimmen können, indem wir sie ihnen zum Zweck setzen; wie dem Willen ein zwar nicht unmittelbar, aber doch mittelbar bestimmender Einfluß auf die vorstellende Thätigkeit beiwohnt, indem er einen Einfluß ausübt auf die sie bestimmenden Sinneseindrücke. Einen solchen Einfluß vermag nun der Wille unter Anderem auch in der Kunst zu gewinnen und auszuüben.

Wenn aber die Kunst die Kräfte der Phantasie und hierdurch die Kräfte des Gemüths und Verstandes auf eine bedeutsame und dabei durchaus harmonische Weise ins Spiel zu setzen, und den Geist von dem Drange und Zwange der Nothwendigkeit causaler Verhältnisse zu befreien und zu reinen und ideellen Anschauungen zu erheben vermag, so wird sie den letzteren, abgesehen von der Wohlthat und dem Genuß, den sie ihm unmittelbar hierdurch gewährt, auch allmählich fähiger machen, das wirkliche Leben noch selbst unter den Gesichtspunkt reiner Anschauung zu stellen und der Association der Vorstellungen und Ideen eine entsprechende Richtung zu geben. Niemand wird aber bezweifeln, daß eine solche Cultur der Phantasiekräfte für das ganze praktische und ethische Verhalten des Menschen von außerordentlicher Bedeutung sein müßte. Durch sie würde die Kunst ja veredelnd auf das ganze übrige Geistesleben des Menschen, auf seine Anschauung und Auffassung der Welt, so wie auf Sitten und Handeln einwirken. Das Drama erscheint zu Letzterem vor Allem geeignet, insofern es das menschliche Handeln selbst zum besonderen Gegenstand seiner Darstellung macht.

§ 10. Ernste und heitere Weltanschauung. Das Tragische und das Komische. Die Verbindung beider Anschauungen in dem Humor.

Das Drama bringt nicht einen einzelnen Moment des handelnden Lebens, eine einzelne Handlung, sondern einen bestimmten Entwicklungsproceß derselben zur Darstellung. Zu den Abstractionen vom wirklichen Leben, welche die besonderen Zwecke des dramatischen Dichters bedingen, gehören auch diejenigen, welche der Grundstimmung seines Gemüths entsprechen. Die Welt stellt sich uns überall in Gegensätzen dar. Glück und Unglück, Lust und Leiden, Leben und Tod drängen sich überall unserer Betrachtung auf. Gegensätze, die noch ganz von denen zu unterscheiden sind, aus welchen der dramatische Dichter in jedem besonderen Falle seine Handlung entwickelt und die ihre Quelle und ihren Grund in der Verschiedenheit der Charaktere und Lebenslagen haben. Der Dichter kann seine Betrachtung, sei es ausschließlich, sei es auch nur überwiegend, auf die eine Seite jener Gegensätze einschränken, er kann die Welt, sei es ausschließlich oder doch überwiegend, nur von der ernsten oder von der heiteren Seite in Betracht ziehen und es kann in dem Kunstbegriff einer bestimmten Zeit, einer bestimmten Dichtungsform, ja eines bestimmten Individuums liegen, eine jede dieser beiden Betrachtungsweisen ganz rein und unvermischt zur Darstellung zu bringen.

Die ernste Weltanschauung führt in allen Künsten zur Darstellung des Ernsten, Würdevollen, Erhabenen. Sie darf, um in den Grenzen des Schönen zu bleiben, über das Furchtbare nicht hinausgehen. Nur in den in der Zeit verlaufenden Entwicklungsprocessen mag selbst noch das Schreckliche, Gräßliche, als ein vorübergehendes, seine Auflösung wieder findendes Moment der Dissonanz mit eintreten. Insoweit ist es daher auch im Drama gerechtfertigt; sein Gebrauch setzt aber stets den großen Künstler voraus.

Die heitere Weltanschauung führt in allen Künsten zur Darstellung des Heiteren, des Anmuthigen, des Lustigen und Lächerlichen. Sie kann, um in den Grenzen des Schönen zu bleiben, über die Darstellung des Grotesken nicht hinausgehen.

Sie darf die Caricatur, ja selbst das Obscöne in sich aufnehmen, aber nur als Momente in dem sie wieder auflösenden Processe des Schönen. Insoweit sind sie daher auch im Drama nur zulässig. Auch hier setzt aber das Unschädliche ihres Gebrauchs eine bedeutende künstlerische Kraft voraus.

Die Poesie ist die einzige Kunst, in welcher das Tragische und das Komische zu voller Entwicklung gelangt. Die Sculptur und die Malerei können wohl Momente derselben, nicht aber ihre volle Entwicklung zur Darstellung bringen. Das Tragische, wie das Komische, geht aus Conflicten hervor, die aus der Verschiedenheit der Willensäußerungen des Menschen und aus dem Widerspruche entspringen, in welchem die Freiheit dieser Willensäußerungen zu dem als Nothwendigkeit auf ihn einwirkenden ursachlichen Zusammenhange des äußeren Lebens steht. Wie diese Conflicte den eigentlichen Gegenstand der dramatischen Darstellung bilden, so bilden das Tragische und das Komische die beiden Pole, um welche sich dieselbe bewegt. Ueberall, wo sich ein Gegensatz, ein Conflict von Charakteren und Handlungen erzeugt, wird sich die Einseitigkeit und Unzulänglichkeit beider mit offenbaren. Damit diese die Stimmung des Heiteren hervorrufen können, werden sie überwiegend auf das Gebiet des Verstandes und der Sinnlichkeit beschränkt bleiben und unschädlich erscheinen müssen. Denn fielen sie überwiegend unter den Gesichtspunkt des Gemüths und der Sittlichkeit, stellten sie sich nicht nur als gefahrdrohende, sondern auch als verderbliche dar, so würde ihnen folgerichtig nur eine ernste Anschauung und Auffassung entsprechen können. Es entsteht hier die Frage, warum, wenn, wie wir sehen, die Befreiung von dem Zwange und Drucke des causalen Zusammenhangs mit zu dem Zwecke der Kunst gehört, die Darstellung von Conflicten, die uns, wenn auch in verschiedener Weise, so doch immer an unsere Abhängigkeit von der Nothwendigkeit jenes Zusammenhangs so eindringlich erinnern, zu einer Quelle des Genusses werden kann?

Nach Aristoteles sollte das Tragische die Beschaffenheit haben, durch die Erregung von Mitleid und Furcht eine Läuterung dieser Affecte zu bewirken. Lessing hatte für seine Erklärung dieser

Stelle die Definition mit herangezogen, die jener Denker im fünften und achten Kapitel des zweiten Buchs seiner Rhetorik giebt, wo es unter Anderem heißt, daß, um mit dem Uebel eines Anderen Mitleid haben zu können, man dieses Uebel in einem ähnlichen Falle für sich selbst fürchten müsse. Woraus Lessing den Schluß zog, daß die tragische Furcht, von welcher Aristoteles spreche, nicht die Furcht für den Anderen, sondern nur die Furcht für uns selbst sei; den Einwurf, daß wenn Aristoteles die letztere wirklich gemeint, er sie nicht noch besonders aufzustellen nöthig gehabt hätte, weil sie dann ja schon in dem Begriff des Mitleids enthalten gewesen wäre, hat er, doch nicht ohne Künstlichkeit, zu widerlegen gesucht. Indeß weist Aristoteles an anderer Stelle selbst darauf hin, daß die Furcht für uns selbst ebensowenig die Quelle des tragischen Mitleids, wie die tragische Furcht sein könne, indem er sagt, daß diejenigen kein Mitleid haben könnten, welche in zu großer Furcht für sich selbst seien, weil sie dann nur mit sich selbst beschäftigt sein würden; wodurch er überhaupt darauf hinwies, daß die Furcht für uns selbst ein anderes Object habe, als das in der künstlerischen Anschauung gegebene, und uns also von diesem nur ablenken müßte. Und warum sollte es nicht eben so gut wie ein Leiden, das nur durch die Vorstellung des Leidens eines Anderen in uns erweckt wird, auch eine Furcht geben, welche nur durch die Vorstellung eines einem Anderen drohenden Uebels hervorgerufen würde? Wie aber jenes Leiden, das Mitleid, die Furcht, so setzt diese Furcht auch schon in gewisser Weise selbst wieder das Mitleid, die Theilnahme voraus. Um für einen Anderen fürchten zu können muß er so beschaffen sein, daß wir ihm unsere Theilnahme schenkten.

Indem Aristoteles von der tragischen Handlung aber nicht nur die Erregung von Mitleid, sondern auch von Furcht verlangte, hat er zugleich angedeutet, daß der tragische Charakter das Uebel, welches wir für ihn fürchten, durch sein Verhalten herausfordern müsse. Denn wie sollte seine Handlungsweise uns sonst für ihn fürchten lassen? Eine nähere Erklärung aber findet sich noch in der weiteren Bestimmung, daß weder tugendhafte Männer aus Glück in Unglück, noch lasterhafte aus Unglück in Glück gerathen dürften — weil beides gleich untragisch sei. Aristoteles verlangte demnach eine tragische Schuld, mit welcher der Begriff der tragischen Gerechtigkeit aufs Engste zusammenhängt. Eine Stelle des neunten Kapitels des zweiten Buchs giebt hierüber aufklärendes Licht. Dem Mitleide — lesen wir hier — steht am geradesten das gegenüber, was man sittliche Entrüstung nennt, denn dem Leide, welches man über unverdientes Mißgeschick empfindet, ist in gewisser Weise das Leid über unverdientes Glück gegenübergestellt und beide Empfindungen kommen aus demselben guten Herzen. Denn über Menschen, welchen es unverdient schlimm ergeht, muß man betrübt sein und Mitleid haben, wenn aber unverdienter Weise gut, sich darwider empören, da, was gegen Verdienst geschieht, ungerecht ist.

Gewiß wird die causale Nothwendigkeit, der wir den tragischen Charakter erliegen sehen, uns in einem weit milderen Lichte erscheinen, wenn sie sich als Ausfluß einer Gerechtigkeit enthüllt, welche wir zu fordern uns selbst innerlich gedrängt finden. Ist aber darum diese Gerechtigkeit schon die letzte Quelle der tragischen Befriedigung? Sie kann es schon deshalb nicht sein, weil sie fast niemals in einem ganz angemessenen Verhältnisse zu der tragischen Schuld steht, ja nicht einmal in einem solchen Verhältnisse zu ihr stehen darf. Denn wäre das drohende Uebel der Schuld völlig angemessen, wie hätten wir es wohl dann, da wir es fordern mußten, zu fürchten, wie könnte es dann wohl noch Raum in uns für das Mitleiden lassen? Leiden und Tod sollen im Drama aber ebensowenig blos unser Mitleid und unsere Furcht erwecken, als blos unserem Gerechtigkeitsgefühl Genüge schaffen, sondern das Größte, Schönste, Eigenste und Gewaltigste eines bestimmten Charakters zur Erscheinung bringen, und indem sie denselben hierdurch verklären, uns selbst über die Schrecken der Nothwendigkeit von Leiden und Tod erheben, ja selbst noch auf diese einen verklärenden Schein hierdurch werfen. So sind es denn immer erst diese beiden Momente, ein im causalen Zusammenhange der Dinge sich offenbarendes gerechtes Walten und die das Gewaltigste, Herrlichste, Eigenste der Menschennatur in seiner ganzen Fülle offenbarende Macht von Leiden und Tod, welche im Zusammenwirken mit der in uns erregten Furcht, mit dem in uns erregten Mitleid eine Handlung zu einer tragischen machen, die Furcht in Ehrfurcht, das Mitleid in Bewunderung verwandeln, uns selbst aber über die Schrecken der causalen Nothwendigkeit von Leiden und Tod erheben. Hierbei kann nun das Hauptgewicht bald mehr auf Seiten des Mitleids und jener verklärenden Macht, bald mehr auf Seiten der Furcht und jenes gerechten Waltens liegen, so daß wir uns bald mehr durch die Erhabenheit der Charaktere, bald mehr durch die Erhabenheit des Verhängnisses über jene Schrecken erhoben finden, woraus verschiedene Arten des Tragischen entstehen, wofür „Romeo und Julia" und „Richard III." als Beispiele dienen mögen.

Es ist zu bedauern, daß uns die Gedanken des Aristoteles über das Komische vorenthalten geblieben sind, sei es, daß er dieselben gar nicht niedergeschrieben, oder daß diese Niederschrift uns doch verloren gegangen ist. Indeß geben uns ein paar Stellen seiner Poetik auch dafür einigen Anhalt. „Die Komödie — heißt es hier Kap. 5, § 1 — ist eine Nachahmung schlechterer Charaktere, doch nicht in dem Sinne absoluter Schlechtigkeit, sondern von dem hierbei in Rede stehenden Häßlichen gehört ein Theil in das Gebiet des Lächerlichen. Das Lächerliche ist nämlich irgend ein Fehler oder eine Häßlichkeit, die keinem wehe thut und nichts Verderbliches hat, wie, um gleich das nächste Beispiel zu nehmen, die lächerliche Maske etwas Häßliches und Verzerrtes ist, ohne Schmerz auszudrücken."

So dürftig diese Erklärung auch ist, so geht aus ihr doch das Eine hervor, daß Aristoteles die Komödie als den entschiedenen Gegensatz der Tragödie auffaßt, da der durch sie dargestellte Vorgang nichts Verderbliches haben, d. h. keine Furcht, kein Mitleid, sondern vielmehr ihr Gegentheil, das Lächerliche, hervorrufen und von dem Häßlichen eines Charakters nur die Seite zur Darstellung bringen soll, welche nicht Schmerz ausdrückt — daher auch nicht unter den Gesichtspunkt einer ernsten, das Gemüth und die Sittlichkeit berührenden, sondern nur unter den des Verstandes und der Sinnlichkeit fällt. Obschon Aristoteles von dem tragischen Charakter forderte, daß er überwiegend ein besserer sei, so durfte er doch auch nach ihm kein vollkommen tugendhafter, er mußte vielmehr ebenfalls mit einer Einseitigkeit, einem Fehler, einer Häßlichkeit behaftet sein — nur daß diese hier umgekehrt nur unter den Gesichtspunkt des Gemüths und der Sittlichkeit fallen könnte. Wenn ich die Forderungen des Aristoteles in meine Sprache übersetze, so glaube ich dieselben etwa folgendermaßen ausdrücken zu sollen: Was einem Charakter tragische Erhabenheit giebt, sollen und können immer nur seine besseren, auf dem Gebiete des Gemüths und der Sittlichkeit liegenden Eigenschaften sein, wogegen die Quelle des Komischen, Lächerlichen immer nur dessen Mängel, Fehler, Verkehrtheiten, Beschränktheiten sein können, insofern diese auf dem Gebiete des Verstandes und der Sinnlichkeit liegen. Durch die bloßen Vorzüge würde allerdings ein Charakter ebensowenig zu einem komischen, wie durch Fehler und Frevel allein zu einem tragischen gemacht werden können. Das Genie der neueren Zeiten hat aber gezeigt, wie dies keineswegs hindert, daß selbst noch ein überwiegend edler Charakter zu einem komischen, ein überwiegend bösartiger zu einem tragischen gemacht werden könne, vorausgesetzt, daß jener nur mit einer gewissen Einseitigkeit des Urtheils, der Sinneswahrnehmung ꝛc., dieser mit einzelnen großen Eigenschaften des Gemüths ausgestattet ist, wie dort z. B. Shakespeares Olivia, hier Shakespeares Richard III. und Macbeth. Insofern hat die Aristotelische Begriffsbestimmung des tragischen und komischen Charakters eine Erweiterung erfahren, zu welcher es ihm noch an Beispielen fehlte.

Versuchen wir jetzt seinem Begriff des Komischen etwas näher zu treten, indem wir ihn aus dem Gegensatze zu seinem Begriffe des Tragischen entwickeln. Als Gegensatz des Mitleids hatte Aristoteles ein Vergeltung forderndes Gefühl sittlicher Entrüstung bezeichnet. Allein dieser Gegensatz, der noch ganz auf dem Gebiete der Sittlichkeit selbst liegt, hat, wie wir gefunden, wohl eine Bedeutung für die Tragödie, läßt aber auf die Komödie, die sich vorzugsweise auf dem Gebiete des Verstandes und der Sinnlichkeit bewegt, und darum selbst sittliche Handlungen nur von dieser Seite in Betracht zu ziehen hat, keine Anwendung zu.

Hier aber zeigt sich ein anderer Gegensatz in der Spottlust. Er konnte dem Aristoteles keineswegs fremd sein. Eine Kap. 4, § 7 stehende Stelle seiner Poetik weist sogar darauf hin. „Die ernsteren Dichter — heißt es hier — ahmten edle Handlungen und Handlungen eben solcher Menschen nach, die leichtfertigen dagegen die der schlechten, indem sie zuerst Spottgedichte machten, wie jene anderen Hymnen und Lobgedichte."

Als Gegensatz der Furcht finden wir aber bei ihm (2. Buch, 5. Kap. seiner Rhetorik) den Muth bezeichnet. Auch dieser liegt in der Sphäre des Gemüths und der Sittlichkeit und ist vorzugsweise nur ein Gegensatz derjenigen Furcht, die hier Aristoteles einzig im Sinne hatte, der Furcht für uns selbst. Der Gegensatz, den wir dazu auf dem Gebiete des Verstandes und der Sinnlichkeit finden, dürfte dagegen der Uebermuth sein. Nicht nur die Gefahren, welche uns selbst, sondern auch die, welche einen Anderen bedrohen, können wir mit Uebermuth ansehen. Der Uebermüthige lacht der Gefahren, weil er an ihrer Besiegung nicht zweifelt, weil er ihre Verderblichkeit entweder nicht sehen kann, oder doch nicht sehen will. Spottlust und Uebermuth stehen in einem ähnlichen Verhältnisse der Reciprocität, wie Mitleid und Furcht. Nur der Uebermüthige, nicht der Furchtsame ist zum Spotte geneigt. Nur einen uns zur Verspottung reizenden Gegenstand werden wir mit Uebermuth in Verlegenheiten, ja selbst in Gefahren gerathen sehen, weil diese seine Mängel und Schwächen noch schärfer hervortreten zu lassen versprechen. (Man denke z.B. der Scene, in welcher Junker Tobias den Junker Bleichenwang und Viola zum Duell aneinanderhetzt.) Spottlust und Uebermuth waren die Quellen, aus denen die altattische Komödie hervorging. Beide werden aber ebensowenig allein schon zur Hervorbringung des Komischen ausreichen, wie Mitleid und Furcht zum Tragischen. Und wie es nach Aristoteles in der Tragödie zu einer Läuterung dieser Affecte kommen sollte, so wird auch im Komischen eine Läuterung jener Affecte gefordert sein. — Aristoteles schränkte, wie wir sahen, das Häßliche, welches hiernach Spottlust und Uebermuth erwecken soll, auf solche Fehler und Handlungen ein, die nichts Verderbliches haben. Da nun auch solche Fehler und

Handlungen, welche der Thorheit entspringen, mit verderblichen Folgen drohen oder auch mit schlimmen Absichten verbunden sein können, so geht die Forderung des Aristoteles offenbar dahin, daß hier die drohende Gefahr durch den inneren Zusammenhang der Handlung sich voraussichtlich schon immer als unschädliche darstellen müsse, um die komische Wirkung nicht aufzuheben (wie dies z. B. mit den Plänen Boracchios in „Viel Lärmen um Nichts" und mit denen Shylocks der Fall) ja daß diese Gefahr durch die innere und äußere Verknüpfung der Handlung, durch die Fügung des Zufalls zu ungeahntem Glücke ausschlage (wie z. B. in der „Komödie der Irrungen" und in „Was ihr wollt"). Die komische Wirkung wird aber immer gesteigert werden, falls der causale Zusammenhang sich hierzu der Thorheiten selbst mit bedient, welche die gefahrdrohende Verwirrung erst herbeigeführt haben. Es erklärt sich hieraus, daß auch das Sittliche und das sittlich Verwerfliche mit in die Komödie eingehen können, zugleich aber auch, welche Stellung es darin einzunehmen hat. Die willkürliche, geschmacklose, die Einheit des Stils und der Stimmung oft tief verletzende Vermischung possenhafter und ernster Elemente in unseren neueren Dramen und Lustspielen ist hiervon wohl zu unterscheiden.

Es geht aber ferner daraus hervor, daß sich im Komischen die Nothwendigkeit des causalen Zusammenhangs, ja selbst ihr gegenüber die Beschränktheit der menschlichen Natur als fördernde, freundliche Macht zu offenbaren hat, wodurch beide in das Licht einer Verklärung gerückt werden,- die wir um des lächerlichen Contrastes willen, der darin sichtbar wird, eben die komische nennen.

Die Tragödie betrachtet die menschlichen Handlungen vom Standpunkte der Sittlichkeit und stellt sie auf dem Boden derselben dar. Die Komödie betrachtet sie dagegen vom Standpunkte des Verstandes und verlegt sie auf dessen Boden. In der Tragödie kommt das Unzulängliche selbst der gewaltigsten Willensäußerungen in Frage, insofern dieselben in einem bestimmten Sinne unberechtigt sind. Sie schließt das Unzulängliche der Verstandeskräfte nicht aus, nur daß es als solches hier zunächst nicht in

Betracht kommen darf. Im Lustspiel handelt es sich dagegen um das Unzulängliche der menschlichen Sinneswahrnehmung, der menschlichen Verstandeskräfte, des menschlichen Urtheils. Es schließt das Unberechtigte der Willensäußerungen nicht aus, nur daß hier dagegen dieses als solches zunächst nicht in Betracht kommen darf. Dort entwickeln sich die Conflicte aus den menschlichen Leidenschaften (die nicht mit bloßen Affecten zu verwechseln sind), hier dagegen aus menschlicher Thorheit und Beschränktheit. Die tragischen Leidenschaften gehen aber immer nur aus großen, herrlichen Anlagen eines bestimmten Charakters hervor, den sie durch Einseitigkeit hier zu leichteren Fehltritten, dort von Gewaltthat zu Gewaltthat, von Frevel zu Frevel hinreißen, daher nicht nur ein edles, sondern auch ein verderbliches Wollen offenbaren können. Die komischen Thorheiten gehen dagegen aus der Beschränktheit der menschlichen Geistesanlagen, oder doch aus denen eines bestimmten Charakters hervor, gleichviel ob sich mit ihnen ein Wohl- oder Uebelwollen verbindet, sobald sich nur dieses als etwas Unschädliches dabei darstellt. Im Tragischen werden Leiden und Tod verklärt, insofern durch sie einer durch die Handlung erregten sittlichen Forderung genügt wird, worin das Moment der bekannten, aber auch viel verkannten poetischen Gerechtigkeit liegt, zugleich aber auch das Schönste, Erhabenste, Eigenste der Menschennatur und eines bestimmten Charakters zu voller Erscheinung kommt. Im Komischen fällt auf die menschliche Ungereimtheit und Verkehrtheit, wie auf die menschliche Abhängigkeit von den Spielen des Zufalls ein verklärender Schimmer, insofern gerade durch sie ein glücklicher Ausgang mit herbeigeführt wird. Die Tragödie, um bei der Aristotelischen Definition derselben zu bleiben, erhebt uns also über Leiden und Tod, indem sie diese nicht nur zu Gegenständen reiner Anschauung macht, sondern auch beide verklärt. Sie reinigt daher Furcht und Mitleid von den sinnlichen, aus causalen Verhältnissen entspringenden Bestandtheilen dieser Affecte. Die Komödie, indem sie die menschliche Thorheit, die menschliche Verkehrtheit zu Gegenständen reiner Anschauung macht und dabei in ein verklärendes Licht setzt, mäßigt und reinigt dagegen Uebermuth und

Spottlust von den niederen und eigensüchtigen Bestandtheilen dieser Affecte. Jene werden hierbei in begeisterte Bewunderung und Ehrfurcht, diese in sich bescheidende Zuversicht und in das heitere Lächeln des Wohlwollens verwandelt.

Der hier erörterte, aus der Verschiedenheit der Grundstimmung und Grundanschauung des menschlichen Geistes entspringende Gegensatz kommt aber nicht immer in so strenger Sonderung zur Erscheinung. Es giebt vielmehr außer der ernsten und heiteren noch eine andere Grundstimmung des Geistes, in welcher derselbe versöhnt und zu innerer Einheit verbunden erscheint. Man hat sie gemeinhin mit dem Namen des Humors bezeichnet. Diese Durchdringung von heiterer und ernster Stimmung und Anschauung vollzieht sich indeß in größerem Umfange immer nur bei einzelnen Naturen, bei einzelnen Völkern. Wir fanden sie im Alterthum streng genommen nur bei den Indern, von den neueren Culturvölkern aber besonders bei den Germanen. Der Humor scheint sich eben nur auf der Grundlage eines tiefen Gemüthslebens entwickeln zu können. Ich habe die äußeren Umstände zu berühren gehabt, welche im Mittelalter der Entwicklung desselben bei den germanischen Völkern besonders förderlich waren. Es genügt hier, darauf zurück zu verweisen (s. Seite 75). Wie ich dort darlegen konnte, unterschied sich die classische Kunst hauptsächlich dadurch von der romantischen, daß sich in ihr die künstlerische Phantasie ihres Gegenstandes in voller objectiver Freiheit zu bemächtigen und diese an und für sich in objectiver Reinheit zur Darstellung zu bringen vermochte, wogegen in der romantischen Kunst die künstlerische Phantasie diese Freiheit nicht vollkommen besitzt, sondern ihren Gegenstand vorzugsweise in Beziehung zur subjectiven Empfindung und nur um dieser Beziehung willen zur Darstellung bringt, daher auch nicht rein an sich, sondern in seinen Beziehungen zur übrigen Welt.

Im Humor, welcher diese gebundene romantische Stimmung des Geistes zur Voraussetzung hat, gewinnt dieser eine Freiheit anderer Art, die Freiheit, die Welt der Erscheinungen nicht blos unter den Gesichtspunkt einer ausschließlich ernsten oder einer ausschließlich heiteren Betrachtung zu stellen, sondern diese beiden Seiten der Betrachtung in sich zu vereinen und zu verschmelzen, so daß er selbst im Erhabenen und Tragischen noch ein Lächeln hat für das Kleine und Unzulängliche und für die sich darin etwa offenbarende Verkehrtheit und selbst noch das Lächerliche und Komische bis an die Grenze des Ernsten und Tragischen zu verfolgen vermag. So konnte Shakespeare seinem Lear den Narren, seiner Julia die Amme zur Seite geben, seinem Percy den Falstaff gegenüberstellen, oder auch Situationen von ernst=tragischem Anstrich, wie die Unterbrechung der Vermählung Hero's in „Viel Lärmen um Nichts" oder die Gerichtsscene im „Kaufmann von Venedig" unter den Gesichtspunkt der komischen Weltanschauung.rücken. Der Humor darf indeß dem tragischen und komischen Charakter wohl eine andere Färbung geben, die eigenthümliche Natur desselben aber keineswegs verändern. Auch dafür ist Shakespeare das Muster. Obschon die herrische Leiden=schaftlichkeit Lears an Thorheit, die verblendete Eifersucht Othellos an lächerliche Kurzsichtigkeit streift, finden wir uns doch bei der Darstellung dieser Charaktere fort und fort in der Stimmnng des Tiefernsten und Tragischen erhalten. Und wenn er im Lust=spiel in der Verfolgung des Komischen bis auf das Gebiet des Sittlichen für unsere Empfindung bisweilen zu weit geht (z. B. bei der Unterbrechung der Vermählungsscene in „Viel Lärmen um Nichts" oder in der Gerichtsscene im „Kaufmann von Venedig"), so daß wir uns Gewalt anthun müssen, um diese Scenen noch unter dem hierdurch geforderten Gesichtspunkt betrachten zu können, so fragt es sich doch, ob wir ihm die Schuld dafür beimessen dürfen, oder ob uns die hierzu nöthige Freiheit des Geistes nur verloren gegangen ist?

Wenn den Alten eine humoristische Auffassung des Lebens auch fehlte, so hatten doch auch sie das Bedürfniß, die komische Weltanschauung auf tragische Vorgänge anzuwenden. Dies führte bei ihnen zur Erfindung des Satyrspiels, der Tragikomödie und der Hilarotragödie, denen wir später noch zu begegnen haben werden. Die mehr willkürliche Verbindung und Ver=mischung ernster und lächerlicher Motive und Elemente, welche die Vertreter des naturalistischen Kunstprincips in das Drama eingeführt haben, hat zu den Gattungen des sentimentalen und moralisirenden Lustspiels (der „Comédie larmoyante") und zu einem mit possenhaften Elementen durchzogenen Drama, so wie in seinen letzten Consequenzen zu einer völligen Stilentartung geführt.

§ 11. Organisation und Motivirung des Dramas.

Ueber Bau, Gliederung und Proportionalität des Dramas ist schon früher gesprochen worden. Mit ihnen hängt auf das Engste zusammen, was man dramatische Entwicklung, dramatische Organisation nennt. Das Drama ist nicht blos ein architektonischer Bau, es ist ein lebendiger Organismus, dessen Seele die Motivirung. Von ihr konnte aber erst hier die Rede sein, weil sie eine andere für die Komödie, als für die Tragödie ist.

In Bezug auf das Einzelne lassen sich für die Organisation eines Dramas keine bestimmten, allgemeingültigen Regeln aufstellen. Man hat es zwar öfters versucht. Das Drama der romanischen Völker hat sich sogar wesentlich mit unter dem Einfluß solcher Regeln entwickelt, welche durch Tradition fortwirkend demselben seine bestimmten, feststehenden Formen gaben. Es ist aber gerade auch das, was demselben eine gewisse Monotonie und Dürftigkeit gab. Gleichwohl hat man in Deutschland diese Völker um die stetigen, verfestigten Formen ihres Dramas öfters beneidet. Man hat hier nicht selten den Mangel, wenn auch nicht an einem wahrhaft nationalen Drama, so doch an der stetigen Entwicklung eines solchen auf den Mangel derartiger feststehender Formen zurückgeführt.

Indessen liegt, so weit überhaupt diese Klage berechtigt ist, hiervon der Grund noch wo anders. Wird doch jedes wahrhafte Drama in Bezug auf das Einzelne seiner Organisation eine nur ihm eigenthümliche Form fordern, weil diese theils vom Stoffe, theils von dem leitenden individuellen dichterischen Gedanken abhängig ist, welcher letztere die Auffassung des ersteren bedingt. Wohl kann das Gewicht bald mehr auf dem einen, bald mehr auf dem anderen dieser beiden Momente liegen, immer aber sollen sie beide in ihrem Zusammen- und Ineinswirken die Form eines Dramas bestimmen und rein in ihr aufgehen.

Forderungen allgemeiner Art, wie sich dieselben aus dem Begriff des Dramatischen ergeben, lassen sich dagegen für die Organisation eines Dramas wohl stellen.

Die dramatische Organisation muß nämlich vor Allem darauf gerichtet sein, daß die Bewegung, welche das Drama überall fordert, sich nicht als bloßes Nacheinander der Vorgänge, sondern als etwas Aus-einander-Erfolgendes, d. i. als Entwicklung darstelle. Wie das Ganze der Handlung, wie jeder einzelne Charakter, muß auch deren Entwicklung Einheit, d. h. eine innere Nothwendigkeit und Folgerichtigkeit haben. Jedes Moment derselben muß mit einer gewissen Nothwendigkeit auf folgende hin- und auf vergangene Momente zurückweisen. Es ist eben diese innere Verbundenheit, welche dem Nacheinander der einzelnen Vorgänge den Charakter der Entwicklung giebt, und welche man mit dem Namen der dramatischen Motivirung bezeichnet; daher sich auch sagen läßt, daß jedes Moment in der Entwicklung eines Dramas sich zugleich als Motiv und als Product eines Motivs, und zwar eines dramatischen, darstellen müsse.

Die dramatische Motivirung kann ihren Grund entweder in der Natur des handelnden Charakters oder in den äußeren Umständen haben, mögen diese sich nun als bloßer causaler Zusammenhang der Außendinge oder als Willensäußerungen anderer in die Handlung verflochtener Charaktere darstellen. Obschon bald das Eine, bald das Andere in überwiegender Weise stattfinden kann, so muß doch das wahrhaft dramatische Motiv immer zugleich ein Product aus beiden sein und jedes Moment der dramatischen Entwicklung auf beiderlei Art von Motiven zurückweisen.

Es ergiebt sich hieraus, daß die wahrhaft dramatische Motivirung eine bestimmte Perspective zugleich in die Vergangenheit und in die Zukunft eröffnet, welche von einer gewissen Mannigfaltigkeit und Vertiefung sein muß. Es liegt in der Natur der Sache, daß ihre Verzweigungen sich dabei mehr und mehr compliciren und in das Dunkel des Unbewußten verlieren.

Es liegt weder in der Macht, noch im Interesse des Dichters, die Motive der Handlung in ihrer unendlichen Complication zu voller sinnlicher Anschauung zu bringen. Das Drama würde zu einem bloßen Mechanismus herabsinken, wenn die Motivirung sich ganz übersehen ließe und deren innere Nothwendigkeit sich blos als die des causalen Zusammenhangs enthüllte. Die letzten bewegenden Gründe der dramatischen Vorgänge liegen ja theils in der Willensfreiheit des Menschen, theils in etwas sich im Causalzusammenhange der Dinge Offenbarenden und ihm zu Grunde-Liegenden, das über denselben hinausweist.

Es ist vornehmlich dieses zugleich Klare und doch wieder geheimnißvoll Dunkle, dieses zugleich nothwendig Zwingende und doch der Phantasie des Beschauers noch einen Spielraum Lassende, es ist zugleich die Kraft und die Complication der dramatischen Motivirung, was den Charakteren der großen Dramatiker, besonders denen der germanischen Völker, Shakespeare und Goethe an ihrer Spitze, das Stimmungsvolle und die ihnen eigene Fülle der Erscheinung giebt — was die dramatische Situation zu einer stimmungsvoll spannenden macht. Es ist auch vornehmlich das, was einen Charakter, was eine Situation zu einer tragischen oder komischen erhebt. Die komische und tragische Motivirung entspringen aber aus verschiedenen Quellen, und wenn auch immer zugleich aus der Natur des handelnden Charakters und aus dem causalen Zusammenhange, so doch aus verschiedenen Momenten beider. Denn was die Charaktere betrifft, so entspringt bei ihnen die komische Motivirung hauptsächlich der Sphäre der Sinnlichkeit und des Verstandes, die tragische dagegen der Sphäre der Sittlichkeit und des Gemüths — und was den causalen Zusammenhang der Dinge betrifft, so soll sich dieser im Tragischen überwiegend als eine von der Sittlichkeit geforderte Nothwendigkeit, als ein gerechtes und das Höchste, Schönste, Gewaltigste der Menschennatur dabei voll zur Erscheinung bringendes Walten, im Komischen aber als eine fördernde, freundliche, selbst noch die Unzulänglichkeit und Thorheit des Menschen wohlwollend verklärende Macht und zwar hier überwiegend in der Form des Zufalls offenbaren.

Shakespeare hat aber in einzelnen seiner Stücke gezeigt, daß und wie sich auch noch der Zufall für das Tragische, und die sittliche Nothwendigkeit für das Komische benützen läßt. Beide dürfen dann aber immer nur dienende Momente sein.

§ 12. Von den verschiedenen Formen des Dramas im Allgemeinen.

Wie jede andere Kunst, wie jeder andere Kunstzweig, entfaltet sich auch die Poesie, entfaltet sich auch das Drama in mannigfaltigen verschiedenen Formen. Sie sind alle auf dem Wege historischer Entwicklung entstanden. Ist doch die Kunst zu keiner Zeit etwas völlig Beschlossenes, wenn sie sich diesem Ziele auch mehr und mehr zu nähern scheint. Das individuelle Moment der subjectiven Eigenthümlichkeit ist hierzu allein schon für Form und Wesen der einzelnen Kunstwerke von viel zu großer Bedeutung. Die Zeit Rafaels brachte nicht nur diesen Einen, nur mit sich selbst zu Vergleichenden, sondern auch einen Michel-Angelo, einen Leonardo da Vinci hervor, Beide eben so unvergleichlich, wie er. Doch auch die äußeren, auf die künstlerische Individualität einwirkenden Einflüsse sind zu jeder Zeit wieder andere. Aristoteles konnte den Chor und die Musik für nothwendige Bestandtheile der Tragödie halten. Wie wenig war er demnach im Stande, die Formen des Dramas der neueren Völker vorauszusehen. Wie wenig ahnen vielleicht wir die Formen des Dramas der Zukunft, obschon es nicht an Propheten gefehlt hat, die sie in ihrem Sinne zu deuten wußten. Die Kunst wird der Theorie immer um einige Schritte voraus sein müssen, damit diese nur überhaupt Grund und Boden für ihre Lehren gewinnt, aber die Lehren der Theorie können andererseits wieder Manches anticipiren und für die Kunst zu einem Fermente der Entwicklung werden. Es gehört aber zu den Aufgaben einer Theorie des Dramas, die verschiedenen Formen desselben unter Gesichtspunkte zu stellen, die eine zweckmäßige Uebersicht über die Masse der einzelnen Werke desselben gestatten.

Es ist jedoch schon in der Natur der Sache begründet, daß, indem wir hierbei von den allgemeineren Gesichtspunkten zu den besonderen herabsteigen, wir von Stufe zu Stufe denselben

Formen noch wieder zu begegnen haben, wie ja z. B. ein Lustspiel zugleich romantisch, historisch und ein Intriguen= oder Charakterstück sein kann.

§ 13. Formen des Dramas, welche wesentlich durch die Grundstimmung der dichterischen Anschauung bestimmt sind.

Tragödie und Komödie. — Das humoristische Drama. — Die Tragikomödie und das Satyrspiel. — Das Schauspiel und Lustspiel. — Die Posse und die Burleske.

Der Charakter der Handlung wird wesentlich mit von der dichterischen Grundstimmung bestimmt, mag ihr Stoff der Sage, Geschichte, Dichtung oder dem unmittelbaren Leben entlehnt oder auch frei erfunden sein. Dort wird die Wahl, hier die schaffende Phantasie von derselben beeinflußt. Diese Grundstimmung ist entweder eine ernste oder eine heitere. Die ernste Richtung des Dramas führt, wie wir gesehen, zur Tragödie, die heitere zur Komödie. Der Humor kann jeder dieser beiden Richtungen und ihren besonderen Formen eine besondere Färbung geben, indem er Momente der anderen in sie hineinträgt, aber unter ihre besonderen Gesichtspunkte rückt. Die classische Tragödie und Komödie vertrugen diese Einmischung nicht, sie schlossen den Humor im Allgemeinen ganz von sich aus. Nur hier und da zeigen sich einzelne Spuren desselben, wie z. B. in den „Grabspenderinnen" des Aeschylos in der Figur der Amme. Erst das romantische Drama ist für den Humor der geeignete Boden geworden, doch muß ihn dieses darum nicht nothwendig in sich aufnehmen. „Macbeth" ist bis auf die Figur des Pförtners ganz davon frei. Shakespeare erinnert hier fast an die äschyleische Tragödie. In Goethes „Iphigenia" ist der Humor aber so völlig ausgeschlossen, wie nur in irgend einer Tragödie der Alten. Die Griechen hatten besonders im Satyrspiel so wie in der Tragikomödie, zu denen die „Alcestis" des Euripides, vielleicht selbst dessen „Bakchen" gehören, Formen gewonnen, die zwischen der Tragödie und der Komödie mitteninne standen. Ihr Schauspiel darf aber nicht als solche bezeichnet werden, da sie es in die Tragödie selbst mit einschlossen. Es galt ihnen für eine Tragödie mit günstigem Ausgang, welcher letztere sich dann freilich mit derselben Nothwendigkeit, wie die tragische Katastrophe, aus der folgerichtigen Entwicklung der Handlung ergeben mußte. Einen „Oedipus", einen „Agamemnon" mit günstigem Ausgang würden sie gewiß nicht ertragen haben. Gegen die ästhetische Barbarei, welche z. B. dem Shakespeare'schen „Romeo" einen günstigen Ausgang andichten konnte, schützte sie in der Blüthezeit ihres Dramas schon ihr fein ausgebildeter Natursinn. Aber selbst diese innerlich motivirte und geforderte Form des günstigen Ausgangs betrachtete Aristoteles nur als die schwächlichere Form des Tragischen. Man ist in späteren Zeiten in diesen Forderungen nachgiebiger geworden. Was man uns heute unter dem Namen Schauspiel darbietet, entbehrt meist der wesentlichsten Eigenschaften der Tragödie. Die Willkür des Dichters und ihre Gehülfen: Zufall und Unwahrscheinlichkeit, spielen darin hervortretende Rollen. Die Reinheit des Stils ist verloren gegangen, in der Tragödie sowohl, wie im Lustspiel. Das letztere ist oft nichts weiter als ein Schauspiel mit komischen Einlagen. Daß in der Tragödie Alles nur unter den sittlichen Standpunkt zu stellen ist, selbst noch das Thörichte und Verkehrte, im Lustspiel dagegen Alles unter den Gesichtspunkt des Verstandes, selbst noch das Sittliche, davon haben viele unserer Dramendichter keinen Begriff mehr. Aus solcher Vermischung des tragischen und komischen Stils sind mancherlei Formen entstanden, die man mit allerlei wunderlichen, die Schwäche der Dichtung verrathenden Namen belegte, z. B. das Familien-, Sitten- oder Charaktergemälde.

Wie sich auf Seiten der Tragödie das mildere Schauspiel ausgebildet hat, so auf Seiten der Komödie das mildere Lustspiel. Die Posse ist bei den Neueren an die Stelle der ausgelassenen Komödie der Alten getreten. In der Komödie des Aristophanes objectivirte sich gewissermaßen die komische Lust des Dichters an seinen Gestalten und trat in der Parabase auch subjectiv mit daraus hervor. Platen und Tieck ahmten dies nach. Auch in der Burleske hebt der Dichter seine Gestalten durch Selbstironie theilweise auf und die Figur des Hanswurst hat vorzugsweise diesen Zwecken gedient.

PROF. H. G. FIEDLER

§ 14. Formen des Dramas, welche aus den verschiedenen Verhältnissen hervorgehen, in denen die ideelle Bedeutung zu der sinnlichen Erscheinung desselben steht.

Das symbolische und das allegorische Drama. (Die Moralitäten und Mysterienspiele. — Das Mährchen. — Die Zauberposse.) Das satirische Drama. — Die Parodie und die Travestie. — Das Satyrspiel und die Hilarotragödie. — Die Mimen. — Die commedia dell'arte und die Burleske.

Wir hatten gesehen, wie alle Kunst nicht bloße Nachahmung ist, sondern wie es sich dieser vielmehr nur als Mittel zu ihren Darstellungen bedient. In keiner Kunst zeigte sich dies deutlicher, als in der Poesie, welche ausschließlich die Begriffe und ihre Wortlaute zu Darstellungsmitteln hat, und es entweder der Phantasie des Hörers und Lesers, oder (im Drama) noch einer anderen Kunst überlassen muß, ihre Darstellungen in reale sinnliche Anschauung zu verwandeln. Gerade die Poesie, insbesondere die dramatische, gehört aber andererseits zu den Künsten, welche zur Erreichung ihrer Zwecke auf unmittelbare Naturnachahmung ausgehen. Nur in diesen Künsten entwickelt sich der Gegensatz einer idealistischen und realistischen Kunst. Die nicht unmittelbar nachahmenden Künste, Musik und Architektur, sind ihrer Natur nach immer idealistisch. Daß das idealistische Moment darin zu verschwindender Bedeutung, dort zum sinnlichen Motive herabsinken, hier dem bloßen materiellen Bedürfniß dienen kann, haben die übrigen Künste noch überdies mit ihnen gemein. Wir können daher von einem idealistischen Drama im Gegensatz zu einem realistischen sprechen. Auf Seiten des idealistischen Dramas haben wir aber zweier Formen zu gedenken, die wesentlich aus der Verschiedenheit des Verhältnisses der ideellen Bedeutung zu ihrer sinnlichen Erscheinung hervorgehen: das symbolische und das allegorische Drama. Alle idealistische Kunst ist ihrer Natur nach symbolisch oder sollte es sein. Die sinnliche Erscheinung soll in ihr immer eine ideelle Bedeutung haben, aber nicht blos durch äußere Beziehung auf die Idee, sondern indem diese selbst in ihr zur Erscheinung kommt. Dies wird aber nicht immer erreicht, sei es, daß sie die sinnliche Form nicht vollständig durchbringt und erfüllt, oder daß sie über diese hinausgeht. Das Erste kann z. B. der Fall sein, wenn die künstlerische Technik hierzu noch nicht genügend entwickelt ist oder der Künstler die volle Versinnlichung seiner Idee verschmäht, das Letztere, wenn Ideen zur Darstellung gebracht werden, welche sich überhaupt nicht genügend sinnlich veranschaulichen lassen. Gerade Werke, in denen sich ein derartiger Bruch zwischen sinnlicher Erscheinung und ideeller Bedeutung des Kunstwerks zeigt, werden aber vorzugsweise symbolisch genannt, weil auf jedem anderen Gebiete, als dem der Kunst, z. B. auf dem der Religion und des kirchlichen Cultus, das Symbol nur ein Zeichen ist, mit dem das allgemeine Bewußtsein eine bestimmte ideelle Bedeutung verbindet, ohne daß diese doch vollkommen oder auch nur hinreichend darin zur Erscheinung käme. Es genügt auch daher, daß die Kunst an solche Momente anknüpft oder derartige Symbole mit in den Kreis ihrer Darstellung zieht, oder sie wohl gar, bewußt oder unbewußt, zum Ausgangspunkte und zur Grundlage ihrer Darstellungen macht, damit man ihr einen symbolischen Charakter zuspreche. Da nun die classische Kunst ihren Gegenstand immer in objectiver Reinheit und nur um seiner selbst willen darzustellen suchte, daher auch abgesehen von Allem, was er in den Beziehungen und durch die Beziehungen zur übrigen Welt ist, so mußte das classische Drama nicht nur einen überwiegend plastischen, sondern auch einen überwiegend symbolischen Charakter haben. Der Gebrauch des Kothurns und der Maske, obschon, wie wir früher gesehen, aus anderen Motiven hervorgegangen, hat diesen plastisch-symbolischen Charakter der antiken Tragödie noch gesteigert. Auch sie vermochte aber das ideelle Moment nicht immer vollkommen zur Erscheinung zu bringen, konnte jedoch die äußere Beziehung darauf bei ihren Darstellungen nicht völlig entbehren, so daß hierdurch noch ein allegorisches Element mit in sie eintrat; wie sich dies am überzeugendsten an einzelnen Werken der Plastik beobachten läßt. Die Attribute, welche die griechische Kunst ihren Göttergestalten verlieh, um ihnen ihre bestimmtere ideelle Bedeutung zu geben, sind zwar an sich von symbolischem Charakter, allein die Beziehung, in welche sie deshalb zu der rein mensch-

lichen Gestalt des Gottes oder der Göttin gesetzt werden, ist
allegorisch. Die Kunst der neueren Völker, welche ihren Gegenstand vorzugsweise in bestimmten Beziehungen und durch bestimmte Beziehungen zur übrigen Welt darzustellen pflegt, mußte dagegen der Allegorie einen ungleich günstigeren Spielraum gewähren. Obschon auch sie als idealistische Kunst in ihren Werken symbolischen Charakter nicht nur erstrebt, sondern nicht selten erreicht, so ist doch ihr Drama, besonders das mittelalterliche, vielfach mit allegorischen Elementen durchzogen. Ja einzelne Formen des letzteren sind wesentlich durch sie mit bestimmt, wie z. B. die Moralitäten und die späteren Mysterien. In den „autos sacramentales" und den „comedias divinas" der Spanier hat das allegorische Drama seine höchste Blüthe erreicht. Doch auch in die volksthümlichen Spiele des Mittelalters hatte die Allegorie vielfach Eingang gefunden; während sie später in die Oper und Operette, in die Märchen- und Zauberposse überging und hier auch heute noch fortlebt, nicht ohne dabei in ihren natürlichen Gegensatz, das Parodistische, umzuschlagen.

Wie in dem idealistischen Drama, so können sich auch in dem realistischen beide Seiten des Kunstwerks, ideelle Bedeutung und realistische Ausführung, bis zu einem hohen Grade durchbringen, so daß es im einzelnen Falle kaum zu entscheiden ist, ob ein Drama dem einen oder anderen angehört. Die realistische Richtung mußte sich ihrer Natur nach mehr des Lustspiels bemächtigen und, gereizt durch den doppelten Gegensatz der ernsten und idealistischen, zur pathetischen und symbolischen Behandlung drängenden Lebensauffassung, denselben mit Bewußtsein erfassen und bis zum Widerspruch ausbilden. Dies geschah in der ironischen und satirischen Behandlung des Lebens und führte zur Parodie und Travestie ernster und idealistischer Kunstwerke. Die aristophanische Komödie, das ältere Lustspiel der Italiener haben einen überwiegend satirischen Charakter. Die Mimen, so wie die Hilarotragödie sind Formen, welche auf diesem Wege entstanden. Doch auch die Burleske gehört mit hierher, da sie auf einer satirischen Uebertreibung des Komischen in der realistischen Darstellung des Lebens beruht. Sie wurde besonders von den romanischen Völkern, Italienern und Franzosen, gepflegt, fand aber auch bei uns Deutschen (und zwar vorzugsweise in Wien) bereitwillige Aufnahme und Nachahmung. Wir werden jedoch all diesen Formen im nächsten Abschnitte noch wieder zu begegnen haben, weil sie zugleich durch das Hervortreten noch eines anderen Momentes der künstlerischen Thätigkeit bestimmt werden.

Wie aber die realistischen Komiker in das Lustspiel das idealistische Moment der Allegorie mit herüberzogen, und sich desselben zu ihren Zwecken bedienten, so bemächtigten sich auch die idealistischen Tragiker nicht selten der Ironie und Satire, woraus z. B. das Satyrspiel und die Tragikomödie entstanden. In dieser siegte das Tragische über das mit der Satire in dieselbe eingetretene komische Element. In jenem tritt dagegen zu ihren Gunsten das Tragische zurück. Das Satyrspiel verhält sich etwa zur Tragödie, wie die Burleske und Mime zum Lustspiel.

§ 15. Formen des Dramas, welche durch das Vorherrschen der einen oder anderen der bei der künstlerischen Thätigkeit mitwirkenden Geistesvermögen entstehen.

Das phantastische Drama. — Das religiöse, ethische und sentimentale Drama (das kirchliche, das moralisirende Drama, das Rührstück). — Das satirische und das lehrhafte Drama.

Die eben besprochenen Verhältnisse hängen zum Theil mit Erscheinungen zusammen, die sich aus dem Vorherrschen der einen oder anderen der an der künstlerischen Thätigkeit betheiligten Geistesvermögen ergeben. Diese Thätigkeit ist nämlich eine zusammengesetzte. Die Phantasie (das productive Vorstellungsvermögen) hat zwar den hervorragendsten, ja maßgebenden Antheil daran, steht aber dabei mit unter den Antrieben der Kräfte des Gemüths (worunter ich die das Empfindungsleben umfassende Sphäre des Geistes begreife), so wie unter denen des Verstandes (worunter ich die auffassende, unterscheidende und wieder verbindende Thätigkeit desselben verstehe). Sie ist noch außerdem abhängig von der Sinnesthätigkeit und von der technischen Kunstfertigkeit des Menschen, welche letztere in der Poesie zwar noch mehr, als in jeder anderen Kunst mit der Thätigkeit der Phantasie zusammenzufallen scheint, nichtsdestoweniger aber auch hier noch ein besonderes von ihr zu unterscheidendes Moment ist.

Da die Tragödie die menschlichen Handlungen vorzugsweise unter den Gesichtspunkt der Sittlichkeit, die Komödie aber unter den des Verstandes zu stellen hat, so wird die künstlerische Phantasie des Dichters bei jener auch vorzugsweise unter dem Einflusse der Gemüthskräfte, bei dieser vorzugsweise unter dem des Verstandes stehen. Keine Seite des Dramas schließt aber darum den einen oder anderen dieser verschiedenen Factoren von sich aus. Doch treten sie nicht selten in so einseitiger Weise daraus hervor, daß hierdurch der rein künstlerische Charakter derselben beeinträchtigt wird. Dies hat zu verschiedenen Formen des Dramas geführt, welche entweder über die eigentliche Sphäre desselben hinausgreifen, oder doch wenigstens an der Grenze der letzteren liegen. Das einseitige Vorherrschen der Kräfte der Phantasie konnte indeß nicht sowohl über diese Grenzen hinausführen, als es vielmehr dieselben scheinbar bis zum Verfließen erweitern mußte. Dies geschah im phantastischen Drama, als dessen bedeutendste Form die aristophanische Komödie betrachtet werden darf, obschon in ihr, wie dies schon genügend aus ihrem satirischen Charakter erhellt, zugleich der künstlerische Verstand eine große Rolle spielt. Bei den Neueren hat das phantastische Drama einen fruchtbaren Boden auf dem Gebiete des Romantischen gefunden und sich der Formen der Posse, Oper, Burleske, des Märchens (Gozzi und Raimund) bemächtigt. Hierher gehören auch noch die italienischen Masken, die Lustspiele der neueren romantischen Schule, Tieck an der Spitze, und das unter dem Einflusse des Aristophanes und der Italiener entstandene Platen'sche Lustspiel.

Das Vorherrschen der Gemüthsseite hat das religiöse, das ethische und das empfindsame Drama ins Leben gerufen. Das erste ist noch zu unterscheiden vom kirchlichen Drama, wie das zweite von dem moralisirenden Drama und das letzte vom sogenannten Rührstück. Denn wenn diese verschiedenen Gattungen auch alle in ihren Wirkungen über das eigentliche Gebiet der Kunst hinausgreifen, so geschieht dies in jenen doch in ganz naiver, unbeabsichtigter Weise, während es in diesen geradezu beabsichtigt ist und nicht selten in ganz unkünstlerischer und speculativer Art geschieht. Immer aber stehen die einen und anderen in einem gewissen Rapport, daher die letzteren, denen wir noch an anderer Stelle zu begegnen haben, auch schon hier mit genannt werden mußten.

Wir haben gefunden, daß sich sowohl bei den Griechen, wie bei den neueren Völkern das Drama aus dem religiösen Cultus entwickelt hat. Diese Anfänge hatten aber bei jenen einen ungleich mehr religiösen als kirchlichen Charakter, daher sich bei ihnen eine reine Kunstform des Dramas auch viel rascher herausbilden konnte, als bei den neueren Völkern, bei denen das umgekehrte Verhältniß obwaltet. Nur bei den Spaniern finden wir neben den kirchlichen Spielen (den Mysterien) noch ein besonderes religiöses Drama, das aber von überwiegend allegorischem Charakter ist.

Das Vorherrschen der Verstandeskräfte im Drama hat nicht nur das allegorische und satirische Drama, die wir schon in Betracht zogen, sondern ganz besonders noch das lehrhafte Drama begünstigt. Zu ihm gehören die Moralitäten des Mittelalters und die moralisirenden Stücke der Neueren, so wie das philosophische, psychologische und pathologische Drama, insofern diese Formen ein Interesse des Wissens zu befriedigen suchen und nicht auf andere Zwecke oder Wirkungen gerichtet sind. Die Einseitigkeit des Vorherrschens der Verstandes- oder der Gemüthskräfte im Drama tritt am schärfsten hervor, wo die einen auf das Gebiet der anderen hinübergreift. Das ist z. B. im sogen. weinerlichen Lustspiele (der „comédie larmoyante") und im moralisirenden Lustspiele der Fall.

§ 16. Formen des Dramas, welche überwiegend auf der, sei es unmittelbaren, sei es nur mittelbaren Ueberlieferung dramatischer Formen beruhen.

<small>Die nationalen Stile und Schulen. — Das classische und das romantische Drama. — Das akademische Drama (die commedia erudita, die Schulkomödie, die classische Tragödie der Franzosen). — Die Haupt- und Staatsaction.</small>

Die Kunst erschöpft sich weder in einer Form, noch zu einer Zeit sie ist etwas in der Entwicklung Begriffenes, daher ihre Formen auch etwas der weiteren Entwicklung Fähiges sind. Nur auf dem Wege der unmittelbaren Ueberlieferung und Weiterentwicklung dieser Formen sind die nationalen Künste, Stile und Schulen entstanden. Auf ihnen beruht auch mit der Gegensatz von classischer und romantischer Kunst, der Gegensatz des classischen und romantischen Dramas.

Nicht immer aber ist diese Ueberlieferung und Entwicklung eine ununterbrochene, es liegen oft große Zeiträume dazwischen und ebensowenig wie an die Zeit ist sie an ein bestimmtes Volk, an eine bestimmte Nation gebunden. So sahen wir unter dem Einflusse des altrömischen und altgriechischen Dramas das akademische Drama der Neueren, besonders der Italiener und der Franzosen (die commedia erudita und das classische Drama), so wie die Schulkomödie der Deutschen und Engländer entstehen. Wir sahen das deutsche Drama lange von englischen, französischen, italienischen Einflüssen bestimmt. Die sogen. Haupt- und Staatsaction ist auf diese Weise entstanden. Lily's Dramen beruhten auf italienischen Einflüssen. Spanische und italienische Einwirkungen beherrschten längere Zeit die französische Bühne, wogegen später die französische wieder die spanische, italienische und englische beherrschte. Englische Einflüsse wirkten auf Diderot, Diderot wirkte auf Lessing herüber. Dort ging die comédie larmoyante, wie hier das bürgerliche Rührstück aus diesen Einflüssen hervor. Spanier und Engländer wirkten auf die neuen deutschen Romantiker, Aristophanes und die Italiener auf die Platen'schen Lustspiele ein. Es hieße jedoch die Geschichte des Dramas noch einmal erzählen, wenn man all diese Einflüsse hier weiter verfolgen wollte.

§ 17. Formen des Dramas, welche wesentlich aus der Wechselwirkung der verschiedenen Künste hervorgingen. Plastischer und malerischer Charakter des Dramas.

Jede Nation, jede Zeit hat ihren besonderen Charakter, welcher der Entwicklung der einen Kunst oft günstiger ist, als der der anderen, und sie wohl sogar zur herrschenden und alle übrigen mehr oder weniger bestimmenden macht. Wir haben bei der Betrachtung der historischen Entwicklung des Dramas schon zu berühren gehabt, daß der Charakter des Alterthums, besonders der des griechischen Geistes der plastischen Kunst vorzugsweise günstig war, wogegen der der neueren Völker sich mehr zum Malerischen, Stimmungsvollen hinneigte. Es ist daher schon mit Recht gesagt worden, daß der Charakter der griechischen Kunst ein überwiegend plastischer, der der neueren Völker dagegen ein überwiegend malerischer sei. Das Letztere konnte freilich erst in dem Maße hervortreten als diese Völker sich von den geistigen Fesseln des Römerthums befreiten und zu einer selbständigen Cultur emporrangen. Daher mußte dieser Charakter auch wieder in dem Grade verwischt werden, als die classische Bildung und die Antike aufs Neue Einfluß auf ihre Culturentwicklung gewannen, was besonders bei Italienern und Franzosen geschah. Woraus es sich auch wohl erklärt, daß, obschon die Malerei in Italien die höchsten Triumphe feierte, sie hier doch mehr von einem classischen Charakter, bei den Niederländern, den bedeutendsten Repräsentanten der germanischen Malerei, aber von einem mehr romantischen, ja ich möchte sagen, von einem mehr malerischen Geiste war. Ein ähnlicher Gegensatz läßt sich nun auch zwischen dem englischen und französischen, zwischen dem spanischen und italienischen Drama beobachten. Es ist eine überraschende Erscheinung, daß hiermit in Widerspruch das englische Drama zunächst einen epischen, das altgriechische einen lyrischen Charakter hatte, da in der Dichtung dem Malerischen doch das Lyrische, dem Plastischen das Epische entspricht. Auch haben in der That die Griechen im Epos das Höchste geleistet, wogegen sie von den neueren Völkern in der Lyrik und Musik

gewiß übertroffen worden sind, da bei ihnen selbst diese beiden
Künste noch einen plastischen Charakter hatten und mehr auf
die Ausbildung der Form, als des Ausdrucks ausgingen. Indeß
darf nicht übersehen werden, daß es sich mit dem lyrischen Elemente des griechischen Dramas, von dem dieses sich übrigens sehr
bald zu befreien suchte, eben so verhielt, und daß der lyrische
Charakter desselben nur ein scheinbarer war. Wogegen das neuere
Drama im Fortgang seiner Entwicklung sich nicht nur mehr
und mehr mit lyrisch-musikalischen Elementen verband, und sich
lyrisch vertiefte, sondern auch von Anfang an in diesen scheinbar
epischen Darstellungen das Hauptgewicht auf den Wechsel und
Reichthum der Gegensätze und Verhältnisse und der ihnen entsprechenden Stimmungen legte, wenn es auch noch nicht die
Fähigkeit hatte, diesen Stimmungen einen genügenden Ausdruck
zu geben. Die dramatische Kunst war hierzu noch zu sehr in der
Kindheit. Hätten Engländer und Deutsche zu dieser Zeit auf dem
Standpunkt künstlerischer Entwicklung gestanden, wie z. B. die
Spanier, so würde ihr Drama den malerischen d. i. stimmungsvollen Charakter, den es ja so rasch zu entwickeln wußte, als
größere Talente (wie Marlow und Green) sich seiner bemächtigten, und den es ganz unmittelbar darauf durch Shakespeare
in einem nie wieder erreichten Grade gewann, auch früher schon
zum Ausdruck gebracht haben. Der malerische Charakter des
neueren Dramas verlangte schon zu Lope de Vega's Zeit nach
einer äußeren Unterstützung, und nahm dazu die Malerei selber
in Anspruch. Es ist dieser Sinn für das Malerische der äußeren
Situation, welcher weder der Phantasie des Zuschauers, noch
der eigenen Kraft so wie früher vertraute, welcher zur Erfindung
der malerischen Decoration führte. Die comedias de ruedo o
teatro waren die ersten Ausstattungsstücke der Spanier, die man
den Stücken der bisher decorationslosen mittelalterlich romantischen Bühne entgegenstellte. Die Italiener gingen in der Ausbildung der Scenerie und der Maschinerie allen anderen Nationen
voran, doch blieb der dichterische Theil ihres Dramas gleich dem
der Griechen, die ebenfalls die Scenographie zeitig ausbildeten,
viel weniger malerisch, d. h. stimmungsvoll, als das spanische

und englische, welches für die decorationslose Bühne gedichtet war. Es ist als ob sie für den Mangel des Stimmungsvollen in ihrem Drama nach einem äußeren Ersatz gesucht hätten. Shakespeare hatte das freilich nicht nöthig. Seine Dramen sind durchaus stimmungsvoll und selbst im engeren Sinne noch malerisch. Die Malerei hat seitdem einen steigenden Antheil an der scenischen Darstellung gehabt und das Stimmungsvolle der äußeren Situation sehr unterstützt. Es ist jedoch einleuchtend, daß diese sich neuerdings zum Naturalismus hinneigende Kunst den äußerlichen Realismus, ja Naturalismus, dem wir die heutige Bühne verfallen sehen, sehr begünstigen mußte.

Nächst der Malerei steht die Musik in der engsten Beziehung zum Drama. Sie bildet nicht selten einen wesentlichen, ja in einzelnen Formen den herrschenden Bestandtheil desselben, daher ich diese Verhältnisse an anderer Stelle noch besonders zu besprechen haben werde.

Dagegen mögen hier noch einige Bemerkungen über den Einfluß Platz finden, welchen die übrigen Gattungen der Poesie auf die dramatische ausübten.

Daß diese die epische und lyrische Dichtung voraussetzt, deren Elemente sich in einer bestimmten Weise in ihr verschmelzen, ist schon früher dargelegt worden. Wir fanden aber auch, daß das Letztere weder bei allen dramatischen Dichtern, noch bei der dramatischen Dichtung aller Nationen im vollen Umfange geschah. Nicht selten treten aus ihr lyrische und epische Bestandtheile mehr oder weniger selbständig und mit vollem Bewußtsein hervor. Es ist dies sogar ein charakteristisches Merkmal des spanischen Dramas. Auch im antiken Drama findet etwas Aehnliches, sowohl in den Chören, wie in den Prologen und in den Berichten, statt. Römer, Italiener, Franzosen haben dagegen dem Drama vielfach Bestandtheile der rhetorischen Dichtung beigemischt. Die Deutschen blieben weder von dem Einen, noch von dem Anderen ganz frei.

Da die epische Dichtung nicht selten auch Quelle der dramatischen ist, so läßt sich erwarten, daß die Richtungen und Formen der ersteren von bestimmendem Einfluß auf diese mit wurden.

Dies gilt besonders von den Novellen und Romanen, selbst noch von solchen, deren Stoff man nicht unmittelbar entlehnte. So sind den späteren Schäferspielen, aus denen sich die Oper entwickelte, der Schäferroman, den Rührstücken die sentimentalen Romane Richardson's, dem socialen Drama die socialen Romane, dem Demimonde- und dem Ehebruchdrama die Romane derselben Gattung vorausgegangen.

§ 18. Formen des Dramas, welche überwiegend durch außerkünstlerische Einflüsse bestimmt worden sind.

Das religiöse Drama der Griechen. — Die kirchlichen Spiele. — Die Moralitäten. — Das höfische Drama. — Das politische, sociale und lehrhafte Drama. — Das Tendenzdrama.

Bei der Wechselwirkung, die zwischen den Dingen besteht, und bei der Unmittelbarkeit und Stärke der Wirkungen, welche das Drama ausübt, kann es nicht Wunder nehmen, daß sich auch solche Einflüsse darauf bemerklich machen, welche direct mit der Kunst nichts zu thun haben, und daß man sich seiner Wirkungen noch zu anderen als künstlerischen Zwecken bedient. Wir sahen das altgriechische Drama aus gewissen Formen des religiösen Cultus entstehen und hierdurch selbst in seinen Formen wesentlich mit bestimmt werden. Indessen gelang es dem griechischen Geiste, das, was zunächst nur eine Form des religiösen Cultus war, den Chor, zu einer reinen Kunstform zu erheben. Der Uebergang der altattischen Komödie in die neue ist dagegen mit auf die veränderte Staatsform und auf gewisse, die persönliche Satire einschränkende Gesetze zurückgeführt worden. In Rom war es das Bedürfniß nach Zerstreuung, welches die Anfänge des Dramas ins Leben rief. Zerstreuung und sinnliche Aufregung blieben auch später der hauptsächlichste Zweck des römischen Dramas und gaben ihm seinen Charakter. Die Griechen waren mehr darauf ausgegangen, das Drama zu einem Mittel der Bildung und politischen Erziehung zu machen, die Römer ergriffen es als ein Mittel der Politik und des persönlichen Ehrgeizes, indem sie hierbei der Unterhaltungslust und dem Sinnenkitzel der Massen fröhnten. Der bloße Schein konnte daher zuletzt nicht mehr befriedigen, man verlangte realere Genüsse. Die wollusterregende Nacktheit der Pantomime, so wie der blutige Realismus der Kämpferspiele traten an seine Stelle. Dagegen entwickelte sich das Drama des Mittelalters zunächst ganz unter dem Einflusse und im Dienste der Kirche. Einflüsse der mittelalterlichen Philosophie traten hinzu und bestimmten Form und Inhalt der Moralitäten, so wie der geistlichen Schauspiele der Spanier, ja selbst zuweilen die ihres weltlichen Dramas, besonders das des Calderon. Die classische Tragödie der Franzosen nahm unter dem Einflusse des Hofes ihren conventionell höfischen Charakter an, wogegen das ältere englische Drama vielfach unter kirchlich-politischen Tendenzen stand. Politische Tendenzen bestimmten das Trauerspiel Alfieri's, politische und social aufklärende das Drama Voltaire's und seiner Schule. Die Tragödien der Revolution, des Kaiserreichs und der Restauration stehen zum Theil unter ähnlichen Einflüssen. Die Dichter der Sturm- und Drangperiode sind nicht davon frei. Das lehrhafte moralisirende Drama Iffland's und seiner Nachfolger, das politische Drama der Jungdeutschen, das sociale Drama der Franzosen, so wie überhaupt Alles, was man Tendenzdrama nennt, gehören hierher, auch Hebbel, insofern er philosophisch gestellte sociale Probleme auf dramatischem Wege zu lösen suchte.

§ 19. Formen des Dramas, welche überwiegend auf die Originalität der einzelnen dichterischen Individualität zurückzuführen sind.

Das subjective Moment, auf welchem alle Weiterentwicklung der Kunst mit beruht, soll zwar, wie in jeder Kunst, auch im Drama ganz in das Kunstwerk aufgehen und niemals, selbst wo es der Träger desselben ist, für sich aus diesem hervortreten. Dies schließt jedoch keineswegs aus, daß einzelne Formen desselben wesentlich von der Eigenthümlichkeit der künstlerischen Individualität bestimmt werden. So haben wir bei den Griechen Thespis als den Erfinder des Schauspielers und der Bühne zu nennen gehabt. Pratinas gilt als der des Satyrspiels. Wie viel dem Aristophanes von der Form der nach ihm benannten altattischen Komödie gehört, vermögen wir leider nicht, zu bestimmen. Und eben so ungewiß ist es auch, ob man dem Phrynichos oder dem Aeschylos das Verdienst der Erfindung einer vollkommeneren tragischen Handlung durch die Einführung eines zweiten Schauspielers zuzuerkennen hat. Dem Sophron wird dagegen die Erfindung der nach ihm benannten Mimen widerspruchslos zugesprochen. Rhinthon wird als Erfinder der tarentinischen Hilarotragödie bezeichnet, dem Pylades und Bathyllus die Erfindung der Pantomime zugeschrieben. Juan del Encina gilt für den Schöpfer des spanischen Dramas, Angelo Beolco für den der commedia dell' arte. Metastasio darf als derjenige angesehen werden, welcher der Oper eine eigenthümliche Form gab. Heywood brach in England mit seinen Interludes dem weltlichen Drama die Bahn. In Spanien brachte Calderon das spanische zu höchster Blüthe und schuf in seinen autos und comedias divinas ungeahnte Meisterwerke einer ganz eigenthümlichen Form. Shakespeare brachte das ganze Drama des Mittelalters zu höchster Vollendung, indem er zugleich der neuen Zeit unsterbliche und unerreichte Muster aufstellte. Trissino wies in Italien, Jodelle in Frankreich dem neueren classischen Drama seine eigenthümliche Richtung an. Lessing, Goethe und Schiller waren bahnbrechend und mustergültig zugleich. Jeder von ihnen schuf unter ähnlichen Einflüssen neue Formen des Dramas. Keiner in so mannigfaltiger Weise als Goethe. Kecke Anläufe subjectiver Originalität zeigen sich in den Tieck'schen und Platen'schen Lustspielen. Sie führten bei Kleist zu ungleich glänzenderen Ergebnissen.

In Grabbe und Immermann mochte das Streben nach Originalität vielleicht größer sein, als diese selbst, einen so wunderlichen und befremdenden Eindruck die Dramen des ersten auch zunächst machen. In Hebbel tritt uns dagegen ein eigenartiger Dichter mit eigenartigen Formen entgegen. In Frankreich schuf Diderot das sentimentale Schauspiel. Victor Hugo gilt für den Gründer der französischen romantischen Schule und Alexander Dumas wurde der Schöpfer des Demimonde- und Ehebruchdramas.

§. 20. Formen des Dramas, welche vorzugsweise durch die Natur des Stoffs bestimmt werden.

Diese Formen fallen zum Theil mit schon früher genannten zusammen. Der Stoff eines Dramas kann entweder der Mythe, der Sage, der Historie, der Dichtung oder ganz unmittelbar dem Leben des Tages entnommen sein. Indessen entsprechen die Namen unserer Dramen einer solchen Unterscheidung nur theilweise. Wir sprechen wohl von einem mythologischen und von einem historischen Drama, für diejenigen Dramen, welche Stoffe der Sage, der Dichtung oder des unmittelbaren Lebens behandeln, hat man keinen besonderen Namen erfunden, wohl aber giebt es deren eine ziemliche Zahl, welche nach näheren Merkmalen ihres Stoffs gewählt worden sind. Hierher gehören: das dramatische Märchen, das heroische Drama, das Königsdrama (der Inder), das Ritterstück, das bürgerliche Drama, das ländliche Drama, das Schäferspiel, das Volksstück (insofern man mit diesem Namen ausdrücken wollte, daß der darin behandelte Stoff dem Volksleben entnommen wurde), das Familiendrama, das Salonstück, das Sittenstück, das Demimondestück. Wir werden verschiedenen dieser Gattungen auch auf den folgenden Stufen noch zu begegnen haben.

§ 21. Formen des Dramas, welche durch Hervorhebung einzelner Momente desselben entstehen.

Das Charakterstück. — Das Situationsstück. — Das Intriguenstück. — Das Schicksalsdrama. — Das Conversationsstück. — Das Ausstattungsstück.

Wir unterscheiden am Drama die Charaktere und ihre Lage, so wie die innere und die äußere Verknüpfung der Handlung. Diesen vier Momenten entsprechen durch einseitige Hervorhebung derselben: das Charakterstück, das Situationsstück, das Intriguenstück und das Schicksalsdrama.

Das Charakterstück, wohl auch Charakter- oder Seelengemälde genannt, legt das Hauptgewicht auf die Darstellung der Charaktere überhaupt oder auch auf die nur eines einzigen

Charakters, den es zum bevorzugten Mittelpunkt desselben macht. Die spanische comedia de figuron und die pièce à tiroir (das Schubladenstück) sind Spielarten desselben. Das Proverbe ist eine in Frankreich entstandene kleinere Gattung, welche auf charakteristische Genre- und Detailmalerei ausgeht, ihren Reiz aber oft nur in der Behandlung des Dialogs hat, daher sie auch dem Conversationsstück zugezählt werden dürfte.

Das Gegenstück zu dem Charakterstück bildet gewissermaßen das Situationsstück. Es sucht seine Wirkungen besonders durch das Ueberraschende, Fesselnde, Spannende oder Pikante im Zusammentreffen der äußeren Umstände und Verhältnisse zu erreichen, durch welche die Charaktere in die Lage gebracht werden, irgend einen, sei es thörichten oder verhängnißvollen Entschluß zu fassen. Die Bluette ist eine kleine dramatische Form, die sich gewöhnlich in nur eine wirksame Situation zuspitzt.

Das Intriguenstück hebt dagegen die einseitig von den Charakteren mit bewußter Absicht ausgehende innere Verknüpfung hervor, die es aber ganz äußerlich behandelt. Wogegen das Schicksalsdrama die Verknüpfung der Handlung in einseitiger Weise als durch das herbeigeführt darstellt, was den causalen Zusammenhang der Außendinge beherrscht. Die Absichtlichkeit und Aeußerlichkeit, mit welcher die Schicksalsidee zu Anfang dieses Jahrhunderts von verschiedener Seite behandelt wurde, hat dem Namen dieser Gattung eine Nebenbedeutung gegeben, welche ihr einen Platz an noch einer anderen Stelle anweisen wird.

Rede, mimische Action und äußere Ausstattung treten als die vorzüglichsten Mittel der theatralischen Darstellung hervor. Das Conversationsstück legt das Gewicht auf die erste, auf den Dialog, aber auf eine bestimmte Art desselben, auf den Dialog der Umgangssprache der gebildeten Stände. Die Sophron'schen Mimen lernten wir als eine besondere und zugleich als die früheste Form des Conversationsstücks kennen. Das Ausstattungsstück legt dagegen das Gewicht ganz einseitig auf die scenische Ausstattung. Jenes wendet sich in einseitiger Weise an den Gehörsinn, dieses an den Gesichtssinn. Einem ähnlichen Gegensatz begegneten wir zwischen der comedia de capa y espada und der comedia de teatro. Das Spektakelstück sucht seine Wirkungen hauptsächlich in der mimischen Action.

Die einseitige Ausbildung des dramatischen Conflicts hat ebenfalls auf das Entstehen verschiedener Formen hingewirkt, z. B. auf die des psychologischen, des criminalistischen (das Gerichtsdrama der Chinesen), des socialen und des Ehebruchdramas 2c., nicht selten aber dabei zu einem spitzfindigen Raffinement der Situation und Motivirung verleitet.

§ 22. Formen des Dramas, welche vorzugsweise durch die damit beabsichtigten Wirkungen bestimmt werden.

Diese Wirkungen lassen sich eintheilen in solche, welche den Geschmack und Bildungsgrad eines bestimmten Publicums ins Auge fassen, und in solche, welche ganz allgemein auf den äußeren Sinn oder aber auf das Gemüth und den Gefühlssinn des Zuschauers abzielen.

Zu der ersten Gattung gehören: das **höfische** oder **Hofdrama**. Arten desselben sind: die classische Tragödie der Franzosen, die Fiestas der Spanier, die Masken Ben Jonsons, die Festspiele Goethes 2c. Ferner die Dramen, welche auf den Geschmack der feineren Gesellschaft berechnet waren: das Lustspiel des Terenz, die commedia erudita, das gelehrte Drama, die Lustspiele Lily's und der Restaurationsperiode, das Drama Calderons, das Salon- und Conversationsstück. Dagegen waren und sind die Mimen und Atellanen, die commedia dell' arte und die Burleske, die Farsa und die Fastnachtsspiele, die Harlekinaden und die Haupt- und Staatsactionen, die Volksstücke, Fastnachtsspiele, Schwänke und Volkspossen vorzugsweise auf den Geschmack des niederen Volkes berechnet und berechnet gewesen.

Zu den Formen, welche die Wirkungen auf die äußeren Sinne ins Auge fassen, gehören dagegen das **Ausstattungs-** und **Verwandlungsstück**, das **Zaubermärchen** und die **Zauberposse**, eine gewisse Art von **Opern** und **Operetten**, so wie endlich ein paar Gattungen, welche zugleich der nächsten Abtheilung angehören: die **Pantomime** und das **Ballet**.

Sie stehen offenbar an der Spitze der auf Erregung der im Gefühlsinn wurzelnden Sinnlichkeit abzielenden dramatischen Formen, denen sich die Atellanen und Mimen der Römer, die Lustspiele Aretins, die englischen Lustspiele der Restaurationsperiode, die Operette und das schlüpfrige Lustspiel der Franzosen noch anschließen. Vorzugsweise durch die Wirkungen auf das Gemüth scheinen folgende Formen bestimmt: das Rührstück (la comédie larmoyante), das Schreckens- und Schauerdrama, zu welchem viele der altenglischen Dramen und das Melodrama der Franzosen, einzelne der Schicksalsdramen, das Räuber- und Verbrecherdrama, das pathologische Drama gehören. Sie spielen zum Theil in die vorige Gattung und in das Sensationsstück hinein, welchem seiner Natur nach immer nur eine kurze Rolle beschieden ist. Es wirkt hauptsächlich durch die pikante Art, mit welcher es die heimlichen Sünden oder offenen Laster der Gesellschaft in gewagten und spannenden Situationen bloßstellt. Die romantischen Dramen Victor Hugo's sind Sensationsstücke im großen Stile, aus tiefen poetischen Antrieben hervorgegangen. Auch in Kleist, Grabbe und Hebbel zeigen sich Neigungen dazu. Im Ehebruchs- und Demimonde-Drama erscheint die Gattung in eine tiefere Sphäre gesunken und nur noch von schwächlichen Antrieben beseelt. Der dramatische Calcül muß darin meist die mangelnde Kraft poetischer Motive ersetzen.

§ 23. Formen des Dramas, welche durch Abstraction von einem bestimmten Theil der dramatischen Darstellungsmittel entstanden sind.

Das Maskendrama der Griechen. — Die Mimen und Pantomimen. — Die italienische Maske. — Der englische dumb-show. — Das Stegreifspiel. — Das Ballet.

Schon früh hat sich die Darstellungskunst durch die Einführung der Maske eines Theiles des mimetischen Ausdrucks begeben. Zwar war diese ursprünglich gewiß nur ein künstlerischer Nothbehelf. Später wurde sie aber für die Form des antiken Dramas von großer Bedeutung, weil ihr Gebrauch den plastisch-symbolischen Charakter desselben steigern und der Ausbildung des sprachlichen Ausdrucks und der übrigen mimischen Beredsamkeit (besonders im Lustspiel) förderlich werden mußte. Die schauspielerische Individualität, welche im Drama der Neueren der Träger seiner Gestalten ist, verschwand hier so zu sagen unter der Maske. Die Kunst des Darstellers, sich proteusartig in die mannigfaltigsten Gestalten verwandeln zu können, kannten die Griechen nicht. Die Römer traten diesem Probleme näher. Doch ist es auffällig, daß grade bei ihnen eine Form zu ungeahntem Aufschwunge kommen sollte, welche in der Abstraction der schauspielerischen Darstellungsmittel nach einer Seite hin noch viel weiter ging. Schon früh besaßen sie eine Gattung von Stücken (die Mimen), in denen der rednerische Theil von dem mimetischen Theile der Darstellung getrennt und auf verschiedene Darsteller übertragen wurde. Der Reiz dieser Darstellung lag in dem Widerspruch der getrennten Anschauung, und in der parodistischen Beleuchtung der Worte durch die Bewegung. Die Pantomime entstand, indem man, unter Beibehaltung der Maske, von dem rednerischen Theile, daher auch von der Dichtung ganz absah. Die Darstellung war ganz nur auf die Beredsamkeit des übrigen Körpers beschränkt. Dies bedingte nicht nur die größte Feinheit der körperlichen Bewegung, sondern auch die möglichste Sichtbarkeit der körperlichen Formen. Die Nacktheit der Sculptur wurde in die dramatische Darstellung eingeführt. Der mit dieser Darstellungsweise verbundene Naturalismus mußte aber nothwendig mit sinnlichem Reize verbunden sein, und dieser wurde nur zu bald zur Hauptsache. Die Pantomime wurde eine Schule der Sinnlichkeit und Wollust, aber sie war in einem gewissen Sinne noch Kunst. Das Ballet, in welchem sie, die Maske abwerfend, ihre moderne Auferstehung feierte, ist zwar eine Schule der Sinnlichkeit geblieben, aber zugleich noch eine Schule der äußersten Geschmacklosigkeit geworden, wodurch sie die schädlichen Wirkungen der ersteren allerdings wieder wesentlich abschwächt. In dem englischen dumb-show liegt der Versuch, von der Pantomime einen künstlerischen Gebrauch für das recitirende Drama zu machen (s. S. 133). In den Masken der Italiener, welche, wie wir gefunden, nur auf einzelne Figuren der commedia dell' arte beschränkt waren, wurde ein Theil der alten Schauspielkunst mit in das Lustspiel der Neueren gezogen. Das

Stegreifspiel weist ohne Zweifel auf die ältesten volksthümlichen Anfänge des Dramas, aber gewissermaßen auf den Naturzustand desselben zurück. Insofern handelt es sich darin nicht sowohl um eine Trennung und Abstraction von der Dichtung, als um eine sich noch im Zustande der Improvisation befindende Dichtung. Später vollzog sich aber diese Trennung und Abstraction wirklich und mit Bewußtsein. Die Schauspielkunst wollte sich im Stegreifspiel von der Dichtung emancipiren. Die Vortheile wurden indeß bald von den Nachtheilen, die es ihr brachte, überwogen, daher es allmählich in den Hintergrund trat, um endlich ganz zu verschwinden.

Das altenglische und altspanische Theater sah, wie wir fanden, von der eigentlichen scenischen Ausstattung, von der Bühnendecoration ab. Dies trat aber erst in bewußter Weise in dem Gegensatze der comedias de capa y espada und der comedias de teatro hervor.

Drittes Kapitel.
Von der Musik im Drama.

§ 24. Das Verhältniß der Musik zur Dichtkunst und Schauspielkunst im Drama.

Ich habe hier nicht von Natur und Wesen der Musik überhaupt, noch von der dramatischen Musik insbesondere zu handeln, sondern nur von der Stellung, welche dieselbe zu den übrigen Bestandtheilen des Dramas gewinnen kann, von den Formen, die hieraus hervorgingen, und von dem Einflusse, die dies auf die Entwicklung des übrigen Dramas ausübte. Die dramatische Dichtung in ihrer sinnlichen Totalität enthält selbst schon gewisse musikalische Elemente, als: die Betonung, das Maß, den Rhythmus, die Tonfarbe, das Tempo. Sie bedient sich derselben vorzugsweise im Interesse der Charakteristik, des Wohllauts und zum

Drittes Kapitel. Von der Musik im Drama.

Ausdruck des Stimmungsvollen. Beides kann durch Hinzutritt der Musik noch verstärkt werden, auch wenn sie zunächst nur eine begleitende Stellung dabei einnimmt. Im Gesange kommt sie jedoch zu wesentlich anderer Bedeutung. Von der Aufnahme der Musik überhaupt, so wie einzelner musikalischer Bestandtheile in das Drama wird aber dasselbe zu gelten haben, was früher von der Aufnahme lyrischer und epischer Bestandtheile gesagt werden konnte, sie müssen immer zu dramatischen Momenten darin werden. Diese Bedeutung ist der Musik im Shakespeare'schen Drama, welches sich ihrer vielfach zu seinen Zwecken bediente, auch wohl fast überall nur gegeben. Die Verbindung von Musik und Dichtkunst im Drama kann aber theils eine noch viel losere, theils eine ungleich innigere sein. Sie kann einerseits dazu dienen, die Dichtung zu umrahmen, stimmungsvoll auf sie vorzubereiten, die einzelnen Theile derselben stimmungsvoll mit einander zu verbinden und die durch sie erregte Stimmung heiter ausklingen zu lassen, als Vor-, Zwischen- und Nachspiel. Sie kann sich aber auch andererseits mit einzelnen Theilen oder mit dem Ganzen der Dichtung zum Gesange verbinden.

Dies kann nun in zwiefacher Weise geschehen. Entweder indem die Musik sich hierbei der Betonung, dem Rhythmus und dem Metrum der Dichtung ganz anschließt und unterordnet, was ohne Zweifel im Drama der Griechen geschah, oder indem sie umgekehrt diese Momente der Dichtung ihren eigenen, wennschon noch immer den durch die Dichtung geweckten Empfindungen entsprechenden Formen unterwirft und nach einem selbständigen Ausdrucke derselben strebt. Daß sie eines solchen auch fähig ist, wird Niemand nach dem, was das neuere musikalische Drama, die Oper, geleistet, irgend bezweifeln.

Zur Zeit des Aristoteles hielt man die Musik für einen wesentlichen Bestandtheil, wenn auch nicht des Dramas überhaupt, so doch der Tragödie. Später sank der griechische Chor zu einer Art von musikalischem Zwischenspiele herab. Die Römer verwiesen ihn daher aus der Orchestra in den Hintergrund ihrer Bühne. Dies blieb lange der der Musik angewiesene Platz, bis sie von der Oper wieder in das Orchester zurückgeführt wurde. Die Sophron'schen Mimen sind das älteste Beispiel eines Dramas ohne jeden musikalischen Bestandtheil. Die spätere Komödie machte sich ebenfalls ganz von ihr frei. So oft dies jedoch vom Drama geschah, immer hat dasselbe wieder eine, wenn auch noch so lose Verbindung mit der Musik gesucht und gefunden.

Chinesen und Inder legten den größten Werth auf die musikalischen Bestandtheile des Dramas. Die Römer, deren erstes dramatisches Product die Saturen waren, fügten der oskischen Atellane das Canticum, eine Art von Coupletgesang, ein. Die Mime der Römer aber sollte der Musik noch einen größeren Spielraum gestatten. — Auch in den Mysterienspielen bildeten Gesang und Musik bedeutungsvolle Momente, besonders in denen der Italiener, die gleich den Spaniern auch den musikalischen Theil der dramatischen Sprache in fast einseitiger Weise ausbildeten, und mehr auf den Wohllaut, als den Empfindungsausdruck sahen. Im 15. Jahrhundert hatte sich bei ihnen die Musik der Mysterienspiele schon fast völlig bemächtigt. Das misterio di conservazione vom Cardinal Riario war fast ganz in Musik gesetzt. Die Versuche der dramatischen Dichter, die alte Tragödie wiederherzustellen, hatten die Einführung der Chöre in dieselbe zur Folge. Bald drang die Musik aber auch in die Handlung mit ein. Die Oper entstand und hielt ihren Triumphzug durch das westliche Europa. Auch dem Drama der übrigen Völker fehlte es keineswegs an musikalischen Elementen. Lieder und Tänze waren allenthalben, theils als dramatische Motive, theils als Schmuck oder Reizmittel oder auch als bloße Zwischen- und Nachspiele in dasselbe mit eingegangen. In der That giebt es auch keine Kunst, welche die Seele des Menschen so rasch und widerstandslos in eine Stimmung zu versetzen und diese zu unterhalten vermag, ohne seine Geisteskräfte doch allzusehr anzuspannen. Sie ist daher vortrefflich geeignet, den Zuschauer zum Genusse eines bestimmten Schauspieles vorzubereiten, ihn bei bestimmten Ruhepunkten in einer angemessenen Stimmung mühelos zu erhalten und ihn in einer heiter ausklingenden Stimmung am Schluß zu entlassen.

Ich gestehe, daß ich bei unserem Drama das musikalische Vor- und Zwischenspiel nur ungern vermisse und seinen Wegfall stets als eine Art Bruch empfinde. Allerdings aber ist es geboten, hiervon einen zweckmäßigen Gebrauch zu machen.

Doch nicht nur mit der dramatischen Dichtung und dem sprachlichen Vortrage derselben kann die Musik in verschiedene Verbindungen treten, sondern auch mit dem bloßen mimetischen Theile der Schauspielkunst. Schon in die altgriechische Tragödie war mit dem Hyporchem (dem Tanzliede) ein musikalisch-mimelisches Element getreten. Die Komödie, welche überhaupt von Haus aus einen überwiegend mimetischen Charakter hatte, fand einen Ersatz dafür in dem Kordax. Die Saturen und Mimen der Römer enthielten gleichfalls Tanzlieder, trennten aber später, wie wir gesehen, Tanz und Gesang. Diese Sonderung führte zur Pantomime.

Tanzlieder gingen auch in das Drama der Neueren ein. In Spanien und England wurden die Lustspiele oft mit einem Tanzliede beschlossen. In Italien führte diese Verbindung zum Tanzballet, welches unter Maria von Medicis nach Paris kam und dort in die Oper mit einging. Die Trennung von Gesang und Tanz führte auch hier wieder zur selbständigen Ausbildung des mimetischen Theils. Noverre (geb. 1727) suchte den Tanz zur selbständigen Darstellung einer theatralischen Handlung im Sinne der Pantomime der Alten zu erheben. Es fehlte aber an der nöthigen Voraussetzung einer günstigen Entwicklung dieses anfangs von großem Erfolge belohnten Unternehmens. Der römischen Pantomime standen eine Menge dichterische Stoffe zu Gebote, welche das Publicum bis ins Einzelnste kannte. Es war also nicht nöthig, durch die mimische Darstellung den äußeren Vorgang noch zu erklären, sondern nur die damit verbundenen Empfindungszustände auszudrücken. Die Noverre'sche Erfindung sank aus Mangel an ähnlichen Stoffen allmählich auf das herab, was wir heute als Ballet kennen.

Im Tanze ordnet sich die mimetische Kunst der Musik, in der Pantomime dagegen die Musik der mimetischen Kunst unter, der sie zwar eine unerläßliche, aber doch nur eine Begleiterin ist.

§ 25. **Von den Formen, welche durch die Verbindung der Musik mit der Dichtkunst und der Schauspielkunst im Drama entstanden.**

Schon in dem religiösen Chorgesange, aus welchem das griechische Drama hervorging, mag die Musik sich der Dichtung, ihren Maßen und Rhythmen untergeordnet haben. Das wurde dringender gefordert, als der sprachliche Theil selbständig aus diesen Gesängen hervortrat und zur Hauptsache wurde.

Durch die bloße, meist willkürliche Verbindung von Tanz, Gesang und Rede sahen wir in Rom die Saturen, eine Art von musikalischem Quoblibet, entstehen. Das römische Canticum bietet das erste Beispiel des Coupletgesanges. Die Mimen wurden hierdurch zu einer Art von Coupletposse.

Tiefgreifender ist die Verbindung von Musik und Dichtung im Melodrama. Obschon hier der ersteren nur eine begleitende Rolle zuertheilt ist, so verstärkt sie doch das Stimmungsvolle der Situation und die lyrische Wirkung des Dramas.

Im Singspiel tritt sie, wenn auch immer nur stellenweise, schon selbständiger auf, bewegt sich aber noch in kleineren und bescheideneren Formen. Das Vaudeville ist, wie wir schon sahen, eine Art von Singspiel, welches in Paris zu Anfang des vorigen Jahrhunderts entstand und seinen Namen von den leichtfertigen Liedern ableitete, die ursprünglich darin gesungen zu werden pflegten und dem Vau de Vire entstammten.

Im Singballet umfaßte die Musik schon das Ganze, ordnete sich aber dabei dem Tanze abwechselnd unter. — In der in Italien entstandenen Oper kehrte sich jedoch das bisherige Verhältniß der Musik zur dramatischen Dichtung um. Sie wurde das herrschende, maßgebende Element dieser Vereinigung. Von hier an mußten die Interessen beider auch aus einander gehen und sich vielfach schädigen.

Die Oper hat sich nach verschiedenen Richtungen hin in verschiedenen Formen entwickelt. Sie begann mit dem musikalischen Schäferspiel und trat von hier aus, der ernsten und heiteren Weltanschauung entsprechend, als opera seria und opera buffa, als ernste und komische Oper aus einander. Von der **Balletoper** ist schon oben die Rede gewesen; sie bildete sich später in Paris zur sogenannten **großen Oper** aus, der dann die **lyrische** und die **Spieloper** gegenübertraten. Die Oper der Italiener bildete vornehmlich das melodische, die ältere Oper der Franzosen das declamatorisch-rhythmische Element der Musik aus. Dieser Gegensatz trat in der ernsten Oper schärfer, als in der komischen hervor. Der wahrhaft dramatische Stil der Musik wurde auf dem Gebiete der ersteren durch Gluck erst geschaffen. Er erhob die Melodie zum Ausdruck der charakteristischen Wahrheit. Mozart bildete diese weiter aus, führte den Humor in die Musik ein und schuf die deutsche komische Oper. Weber brachte die Romantik der Neueren auf dem Gebiete der Oper zum Ausdruck. Die Wagner'sche Oper erhebt den Anspruch, den Gegensatz zwischen dem recitirenden Drama und der Oper aufzuheben, indem sie sich selbst zur höchsten und letzten Form des Dramas erklärt. Es wird nicht nöthig sein, das Irrthümliche dieses Anspruchs hier auseinanderzusetzen.

Aus dem Singballet entwickelte sich die Balletoper, aus ihr das **Ballet**. Aus der Verbindung der Musik mit der Posse die **Gesangsposse**, aus ihrer Verbindung mit der Burleske die neue französische **Operette**, welche ein parodistisches Element und cynische Spottlust in die dramatische Musik trug.

§ 26. Einwirkung der Oper auf die Entwicklung des Dramas.

Mit der Erfindung der Oper kehrte sich das Verhältniß, welches bisher zwischen Musik und Dichtkunst bestanden hatte, um. Jene bestimmte nun im Gesange die Accente, Maße und Rhythmen der letzteren. Die Wirkungen, welche sie ausübte, waren schon hierdurch wesentlich andere geworden. Sie wurden durch die neuentstehenden Formen, durch die wachsenden Mittel der Instrumentation und den scenischen Apparat, den sie dafür in Bewegung setzte, noch bedeutend gesteigert. Doch gerade diese Steigerung der Hülfsmittel, welche die Errichtung großer Gebäude nothwendig machte, und ungeheuere Summen verschlang, mußte ihr selbst wieder gefährlich werden, so daß das Schauspiel mit wechselndem Glücke gegen sie ankämpfen konnte. Auf die

Entwicklung des letzteren selbst aber wirkte diese Concurrenz immerhin nachtheilig, besonders dadurch, daß es mit den Wirkungen der Oper nun wetteifern wollte. Recitation und Spielweise wurden zu Uebertreibungen hingerissen. Dichter und Directoren sannen auf immer neue scenische Ueberraschungen und Effecte. Und andererseits wollte man wieder mit den Mitteln der Oper die Wirkungen des recitirenden Dramas überbieten, während doch beide ihrer Natur und ihren Mitteln nach auf die Darstellung anderer Stoffe oder doch andersbehandelter Stoffe verwiesen sind. Nichts wurde daher dem recitirenden Drama schädlicher, als die Vereinigung beider unter eine Direction und Verwaltung in einem und demselben Hause, schon weil die ungleich größere Vorbereitung, welche die Oper fordert, jenem den Raum und die Zeit dafür streitig machte. Besonders verderblich wurden ihm aber die größeren Räume der Häuser, welche die Stimme des Schauspielers jetzt auszufüllen hatte und die ihn, schon um der Deutlichkeit willen, zu einem langsameren Tempo der Rede nöthigten. Die Neigung zu einem gespreizten, declamatorischen Vortrage ward hierdurch in bedenklicher Weise begünstigt. Mit den feineren Nuancen der Betonung gingen auch die feineren Nuancen des Spiels verloren, welche den entfernter sitzenden Zuschauern ohnedies entgangen sein würden. Das Ensemble aber nahm sich in den großen Räumen nicht selten leer und fast ärmlich aus, wenn man es nicht mit dem Prunke der Oper ausstattete, was dem Geiste vieler Stücke doch nur widersprochen haben würde.

Viertes Kapitel.
Von der Kunst des Schauspielers.

§ 27. Die Mittel derselben.

Dem Schauspieler ist das Aeußere seiner Persönlichkeit das Mittel seiner Kunst. Von dieser Seite betrachtet ist sie, und durch sie die dramatische Kunst überhaupt, die zumeist realistische aller Künste. Indessen scheint sie dies doch noch mehr, als sie es in Wirklichkeit ist, oder ist es auch vielleicht mehr, als sie es ihrem Wesen nach sein sollte. Denn wie alle Kunst, hat es auch die des Schauspielers nur mit dem Scheine zu thun und der Schein dessen, was er darstellen soll, ist etwas wesentlich Anderes als die Erscheinung seiner eigenen Persönlichkeit. Es ist nicht die geringste der ihm durch sie gestellten Aufgaben, seine Person unter dem Scheine derjenigen vergessen zu machen, welche sie darstellen soll. Als Thespis für die drei verschiedenen Rollen, welche er unmittelbar nach einander darzustellen pflegte, drei verschiedene Masken erfand, geschah es zunächst nur, um sein eigenes Gesicht darunter verbergen zu können, wenngleich die Maske in der weiteren Entwicklung des griechischen Dramas noch eine andere Bedeutung erhielt. Ohne diese Bedeutung würde sie das, was sie zunächst wohl nur war, ein unkünstlerisches Auskunftsmittel, für immer geblieben sein. Kann doch die Kunst des Darstellers unmöglich darin bestehen, seine eigene Persönlichkeit nur unter einem fremden leblosen Scheine, sondern erst darin, sie unter dem lebendigen Scheine einer anderen Persönlichkeit verschwinden zu machen, indem sie zum Träger derselben wird — und zwar nicht einer anderen Persönlichkeit überhaupt, sondern gerade nur derjenigen, welche er darzustellen hat. Auch ist seine Darstellung weder Verstellung noch Täuschung. Vielmehr täuschen sich diejenigen nur selbst, welche von ihm noch etwas mehr, als Schein verlangen, da seine, wie alle Kunst, zwar sinnliche, aber doch nur reine Anschauung geben soll und ihre Wahrheit schon deshalb immer nur jenseit des Wirklichen, d. i. im Scheine, gelegen sein kann.

Die Mittel, die ihm hierzu gegeben sind, gehören allerdings, wie die aller übrigen Künste der Natur an und er ist, wie sie, bei ihrer Verwendung an die Gesetze, denen sie unterliegen, gebunden. Der Unterschied ist hier blos, daß diese Mittel ganz nur in seiner Natur liegen. Sie bestehen: in der Sprache und in dem Ton, in der körperlichen Bewegung und ihrem Ausdrucke und in der Totalität seiner körperlichen Erscheinung.

§ 28. Die schauspielerische Aufgabe im Allgemeinen und der Empfindungsausdruck im Besonderen.

Ehe ich mich der Betrachtung des Gebrauchs dieser verschiedenen Mittel zuwende, wird es zweckmäßig sein, die Aufgabe zu prüfen, welche der Darsteller damit zu lösen hat. Sie ist ihm durch die Dichtung gestellt und zum Theil auch durch diese in ihren verschiedenen Beziehungen bestimmt. Zum anderen Theil aber soll er sie noch aus seinem Geiste, doch ihr entsprechend, ergänzen. Wenn er die Natur hierzu um Rath fragt, weil ja die Dichtung selbst bis zu einem gewissen Grade auf Naturnachahmung beruht und er sich also durch sie mit auf diese verwiesen findet, so bleibt es doch zweifelhaft, ob sie ihm auch in jedem Falle die genügende Auskunft zu geben vermag. Nehmen wir an, er hätte die bestimmte Leidenschaft eines bestimmten Menschen in einer bestimmten Lage bei einer bestimmten Willensäußerung zur Darstellung zu bringen, so ist es mehr als wahrscheinlich, daß er einen dieser Aufgabe genau entsprechenden Fall nicht in Wirklichkeit vorfindet. Doch selbst, wenn ihm der Zufall denselben vor Augen stellte, würde noch immer zehn gegen eins zu wetten sein, daß jene Leidenschaft doch nicht in dem Grade und in der Art zur Erscheinung käme, wie er sie zur Erscheinung zu bringen hat. Denn, wie ich an einer anderen Stelle schon sagte, die Erscheinung ist in der Natur immer nur etwas Beiläufiges, in der Kunst aber ist sie im Gegentheil gerade das Wesentliche. Auch kann ja ein Mensch eine bestimmte Empfindung haben, ohne befähigt zu sein, sie zur Erscheinung zu bringen. Es gehört hierzu nicht nur eine bestimmte Anlage, sondern diese Anlage muß auch in einem bestimmten Grade zur Entwicklung und Ausbildung gebracht worden sein, während Erziehung und Lebensklugheit uns mehr dazu anhalten, unsere Empfindungen zu unterdrücken oder doch zu verbergen. Für den Schauspieler ist es nun eben die Aufgabe, selbst noch solche Empfindungen zum Ausdruck zu bringen, welche nicht sowohl seine Empfindungen, als die Empfindungen Anderer sind. Gerade hierzu wird ihm aber die Beobachtung der

Viertes Kapitel. Von der Kunst des Schauspielers.

Natur und des Lebens selbst dann noch förderlich sein, wenn er auch nicht ganz demselben Falle, welchen er darzustellen hat, darin begegnen sollte, weil dies, wenigstens im Allgemeinen, jene Anlage weiter entwickeln wird.

Wenn man z. B. in einer lebhaft gespielten Scene die verschiedenen Gesichter der Zuschauer im Theater beobachtet, so wird man in einzelnen derselben den wechselnden Gesichtsausdruck der Darsteller in einer bestimmten Weise abgespiegelt finden. Ein Beweis, daß aufmerksame und zweckmäßige Beobachtung der Erscheinungen des Lebens uns in ähnliche Empfindungszustände, wie die beobachteten, zu versetzen und jene Anlage, dieselben zu ähnlichem mimetischen Ausdruck zu bringen, hierdurch zu entwickeln vermag. Wenn nun auch in der Natur die Empfindungen nicht immer und überall zu vollkommenem Ausdruck gelangen, so geschieht dies doch hie und da, sei es ganz oder auch nur zum Theil, in oft ganz überraschender und charakteristischer Weise. Der Grund, warum in der Natur der unmittelbare Ausdruck der Empfindung nicht immer und überall vollkommen entspricht, liegt aber darin, daß die hierbei ins Spiel zu setzenden organischen Bewegungen nicht durchgehend unwillkürliche, sondern zum Theil auch willkürliche sind. Unmittelbar können sie mithin nicht alle durch die bloße Empfindung ins Spiel gesetzt werden, wenn auch ohne Zweifel die unwillkürlichen Bewegungen wieder einen Einfluß auf die willkürlichen ausüben, wofür die Mitbewegungen, die wir besonders an Kindern zu beobachten haben, ein sprechender Beleg sind. Doch gerade diese Mitbewegungen, welche zum großen Theil ganz unzweckmäßig sind, würden eben deshalb gar nicht geeignet sein, denjenigen Empfindungsausdruck zur Anschauung zu bringen, welchen die künstlerische Nachahmung fordert. Daß dagegen auch wieder der Wille durch seinen Einfluß auf die willkürlichen Bewegungen einen indirecten Einfluß auf die unwillkürlichen gewinnen kann, geht daraus hervor, daß er den Einfluß der letzteren auf die willkürlichen Bewegungen theils völlig aufzuheben, theils sich dieselben wenigstens unterzuordnen und ihnen eine andere Richtung zu geben vermag. Denn was das Erste betrifft, so wissen wir, daß es dem Einfluß des Willens allmählich gelingt, jene unzweckmäßigen Mitbewegungen theils völlig zu beseitigen, theils sie doch zu beherrschen, und wenn dann in einzelnen Fällen die Empfindungen noch immer willkürliche Bewegungen durch ihren unmittelbaren Einfluß auf die unwillkürlichen ins Spiel setzen, so geschieht es nun nicht mehr in der Form der früheren unzweckmäßigen Mitbewegungen, sondern in der Form und Richtung der durch den Einfluß des Willens habituell gewordenen zweckmäßigen Bewegungen. Nur insofern der mimische Empfindungsausdruck abhängig ist von dem Einfluß des Willens und nur insofern dieser Einfluß sich mehr und mehr entwickeln und steigern läßt, hat er überhaupt zu einem Mittel der Kunstthätigkeit gemacht werden können. Der Schauspieler hat aber vorzugsweise solche Empfindungen auszudrücken, deren Ausdruck vom Willenseinfluß mit abhängig ist, wobei ihm jedoch der unmittelbare, unwillkürliche Empfindungsausdruck entgegenkommen und sich mit ihm vereinigen muß. Beide, der willkürliche und der unwillkürliche Empfindungsausdruck, können also einen bedingenden Einfluß auf einander ausüben, und es handelt sich bei der mimetischen Kunst des Schauspielers eben darum, daß sie sich in dieser Wechselwirkung fördernd begegnen, auf welchem Wege die dem Menschen innewohnende Anlage, seine Empfindungen zum Ausdrucke zu bringen, wie es scheint einzig zu einer den Zwecken der Kunst entsprechenden Entwicklung gelangen kann. Es ist daher eben so falsch zu glauben, daß der Schauspieler eine Empfindung, welche er darstellt, gar nicht zu haben brauche, als daß es genüge, diese Empfindung zu haben, um sie zum Ausdrucke überhaupt, geschweige denn zu dem künstlerisch geforderten Ausdrucke zu bringen.

§ 29. **Von der Sprache und dem Tone des dramatischen Darstellers. Die Athmung.**

Der Vortrag der dramatischen Sprache ist von dem der lyrischen oder epischen Dichtung vielleicht eben so verschieden, wie von dem des Rhetors oder des Lehrers. Sie Alle setzen zwar gleichmäßig Hörer voraus — der Lehrer aber nur, um deren Kenntnisse zu erweitern; der Rhetor, um sie von der Wahrheit oder dem Vortheil einer bestimmten Meinung zu überzeugen, oder sie hierdurch zugleich noch zu einer bestimmten Handlung zu bestimmen; der Epiker und Lyriker zwar nur, wie der dramatische Darsteller, um ihnen eine bestimmte Anschauung von einem bestimmten Vorgange zu geben, aber wenn sich hierbei der Erstere immer direct an den Zuhörer wendet, kann dies der Lyriker in einzelnen Fällen wohl auch, ist es aber darum noch nicht in allen Fällen zu thun gehalten, wogegen der dramatische Darsteller es nie unmittelbar thun darf, wenn er nicht die dramatische Form aufheben will, was allerdings nicht selten im Uebermuthe der komischen Begeisterung, der Ironie und Satire mit vollem Bewußtsein, oft aber auch nur aus Unverstand geschah (z. B. in der Art, wie man früher die Apartes und Monologe des Schauspiels behandelte).

Der Schauspieler stellt allerdings nur für den Zuhörer oder Zuschauer dar, aber wie dieser nie vergessen soll, daß er nur Zuschauer ist, daß es sich für ihn nur um Anschauung handelt, so soll auch die Darstellung des Schauspielers, obschon sie nur hierauf gerichtet ist, doch niemals hierauf gerichtet erscheinen. Er muß vielmehr ganz nur in der Lage zu sein scheinen, welche er darstellt, und in welcher er nur zu sein scheinen muß, um sie darzustellen. Die dramatische Lage soll aber immer und überall eine solche sein, daß der Darsteller durch sie zu Entschlüssen und Handlungen oder auch dazu bestimmt erscheint, Andere hierzu zu bestimmen. Daher die dramatische Sprache immer und überall als ein Product oder Motiv der Handlung, als ein Moment im vorwärts drängenden Flusse ihrer Entwicklung erscheinen muß. Der Schauspieler hat durch die Sprache nicht nur Gedanken, sondern auch Stimmungen, Zustände, Empfindungen, Affecte, Leidenschaften, Conflicte, Entschlüsse, Willensäußerungen zum Ausdruck zu bringen. Es genügt keineswegs, daß er die Fähigkeit hat, die Sprache so weit zu beherrschen, um jeden Gedanken, den ihm der Dichter etwa in den Mund legt, zu vollendet klarer, verständlicher, anschaulicher Darstellung zu bringen. Er soll zugleich noch anschaulich werden lassen, daß diese Gedanken der

Ausfluß und Ausdruck eines bestimmten Seelenzustandes, einer bestimmten Willensäußerung sind. Dieses Letztere setzt freilich jene Beherrschung schon immer voraus; denn um einem Gedanken einen bestimmten Ausdruck geben zu können, wird es nöthig sein, diesen selbst überhaupt und als solchen zu vollendeter Darstellung zu bringen. Womit aber noch keineswegs die dem Schauspieler in der Rede gestellte Aufgabe erschöpft ist. Es sind nicht jene Empfindungen, Zustände ꝛc. überhaupt, es sind vor Allem nicht unmittelbar seine eigenen Empfindungen, Zustände ꝛc., welche er darstellen soll, sondern die Empfindungen, Zustände ꝛc. eines bestimmten anderen Menschen, in einer bestimmten anderen Lage, als seine eigene. Darum genügt es auch nicht, daß er sich hierzu selbst in diese Lage versetze, sondern er muß sich zugleich noch in diesen besonderen Charakter und in seinen jeweiligen Zustand versetzen und diesen zu entsprechendem Ausdrucke bringen können. Die Fähigkeit, dies in mannigfaltiger Weise mit einer gewissen Leichtigkeit zu thun, setzt eine Technik der schauspielerischen Mittel, hier also zunächst der Sprache voraus, die selbst bei großer Anlage noch große Uebung fordert. Es gilt eben, den der Sprache zu Grunde liegenden Organen die Geschmeidigkeit zu geben, damit ihre Functionen dem leisesten Antrieb der Empfindung, dem leisesten Anstoß des Willens entsprechen.

Die Sprache beruht aber auf der Thätigkeit gewisser Organe, von denen wir die nächstbetheiligten gewöhnlich mit dem Namen der Sprachwerkzeuge zu bezeichnen pflegen. Die Functionen dieser letzteren beruhen jedoch selbst wieder auf der Thätigkeit bestimmter anderer Organe, den Muskeln, durch welche sie in Bewegung gesetzt werden. Diese Bewegungen sind theils willkürliche, theils unwillkürliche und stehen mit einander in Wechselwirkung. Indeß würden diese Bewegungen allein noch keineswegs die Sprache hervorbringen, wenn sie nicht einen bestimmten Erfolg: die Athmung, bedingten und regelten. Erst sie bringt im Vereine mit ihnen den Laut, den Ton und die Laut- und Tonverbindung hervor. Durch nichts scheint die Seele, oder sagen wir lieber das Bewußtsein, der Gedanke, die Empfindung einen so unmittelbaren Einfluß auf die Außenwelt auszuüben, als durch den

Athem, durch den sie im Tone sich in so unmittelbarer Weise, in so feinen und mannigfaltigen Schattirungen zum Ausdrucke bringen können, daß sie selbst in ihm zu leben, daß sie gewissermaßen mit ihm identisch zu sein scheinen. Daher es schon in der Bibel heißt: „Gott blies dem Menschen den lebendigen Athem ein. Und also ward der Mensch eine lebendige Seele".

§ 30. Von dem technischen Theile der Sprache des dramatischen Darstellers.

Wortsinn und Wortlaut. — Aussprache. — Dialekt. — Wohllaut. — Der Redeton und die Betonung. — Der Wort-, Sinn- und Empfindungsaccent. — Der Accent des Verses und Rhythmus. — Hebung und Senkung der Rede.

Die Sprache besteht aus Worten. Das Wort kann in nur einem einfachen Laute, es kann in einer bestimmten Vereinigung von Lauten und Lautanklängen zu einer Lauteinheit, es kann endlich aus der Verbindung mehrerer solcher Lauteinheiten bestehen. Jede Lauteinheit eines Worts nennen wir eine Silbe. Wir unterscheiden daher einsilbige von mehrsilbigen Wörtern. Die Laute, aus denen die Wörter zusammengesetzt sind, lassen sich als Selbstlaute und Mitlaute unterscheiden. Bei der Bildung der Selbstlaute spielt die Athmung die Hauptrolle. Die Sprachwerkzeuge sind ihr hierbei ganz unterstellt, sie dienen ihr nur in einer bestimmten Weise, sie schränken sie ein, ohne sie aber zu hemmen. Im Mitlaute geschieht das Letztere. Die Hemmung kann entweder unmittelbar bei der Bildung des Lauts, beim Entstehen desselben stattfinden. Sie kann auch umgekehrt den Laut erst zum Abschlusse bringen. Diese Hemmung hat ihre verschiedenen Formen und kann daher in ihrer Verbindung mit den verschiedenen Lauten, oder in der Anwendung auf sie, denselben eine mannigfaltige Form und Gestalt geben. Zu Wörtern werden aber diese also zusammengesetzten Laute und Lautverbindungen erst durch die Bedeutung, die man ihnen kraft der Beziehung auf einen bestimmten Begriff giebt. Die Wörter sind eben nichts Anderes als die sinnlich anschaulichen Zeichen der Begriffe. Daher wir am Worte den Wortsinn von dem Wortlaute zu unterscheiden haben. Der Wortsinn ist für die sprachliche Behandlung des Wortlautes aber keineswegs gleichgültig. Besonders wichtig wird er bei der Verbindung der Wörter zu Sätzen, da die Bedeutung der einzelnen Wörter in dieser Verbindung zum Theil erst durch den Ton näher bestimmt und zum Ausdruck gebracht werden kann.

Vor Allem hat es jedoch die Technik der Sprache des Schauspielers mit der Bildung des Wortlautes und mit den Lautverhältnissen bei der Verbindung der Wortlaute zur Sprache, so wie mit der Richtigkeit, Reinheit und Deutlichkeit derselben oder mit der Aussprache zu thun. Daher es auch eine ihrer ersten Aufgaben ist, jede individuelle Willkür oder fehlerhafte Angewöhnung, u. a. auch den Dialekt, zu beseitigen. Der Dialekt kann in einzelnen Fällen von der Dichtung gefordert sein, weshalb er ein besonderes Studium des Schauspielers ausmacht. Seinen Gebrauch muß er aber ganz seinem Willen unterworfen haben. Daß der hochdeutsche Dialekt zur Literatursprache erhoben worden, ist allerdings nur eine Convention. Da er es aber ist, so haben wir aus ihm die Regeln und Gesetze der Aussprache, die das Verhältniß des Lautes zur Aspiration bestimmen, zu entwickeln. Von ihnen darf der Schauspieler nur abweichen, wo es der individuelle Charakter seiner Rolle ausdrücklich fordert, da er ja nicht seine, noch irgend eine beliebige Individualität, sondern nur die von der Dichtung bestimmte auch in der Sprache in einer Weise zur Darstellung zu bringen hat, welche ihrer Stellung im Ganzen und der Harmonie des Ganzen entspricht; und diese Harmonie fordert bis auf die hier schon gedachten Ausnahmen die Uebereinstimmung der durch die Literatursprache gebotenen Sprechweise, mithin den Ausschluß jedes landschaftlichen Dialekts und jeder individuellen Angewöhnung.

Nächst der Richtigkeit, Reinheit und Deutlichkeit ist es die Schönheit der Aussprache, der Wohllaut, welchen die Technik des Schauspielers zu berücksichtigen hat. Der Wortlaut soll durch sie zum Wohllaut, zum Tone erhoben werden. Dieser Ton, der hier noch nichts als die sinnliche Form ist, welche der Wortlaut durch seine Ausbildung zum Wohllaut gewinnt, ist sowohl vom

Viertes Kapitel. Von der Kunst des Schauspielers.

Tone der Rede, wie von der Betonung noch ganz zu unterscheiden.

Die Betonung kommt aber auch schon bei der bloßen Aussprache des einzelnen Worts in Betracht, abgesehen noch von jedem besonderen Interesse des Verstandes oder der Empfindung. Vielleicht dürfte es sogar schon mit unter den Gesichtspunkt der Betonung fallen, ob in einer Silbe der Vocal länger oder kürzer, heller oder dunkler, ob die Consonanten darin schärfer oder weicher anklingend auszusprechen sind. Die Hervorhebung der einzelnen Silbe der mehrsilbigen Wörter durch den Ton gehört aber sicher hierher. Nur zu häufig begegnet man Schauspielern, welche dieser vom Verstande und von der Phantasie erhobenen Forderung nicht allseitig genügen und fast jede Silbe gleichmäßig betonen, daher z. B. Liebe statt Liebe sprechen. Dieser Wortaccent darf jedoch nicht mit dem Sinnaccente der Rede, oder mit dem Empfindungsaccente verwechselt werden, die beide etwas völlig von ihm Verschiedenes sind. Näher steht ihm der Accent des Verses und Rhythmus, welcher, wie er eine überwiegend formale Bedeutung hat, hauptsächlich nur von dem Wohllaut bestimmt wird. Er kommt aber erst bei der Behandlung der Sprache in ihren Wortverbindungen zum Satze und zur Rede, nicht bei der Bildung des einzelnen Worts in Betracht. Der Satz ist eine Verbindung von Wörtern, welche den Zweck hat, einen bestimmten Gedanken zu sinnlich anschaulichem Ausdrucke zu bringen. Er läßt sich durch die Verbindung einzelner Sätze erweitern und zur Periode ausbilden. Die Rede ist aus Sätzen und Perioden zusammengesetzt. Der Vortrag derselben hat ihre Structur und sowohl den Sinn und die Bedeutung der Stellung der einzelnen Sätze darin, wie den Sinn und die Bedeutung und Stellung der einzelnen Wörter im Satze zu klarem, deutlichem, übersichtlich-verständlichem Ausdrucke zu bringen. Er bedient sich hierzu hauptsächlich der Verstärkung und Abschwächung des Tons. Wenn Deutlichkeit und Verständlichkeit auch das erste Erforderniß der Satzbildung und ihrer Darstellung in der Rede sind, so darf doch schon um dieser Deutlichkeit willen der Wohlklang nicht übersehen werden. Es ist Thatsache, daß die Auffaſſung eines Gedankens erſchwert iſt und deſſen Deutlichkeit darunter leiden kann, wenn dieſes Intereſſe der Phantaſie in empfindlicher Weiſe geſtört oder verletzt wird. Die Wortverbindung des Satzes, die Satzverbindung der Periode, die Structur einer Rede muß daher ſchon um der Deutlichkeit und Verſtändlichkeit willen den Wohllaut bis zu einem gewiſſen Grade berückſichtigen. Da Monotonie die Aufmerkſamkeit ermüdet, ſo hat auch der logiſche oder Satzaccent ein beſtimmtes äſthetiſches Intereſſe, obſchon er unmittelbar nur der Deutlichkeit und Verſtändlichkeit dient. Daſſelbe gilt von der, auf die bloße Hervorhebung der Redetheile, nach der Bedeutung ihrer Stellung in dieſer, gerichteten Hebung und Senkung des Tons. Die Technik der ſchauſpieleriſchen Redekunſt wird daher dieſe Verhältniſſe ſchon aus dieſem Grunde zu berückſichtigen haben, um ſo mehr, wenn der Dichter ſeinen Vortrag an eine beſtimmte Form der Rede gebunden hat.

Die gebundene Rede hat ihre beſtimmten, regelmäßig wiederkehrenden Maße und Rhythmen oder, da die neueren Sprachen das Maß zum Theil durch die Betonung beſtimmen, ihre regelmäßig wiederkehrenden Accente und Rhythmen. Mit dieſen Accenten, welche nicht mit den logiſchen Accenten der Satzbildung zu verwechſeln ſind, müſſen dieſe dann aber faſt immer zuſammenfallen, was bis zu einem gewiſſen Grade auch für den Wortaccent gilt. Doch iſt dem Dichter eine gewiſſe Freiheit hierin gewährt. Er kann einerſeits den Wortaccent dem rhythmiſchen Accente unterordnen, wogegen der Dramatiker den rhythmiſchen Accent dem logiſchen oder Satzaccente, noch mehr aber dem Empfindungsaccente vielfach unterzuordnen hat. Hat doch der Dichter mit der Rede und ihrem Vortrage noch ganz andere Zwecke zu verfolgen und zu erreichen, als die der Deutlichkeit und des bloßen Wohllauts. Der dramatiſche Dichter insbeſondere ſoll mit ſeiner Rede die wechſelnden Zuſtände des von Entſchließungen und Willensäußerungen beſtimmten und nach ihnen ſelbſt wieder ringenden inneren Lebens eines ganz beſtimmten Charakters in ganz beſtimmten Lagen und im Conflict mit ihnen zu unmittelbarſtem Ausdrucke bringen. Es iſt hauptſächlich

dreierlei, was er hierbei zu berücksichtigen hat: den Charakter des
Sprechenden, den inneren Zustand, aus dem dieser spricht, und
die Absicht, die er damit verbindet. Obschon diese drei Momente
vielfach mit einander zusammenfließen, so sind sie doch von
einander zu unterscheiden. Kann doch das eine oder andere von
ihnen den übrigen dabei mehr oder weniger untergeordnet
sein, oder, wenn auch dieses nicht stattfinden sollte, vom Darsteller doch so behandelt, ja vielleicht ganz von ihm fallen gelassen werden.

Die Mittel, welche der Darsteller zu diesem Theile seiner
rednerischen Aufgabe besitzt, liegen im Tone und der Tonfarbe,
im Tempo und in den Intervallen, in der Hebung und
Senkung der Rede, im Accente und Rhythmus.

§ 31. Der dramatische Vortrag.

Grundton und Tonfarbe. — Tempo und Intervalle. — Hebung und Senkung. —
Accente und Rhythmus.

Schon die bloße Deutlichkeit und Verständlichkeit, so wie der
blos formale Wohllaut der Rede fordern einen Grundton derselben, aus dem sich die hierdurch bedingten Hebungen und
Senkungen des Tons entfalten und auf welchen sie immer wieder
zurückkehren können. Da die Stimme bei langen Perioden, besonders bei zunehmender Stärke des Tons, die Neigung hat, in
die Höhe zu gehen, so macht es sich nöthig, daß man in diesen
Fällen den einzelnen Satz der Rede immer etwas unter dem
Grundton einsetzt. Eben so wichtig ist es aber auch, die in die
Höhe gegangene Stimme am Schlusse des Satzes in entsprechender Weise wieder sinken zu lassen, theils, um zu markiren, daß
der Satz hier zu Ende ist und der darin ausgesprochene Gedanke
seinen Abschluß gefunden hat (was bei der Frage der Fall eben
nicht ist, daher hier umgekehrt der Ton am Schlusse noch etwas
steigen muß), theils aber auch, um hierdurch mit Leichtigkeit zu
dem für den etwa folgenden Satz nothwendigen tieferen Einsatz
zurückzugelangen und bei dieser Gelegenheit ohne sichtbare An-
strengung hierzu aufs Neue Athem holen zu können. Denn die
Ruhepunkte, welche der Sinn und die Deutlichkeit der Rede vor-

schreiben, werden immer die geeignetste Gelegenheit zu diesem für die Mechanik der Sprache so wichtigen und unerläßlichen organischen Vorgange darbieten.

Für den gewöhnlichen Vortrag wird die Höhe des Grundtons der Rede am schicklichsten so zu wählen sein, daß er dem Redner die möglichste Freiheit bei Hebung und Senkung des Tones gestattet. Für den dramatischen Vortrag tritt aber, wie wir gefunden, die Forderung hinzu, daß der Grundton charakteristisch für die darzustellende Persönlichkeit, ihre Lage und Lebensauffassung sei. Dies wird jedoch ungleich schicklicher durch die entsprechende Farbe des Tons, als durch die Tonlage erreicht, obschon auch diese bis zu einem gewissen Grade hierbei mit in Betracht kommt. Doch nicht nur der Ton, auch das Tempo kann dem Charakter der dramatischen Rede dienen. Wie einen bestimmten Grundton, verlangt diese auch ein bestimmtes Grundtempo, das aber ebensowenig wie er etwas Starres und Unveränderliches sein soll, sondern nur die mannigfaltigen sich in den Veränderungen des Tempos spiegelnden Bewegungen des Gemüths und des Geistes in charakteristischer Weise zu beherrschen und zu bestimmen hat. Nicht wie in der Musik läßt sich der charakteristische Grundton und das charakteristische Tempo der dramatischen Rede fixiren und näher bestimmen, es ist hier dem Darsteller ganz überlassen, und ebensowenig giebt es Etwas in ihr, was dem Tacte der Musik entspricht, wozu auch keine äußere Nöthigung vorliegt, da es sich im recitirenden Drama nicht, wie in der Musik, um ein Zusammenwirken gleichzeitiger Stimmen und Töne, sondern nur um die Aufeinanderfolge derselben in der Zeit handelt. Auch die Hebungen und Senkungen des Tons müssen hier dem Ermessen des Schauspielers schon deshalb anheimgegeben werden, weil sie nicht, wie in der Musik, meßbare sind, sondern, um nicht zum Gesange zu führen, immer nur in ganz kleinen und unmeßbaren Verhältnissen stattfinden dürfen, daher sie auch nicht zu bezeichnen sind. Dasselbe gilt für die Intervalle, die für die Recitation, wie für den Gesang von doppelter Bedeutung, da sie, wie schon oben berührt, die geeignetsten Zeitpunkte zum Athemholen darbieten. Die zweckmäßige Regelung der Mechanik der Athmung und die zweckmäßige Vertheilung des Athems sind von größter Wichtigkeit für die Technik des dramatischen Vortrags, der nicht nur ein charakteristischer, sondern zugleich auch ein von Empfindung und Leidenschaft bewegter sein soll.

Wenn der Charakter der darzustellenden Persönlichkeit hauptsächlich im Grundton, in der Tonfarbe und im Grundtempo zum Ausdrucke kommt, die ungefähr für den rednerischen Theil der Schauspielkunst dasselbe sind, was Haltung und Gang für den mimetischen, so dienen dagegen die Hebungen und Senkungen des Tons, der Accent und der Rhythmus, so wie endlich die wechselnden Färbungen des Tons und die wechselnden Zeitmaße der Rede, welche sich sämmtlich aus dem Grundton, der Grundfarbe und dem Grundtempo des Vortrages entfalten und von ihnen beherrscht und bestimmt werden, zum Ausdruck der wechselnden Zustände, aus denen der Darsteller den darzustellenden Charakter sprechen zu lassen hat, und zum Ausdruck der Absichten, die dieser damit verbindet.

Was den Accent und den Rhythmus der Empfindung und Willensenergie betrifft, so ist sowohl der erste, obschon er meist mit dem Sinn- oder Satzaccente und mit dem metrischen Accente zusammenfällt, ganz noch so von diesen, wie der zweite vom metrischen Rhythmus zu unterscheiden. Ich habe an anderer Stelle schon darauf hinzuweisen gehabt, daß nicht nur die Prosa rhythmische Verhältnisse darbietet, die theils durch den Wohllaut, theils durch die Empfindung und Willensenergie bestimmt werden, sondern daß der dramatische Dichter den metrischen Rhythmus und hierdurch auch die metrischen Accente zuweilen durch den Rhythmus und die Accente der Empfindung und der Willensenergie in charakteristischer Weise aufzulösen hat. Der rednerische Vortrag des Schauspielers wird dies bei seiner Behandlung des dramatischen Verses wohl im Auge zu behalten haben, zumal er noch überdies ein Empfindungsmoment zum Ausdruck zu bringen hat, das ihm der Dichter ganz überlassen mußte. Der scandirende Vortrag ist ebensowenig dramatisch, wie der das Metrum ganz fallen lassende Vortrag künstlerisch ist. Das Metrum soll keine Fessel für den dramatischen Ausdruck, sondern im Gegentheil das Mittel sein, ihm einen energischeren Charakter zu geben. Deshalb ist auch dasselbe nichts Ueberflüssiges, nichts was der Darsteller willkürlich ganz unterdrücken dürfte. — Ebensowenig, wie die Maße und Accente des Verses, soll der dramatische Redner die einzelnen Verse in hervortretender Weise markiren. Auch hier tritt der charakteristische Ausdruck der Empfindung und Willensenergie auflösend ein und bindet ihnen entsprechend einzelne Verstheile zusammen. Auf unseren Bühnen ist eine conventionelle Behandlung des dramatischen Verses traditionell geworden, welche meist mit einem schleppenden Tempo des Vortrags verbunden ist. Dies ist schon daraus erklärlich, weil Ton, Rhythmus, Accent und Tempo aus demselben Empfindungszustande hervorgehen und dem conventionellen Vortrage die wahre dramatische Empfindung eben nicht zu Grunde liegt. Eine andere Frage ist die, ob der Vers im Drama überhaupt ein langsameres Redetempo fordert, als die Prosa.

Bei Beantwortung dieser Frage kommen immer nur gleiche Empfindungszustände in Betracht. Ganz gleich können diese Zustände aber freilich nicht sein, wenn sie hier die Behandlung in Prosa, dort die metrische verlangen sollen. Insofern aber das Metrum eine größere Zahl von, wenn auch noch so leise angehauchten Accenten bedingt, als die Prosa, und insofern es noch überdies zu einem energischeren, also auch nachdrucksvolleren Ausdrucke treibt, wird es den Vortrag der Rede auch noch etwas mehr, als diese hemmen müssen. In welchem Umfange, wird unter übrigens gleichen Verhältnissen, theils von dem Grade dieses Nachdrucks, theils von dem Versmaße abhängen. Ziehen wir jedoch in Betracht, daß beim Vortrag der dramatischen Rede alle Abweichungen vom Grundton und Grundtempo sich immer nur in ganz feinen, unmeßbaren Verhältnissen bewegen dürfen (weil er sich sonst dem Gesange nähert), so wird auch der Unterschied des Redetempo von Prosa und Vers, so lange ihnen ähnliche Empfindungszustände zu Grunde liegen, immer nur ein sehr feiner und sorgfältig abgewogener sein dürfen.

Ein großer Theil des charakteristischen Ausdrucks der dramatischen Rede ist also immer Sache der productiven Phantasie unter dem Einflusse der Empfindung und der Energie des Willens. Andererseits wird aber theils das Studium der großen dramatischen Dichter, verbunden mit der aufmerksamen Beobachtung des Lebens, die Entwicklung dieses Einflusses fördern, theils eine umsichtig geleitete Technik die organischen Hülfsmittel hierzu entwickeln. Diese Technik wird hauptsächlich darauf gerichtet sein müssen, den Functionen der an der Sprache betheiligten Organe eine Geschmeidigkeit zu geben, die sie, wie ich schon sagte, geschickt macht, dem leisesten Anstoß der Empfindung und des Willens in der umfassendsten und zweckmäßigsten Weise Folge zu leisten. Der Schauspieler wird nicht nur bestrebt sein müssen, den Athmungsproceß vollständig beherrschen zu lernen, die größte Deutlichkeit der Rede bei den verschiedensten Stärkegraden, bei dem verschiedensten Tempo zu bewahren, sondern er wird auch die Fähigkeit erwerben müssen, dem Tone hierbei die mannigfaltigsten Färbungen zu verleihen, die mannigfaltigsten Accente auf ihn zu legen, um ihn hierdurch zum charakteristischen Ausdrucke der mannigfaltigsten Seelenstimmungen und ihrer feinsten Nüancen machen zu können.

§ 32. **Vom mimetischen Theile der Schauspielkunst. Mienenspiel und Geste.**

Die Sprache vermittelt den dem Gehörsinn zugewendeten Theil der dramatischen Darstellung, Mienenspiel und Geste den dem Gesichtssinn zugewendeten Theil derselben. Schon die Sprache beruht auf gewissen körperlichen Bewegungen, von denen aber nur einige und zwar nur die unmittelbar daran mit betheiligten Gesichtsbewegungen zu sichtbarer Erscheinung kommen. Gerade diese Bewegungen, welche vorzugsweise der Bildung der verschiedenen Laute dienen und daher die Sprache erst möglich machen, sind zugleich für den charakteristischen Ausdruck des sichtbaren Theils der schauspielerischen Darstellungskunst von größter Bedeutung. Diese Bewegungen müssen, weil sie an der Bildung der Sprachlaute und Lautverbindungen betheiligt sind und zu den nothwendigen Voraussetzungen ihres Zustandekommens gehören, dem Laute selbst schon immer, wenn auch nur in verschwindender

Weise, vorausgehen. Wir bemerken etwas Aehnliches auch bei vielen derjenigen Bewegungen, welche zwar nicht unmittelbar mit den Organen der Sprache in Verbindung stehen, wohl aber in Beziehung zu stehen scheinen zu dem Empfindungszustande, aus dem sie hervorgeht, wenn sie nicht vielleicht selbst aus diesem entspringen. Jedenfalls würden sie dann aber nicht alle un= mittelbar aus ihm hervorgehen können, weil sonst der Wille auf alle diese Bewegungen entweder gleichmäßig keinen oder gleichmäßig einen gewissen Einfluß ausüben müßte. Nun sind aber diese Bewegungen nur zum Theil solche, auf welche der Wille einen Einfluß hat. Die unwillkürlichen entsprechen jedoch ganz unmittelbar der Empfindung und ihren Antrieben. Zwar können sie, wie wir früher schon fanden, die willkürlichen eben= falls mit ins Spiel setzen, sobald ihnen der Wille hierbei nicht widerstrebt. Wo dies dagegen der Fall, wo der Wille in das Spiel der Muskeln mit eingreift, wird die also vom Willen bestimmte Bewegung auch nicht mehr unmittelbar jenem Empfin= dungszustande entsprechen können und derjenigen, welche dies thut, wenn auch in nur verschwindender Weise nachfolgen müssen. Beim Sprechen wird dies um so sichtbarer werden, weil sich hier zwischen den Antrieb der Empfindung und den Willensact noch ein, wenn auch nur kurzer Denkproceß einschiebt. Es bedarf immer einer gleichviel wie kurzen Besinnung, ehe wir auf den Anstoß einer Empfindung hin sprechen können, während die unmittelbar von ihr ins Spiel gesetzte Muskelbewegung, auch wenn sie zum Theil eine willkürliche ist, dem vorausgehen muß, sobald der Wille jenem Anstoß nur unmittelbar zustimmt oder von der unwillkürlichen Bewegung und ihrem Einfluß auf die Organe der willkürlichen Bewegung mit fortgerissen wird. Andererseits können aber auch die scheinbar gleichzeitigen, mit der Sprache unmittelbar verbunden scheinenden Bewegungen aus ganz verschiedenen Momenten eines Empfindungszustandes her= vorgehen, da dieser ja nicht nur ein zusammengesetzter, sondern auch ein aus sehr verschiedenen Momenten zusammengesetzter sein kann. Daher jene berühmte Shakespeare'sche Vorschrift aus Hamlet: „Passe die Geberde dem Wort und das Wort der Ge=

berbe an" in gewissen Fällen noch einer Einschränkung bedarf. Z. B. in allen Fällen, in denen der Schauspieler seinen Gegenspieler durch Wort und Geberde zu täuschen suchen und doch den Zuschauer dabei in diese Absicht mit einblicken lassen soll. Man denke nur des Spiels zwischen Jago und Othello, zwischen Richard III. und Anna. Oder auch derjenigen Stücke, in denen der Darsteller den Charakter, welchen er darstellt, und das, was er sagt und thut, sei es mit Bewußtsein oder auch unbewußt, selbst in das Licht der Ironie und Satire oder auch nur in eine komische Beleuchtung zu rücken hat. Dort werden einzelne Bewegungen des Gesichts im Widerspruch stehen zu anderen und zu dem Tone der Rede, hier wird dagegen der Widerspruch der aus zwei verschiedenen Empfindungszuständen hervorgehenden Bewegungen und Töne in einer solchen Weise ineinanderspielen müssen, daß sie sich scheinbar zu nur einem, aber mit diesem Widerspruch behafteten Ausdruck vereinigen.

§ 33. Von der körperlichen Erscheinung. Maske, Haltung, Gang.

Die Geberdensprache hat das Ganze der individuellen körperlichen Erscheinung zur Grundlage. Streng genommen gilt dies zwar auch von dem rednerischen Theil der Schauspielkunst, schon deshalb, weil er nothwendig mit bestimmten körperlichen Bewegungen verbunden ist, die an der Sphäre des Sichtbaren participiren. Wie er aber von ihr bis auf diese letzteren völlig absehen kann, so kann auch der Zuhörer bei dem rednerischen Vortrage von der Erscheinung des Vortragenden absehen, z. B. beim Vorlesen einer dramatischen Dichtung. Umgekehrt kann die schauspielerische Kunst sowohl, wie der Zuschauer, auch wieder von dem rednerischen Theile derselben absehen (was die Pantomime ins Leben rief), hier aber dagegen nie von der körperlichen Erscheinung, an die der mimische Ausdruck gebunden ist.

Die körperliche Erscheinung des Schauspielers soll aber, obschon sie der Boden ist, auf welchem allein seine körperliche Beredsamkeit sich zu entwickeln vermag, doch nicht als solche in die Erscheinung treten. Sie soll nur der Träger der wechselnden Gestalten sein, welche er zur Darstellung zu bringen hat. Der

Schauspieler muß also die Fähigkeit zu erwerben suchen, seine körperliche Erscheinung zum Ausdruck derselben zu machen, ihr immer den Schein einer bestimmten anderen Persönlichkeit zu geben. Auch hier liegt die Stärke nicht, wie so viele Schauspieler zu glauben scheinen, in der Größe, sondern in der charakteristischen Feinheit der Abweichungen, obschon der Darsteller hier ungleich weiter gehen kann, als bei Behandlung der Stimme, weil hier die Natur ihm nicht so enge Grenzen gesetzt hat und er sich auch äußerer Hülfsmittel dazu noch bedienen kann. Diese letzteren dienen dann aber immer nur dem unveränderlichen Theile der körperlichen Erscheinung, den er durch seine Kunst erst noch in der geforderten Weise zu beleben hat. Die Alten dehnten diese Hülfsmittel auch auf den Gesichtsausdruck aus, welcher darum bei ihnen starr und unveränderlich blieb. Die Maske ist bei uns Neueren, die wir dieselbe in der Schauspielkunst abgeworfen, die Bezeichnung für die Totalität des Charakteristischen der äußeren körperlichen Erscheinung geworden, insofern dieses eine habituelle Form angenommen hat. Der Schauspieler wird bei ihrer Hervorbringung durch die Künste des Friseurs und Costümiers unterstützt. Die habituelle körperliche Erscheinung, die habituelle körperliche Haltung und die habituelle körperliche Bewegung, besonders im Gange, stehen, wie ich schon andeutete, zu der körperlichen Beredsamkeit in einem ähnlichen Verhältnisse, wie der Grundton, die Tonfarbe und das Grundtempo zu dem Empfindungsausdruck der Rede. Sie sind die Grundlage, auf der sich die letztere zu entwickeln hat und durch welche sie in charakteristischer Weise bestimmt wird.

Der Schauspieler hat bei ihrer Bildung mannigfaltige Momente in Betracht zu ziehen und zu einem einheitlichen Ganzen zu verbinden. Zu diesen Momenten gehören das Naturell (Temperament), das Zeitalter und die Nationalität, der Stand und die Lebensrichtung, die Lebensgewohnheit und Lebensanschauung, und endlich die individuelle Besonderheit des darzustellenden Charakters. Aus der Einheit dieser verschiedenen Momente, welche in der körperlichen Erscheinung zum harmonisch-einheitlichen Ausdrucke kommen sollen, muß sich nun das Detail der Geberden-

sprache entwickeln, welches überall darauf gerichtet ist, den dieser
Erscheinung zu Grunde liegenden Charakter durch die mannigfaltigsten Beziehungen in dem Antheile zur Darstellung zu
bringen, welchen er an der Entwicklung eines bestimmten Vor-
ganges, einer bestimmten Handlung, sowohl innerlich wie äußerlich, nimmt.

§ 34. **Von dem Verhältnisse des mimetischen Theils der schauspielerischen Beredsamkeit zur Rede. Die symbolischen und allegorischen Bewegungen.**

An der Geberdensprache haben wir einen, wenn auch nur
relativ selbständigen, und einen von der Rede unmittelbar ab-
hängigen Theil zu unterscheiden. Es ist kein Zweifel, daß die
Geberdensprache, wenn auch aus demselben Empfindungszustande,
wie die Rede, so doch aus einem anderen Momente derselben
fließt. Sie soll etwas davon zum Ausdruck bringen, was die
Rede mit ihren Mitteln eben nicht zum Ausdruck zu bringen
vermag. Es ist daher vorzugsweise das, was der Dichter dem
Schauspieler nur andeuten kann und seiner Darstellung zu überlassen hat, was hier zu künstlerischem Ausdruck gebracht werden
soll. Der selbständigere Theil der Schauspielkunst liegt vorzugsweise auf Seiten der mimetischen Darstellung. Der Schauspieler
ist auf ihrem Gebiete ungleich freier, als auf dem des rednerischen
Theils seiner Kunst.

Die Rede werden wir wohl bisweilen für unüberlegt, nie
aber für völlig unbewußt halten können. Die körperlichen
Bewegungen dagegen müssen zum Theil mit dem Scheine des
Unbewußten dargestellt werden, weil sie sich im gewöhnlichen
Leben meist so vollziehen, selbst solche, welche von willkürlichen
Muskeln ausgeführt werden. Denn wenn auch alle zweckmäßige
Bewegung erst, und oft sehr mühsam, erlernt werden muß und
wir hierbei die Bewegung fast jedes willkürlichen Muskels mit
deutlichem Bewußtsein vollziehen (wie sich das ja bei der Erlernung irgend einer technischen Fertigkeit z. B. bei Erlernung
des Klavierspielens genugsam beobachten läßt), so vermögen wir
doch später von diesen mühsam erworbenen zweckmäßigen Be-

wegungen einen Gebrauch zu machen, der kaum ins Bewußtsein noch fällt. Es genügt dann vielmehr, unsere Aufmerksamkeit auf den äußeren Zweck zu richten, den wir durch diese Bewegungen zu erreichen beabsichtigen, die Vorstellung desselben lebhaft vor Augen zu haben und sie dieser gemäß zu bestimmen.

Wie viele Bewegungen der Geberdensprache schon hierdurch allein nicht deutlich in das Bewußtsein des Darstellenden fallen, obschon sie mit unter dem Einflusse seines Willens entstehen, so wird er doch selbst noch von denjenigen, deren er sich aufs Deutlichste bewußt ist, manche in solcher Weise zur Erscheinung zu bringen haben, als ob sie sich ebenfalls nur bewußtlos vollzögen. Denn wenn auch das Drama immer nur Etwas darzustellen hat, was sich auf Handlung bezieht, woran also der Wille des Menschen und darum auch sein Bewußtsein in bestimmter Weise betheiligt ist, so fließen doch mannigfache Momente des Unbewußten aus den Stimmungen, Empfindungen, Antrieben in diese Processe mit ein und gerade diese Momente, welche in der, weit mehr unter dem Einflusse des Willens entstehenden Rede einen zureichenden Ausdruck nicht finden können, soll nun eben der Schauspieler durch den mimetischen Theil seiner Kunst zur sinnlichen Anschauung bringen.

Die körperlichen Bewegungen des Darstellers lassen sich eintheilen in solche, welche ganz oder überwiegend der Darstellung der inneren Zustände eines Charakters, und in solche, welche die Darstellung der nach Außen gerichteten Willensäußerungen (der Absichten, Entschlüsse und Handlungen) desselben zum Zweck haben. Dem ersteren Zwecke dient vorzugsweise der **Gesichtsausdruck** oder das **Mienenspiel**, dem letzteren dagegen die **Geste**. Bei dem ersteren überwiegen die unbewußten, bei dieser die bewußten Bewegungen. Beide sind zum Theil selbständige, zum Theil nur die Rede begleitende. Die Geberdensprache ist selbständig, wo sie die gedachten Zwecke ohne Beihülfe des Wortes schon vollständig zu erreichen vermag, oder doch etwas zum Ausdrucke bringt, was das Wort überhaupt nicht zum Ausdrucke bringen kann. Sie ist begleitend, wo sie zu ihrer Erklärung des Wortes bedarf, wo sie nur dem Ausdruck der Rede entspricht, denselben verstärkt und vervollständigt oder auch den Sinn derselben noch näher bestimmt und bezeichnet. Die Geberdensprache kann das, was sie zur Darstellung bringt, theils ganz unmittelbar und direct, theils nur beziehungsweise und indirect ausdrücken. Das erste giebt ihren Bewegungen in bedeutenderen Fällen einen symbolischen, das letztere einen allegorischen Charakter. Zu diesen gehören die malenden Bewegungen, von denen der Darsteller einen überaus sparsamen und wohlerwogenen Gebrauch zu machen hat. Leider ist im ernsten Drama auf der Bühne oft das Gegentheil zu bemerken. Der Grund hiervon liegt hauptsächlich in einem falschen Streben nach Schönheit, dem ebensowohl die Naturwahrheit, wie die höhere künstlerische zum Opfer gebracht wird. Allerdings ist die bloße Naturwahrheit, die bloße Richtigkeit und Verständlichkeit noch keineswegs das letzte und wahre Ziel irgend einer künstlerischen Darstellung. Wenn diese aber auch noch nach Schönheit zu streben hat, so ist die blos formale Schönheit, wie ich schon weiter oben darlegen konnte, doch nicht die dramatische und je mehr der Schauspieler, durch einen Seitenblick auf die bildenden Künste, sich hier zur malerischen, dort zur plastischen Schönheit hinneigt, wird er Gefahr laufen, eine blos formale Schönheit zu erstreben, welche dann nur zu leicht in leeren, ja selbst unwahren Conventionalismus verflachen und ausarten kann. Der Schauspieler hat also nicht Schönheit, Würde oder Anmuth der Bewegung überhaupt, sondern dramatisch-charakteristische Schönheit, Würde oder Anmuth der Bewegung zu erstreben. Jede Bewegung des Schauspielers muß nothwendig und für die Situation, den inneren Zustand und den individuellen Charakter bezeichnend sein. Vor nichts hat sich der Schauspieler so sehr zu hüten als vor den leeren, unbezeichnenden oder wohl gar jener Forderung widersprechenden Bewegungen. Kaum minder hat er aber auch ein Zuviel der einzelnen Bewegung oder eine Häufung der Bewegungen zu vermeiden. Beides giebt seinem Spiel etwas Outrirtes, Chargirtes, das er selbst da, wo es, wie in der Burleske, am Platze ist, noch mit Mäßigung zu beherrschen hat. Wie alle Schönheit fordert auch die dramatisch-charakteristische Schönheit harmonische

Behandlung und Anordnung des Einzelnen zu einem einheitlichen Ganzen. Ist doch der dramatische Charakter selbst nur wieder der Theil eines Ganzen, daher auch in ihm allein das Gesetz dieser Harmonie und Einheit noch nicht gefunden werden kann. Indem der Schauspieler einen Charakter zur harmonischen einheitlichen Darstellung zu bringen strebt, wird er ihn stets nur als Theil des Ganzen ins Auge zu fassen und in das durch dieses geforderte charakteristische Verhältniß zu den übrigen Theilen desselben, zu den übrigen Charakteren des Stücks zu bringen haben.

§ 35. Von dem Verhältniß des Schauspielers zur dramatischen Dichtung.

Die Schauspielkunst ist im Wesentlichen eine reproducirende und nur zum Theil eine selbständige, in dieser Selbständigkeit aber noch immer eine von dem Werke einer anderen Kunst abhängige, und durch sie mit bestimmte. Ich habe in der vorausgeschickten geschichtlichen Uebersicht zu zeigen gehabt, um wie viel abhängiger dieselbe in den frühesten Zeiten des europäischen Dramas von der Dichtkunst gewesen, als jetzt. Bei den Griechen war sie dieser anfangs sogar ganz untergeordnet. Hier war der Dichter zunächst selbst sein erster Schauspieler. Er selbst schuf sich die Bühne. Und auch er war es wieder, welcher den schauspielerischen Ausdruck durch Erfindung und Anwendung der Maske beschränkte. Andererseits begegneten wir auch schon sehr früh dem Bestreben der Schauspielkunst, dieses Verhältniß mehr und mehr umzukehren. Sophokles soll den Anstoß zu einer Trennung der Dichtkunst und Schauspielkunst gegeben haben. Seitdem suchte sich diese mehr und mehr selbständig zu machen. Der Schauspieler fing an, sich gegen die Dichtung aufzuwerfen, sie seinen Forderungen unterzuordnen. Da er sich schon damals nicht entblödete, dieselbe nach seinen Bedürfnissen abzuändern und einzelne Stücke derselben willkürlich durch effectreichere Stellen aus anderen Dichtungen zu ersetzen, so ist auch wohl die Annahme erlaubt, daß die Dichtkunst sich theilweise der Schauspielkunst selbst untergeordnet und bei ihrem Schaffen in deren Dienste begeben hat. Wir sehen zu Alexanders Zeit die Schauspielkunst in überraschender Weise emporblühen, die dramatische Dichtung dagegen in einen Verfall gerathen, in welchen auch jene zuletzt mit verstrickt wurde.

Die Schauspielkunst suchte sich aber noch auf einem anderen Wege von der Herrschaft der Dichtung zu befreien. Rede und Mimik traten aus einander, indem sie auf verschiedene Personen übertragen wurden. Als aber die letztere sich auch von dem hierbei noch bestehenden äußeren Zusammenhange beider lossagte, entstand die Pantomime, so wie später das Ballet. Diese Formen mußten in dem Maße in Aufnahme kommen, als die dramatische Dichtung sank oder gesunken war.

Eine dritte Form der Emancipation der Schauspielkunst von der Dichtung war das Stegreifspiel, worin sich der Schauspieler des dichterischen Moments, indem er es seiner Kunst völlig unterordnete, auch noch selber bemächtigte. Wir begegneten ihm schon im Alterthume. Es war wohl diejenige Form, in der sich der Trieb des Menschen zum Drama zuerst entwickelte. Bei den Italienern bildete sich diese Form später in eigenthümlicher Weise zu hoher Vollendung aus und fand so eine rasche Verbreitung. In Deutschland ist sie sogar längere Zeit ganz herrschend geworden, trug aber nicht wenig zu dem anarchischen Zustande bei, welchem die Bühne hier immer wieder auf's Neue verfiel.

Wenn sich die Dichtung ganz in den Dienst der Schauspielkunst begiebt und nichts erstrebt, als deren Interessen und Schwächen zu befriedigen, so wird sie auch mehr und mehr das Leben nur noch auf der Bühne suchen und eine Bühnentradition erzeugen, deren Herrschaft Dichter und Schauspieler gleichmäßig erliegen. Es sind auf diesem Wege die stehenden Charaktermasken und Stücke entstanden, in denen diese meist nur das Kleid und die Situation wechselten. Zum Theil verfiel die Schauspielkunst selbst mit diesem immer flacher und leerer werdenden Conventionalismus, zum Theil trug sie aber auch ihre eigene unmittelbare Beobachtung des Lebens in diese Spiele hinein und gab ihnen erst die lebendige Seele. Kein Wunder, daß die Literatur sich von dieser Art Stücke ganz abwendete, und sich zu der Ungerechtigkeit hinreißen ließ, das, was doch nur Entartung der dramatischen Dichtung war, der Gattung selbst mit zur Last zu legen. So haben wir denn den merkwürdigen Widerspruch zu beobachten, daß, während man einerseits das Drama an die Spitze der ganzen Dichtung stellte, man andererseits die dramatische Dichtung der eigenen Zeit fast immer mit Geringschätzung behandelte, so daß zu einer Zeit, in welcher man einen Seneca feierte, die Werke eines Shakespeare nicht hinreichten, ihn aus der verachteten Stellung emporzuheben, in welcher die dramatische Dichtung gegen die übrige Literatur des Tages damals noch stand. Dieser Hochmuth der Dichter, der sich besonders in Deutschland der Anmaßung der Schauspieler lange entgegenstellte, sprach sich auch noch in anderer Weise aus. Man wollte auf die dramatischen Formen selbst nicht verzichten, wohl aber, indem man sich ihrer bediente, recht geflissentlich zeigen, daß man darum mit der Bühne des Tages nichts gemein habe. Man griff zu diesem Zwecke auf die Muster der von der Literatur anerkannten classischen Tragiker und Komiker der Vorzeit zurück, die man dann meist nur ganz äußerlich nachahmte. Es entstand hierdurch eine Art von Dichtungen, die man mit dem Namen von Lesedramen bezeichnet hat, welcher später auf alle dramatischen Dichtungen ausgedehnt wurde, die vorgeblich ohne Rücksicht auf die Bühne und ihre, gleichviel ob berechtigten oder unberechtigten, Forderungen geschrieben waren. Wenn man mit diesem Namen zugleich andeuten wollte, daß das Charakteristische eines Dramas erst in der Aufführung hervortrete und beim Lesen nicht zu empfinden und zu erkennen sei, so befand man sich in keinem geringen Irrthum. Der dramatische Werth einer Dichtung ist vielmehr beim Lesen oft viel reiner zu erkennen, als bei der theatralischen Aufführung, welche den eigenthümlichen dramatischen Gehalt derselben bisweilen in nur ganz ungenügender Weise zum Ausdrucke bringt, oder wohl auch über den Mangel derselben durch äußerliche theatralische Effecte oder durch die virtuose Kunst der einzelnen Darsteller täuscht.

Die Rivalität zwischen den beiden dramatischen Künsten hat in unserem Vaterlande einen Zustand der Bühne herbeigeführt, der beiden verderblich geworden ist. Der Dichter ist bei uns heute fast von ihr ausgeschlossen. Die Bühne ist streng genommen nur für den Darsteller da. Niemand wird es dem Letzteren verargen, daß er sich für die Bethätigung in seiner Kunst einen möglichst freien Spielraum schafft, aber nicht weniger ist von ihm zu verlangen, daß er, wie jeder andere Künstler, die Grenzen und die Bedingungen seiner Kunst respectirt.

Dramatische Dichter und Schauspieler sind durch ihr eigenes wohlverstandenes Interesse und, was hier schwerer noch wiegt, durch das Interesse der dramatischen Kunst auf einander verwiesen. Beide sollten sich darein ergeben, daß ihre Kunst zum Theil von der Kunst des Anderen abhängig ist. Der dramatische Dichter sollte bei seinem Schaffen die Kunst des Darstellers im Auge behalten, die ja sein Werk erst zu unmittelbarer sinnlicher Anschauung zu bringen und zu diesem Zwecke in zum Theil selbständiger Weise zu ergänzen hat. Der Schauspieler aber sollte eingedenk bleiben, daß es sich zuletzt nicht sowohl um ihn, sondern um das Ganze eines Kunstwerks handelt, von dem er doch nur ein Theil, und daß er bei seiner Thätigkeit von der ihm hierdurch von der Dichtung gestellten Aufgabe abhängig ist. Nur ein solches, sich fröhlich ergänzendes Zusammenwirken hat die Kunst beider, hat das Drama zur Blüthe gebracht, die Verrückung dieses Verhältnisses aber immer nur die Entwicklung des letztern gehemmt und eine Scheinblüthe der einen oder der anderen erzeugt, der nur zu bald der Verfall folgte.

Damit nun der Schauspieler seine Aufgabe in diesem Geiste zu lösen vermöge, wird er der Dichtung ein eingehendes Studium widmen müssen. Dies ist ihm bei den älteren Werken der dramatischen Dichtkunst, mit denen er ohnedies schon vertraut ist, außerordentlich erleichtert, schwerer jedoch bei den neueren Dichtungen. Er lernt sie meist nur aus den Proben, d. i. aus der theils richtigen, theils mangelhaften Auffassung der einzelnen Darsteller kennen und ist, um ein einigermaßen harmonisches Ensemble herzustellen, fast nur auf seine schauspielerische Routine und sein mehr oder weniger fein ausgebildetes Anempfindungsvermögen verwiesen. Ob dieses Ensemble dem Geiste, dem

Charakter der Dichtung völlig entspricht, darüber entscheidet bis zu einem gewissen Grade meist nur der Zufall.

In der Oper vertritt der Kapellmeister den Componisten, damit das Ganze in einem Geiste und so viel als möglich in seinem Geiste zur Darstellung komme. Wen aber hat wohl der Dichter zu seinem Vertreter an unsrem deutschen Theater? Wer vergönnt wohl ihm hier das Wort? Wer räumte ihm hier auch nur die Fähigkeit ein, sein Werk zu interpretiren? Das können natürlich einzig die Schauspieler, von denen es zwar den meisten nicht um sein Werk, sondern höchstens um ihre Rolle und ihre Scenen zu thun ist.

Wohl hat man sich der Einsicht nicht ganz verschließen können, daß zur angemessenen einheitlichen Darstellung eines vielgegliederten Ganzen durch eine größere Zahl verschiedener, zum Theil von sehr persönlichen Interessen geleiteten Individualitäten eine einheitliche Leitung derselben nothwendig sei, was zur Anstellung von Regisseuren und Dramaturgen geführt hat. Die Dramaturgen haben aber immer nur ein kurzes Dasein mühsam gefristet und die Regisseure waren meist nicht mit der nöthigen Autorität, zum Theil auch nicht einmal mit der genügenden Sachkenntniß ausgestattet, um mehr als das Aeußere der Darstellung ins Auge fassen zu können. Indessen haben doch einzelne sich ihrem Beruf mit Geist und Hingebung widmende Directoren bewiesen, von welch wohlthätigem Einfluß eine einheitliche Führung auf diese Verhältnisse sein kann.

§ 36. Von dem Verhältniß des Schauspielers zu seinen Mitspielern.

Das Ensemble. — Das stumme Spiel. — Die Rollenfächer und das Rollenmonopol. — Das Virtuosenthum.

Der Schauspieler hat seine Gegen- und Mitspieler. Er ist mit ihnen in eine gemeinsame Handlung verflochten und hat seine Stellung zu ihnen nach Maßgabe ihres Antheils an dieser zu nehmen. Sein Erscheinen, sein Spiel, seine Sprache, seine ganze Behandlung der ihm übertragenen Rolle muß diesen Verhältnissen entsprechen, und bei aller Verschiedenheit der Charaktere und troh aller Gegensätze und Widersprüche doch andererseits wieder eine gewisse Uebereinstimmung anstreben. Denn wie verschieden die Absichten und Ziele all der verschiedenen Gestalten des Stücks immer sein mögen, so haben sie doch auch ein gemeinsames Ziel zu verfolgen, die einheitliche, harmonische Entwicklung und Wirkung des Ganzen. In diese Harmonie und Stimmung muß also der Schauspieler seine Sprache, sein Spiel ununterbrochen mit denen seiner Mitspieler zu setzen suchen. Er wird eben so bemüht sein müssen, in diesem Zusammenspiel seinen eigenen Charakter, wie durch ihn die Charaktere seiner Mitspieler in die vom Dichter geforderte Beleuchtung zu rücken. Eine besondere Schwierigkeit bietet hierbei das stumme Spiel, in welchem der Darsteller vorzugsweise seine eigene Gestaltungskraft und zugleich seine Discretion bei Verwendung derselben in besonderem Maße zu zeigen hat.

Der Darsteller hört, wenn er auch aufhört zu sprechen, doch noch nicht auf es zu sein, obschon es bei einzelnen Darstellern nicht selten so scheint, die selbst nach der lebhaftesten Gesticulation dann plötzlich ganz theilnahmlos und mit ihren Gedanken und Blicken wo anders als da zu sein scheinen, wo wir sie nach ihrer Lage und ihrem Charakter zu erwarten haben. Der Darsteller bleibt, so lange er auf der Bühne ist, an den Vorgängen derselben in einer bestimmten Weise betheiligt und wir wollen diesen Antheil, die Eindrücke, die er empfängt, und die Wirkungen, welche sie in ihm bedingen, irgendwie zur Anschauung gebracht sehen. Wohl wird er im Allgemeinen ungleich bewegter erscheinen müssen, wenn er spricht, wenn er activ in die Handlung mit eingreift, als wenn er sich nur aufnehmend und passiv verhält, wobei er noch überdies die Absicht des Dichters zu berücksichtigen hat, der in der Regel die Aufmerksamkeit des Zuschauers zunächst für den Sprechenden fordert. Es wird ihm hierdurch allerdings eine gewisse Zurückhaltung auferlegt, die ihm besonders von der Geste einen vorsichtigen und mäßigen Gebrauch zu machen empfiehlt. Noch mehr als im Spiel der lebhaften Action werden wir hier jede leere, nichtssagende, überflüssige oder gehäufte Bewegung als eine Verletzung der geforderten Harmonie der Darstellung empfinden, was keineswegs ausschließt, daß auch dem stummen Spiel da, wo der darzustellende Charakter, die darzustellende Situation es ausdrücklich bedingt, ein bedeutsamer Ausdruck zu geben ist.

Derselbe Drang nach freier, selbständiger künstlerischer Bethätigung, welcher die Schauspielkunst antrieb, sich von dem Zwange der Herrschaft der Dichtung zu befreien, hat auch einzelne begabte Darsteller bestimmt, sich gegen die ihnen durch das Zusammenspiel auferlegte Unterordnung aufzuwerfen und aus diesem als das Maßgebende hervorzutreten. Nicht alle Rollen des Stücks sind von gleicher dramatischer Bedeutung, nicht alle von gleicher theatralischer Wirksamkeit. Das Bedürfniß nach Erfolg und nach Beifall hat den Schauspieler schon seit lange dazu bestimmt, die Dichtung vorzugsweise auf die Dankbarkeit ihrer Rollen, und die einzelne Rolle auf ihre Wirksamkeit hin anzusehen. Es giebt für die Meisten von ihnen nur dankbare und undankbare Rollen, Zugstücke und Stücke ohne Zugkraft. Dies hat unter ihnen eine Rivalität und eine ansteckende Krankheit, die Rollensucht, erzeugt. Selbst der talentlose Schauspieler (denn wo hat es je einen gegeben, der sich dafür hielt?) sucht sich auf jede Weise in den Besitz der dankbaren Rollen zu setzen; und neben der Verschiedenheit der natürlichen Anlagen und Mittel war es wohl hauptsächlich diese Sucht, welche an der Eintheilung der Rollen in bestimmte Fächer, die sich durch Tradition herausgebildet hatte, festhalten ließ. Diese Eintheilung hat ihre guten und schlimmen Seiten. In der Beschränkung, die sie dem schauspielerischen Talente auferlegte, konnte dieses seine Kraft zwar concentriren und nach einer bestimmten Richtung hin zu größter Vollkommenheit ausbilden. Es entstand hierdurch aber auch bei nicht Wenigen eine Einseitigkeit, welche im Laufe der Zeit und Gewöhnung zur Manierirtheit führte, zu einer outrirten, carikirenden Spielweise oder zu einer allmählich verblassenden Routine. Das große Talent, oder auch nur der vom Publicum dafür ausgegebene und von ihm verhätschelte Schauspieler, suchte sich aus der Enge dieses Zwangs zu befreien. Doch ging er hierbei mehr darauf aus, sich eine Sonderstellung zu schaffen, als das Princip der Rollenfächer anzufechten. Er erreichte dies auf zweierlei Weise, indem er erstlich für sich das sogen. Rollenmonopol, das ist die freie Wahl der Rolle, in Anspruch nahm, und zweitens all seinen Einfluß aufbot, daß die etwa mit ihm rivalisirenden Fächer mit möglichst schwachen Kräften besetzt würden. Der Ehrgeiz des also bevorzugten Darstellers, der in dem Triebe nach Erwerb noch einen mächtigen Bundesgenossen fand, war aber hierdurch noch nicht befriedigt. Er glaubte die Stücke nach seinem Bedürfniß zuschneiden zu dürfen; er verleitete die Dichter, ihre Arbeiten auf seinen ausschließlichen Erfolg zu berechnen; er löste den Verband mit der Bühne durch längere Gastspiele auf. Indem er von Stadt zu Stadt mit seinen Paraderollen zog, gewöhnte er das Publicum, nicht mehr auf die Dichtung oder auch nur auf das Ganze der Darstellung, sondern nur noch auf die hervorstechende Brillanz der einzelnen Leistung zu sehen. Die Kurzsichtigkeit der Bühnenvorstände, welche diese Erscheinung, das Virtuosenthum, großgezogen, bewundert, gehätschelt hatte, sollte nur zu bald die nachtheiligen, die Disciplin, wie das Ensemble völlig in Frage stellenden Folgen desselben empfinden. Mit den Forderungen der Darsteller waren zugleich die Forderungen des Publicums ins Ungeheuere gewachsen. Daher man nun anfing, die Ausschweifungen des einzelnen Talents diesem selber zur Last zu legen und nur noch von der fügsameren Mittelmäßigkeit eine Besserung zu erwarten. Durch sie hoffte man das verlorengegangene Ensemble allein wieder herzustellen. Nun, ein Ensemble ist auf diesem Wege wohl zu erreichen, nur daß es selbst wieder ein mittelmäßiges sein wird. Es mag für das leichtere, oberflächlichere Genre genügen, bei jeder höher gestellten Aufgabe muß seine Unzulänglichkeit dafür um so empfindlicher hervortreten. Zudem hatten die virtuosen Darsteller die Kräfte zweiten und dritten Ranges mit ihren Prätensionen angesteckt. Die Bühnenleitungen glaubten sich der Pflichterfüllung und Willfährigkeit der Darsteller nur noch durch ein besonderes Lockmittel versichern zu können. Es entstanden die Spielhonorare, die allerdings Wunder bewirkten. Die Unpäßlichkeiten verschwanden. Rollen, die man früher mit Indignation zurückgewiesen haben würde, wurden mit einer Hingabe gespielt, die einer besseren Sache würdig gewesen wäre. Das Ensemble ist hierdurch allerdings bis zu einem gewissen Grade gefördert worden, auf eine Weise freilich, die beiden Theilen nicht zu besonderer Ehre gereicht. Die Bühnenleitung gestand offen genug den Mangel an Autorität, der Darsteller den Mangel an eignem Vertrauen in die Erfüllung seiner Berufspflichten ein.

§ 37. Von dem Verhältnisse des Schauspielers zum Publicum. Der Applaus und die Claque.

Der Schauspieler spielt vor dem Publicum. Es soll ihn hören und sehen. Er soll sich jedoch dabei nicht unmittelbar an dasselbe wenden. Er soll sich ihm nur in bestimmten Verhältnissen zu Anderen darstellen, ohne jene Absicht unmittelbar mit zur Erscheinung zu bringen. Selbst noch das griechische Drama, welches, wie schon die Masken beweisen, nicht darauf ausging, mit dem vollen Scheine des wirklichen Lebens zu täuschen, bewahrte, in der Tragödie stets, in der Komödie meist, die reine Objectivität der Darstellung. Nur dann und wann wurde sie von dem subjectiven Uebermuthe der Komiker durchbrochen. Dies fand Nachahmung in der Ausgelassenheit der Atellane und der späteren Farsa und Burleske. Allmählich aber sah man mehr und mehr davon wieder ab, das subjective Heraustreten wurde auf die Rolle des Spaßmachers eingeschränkt. Etwas davon erhielt sich noch in den Apartes und in den Monologen, auch in den Schlußworten der Dramen. Die neueste Zeit mit ihren realistischen Forderungen verlangt mit dem volleren Scheine des wirklichen Lebens in den theatralischen Darstellungen auch die volle Objectivität derselben. Der Darsteller wird also seine Stellung zu seinen Mitspielern hauptsächlich darnach zu nehmen haben, daß er zwar nur für das Publicum, aber nicht unmittelbar zu diesem spricht, daß er lediglich mit ihnen beschäftigt scheint, doch nur um vom Publicum hierbei gesehen und gehört zu werden. Der heutige Naturalismus der Bühne glaubt dieses letztere sogar bisweilen dem größeren Scheine der Natürlichkeit opfern zu sollen. Die künstlerische Forderung, daß die Darstellung ihre Absicht auf das Publicum nicht mit zur Erscheinung bringe, wird jetzt nicht selten dahin gesteigert, den Schein zu erzeugen, daß diese Absicht überhaupt gar nicht bestehe. Man wählt zu diesem Zwecke nicht selten ganz von dem Publicum abgewendete Stellungen. Der Sprechende kehrt ihm nicht selten den Rücken. Zuweilen wird wohl auch ein Gespräch im Auf- und Niedergehen gegen den Hintergrund oder ganz im Hintergrunde der Scene und (bei figurenreicheren Gruppen) an ganz verschiedenen Theilen der Bühne geführt. Die früheren, oft mit zu peinlicher Abgemessenheit beobachteten Regeln in Bezug auf die Stellung der Schauspieler liegen der heutigen Spielweise wohl auch noch zu Grunde, werden aber vielfach durch die Rücksichten auf das Bewegte, Malerische, Natürliche aufgelöst. Diese neue Spielweise konnte nicht ohne Rückwirkung auf die Dichtung bleiben. Sie hatte nicht selten eine ganz neue Behandlung der Scene zur Folge. Das Spiel in aufgelösten Gruppen rief neue theatralische Effecte, neue geistvolle Combinationen ins Leben. Die malerische, stimmungsvolle Wirkung herrschte darin vor. An wahrhaft dramatischer Bewegung fehlte es diesen Scenen, trotz ihrer größeren äußeren Bewegtheit, gleichwohl fast immer. Aber auch jetzt blieb das Verhältniß zwischen Kunstwerk und Publicum im Drama noch ein viel unmittelbareres als bei den übrigen, besonders als bei den bildenden Künsten. Viel trägt dazu bei, daß hier das Kunstwerk gewissermaßen der Künstler selbst ist. Dies führt nicht selten zu einer Verwechselung beider, was sich besonders im Beifalle zeigt. Applaus findet immer nur bei denjenigen Kunstwerken statt, welche in der Zeit verlaufen und in einer gewissen Weise unmittelbar mit der Person des Künstlers, wenn nicht zusammenfallen, so doch noch unmittelbar zusammenhängen. Daher er nicht selten vorzugsweise nur dieser gilt. Man ehrt häufig nicht sowohl ihn wegen seiner Leistung, als seine Leistung um seiner Person willen.

Schon dieses hat dem Applaus einen schillernden, zweideutigen Charakter verleihen müssen. Indessen entspringt er auch noch aus einer anderen Quelle. Man spendet bei diesen Künsten nicht nur Lob, sondern auch Tadel. Es handelt sich dabei nicht

nur um Huldigung, sondern zugleich um ein Urtheil, welches
man abgeben, doch auch bestätigt sehen möchte und für welches
man zuweilen nicht ohne Heftigkeit eintritt. Diesen Charakter
hat der Applaus besonders in der Blüthezeit des griechischen und
des spanischen Theaters gehabt. Er floß aber nicht immer aus
so lauterer Quelle. Ehrgeiz, Gefallsucht und Speculation der
Darsteller, Directoren und Dichter bemächtigten sich desselben und
riefen durch diesen beeinflußten, ja erkauften Beifall ein besonderes Gewerbe, die Claque, ins Leben. Obschon sie sich erst in
den neueren Zeiten an verschiedenen Orten zu einer feststehenden
Organisation ausgebildet hat, ist sie doch älteren Ursprungs. Die
Conquisitores des alten Rom, welche darüber zu wachen hatten,
daß sich unter den Zuschauern keine Parteien bildeten, und denen
es oblag, diejenigen ausfindig zu machen, welche zum Beifallklatschen bestellt waren, weisen auf ähnliche Zustände hin. Die
Claque ist darauf berechnet, einen Erfolg zu simuliren und hierdurch das Urtheil des Publicums zu beeinflussen und mit sich
fortzureißen.

Die Kunst des Schauspielers gehört zu den vergänglichsten
Künsten. Das Urtheil über jede einzelne ihrer Leistungen ist auf
den flüchtigen Moment ihres Daseins verwiesen. Sie ist daher
auch mehr als die meisten anderen Künste berechtigt, vom Momente das Urtheil zu fordern. Dies ist ihr um so größeres Bedürfniß, als ihre Kunst ganz an die Person des Künstlers gebunden
ist. Doch legt es zugleich für Beide die Gefahr einer Verwechselung nahe, was den Darsteller wieder nicht selten ver-
führt, mit seiner Person aus seiner Leistung hervorzutreten.
Dies giebt den Wirkungen dieser Kunst eine gewisse Zweideutig-
keit, und läßt an ihnen zum Theil die Reinheit vermissen, die
wir vom Kunstwerke fordern. Auch liegt hier der Grund,
warum der Schauspieler empfindlicher gegen den Tadel, als jeder
andere Künstler ist. — So bleibt es denn fraglich, ob der Beifall, wennschon für ihn ein Bedürfniß, für die Entwicklung und
Ausübung seiner Kunst wirklich so nöthig oder auch nur förderlich ist? Da der Antheil des Publicums an der Person des
Künstlers in der Schauspielkunst ein unmittelbarerer, als bei

Viertes Kapitel. Von der Kunst des Schauspielers.

jedem anderen Kunstwerke ist, so wird der Darsteller sich auch dieses Verhältnisses versichern und diesen Antheil wahrnehmen wollen. Er wird ihm zum Maßstabe seiner Leistung und das Bewußtsein davon wird ohne Zweifel von einem belebenden Einfluß auf seine Darstellung sein können. Daher schon ein volles Haus den Darsteller in eine gehobenere Stimmung versetzen kann, als ein leeres. Wenn aber auch der Beifall ein Zeichen der Theilnahme, die Theilnahme ein Maßstab für die vom Schauspieler ausgeübte Wirkung ist, so braucht deshalb diese Wirkung doch noch keineswegs die von seiner Kunst und dem Kunstwerke geforderte zu sein. Der Applaus kann, so wie für das Publicum, auch für den Schauspieler etwas Täuschendes haben, das er zu scheuen hat, weil es ihn nur zu leicht auf Abwege führt. Er hat daher nichts so sehr nöthig, als denselben auf seinen Werth hin zu prüfen und vor Allem zu erwägen, ob er an der Stelle, wo er sich zeigte, auch wirklich berechtigt war. Denn oft ist der Beifall nichts weiter, als ein eclatanter Beweis von dem Ausbleiben der wahrhaft geforderten künstlerischen Wirkung oder von dem Unvermögen des Zuschauers zu einer wahrhaft künstlerischen Auffassung der Darstellung. Es giebt eben noch andere Zeichen der Theilnahme, als die des Applauses, und oft wird ein lautloses, den Athem anhaltendes Schweigen beredter, als er, für die Theilnahme des Publicums und für die Wirkung der Darstellung sprechen. Auf diese und ähnliche Zeichen hat der Darsteller nun eben zu achten. Sie erst werden ihm den Werth des Applauses in das richtige Licht stellen. Doch wird er zu all diesen Merkmalen immer nur die feinste Fühlung zu gewinnen und sich zu hüten haben, je davon etwas sichtbar werden zu lassen.

Da der Applaus in vielen Fällen nichts weiter ist, als ein halb kindischer, halb barbarischer, durch Tradition und Mode festgehaltener Gebrauch, welcher nicht selten den wahrhaften Kunstfreund in seinem Genusse stört und verletzt, so ist es gewiß nur zu loben, daß einzelne Bühnenleitungen den Versuch gemacht haben, seine leidenschaftlichsten Ausbrüche auf die Scenen- und Actschlüsse einzuschränken.

§ 38. Idealismus und Realismus, Formalismus und Naturalismus in der Schauspielkunst. Stil und Manier.

Jedes Kunstwerk, daher auch jede dramatische Darstellung muß sich als ein Ganzes und zwar als ein harmonisches Ganzes darstellen. Dies ist jedoch leider nicht immer der Fall. Zu den Störungen, welche hier Platz greifen, gehört außer dem geflissentlichen Heraustreten einzelner Gestalten aus dem Rahmen der Scene, außer dem Heraustreten der eigenen Persönlichkeit des Darstellers aus seiner Rolle, noch besonders die Verschiedenheit der Auffassungs- und Behandlungsweise, die Verschiedenheit der Spielweise der einzelnen Darsteller. Es fehlt der Darstellung nicht selten an Einheit des Stils. Die hieraus entstehenden Störungen und Ungleichheiten lassen sich aber zum großen Theile auf einen Gegensatz zurückführen, den wir schon bei der Dichtung in Betracht zogen, auf den Gegensatz von Idealismus und Realismus.

Zunächst möchte es scheinen, als ob die Kunst des Darstellers vorzugsweise auf den Realismus angewiesen sei, da sie in Bezug auf die Darstellungsmittel die zumeist realistische Kunst ist. Tritt doch der Schauspieler für das, was er darstellen soll, mit der vollen Realität seiner Persönlichkeit ein. Nur daß gerade diese Realität bei seiner Darstellung, als solche, nicht in Betracht kommen darf. Sie soll immer nur Stoff und Träger einer anderen Persönlichkeit sein, der Persönlichkeit, welche er darzustellen hat, und von welcher er eben nichts geben kann als den Schein, daher es auch nur dieser Schein, nicht die Realität seiner ihn vermittelnden Persönlichkeit ist, worauf es hier ankommt. Wenn aber der Darsteller seine Persönlichkeit auch wirklich nur als Stoff und als Mittel ergreift, jenen Schein zu erzeugen, kann er sich hierzu doch bald einer mehr realistischen, bald einer mehr idealistischen Behandlungsweise bedienen. Er ist zwar in der Wahl nicht ganz frei, da er auch hier bis zu einem bestimmten Grade von dem Werke des Dichters und dessen Behandlungsweise abhängig ist. Wodurch ihm die Aufgabe entsteht, in einem gewissen Umfange sowohl einer idealistischen, wie einer realistischen Behandlungsweise mächtig zu sein. In einem gewissen Umfange! Denn ganz kann ihn das Werk des Dichters schon deshalb nicht binden, weil, falls es etwa selbst eine ungleiche, sich widersprechende Behandlung zeigte, die Schauspielkunst diesen, wie überhaupt alle Fehler des Dichters, nicht nachzuahmen, sondern zu verbessern hat. Aber auch noch aus einem anderen Grunde würde der Darsteller eine gewisse Freiheit beanspruchen können. Idealismus und Realismus schließen, wie wir schon wissen, einander nicht vollkommen aus, es können in eine idealistische Darstellung eben so wohl realistische Momente, wie umgekehrt in eine realistische Darstellung idealistische Momente eingehen. Der Darsteller ist aber nur zum Theil reproducirend. Er hat das Werk des Dichters auch noch zu ergänzen. In dessen Sinne gewiß — da aber das Idealistische das Realistische nicht geradezu ausschließt, so wird er der eigenthümlichen Richtung seines eigenen Geistes bis zu einem gewissen Grade hier nachgeben dürfen.

Es sind zwei Quellen, aus denen der Künstler die Anregungen und Anschauungen hierzu schöpft. Die unmittelbare Beobachtung der Natur und des Lebens und das Studium der großen schauspielerischen Leistungen. Sie lassen beide sowohl eine idealistische, wie realistische Auffassung zu. Die nur äußerliche Nachahmung der Natur wird aber nothwendig zum Naturalismus, die äußerliche Nachahmung jener Leistungen aber, sobald sie der idealistischen Richtung angehören, zum Formalismus, im anderen Falle zur Manierirtheit führen.

Indeß erfährt diese Freiheit der schauspielerischen Darstellungsweise noch eine neue Beschränkung in der Forderung, welche wir, wie an jedes Kunstwerk, so auch an die Totalität einer dramatischen Darstellung zu stellen berechtigt sind, daß ihre Behandlungsweise nämlich eine durchaus einheitliche und harmonische sei. Nur zu häufig, besonders im ernsten Drama, begegnen wir aber einer ganz verschiedenen, hier einer idealistisch-conventionellen, dort einer realistischen oder wohl auch naturalistisch-manierirten Spielweise. Die conventionelle und die naturalistische oder wohl gar manierirte Behandlung sind überhaupt nur Abarten und daher niemals berechtigt. Und doch neigen unsere Schauspieler bald mehr der einen, bald mehr der anderen zu. Die meisten von ihnen stehen zu sehr unter dem Einflusse der Bühnentradition, die einseitig erfaßt, zu dem einen oder anderen führt. Zur Manierirtheit artet aber auch nicht selten das sich der Bühnentradition entgegensetzende Streben nach Originalität aus, wenn dieses sich auf die blos äußerliche Seite der Darstellung wirft. Wie in aller Kunst, hat auch hier der Stil die schöpferische Phantasie zur Quelle. Worunter man hier den einheitlichen Charakter der schauspielerischen Gestaltungskraft, wie er sich in der Totalität ihrer Leistungen darstellt, versteht. Er ist, wie die Schauspielkunst selbst, etwas von der Dichtung Abhängiges. Daher wir mehr von dem Stile sprechen, welchen die Darstellung eines Dramas fordert, als von dem Stil eines Schauspielers. Die Manier (nicht mit Manierirtheit zu verwechseln) wurzelt dagegen vorzugsweise in der Individualität des Darstellers und ist immer nur auf die besondere Art der technischen Ausführung und Behandlungsweise der Darstellung gerichtet.

Fünftes Kapitel.
Das Theater.

§ 39. Allgemeines.

Das Theater ist vom Dichter erfunden worden, aber zu einer Zeit, wo er zugleich noch den Schauspieler und Schauspieldirector (Chorführer) in sich vereinigte. Seit lange schon liegen diese drei Factoren der dramatischen Kunst getrennt aus einander. Das Theater sollte ohne Zweifel ebensowohl der dramatischen Dichtkunst, wie der Schauspielkunst angehören, indessen hat darin neben den Interessen der Theaterleitung, die nicht immer die der dramatischen Kunst sind, und eben weil sie es nicht sind, meist nur die Schauspielkunst Sitz und Stimme. Besonders in Deutschland werden die Dichter nur ausnahmsweise einer solchen Begünstigung theilhaftig. Im Allgemeinen ist hier die dramatische

Dichtung vom Theater ganz abhängig, und nicht blos von der Leitung derselben, sondern, was schlimmer ist, von seinem scenischen Apparat. Auch schon bei den Griechen war dieser nicht wenig entwickelt, allein er blieb der Dichtung doch dienstbar. Heute ist er dagegen zur Hauptsache geworden, so daß die wesentliche Aufgabe des Theaters, die künstlerische Leitung desselben, gegen die immer complicirter gewordene Verwaltung nicht selten zurücktreten muß. Drei Factoren sind es daher, die hier in Betracht kommen: der scenische Apparat, die Verwaltung und die künstlerische Leitung des Theaters.

§ 40. Vom scenischen Apparate der Bühne.

Im Ganzen entspricht die Anordnung der heutigen Bühne noch immer derjenigen, welche die Griechen erfanden. Sie ist von dem Zuschauerraum durch das Orchester getrennt, das zwar eine veränderte Bestimmung hat, doch auch noch heute wieder der Standort der Musiker ist.

Das Drama setzt zu seiner vollkommenen sinnlichen Veranschaulichung die Bühne, den Ort der Darstellung, den Schauplatz der Handlung voraus. In dem Worte: Schauplatz ist bereits ausgedrückt, daß sich die scenischen Mittel der Bühne an den Gesichtsinn wenden, und daher für die Darstellung der dramatischen Dichtung selbst von keiner wesentlichen, sondern nur von einer sie in ihren Wirkungen ergänzenden und verstärkenden Bedeutung sind. Dies wird dadurch bestätigt, daß die Anforderungen, welche Dichter und Zuschauer zu verschiedenen Zeiten an die scenischen Mittel der Bühne stellten, außerordentlich verschieden waren.

Wenn wir das Shakespeare'sche Drama in Betracht ziehen, welches zu seiner Zeit mit den Hülfsmitteln der decorationslosen altenglischen Bühne nicht nur ausnahmslos gegeben werden konnte, sondern auch große Wirkungen erzielte, während man heute mit dem inzwischen so außerordentlich vervollkommneten Bühnenapparate die Schwierigkeiten seiner scenischen Anforderungen nicht ohne starke Verletzungen seiner Structur überwinden zu können glaubt, so scheint allerdings die Vervollkommnung der scenischen Mittel keineswegs, wie man doch annehmen sollte, den Darstellungskreis des Dramas zu erweitern, sondern zu verengen, und weniger ein Beweis und Maßstab für die fortschreitende Entwicklung des Dramas, als vielmehr für die Abnahme der productiven Phantasie der Zuschauer zu sein. Auf der mittelalterlichen Bühne erhielt der Schauplatz seine besondere locale Bedeutung eben nur durch die Handlung, welche sich auf ihm vollzog, daher derselbe Schauplatz den verschiedensten Vorgängen dienen konnte und durch sie die verschiedenste Bedeutung in den Augen des Zuschauers empfing. Wie beschränkt die Comparserie auf dem altenglischen Theater war, wie auch sie meist nur andeutungsweise verfuhr, läßt sich aus dem Prologe zu Shakespeares „Heinrich V." erkennen.

Es soll aber keineswegs in Abrede gestellt werden, daß es sich hierbei im Grunde doch nur um die Abstraction von einem bestimmten Theile der vollkommenen Versinnlichung des Dramas handelte, und daß eine dieser entsprechende Ausbildung der scenischen Mittel gewiß als ein Fortschritt zu betrachten war. Die Entwicklung, welche die Scenographie bei den plastisch und idealistisch gestimmten Griechen erreichte, kann hierfür allein als Beweis gelten. Leugnen läßt sich andererseits aber nicht, daß die dramatische Dichtung der Spanier und Engländer bei jenem einfachsten Zustande der Bühne sich zu einer Blüthe entwickelte, welche die decorative Bühne der Neueren nie wieder erreicht hat. Der Grund davon liegt wohl darin, daß die Entwicklung der neueren Scenographie, unter dem Einfluß und im Dienste der Oper, eine Richtung einschlug, welche darauf ausging, nicht nur die dramatischen Wirkungen der Darstellung zu ergänzen und zu erhöhen, sondern auch selbständige und zwar immer neue, überraschendere Wirkungen auszuüben.

Und doch war noch in der ersten Hälfte dieses Jahrhunderts die Ausstattung der Tragödie und des Lustspiels auf den meisten Theatern eine sehr einfache. Die Comparserie war selbst nothdürftig und in ihrer Verwendung meistens so ungeschickt, daß sie einer besseren Organisation dringend bedurfte, wenn sie, statt die dramatische Wirkung zu unterstützen, dieselbe nicht umgekehrt beeinträchtigen sollte. Die immer mehr hervortretende Natürlichkeits-richtung, welche die Naturwahrheit meist nur in überraschenden Effecten suchte, rief allmählich einen Ausstattungsluxus hervor, der noch viel ausschweifender und verderblicher gewesen sein würde, wenn ihm durch seine Kostspieligkeit nicht eine natürliche Grenze gesetzt worden wäre. Allerdings wurden Wirkungen durch ihn erzielt, Wirkungen aber, welche nicht immer mit dem vom dramatischen Interesse Gebotenen zusammenfielen und den Unterschied zwischen der nur theatralischen und der dramatischen Wirkung in ein helles Licht setzten. Besonders nachtheilig wirkte der Costüm- und Kleiderluxus namentlich auf die Darstellerinnen ein. Der künstlerische Ehrgeiz derselben scheint jetzt nicht selten nur darauf gestellt, sich in Toiletten und Brillanten zu überbieten, und ich würde es für einen wahren Fortschritt halten, wenn die Bühnenleiter den Schauspielerinnen nicht mehr gestatten wollten, einen größeren Luxus zu entfalten, als der Charakter der Stücke unmittelbar fordert, denn es ist zweifellos, daß dieser vom künstlerischen Gesichtspunkte ganz verwerfliche Luxus auf jedes neue Talent einen demoralisirenden Einfluß ausüben muß, welcher zuletzt diese ganze Kunst discreditiren wird. Das Richtigste aber ist hier das Princip des Meininger Hoftheaters: das Costüm jedes einzelnen Darstellers selbst zu bestimmen und demselben auch wo möglich zu liefern.

§ 41. Die Theaterverwaltung.

Die Verwaltung des Theaters kommt hier nur insofern in Betracht, als die artistische Leitung mit von ihr abhängig ist. In diese Abhängigkeit geräth sie dadurch, daß das Theater, als ein immer kostspieliger gewordenes Unternehmen, von der Gunst, Theilnahme und Schaulust des großen Publicums mehr und mehr abhängig geworden ist. Jedes Theater bedarf einer gewissen Einnahme, um überhaupt nur bestehen zu können, und die meisten unserer Theater wollen nicht nur bestehen, sie wollen prosperiren, sie wollen erwerben. Das Theater ist eben nicht nur ein Kunstinstitut, es ist leider zugleich ein industrielles Unternehmen geworden und wird als solches nicht nur artistisch, son-

dern auch commerciell und speculativ geleitet, und in einzelnen
Fällen auch ausgebeutet. Es giebt heute nicht wenige Theater-
unternehmen, welche unter dem Deckmantel der Kunst der Unterhaltungslust, ja selbst dem Sinnenkitzel des Publicums dienen,
aber selbst noch bei den besten Unternehmungen dieser Art ist es zum
Grundsatz geworden, daß man dem Geschmacke des großen Publicums, daß man seinen Hängen nach flüchtiger, leichter, ja
seichter Unterhaltung Rechnung tragen müsse, um hierdurch die
Mittel zu gleichzeitiger Verfolgung rein künstlerischer Zwecke zu
erlangen.

Und doch ist bei uns in Deutschland die Lage einer nicht
geringen Zahl von Theatern eine so glückliche, daß diese Grundsätze bei ihnen nicht hätten Eingang zu finden brauchen. Fast
allen unseren Hoftheatern ist durch die Munificenz der Fürsten
eine Stellung ertheilt, welche bei umsichtiger Leitung sie von der
Nothwendigkeit befreien sollte, unkünstlerischen Tendenzen Raum
zu geben. Wenn Directoren von Privattheatern ohne jede Subvention in einem bestimmten Umfange künstlerische Zwecke verfolgen und dabei große Vermögen erwerben können, so müßte
von den zum Theil reichlich subventionirten Hoftheatern wenigstens
das zu erwarten sein, daß sie ausschließlich künstlerische Zwecke,
wenn auch nicht immer gleich hoch gestellte, verfolgten. Auch
werden dies wohl die meisten dieser Theater selbst heute noch von
sich behaupten. Ich glaube jedoch, daß diese nur scheinbare oder
auch wirkliche Selbsttäuschung fast noch gefährlicher ist, als die
Thatsache des Gegentheils selbst. Das Deficit, mit welchem die
subventionirten Theater trotz ihrer Concessionen an den seichten
und niederen Geschmack fast alljährlich abschließen, beweisen zur
Genüge, daß in der Verwaltung Fehler gemacht worden sein
müssen und jene Concessionen keineswegs ausreichen ihre Nachtheile ganz zu begleichen.

Ich will von diesen Fehlern nur die hervortretendsten ins Auge
fassen. — Zunächst belastet der überhandnehmende und meist ganz
unkünstlerische Ausstattungsluxus das Budget in doppelter Weise —
da er nicht nur direct große Summen verschlingt, die Anstellung
eines größeren Personals der technischen Abtheilungen des Theaters,

so wie eine vermehrte Anwendung von Comparsen (Statisten) nöthig gemacht, sondern auch die Gagen der Darsteller und besonders der Darstellerinnen ins Ungeheuere gesteigert hat. Noch nachtheiliger wirken die sogen. Ausstattungs= und Sensationsstücke ein, deren man sich doch gerade in der Hoffnung bedient, die financielle Lage zu bessern. Man übersieht aber dabei, daß was man durch die Zugkraft dieser Stücke auf der einen Seite gewinnt, auf der anderen reichlich wieder verloren geht. Denn nicht nur, daß die Mehreinnahmen oft ganz ausgeglichen werden durch den Aufwand, den diese Stücke erheischen, so wirken sie auch noch verderblich auf den Geschmack des Publicums und auf das Repertoir des Theaters ein, was beides wieder nothwendig Ausfälle der Casse nach sich ziehen muß. Ein dritter, diese Theater belastender Uebelstand liegt in den oft voreilig abgeschlossenen Engagements. Ein subventionirtes Hoftheater hat mit diesen ungleich vorsichtiger zu sein, als gewöhnliche Theaterunternehmungen. Der persönliche Einfluß, der hier eine größere Rolle spielt, und die größere Rücksicht, welche diese Theater auf langjährige Dienste zu nehmen haben, legen ihnen die größte Vorsicht und Umsicht bei dem Engagement der Darsteller und besonders bei der Verlängerung der Contracte auf. Nichts ist wünschenswerther für die Herausbildung eines guten Ensembles, als ein möglichst dauerndes Verhältniß zwischen dem Theater und seinen darstellenden Mitgliedern, aber doch nur unter der Voraussetzung, in ihnen auch die geeigneten Kräfte dazu gewonnen und erworben zu haben. Nichts ist dagegen hemmender für ein gutes Ensemble, als die an diesen Theatern aus anderen als artistischen Rücksichten allmählich in die hervorragenderen Rollenfächer eingetretenen Mittelmäßigkeiten.

Alles in Allem genommen ist es ein verhängnißvoller Irrthum der Theaterverwaltungen, zu glauben, daß das Theater immer nur durch Anwendung außerkünstlerischer oder doch äußerlicher Mittel finanziell prosperiren könne. Auch finanziell wird es immer das Beste sein, wenn die Verwaltung eines Theaters, welches überhaupt den Anspruch auf eine künstlerische Unternehmung erhebt, vor Allem ins Auge faßt, die in der

Nation liegenden dichterischen und schauspielerischen Kräfte in einem ihrem Wirkungskreise entsprechenden Maße für sich fruchtbar zu machen, wobei sie die Fortschritte in der Entwicklung der technischen Hülfsmittel in einem Umfange berücksichtigen mag, der lediglich durch die Forderungen des dramatischen Interesses bestimmt wird.

§ 42. Die artistische Leitung des Theaters.

Die artistische Leitung des Theaters sollte also immer die Hauptsache sein, doch müßte sie sich andererseits wieder überall nach den ihr verfügbaren Mitteln richten. Nichts ist nöthiger, als daß sie hiernach ihren Wirkungskreis bestimme und einschränke. Ueberall, wo sie Oper und Drama zugleich zu pflegen hat, sollte das letztere in erster Linie berücksichtigt werden. Wie die artistische Leitung gegen die Verwaltung, so muß aber auch das Interesse für das recitirende Drama fast immer gegen das für die Oper zurücktreten. Jene spielt die Rolle des Aschenbrödels und muß verdienen, was diese zu ihrem Schmucke bedarf. Ich habe schon oben (S. 262) zu berühren gehabt, daß an diesen Theatern der Vorbereitung des recitirenden Dramas meist eine zu geringe Aufmerksamkeit zu Theil wird. Frankreich steht uns in dieser Beziehung weitaus voran. Dort ist das Ensemble des Dramas der Gegenstand des sorgfältigsten und umsichtigsten Studiums. Bei uns ist es meist nur ein Erfolg der Routine. Die Oper ist hierin um Vieles besser gestellt. Die Abhängigkeit in welcher sich selbst noch der bedeutendste Sänger der Oper von dem Dirigenten fühlt, ist der Autorität dieses Letzteren sehr zu Statten gekommen. Im recitirenden Drama glaubt aber selbst noch der letzte Schauspieler den Dramaturgen oder Regisseur ganz entbehren zu können. Es ist daher umsomehr geboten, daß er von der artistischen Leitung mit der genügenden Autorität versehen werde; wobei freilich immer vorausgesetzt ist, daß er sich seiner Stellung auch vollkommen gewachsen zeigt. Denn sicher ist von einem bedeutenden Darsteller nicht zu verlangen, daß er sich den Anordnungen eines Mannes füge, den er hierin oft weit übersieht.

Es sind aber im Wesentlichen vier Aufgaben, welche die artistische Leitung eines Theaters zu lösen hat: Die Prüfung und Auswahl der aufzuführenden Stücke, die Prüfung und das Engagement der Darsteller, die Vorbereitung und Inscenirung der Stücke und endlich die Feststellung des Repertoirs.

§ 43. Von dem Verhältniß des Theaters zur Dichtung.

Das Theater hat die Interessen zweier Künste zu vertreten: die der dramatischen Dichtkunst und die der dramatischen Darstellungskunst. Jede allzu einseitige Bevorzugung der einen oder anderen wird ihm mit der Zeit nachtheilig werden. Und doch liegt die Gefahr ziemlich nahe, daß das Theater fast immer die letztere bevorzugen wird, mit welcher es in einem ungleich innigeren Verbande steht, als mit der dramatischen Dichtung, zumal sie auch auf das Publicum ungleich unmittelbarer und persönlicher einwirkt, als diese. Die Prüfung und Wahl der Stücke und die Feststellung des Repertoirs sind fast die einzigen Mittel, wodurch das Theater seinen Antheil an der dramatischen Dichtung darlegen kann. Gewiß wird es auch hierbei das Interesse der Darsteller und die Rücksicht auf die verfügbaren Kräfte, welche ihm seinen bestimmten Wirkungskreis vorzeichnen, mit ins Auge zu fassen haben, allein es wird wohl thun, den Darstellern einen zu großen, maßgebenden Einfluß hierauf nicht zu gestatten. Dies hat der Entwicklung der dramatischen Kunst und des Theaters sicher nur selten zum Vortheil gereicht. Ueberhaupt sollte man bei der Wahl der Stücke keinerlei Nebenrücksichten walten lassen. Ich will die auf das persönliche Interesse gar nicht berühren, die in jedem Falle verwerflich, dagegen aber dreier Momente gedenken, welche hier nur zu oft von entscheidendem Einflusse sind: 1) die Rücksicht auf den Erfolg, welchen ein Stück an einer anderen Bühne erzielte, und der doch so oft etwas nur Täuschendes hat; 2) die bloße Rücksicht auf den literarischen Einfluß des Autors; 3) die bloße Rücksicht auf frühere Leistungen desselben. Besonders für die Pflege und Entwicklung des ernsten Dramas ist dieser Mangel an Selbständigkeit und Freiheit des Urtheils bei Prüfung und Wahl der Stücke nachtheilig, ja verhängnißvoll geworden.

Andererseits darf aber nicht verkannt werden, daß eine eben so schwierige, wie zeitraubende und im Ganzen undankbare Aufgabe hier vorliegt. Der Andrang von meist ganz unbrauchbaren Stücken an die Theater ist ins Ungeheuere gewachsen und fast eben so groß sind die daran geknüpften und meist ganz ungerechtfertigten Prätensionen. Einzelne Bühnenleitungen haben weder die Schwierigkeit, noch die Wichtigkeit der Aufgabe verkannt und eine Hülfe und Besserung von der Gründung von Lesecomité's und von Preisausschreibungen erwartet. Wenn beide Institutionen dem erhofften Erfolg auch meist nicht entsprachen, so scheint es doch voreilig, dieselben deshalb schon zu verurtheilen. Selbst die vortrefflichste Einrichtung schützt nicht vor Mißbrauch. Es wird, wie bei so Vielem im Leben, auch hier immer noch darauf ankommen, daß der richtige Mann an die richtige Stelle gesetzt wird. Gewöhnlich werden aber zu jenen Vertrauensämtern nur Männer von Namen und Einfluß berufen, was doch allein noch keine Gewähr für ihre Sachkenntniß, wie diese noch keine für die Freiheit und Unabhängigkeit ihres Urtheils giebt. Die letztere ist aber hier gerade von der entscheidendsten Wichtigkeit.

Da dramatische Meisterwerke nicht alle Jahre, oft nicht in Jahrzehnten geschaffen werden, so wird man bei der Wahl der Stücke auf eine relative Schätzung derselben beschränkt bleiben. Man wird sich daher um so mehr über gewisse Gesichtspunkte einigen müssen. Von ihnen möchte ich den an die Spitze stellen, daß man in erster Linie diejenigen Stücke zu berücksichtigen habe, welche in ihrer Totalität einer größeren dramatischen Wirkung fähig erscheinen. Dagegen alle Stücke vollständig ausschließe, welche weder ein dramatisch-poetisches, noch ein künstlerisch-schauspielerisches Interesse befriedigen. Die Aufführung solcher Stücke ist viel gefährlicher, als man gewöhnlich zu glauben scheint. Denn nicht nur, daß die darauf verwendete Zeit und Mühe eine nutzlos verschwendete ist, wird auch durch sie die Theilnahme der Darsteller wie des Publicums für die neuere Production, die sie in Mißcredit bringen, in bedenklicher Weise geschwächt. Die Annahme und Aufführung eines Stücks, welches man nicht Grund hat, für lebensfähig zu halten, ist ein eben so großer Mißgriff, wie das Engagement eines ungenügenden Darstellers. Wogegen man für diejenigen Stücke, die man für lebensfähig erachtet, selbst gegen die Theilnahmlosigkeit des Publicums oder das Urtheil der Kritik, wenn dieses nicht überzeugend wäre, eintreten sollte. Denn der Erfolg eines Stücks ist, wie der verschiedene Erfolg desselben Stücks an verschiedenen Bühnen oder auch an verschiedenen Abenden derselben Bühne beweist, von einer Menge Nebenumständen, besonders aber von der Darstellung, oft vielleicht nur von dem Tempo der letzteren abhängig. Eine umsichtige artistische Leitung wird den Mißerfolg eines Werks, das sie nach reiflicher Prüfung mit Ueberzeugung für brauchbar erklärte, nicht ohne Weiteres acceptiren, sondern zu untersuchen haben, ob sie sich wirklich in ihrem Urtheil getäuscht oder ob die Gründe des Mißerfolgs nicht in anderen Umständen oder Verhältnissen liegen, die sie dann abzustellen hätte.

In Wahrheit entspricht in Deutschland die Stellung des dramatischen Dichters zur Bühne bis auf einzelne Ausnahmen diesen Forderungen nur wenig, sie ist eine eben so recht-, wie würde- und hülflose. Der Worte sind darüber zwar schon viele gewechselt worden, da aber die literarisch einflußreicheren Dichter von den Theatern meist begünstigt werden, so hatten sie keine besondere Veranlassung, zum Nachtheile ihrer Sonderstellung für die Rechte und das Gedeihen der dramatischen Dichtung im Allgemeinen einzutreten. Sie gaben vielmehr diesen Discussionen eine Wendung, die ihnen selbst wieder zu Gute kommen mußte, und deren Ergebniß die von verschiedenen Bühnen eingeführte Einrichtung der „Tantième" war. Diese Einrichtung traf aber das Uebel nicht an der Wurzel. Sie gewährte dem Dichter weder eine Sicherheit, daß sein Werk nach seinem Werthe erkannt und beurtheilt würde, noch daß die Annahme desselben zugleich zu dessen Aufführung verpflichtete. An den meisten Theatern bestand und besteht wohl auch noch jetzt der Gebrauch, daß die Höhe des Honorars ganz in das Belieben derselben gestellt ist (denn so lange man z. B. ein Stück wie „Pfeffer-Rösel" hierin mit „Uriel Acosta" auf eine Linie stellt, kann von Ermessen nicht wohl die Rede sein), und daß aus der Annahme eines Stücks dem Dichter, wenn dieser sich nicht dabei ausdrücklich vorgesehen, noch keinerlei Recht auf die Darstellung desselben erwächst. Diese wunderliche Anschauung ist durch die Einführung der Tantième keineswegs beseitigt — und doch wäre nichts nöthiger, als daß, sobald das Werk eines Dichters nur einmal der Annahme würdig befunden worden ist, derselbe auch hierdurch ein Recht auf die Darstellung desselben und einen Schutz gegen alle auf Hintertreibung derselben gerichteten Cabalen erworben hätte. Ich will, damit man die Aufdeckung dieser Uebelstände (welche übrigens schon Gutzkow, dem Niemand Kenntniß unserer Theaterzustände absprechen wird, in seinem „Urbilde des Tartüffe" gegeißelt hat) nicht für eine leere Insinuation halte, von unzähligen Fällen dieser Art auf nur einen einzigen alten und verjährten hinweisen, nämlich auf die Thatsache, daß die Aufführung eines Werkes, wie Marschners „Hans Heiling", trotz der Annahme desselben vom Dresdner Hoftheater eine längere Reihe von Jahren hintertrieben werden konnte.

Wenn es sich bei dieser Frage um solidarische Interessen der dramatischen Schriftsteller und nicht um das Interesse der dramatischen Dichtung handelte, so würde ein solidarisches Vorgehen der ersteren und hierdurch eine Abhülfe dieser Uebelstände wohl bald zu erwarten stehen. Da dies aber der Fall gerade nicht ist, so wird diese letztere auch nur von der Initiative der Theater selbst erhofft werden können. — Ein Staatstheater würde diese Frage in allererster Reihe zu lösen haben; wenn sich die Hoftheater als solche betrachten, oder sich doch an die Stelle desselben setzen wollen, so würde die Regelung des Verhältnisses zwischen Theater und Autoren von ihnen nicht länger vernachlässigt werden dürfen. Einzelne von ihnen möchten sich freilich darauf berufen, daß es bereits geschehen sei. Allein Gesetze bieten noch keinen Schutz, sobald man sich darin eine Hinterthür offen gelassen, um sie umgehen zu können. Diese Hinterthüre bietet nun aber den Theatern die besondere Form der Annahme eines Stücks. Obschon die Gesetze einzelner Theater wirklich vorschreiben, daß Stücke, welche zur Aufführung angenommen, bis zu einer bestimmten Frist auch aufgeführt werden sollen, nehmen diese

Theater die Stücke doch vielfach nur unter einem gewissen leisen Vorbehalt an, der ihnen den Rücktritt zu jeder Zeit wieder offen hält. — Was die Tantième nun selbst betrifft, so ist sie weit mehr ein Ansporn zur speculativen Bühnenschriftstellerei, als ein Förderungsmittel der wahrhaft dramatischen Dichtkunst. Wollte man sie zu letzterem machen, so müßte man ihr wenigstens eine der verschiedenen Werthschätzung einzelner Gattungen entsprechende Höhenscala zu Grunde legen.

§ 44. Vom Verhältniß des Theaters zum Schauspieler.

Der engere Verband, in welchem der Schauspieler zu dem Theater steht, hat sowohl der Schauspielkunst, wie dem einzelnen, begünstigten Schauspieler einen überwiegenden Einfluß auf die Leitung desselben verschafft. Obwohl dies zu Uebergriffen führen mußte, und obwohl diese Uebergriffe, wie ich schon zu zeigen hatte, seiner Entwicklung nachtheilig werden können, so liegt es doch zu sehr in der Natur der Verhältnisse, als daß es jemals ganz zu beseitigen sein wird. Selbst heute, wo jener Verband ein viel loserer geworden, hat der schauspielerische Einfluß eher zu-, als abgenommen. Der begabtere Schauspieler ist bei der wachsenden Concurrenz der Theater zu sehr in der Lage, ihnen Gesetze vorschreiben zu können. Doch eben weil der innere Antheil der einzelnen Schauspieler an dem Gedeihen des schauspielerischen Unternehmens gesunken ist, kann man sich ihre Anhänglichkeit an den Verband nur noch mit immer steigenden Concessionen erkaufen, als mit Gehaltserhöhungen, Spielhonoraren, längeren Beurlaubungen, Rollenmonopolen und Einfluß auf das Engagement der Darsteller und die Annahme der Stücke.

Wenn in den letzten Zeiten einzelne Bühnen in ihren Leistungen wirklich zurückgegangen sind, so erklärt sich dies doch nur zum Theil aus einem allgemeinen Sinken der Schauspielkunst, welches freilich nicht in Abrede zu stellen ist und auch durch die eben berührten Zustände hinlänglich erklärt wird. Denn angenommen, es gäbe heute noch eben so viele gute Schauspieler, als früher, so würden sich dieselben doch auf eine ungleich größere Zahl von Bühnen zu vertheilen haben. Schon hieraus würde sich ein durchschnittlich ungenügenderes Ensemble erklären. Allein der Mangel eines guten Ensembles muß, verbunden mit dem gesunkenen Antheile des einzelnen Darstellers, auf dessen künstlerische Entwicklung selbst wieder nachtheilig einwirken. Wozu dann auch ein anderer Umstand noch kommt. Denn eben weil die schauspielerische Carrière heute eine viel glänzendere, eine ungleich geachtetere geworden ist, wenden sich ihr eine Menge von Halbtalenten oder auch nur von Solchen zu, welche Lust oder Neigung schon mit Talent und Beruf verwechseln. Die akademischen Abrichtungen haben diesen in Selbsttäuschung befangenen Nichttalenten einen gewissen äußeren Schliff und Firniß gegeben, der für unsere Bühnenzustände verderblich geworden ist, zumal, wie ich schon zeigte, es gerade im Interesse des begabteren Darstellers liegt, diese nur appretirte Mittelmäßigkeit zu begünstigen, was wegen ihrer größeren Fügsamkeit wohl auch noch von Seiten der Regisseure geschieht.

Ich habe schon oben (S. 303) darauf hinzuweisen gehabt, aus welchen Gründen die Hoftheater mit dem Engagement der Darsteller noch vorsichtiger zu sein hätten, als die übrigen Theaterunternehmungen. Und doch sehen wir gerade an den Hoftheatern die einzelnen begabteren Darsteller hierauf einen so nachtheiligen Einfluß ausüben. Der für eigene Rechnung arbeitende Theaterdirector wird ihnen diesen nie einräumen, dagegen schützt ihn, wenn auch nicht sein Interesse für die Kunst, doch das für die Casse. Darum findet man an gut geleiteten Erwerbstheatern zwar nicht die einzelnen hervorragenden Kräfte, welche sich die Hoftheater durch jene Concessionen zu schaffen wissen, wohl aber nicht selten ein frischeres, von künstlerischem Wetteifer beseeltes Zusammenspiel, während sie sich für jenen Mangel zeitweilig durch Gastspiele Ersatz schaffen.

Gastspiele haben ohne Zweifel ihre Schattenseiten. Entspringen sie doch meist einer nicht ganz lauteren Quelle; theils dem Erwerbstriebe, theils dem sich aus dem Verbande einer Bühne, aus dem Rahmen des einzelnen Stückes hervordrängenden schauspielerischen Ehrgeize. Sie haben indeß auch ihr Gutes und Förderndes. Denn unter immer gleichen Verhältnissen wird sich der

Schauspieler an seine Mitspieler und sein Publicum und diese an seine Spielweise gewöhnen. Gewöhnung ist aber fast immer mit einer Schwächung des Urtheils verbunden, ja beruht schon auf ihr. Es wird daher nützlich für Alle sein, sich von Zeit zu Zeit in andere Verhältnisse und hierdurch unter einen anderen Maßstab der Beurtheilung zu stellen. Gastspiele können aber nur nützlich sein, wenn es sich um bedeutende schauspielerische Kräfte handelt, wenn sie nicht zu kurz bemessen sind und keine Störung in der Entwicklung des Repertoirs veranlassen.

Dem Theater fällt auch noch die Aufgabe der Bildung und Erziehung des Schauspielers zu. Es ist die beste Schule für diesen, was eine theoretische Beihülfe keineswegs ausschließt. Leider hat es in neuerer Zeit diesen Beruf mehr und mehr aus den Augen verloren und es ist ein Verdienst Heinrich Laube's, hierauf mit Entschiedenheit hingewiesen zu haben.

§ 45. **Die Inscenirung der dramatischen Dichtung.**

Bei der Inscenirung einer dramatischen Dichtung hat der artistische Leiter, heiße er nun Dramaturg oder Regisseur, diese gewissermaßen selbst zu vertreten, aber in Hinblick auf ihre sinnliche Veranschaulichung durch die Kräfte und Mittel der Bühne. Die ihm hierbei gestellte Aufgabe zerfällt in drei Theile: in die Besetzung des Stücks und die Feststellung des Verhältnisses der einzelnen Rollen zu der durch das Ganze gestellten Aufgabe; in die diesem Zwecke entsprechende Ueberwachung und Leitung der Proben und in die Anordnung der äußeren Ausstattung des Stücks.

Was die Besetzung betrifft, so kann es als ideale Forderung hingestellt werden, daß jede Rolle mit der geeignetsten Kraft zu besetzen ist, weil jede andere Besetzung gewissermaßen eine Ungerechtigkeit gegen das Werk des Dichters und diesen selbst wäre. In der Praxis stellen sich dieser Forderung aber Schwierigkeiten entgegen. Die vorzüglichsten Kräfte würden ja dann an allen Stücken betheiligt sein müssen, was umsomehr auf die Nothwendigkeit hinweist, jede mittelmäßige Besetzung der höheren Rollenfächer zu vermeiden. Eine andere Frage ist die, ob von der Aufführung eines Stückes lieber ganz abzusehen sei, wenn für die eine oder andere Rolle desselben eine entsprechende Besetzung nicht möglich? Dies wird, wie ich denke, von der Bedeutung dieser Rollen oder auch davon abhängen, ob die Aufführung des Stückes unter allen Umständen für das Theater geboten ist oder nicht. Im Allgemeinen aber darf wohl als Regel gelten, daß man ein Stück, welches man im Ganzen nicht genügend besetzen kann, zur Zeit auch nicht aufführen soll, da dies weder im wohlverstandenen Interesse des Dichters, noch der Darsteller und des Theaters liegt. Bei einer umsichtigen Besetzung der Rollenfächer wird dies nicht vorkommen können, es wäre denn, daß das Stück außerhalb des eigentlichen Darstellungskreises eines Theaters läge, in welchem Falle es aber auch für dasselbe überhaupt nicht in Frage kommt.

Die Anordnung der äußeren Ausstattung eines Stückes hat vorzüglich das ins Auge zu fassen, daß diese dem Stimmungsvollen der äußeren Situation dient, ohne sich doch vorzudrängen, die Aufmerksamkeit für sich selbst in Anspruch zu nehmen, und hierdurch die beabsichtigten dramatischen Wirkungen zu beeinträchtigen oder zu stören. Shakespeare konnte zwar über diesen Punkt keine Regel geben, indeß läßt sich doch das, was er heute darüber aussprechen würde, aus seiner dem Narren ertheilten Lehre erkennen, in welcher es heißt: „Und die bei euch den Narren spielen, laßt sie nicht mehr sagen, als in ihrer Rolle steht, denn es giebt ihrer, die selbst lachen, um einen Haufen alberner Zuschauer zum Lachen zu bringen, wenn auch zu derselben Zeit ein nothwendiger Punkt des Stückes zu erwägen ist". Ebenso gilt von der historischen Treue der äußeren Ausstattung das, was über sie weiter oben schon für den Dichter gesagt werden konnte. Man wird sie nur soweit zu beobachten haben, als es für den Zweck der Darstellung von Wichtigkeit ist, bei dem es sich ja niemals um historische oder antiquarische Belehrungen, sondern nur um Darstellung bestimmter Verhältnisse des menschlichen Lebens handeln soll. Auch hierbei wird die poetische Wahrheit zuweilen noch eine andere, als die historische sein. So verstößt es z. B. gewiß nicht gegen die letztere, wenn in einem in unserer Zeit spielenden Stücke eine junge Frau in guten Verhältnissen mit dem ganzen Raffinement der heutigen Mode gekleidet geht, wohl aber gegen die poetische Wahrheit, wenn diese Frau uns zugleich als eine überaus einfache, häusliche, schlichte darin vorgeführt werden soll. Und so verstößt es auch gegen die poetische Wahrheit, wenn in einem Stück, in welchem der Dichter das ganze Gewicht auf die innere Handlung desselben gelegt hat, die Darstellung das Hauptgewicht auf die historische Treue der überaus reichen, doch für den Vorgang ganz unwesentlichen äußeren Ausstattung legt.

Die Leitung der Proben ist an den meisten Theatern nur bei der Oper eine ganz sachgemäße. Der Kapellmeister steht hier wirklich als der Interpret des Componisten da und überwacht das einheitliche und harmonische Zusammenwirken der verschiedenen daran betheiligten Kräfte. Seine Autorität ist, wie ich schon darlegte, durch die Abhängigkeit jedes Einzelnen von seiner Führung hier aber auch eine ganz sichergestellte. Sie wird allgemein als nothwendig anerkannt und hat zugleich eine Basis in der Musik, insofern hier Tempo, Rhythmus und Zeitmaß des Tons fixirt und bezeichnet werden können. Dem Dramaturgen oder Regisseur fehlen diese günstigen Bedingungen für seine Autorität. Je weniger der Darsteller des recitirenden Schauspiels die Bedürftigkeit seiner Beihülfe empfindet, desto weniger wird er geneigt sein, sich seinen Anordnungen zu fügen. Und doch erleidet es keinen Zweifel, daß hier ein ordnender und leitender Geist für die Einheit und Harmonie des Ensembles kaum minder geboten ist.

§ 46. Das Repertoir.

Das Theater hat den doppelten Zweck, die hervortretenden dramatischen Werke der eigenen Zeit, so wie die bedeutenderen Werke früherer Zeiten in einer für die Entwicklung der Schauspielkunst angemessenen Weise und in einem Umfange zu voller sinnlicher Veranschaulichung zu bringen, welcher dem seines besonderen Wirkungskreises entspricht. Die Begünstigung der classischen Werke wird dem Repertoir eines Theaters immer hoch angerechnet, obschon dies nicht selten etwas Täuschendes hat, weil man diese Stücke nur zu oft in recht ungenügender Besetzung, zum Theil auch in arger Verstümmlung und in dessen Folge vor leeren Häusern giebt. Darstellungen classischer Stücke werden allerdings von großem Werthe sein können, doch nur sobald sie ihnen durchaus angemessen sind. Darstellungen dieser Art sollten immer als eine Art theatralisches Ereigniß betrachtet werden. Es sollte ihnen nie eine gewisse Weihe fehlen, die sie als Vorbilder und Muster beanspruchen. Leider unterstützen sie nur zu häufig das traditionell und conventionell gewordene Spiel. Immer aber wird der lebendige Zusammenhang des Theaters mit der dramatischen Dichtung der Zeit die Hauptaufgabe des Repertoirs zu bilden haben. Aus ihm werden der Schauspielkunst vorzugsweise die Anregungen und Antriebe zu selbstschöpferischer Bethätigung fließen. Ohne diese würde sie nur zu bald unter dem Einflusse einer mehr und mehr verblassenden Tradition erstarren. Nur in den Zeiten, in denen das Publicum jeder neuen dramatischen Erscheinung mit Theilnahme und Spannung entgegensieht, wird auch die Schauspielkunst blühen.

§ 47. **Von der Einwirkung, welche die Entwicklung der scenischen Mittel auf den Geschmack und die Entwicklung der dramatischen Dichtkunst ausgeübt hat.**

Sobald der Dichter sich scenische Mittel geschaffen hatte, gerieth er auch selbst von ihnen in Abhängigkeit. Dies mußte noch mehr empfunden werden, als das Theatergebäude eine feste Gestalt angenommen, und sich zu einer von der Dichtung getrennten, und immer complicirteren Einrichtung ausgebildet hatte. Von der decorationslosen Bühne aus konnte sich die Dichtung fast gleichzeitig, hier in vollkommener Beschränkung des Orts, dort im freiesten Wechsel der äußeren Scene, zu höchster Vollkommenheit ausbilden. Sowie aber die Decoration geschaffen war, wurde jene in einseitiger Weise begünstigt, diese in entsprechender Weise beschränkt. Erst durch die wesentlich hierauf mit gerichtete Vervollkommnung des Maschinerie- und Decorationswesens erhielt die dramatische Dichtung einen Theil ihrer früheren freieren Bewegung, ihres früheren Spielraums zurück. Allein diese Vervollkommnung, welche Wirkungen erzielte, die man vorher nicht gekannt hatte und die zum Theil außerhalb des Wirkungskreises des Dramatischen lagen, machten die Dichtung auch noch in einer anderen Weise von den scenischen Mitteln der Bühne abhängig, insofern sie, um die Bühnenleiter und das Publicum zu befriedigen, vorzugsweise darauf sann, derartige Wirkungen mit ins Spiel zu ziehen. Dem hierdurch geweckten Sinn für das Stimmungsvolle und Naturwahre der äußeren Situation kam die Kunst des Decorationsmalers und Maschinisten mit immer neuen Reizmitteln und Ueberraschungen entgegen. Es entstanden die **geschlossenen Zimmerdecorationen** mit ihren complicirten Interieurs und die zu malerischen Vedutеn aufgelösten landschaftlichen Hintergründe. Die Verwandlung bei offener Scene, die schon bei dem einfachen Bühnenapparate manche Unzuträglichkeit hatte, die man aber damals gern übersah, wurde, sobald man die complicirtere Ausstattung auch auf die Stücke mit wechselnden Decorationen anwenden wollte, um Vieles noch schwieriger. Man führte den **Zwischenvorhang** ein, welcher die Continuität der Handlung ganz unterbrach und das Stück in neue Acte zertheilte, ohne daß doch vom Dichter für eine solche Unterbrechung der genügende Anlaß gegeben war. Wenn man auch zugeben kann, daß diese neue Einrichtung hie und da einen Vorzug vor der früheren Art der Verwandlung hat, so wirkt sie im Ganzen doch störend, ja selber zerstörend. Sie unterbricht die Illusion und Spannung des Zuschauers in einem Momente, wo es der Gang der Dichtung nicht fordert, während die frühere Art der Verwandlung die Phantasie des Zuschauers, die sich hier eben von einem Orte zum anderen bewegen sollte, in einer, wenn auch hie und da unbehülflichen, so doch im Ganzen zweckmäßigen Weise beschäftigte, indem sie ihm diesen Wechsel veranschaulichte. Doch nicht genug, daß der Zwischenvorhang die Illusion ganz unterbricht, bedingt er auch meist eine längere Pause, was, öfters wiederholt, die Dauer der Vorstellung über das wünschenswerthe Maß verlängert oder zu Kürzungen drängt, welche nicht selten die Motivirung und

Entwicklung der Handlung beeinträchtigen. Stücke, die viele Verwandlungen bedingen, müssen durch den Gebrauch des Zwischenvorhangs ganz unerträglich werden. Man verändert sie also, vereinfacht und kürzt sie. Die Shakespeare'schen Dramen erscheinen hierdurch bisweilen in einer ganz barbarischen Weise verstümmelt.

Es ist unausbleiblich, daß der Gebrauch des Zwischenvorhangs uns dem romanischen Compositionsprincipe und seinen Verirrungen wieder ganz zutreiben und die Meisterwerke der germanischen dramatischen Dichtung der Bühne allmählich entfremden wird. Es ist daher dringend zu rathen, daß man dem Beispiel folge, welches unter ähnlichen Verhältnissen die Spanier gegeben (s. S. 197), und neben den auf das Stimmungsvolle und Spannende der äußeren Situation berechneten Dramen, welche die Verwandlung der Scene vermeiden, und bei denen man deshalb den Reichthum des scenischen Apparats zur Anwendung bringen möge, diejenigen Dramen, welche auf eine reichere Entfaltung des inneren Lebens ausgehen und hierzu eines größeren Wechsels der Scene bedürfen, in der ihnen angemessenen Einfachheit der Ausstattung giebt.

§ 48. **Die verschiedenen Formen der Theaterunternehmungen.**

Ich habe diese Formen zum Theil schon in der geschichtlichen Entwicklung des Dramas zu berühren gehabt. Indem ich sie hier unter allgemeinere Gesichtspunkte stelle, werde ich den heutigen Zustand, der dort nicht in Frage kam, besonders zu berücksichtigen haben.

Es sind verschiedene Momente, welche auf die Form der scenischen Unternehmungen bestimmend einwirken können. Zuerst ihre Stellung im Staate, sodann die Zwecke, die man mit ihnen verbindet, und endlich die verschiedenen Formen des Dramas selbst.

Das Theater ist nicht immer eine ganz freie Unternehmung, sondern ein Vorrecht des Staats, der Städte, Machthaber, Großen gewesen, welches auf Andere, Gesellschaften und Private, übertragen werden konnte, und dies hat allein schon vielfach die

Form dieser Unternehmungen bestimmt, die hierdurch bald eine
freie, glänzende, bald eine nur abhängige, mühevoll um ihr
Dasein ringende Stellung einnahmen. Damit hängt dann auch
die Verschiedenheit des Zweckes, den man mit ihnen verband,
wieder zusammen. Das Theater setzt die Ausübung eines künstlerischen Berufs voraus, der entweder den Schutz der Privilegirten
oder diese Privilegien selbst nachzusuchen hat. Im ersten Falle
war die Schauspielkunst von der Sorge für Erwerb befreit,
dem sie im letzteren Falle nachgehen mußte. Indeß verfolgten auch
die nicht auf Erwerb gestellten Theaterunternehmungen nicht
immer reinkünstlerische Zwecke. Sie sollten nur zu bald dem
Bedürfnisse nach bloßer Unterhaltung, der Zerstreuungslust, dem
Sinnenreize, der Prunksucht und Eitelkeit dienstbar werden. Auch
wurden die mächtigen Wirkungen, welche die theatralischen Künste
auf die Menge ausüben, zu Zwecken des Ehrgeizes, des politischen
oder kirchlichen Einflusses (die römischen Spiele und das kirchliche Drama des Mittelalters) benützt. Andererseits blieb der Erwerb nicht jederzeit auf den Beruf beschränkt. Die Speculation
bemächtigte sich seiner. Wogegen Fürsten, Herren und einzelne
Gesellschaften, welche die Bedeutung der dramatischen Kunst für
das Leben einzusehen begannen, die uneigennützige Pflege und
Förderung derselben mit zur Lebensaufgabe machten. Man vermochte die Uneigennützigkeit so kostspieliger Unternehmungen
jedoch nicht immer so weit zu treiben, um sie dem Publicum auf die
Dauer ganz unentgeltlich darzubieten. Es entstanden auf diese
Weise Theater, die zwar einen Erwerb suchten, doch nur um den
Bestand des Unternehmens zu sichern und seine Kosten, wenn auch
nicht vollständig, doch in einem bestimmten Umfange zu decken.
Hierzu gehören die Theater der Akademien und bürgerlichen Genossenschaften, die neueren Hof- und Stadttheater, welche im
Gegensatze zu den unsteten, wandernden Berufs- und Specula-
tions-Theaterunternehmungen, mit ihren Prinzipalschaften und
Impressarii, sofort den stehenden Charakter annahmen, den diese
und zwar immer nur theilweise, erst allmählich erkämpften. In
neuester Zeit ist in den Gesammtgastspielen ganzer Theater die
alte Wandertruppe in neuer Form wieder aufgelebt.

Mit der wachsenden Ausbreitung dieser Unternehmungen und bei dem Speculationsgeiste, welcher dieselben ergriffen hatte, mußte dieser in großen Städten denselben ebenfalls noch eine verschiedene Form geben, wozu die verschiedenen Formen der theatralischen Künste den Anlaß boten. Schon im Mittelalter sahen wir in Paris der confrérie de la Bazoche die enfans sans soucis gegenübertreten, in Italien neben dem gelehrten Drama die commedia dell' arte entstehen. Man fing an, den einzelnen Gattungen, die ohnedies zum Theil auf ganz andere Classen des Volkes berechnet waren, eine gesonderte Pflege angedeihen zu lassen. Es entstanden besondere Unternehmungen für die Oper und das recitirende Drama, die ernste Oper wurde von der komischen, die Spieloper von der Balletoper, sie alle von der Operette und dem Vaudeville getrennt. Es entstanden besondere Häuser für die Tragödie und das Lustspiel, für die Posse und die Blüette, für das Melodrama und das Ausstattungsstück. Mit der Aufhebung der Privilegien, welche den Speculationsgeist völlig entfesselte, mußte wieder eine Menge von neuen Unternehmungen entstehen, welche mit der dramatischen Kunst zum Theil nichts als die Form noch gemein hatten, und nur darauf ausgingen, die Zerstreuungs- und Sinnenlust der Masse auszubeuten.

§ 49. Das Verhältniß des Theaters zum Staate.

Das Theater bildet einen der Brennpunkte des modernen öffentlichen Lebens, es übt unmittelbarere, allgemeinere, ergreifendere Wirkungen aus, als irgend eine andere Kunst, es hat sich der Phantasie der Menschen in einem Grade bemächtigt, daß es einen der vornehmsten Unterhaltungsgegenstände der Gesellschaft und der Zeitungen bildet, ja daß für nicht Wenige der Begriff der Kunst sich fast ganz in dem des Theaters erschöpft. Nichtsdestoweniger hat der moderne Staat dieser Erscheinung bisher nur eine geringe Theilnahme gezeigt. Ungleich den Griechen, welche, die hohe Culturbedeutung der Künste erkennend, ihre Pflege für das Staatsleben fruchtbar zu machen suchten, haben die neueren Völker dieselben lange nur der Gunst der Fürsten und Großen und sich selbst überlassen. Selbst noch nachdem man für die bildenden Künste die Nothwendigkeit eines Schutzes erkannt, und diesen ihnen auch zugewendet hatte, ist dem Theater die gebührende Aufmerksamkeit noch immer versagt geblieben. Alles, was man von dieser Seite für dasselbe gethan, bestand in dem langjährigen Schutze der erworbenen Privilegien und in der endlichen Aufhebung dieser letzteren, wodurch es zum Theil der wildesten Speculation preisgegeben werden sollte. Es waren wohl wesentlich mit jene fürstlichen Vorrechte, welche bei uns in Deutschland den Staat abgehalten haben mögen, eine so tief in das öffentliche Leben greifende Kunst mit in den Bereich seiner Fürsorge zu ziehen. Und in der That halten sich auch die Fürsten um die Pflege und Entwicklung derselben nicht nur große Verdienste erworben, sondern es lag auch in dem wohlverstandenen Interesse der meisten von ihnen, diese Entwicklung nach Kräften zu fördern. Nichts hätte die Stellung der kleineren Fürsten Deutschlands mehr befestigen können, als die umsichtige Pflege von Industrie, Wissenschaften und Künsten. Auch ist durchaus nicht abzusehen, warum ein kunstliebender Fürst dieselben aus eigener Initiative nicht eben so gut zu fördern vermöchte, als seine Regierung. Doch freilich, die bloße Subvention des Theaters, wäre sie auch eine noch so fürstliche, bietet dafür keine Bürgschaft; am Wenigsten in einer Zeit, in welcher die theatralischen Künste sich sichtlich ihrem Verfalle mehr und mehr nähern. Am Verhängnißvollsten aber würde es sein, sich gegen die letztere Thatsache zu verschließen und von dem alten Nachruhme einer früheren Kunstblüthe sich soweit verblenden zu lassen, daß man den heutigen Abstand und die durch ihn drohenden Gefahren ganz übersähe. Im Gegentheil ist nichts dringender nöthig, als die Irrthümer zu erkennen und mit ihnen zu brechen, welche diesen Zustand mit zeitigen halfen und welche nicht immer nur Irrthümer der einzelnen leitenden Persönlichkeiten, sondern der ganzen Zeitströmung waren. Es gilt, wie ich glaube, ein rasches Eingreifen, wenn man nicht auch hier von den Verhältnissen überholt werden will.

Denn schon beginnen die Staatsmänner die Unhaltbarkeit des gegenwärtigen Zustandes und dessen Bedeutung für das Culturleben und in dessen Folge auch für das Leben des Staats ins Auge zu fassen. Nur will es mir scheinen, als ob man auch hier den wahren Sitz des Uebels nicht richtig erkenne, indem man eine Besserung von der einseitigen Hebung der schauspielerischen Darstellungskunst erwartet. Das Sinken derselben hat einen zu tiefen Grund, als daß es durch die bloße Bildung von Akademien gehoben werden könnte, die, wie ich fürchte, das Uebel vermehren, dieser Kunst eine ganz einseitige akademische Richtung anweisen und sich zu einer Schule für die talentlose Mittelmäßigkeit herausbilden würden.

Mehr als jede andere Kunst bedarf die des Schauspielers einer ganz praktischen Schulung, denn weniger als in jeder anderen sind in dieser, wie wir gefunden, die Verhältnisse zu bezeichnen und meßbar, um deren Darstellung es sich handelt, sie sind fast immer, wenn nicht ganz, so doch wesentlich das Werk der Empfindung, des unmittelbarsten Erlebnisses. Daher es denn auch der steten Beobachtung der Natur und des Lebens, der steten Wechselwirkung mit diesem, daher es vor Allem begeisternder Impulse bedarf, welche ihr nur aus dem lebendigen Zusammenhange mit der unmittelbar aus dem Leben der Zeit hervorgehenden Dichtung entstehen können. Wie soll der Schauspieler etwas ergreifend darstellen können, wenn er für das, was er darstellt, kein Herz, kein Interesse, keine lebendige Begeisterung hat, wenn es ihn nicht selber im Innersten bewegt und ergreift? Und was soll ihn ergreifen, wenn er gleichgültig ist gegen das, was das Leben seiner eigenen Zeit bewegt und eben darum auch nach dramatischem Ausdrucke ringt? Es ist ein Irrthum, daß die Schauspielkunst sich ohne die Dichtung entwickeln könne. Die großen Schauspieler, welche Shakespeare vorfand, hatten sich unter den Impulsen der Marlow'schen und Green'schen Dichtung entwickelt. Molière wuchs an den Stücken der italienischen und spanischen Dichter und seinen eigenen poetischen Werken empor. Auf die Schröder'sche Zeit wirkten die Uebersetzungen der Franzosen und Engländer, wirkten vor allem Shakespeare, Holberg, Diderot,

Lessing! Welche aufregende Wirkung mußte zu seiner Zeit nicht ein einziges Stück wie „Sara Sampson" auf die ganze schauspielerische Darstellungskunst ausüben! Und heute glaubt man einen gesunkenen Zustand der Bühne mit der Bildung von bloßen Akademien beheben zu können? Man gehe den Ursachen dieses Zustandes nach, man stelle die verlorengegangene Gemeinsamkeit der Interessen des einzelnen Schauspielers mit der Bühne, den lebendigen Zusammenhang zwischen dieser und der Dichtung wieder her, man hauche in diese kalt auseinanderlaufenden, nur auf den persönlichen Vortheil gerichteten Interessen eine auf ein gemeinsames großes künstlerisches Ziel gerichtete Begeisterung und man wird für die Entwicklung und Hebung dieser Kunst unendlich mehr leisten, als durch die Errichtung von Akademien. Und will man dies an einem Beispiel erläutert sehen, so blicke man auf die Wirkungen, welche die Darstellungen des kleinen Meiningen'schen Hoftheaters ausüben. So viel Einseitiges in dem Kunstprincipe, das dieses verfolgt, auch immer liegen mag, das Eine erklärt diese Wirkungen vollständig, daß ein Wille, ein festes beharrliches Streben die Interessen der Darsteller ganz nur auf ein bestimmtes großes künstlerisches Ziel, auf die Herstellung eines einheitlichen, von lebendiger Begeisterung getragenen Ganzen zu lenken und mit sich fortzureißen verstand. Wer die Kunst, wer das Theater nicht als ein bloßes Mittel einer flüchtigen Zerstreuung auffaßt, sondern ihre Wirkungen tiefer verfolgt und den bildsamen Einfluß erkennt, welchen sie auf die Kräfte der Phantasie und hierdurch auf das ganze geistige Leben des Menschen auszuüben vermag, wer erkennt, daß in ihr eine der größten Culturmächte gelegen ist, der wird ihre Pflege nicht blos für eine Angelegenheit fürstlicher Muße, sondern für das ansehen, für was sie die Griechen in der Blüthezeit ihres Staatslebens hielten, für eine würdige Aufgabe der Lenker des Staats. Was einer der Weisen China's, Ma-tuan-liu, von der Musik sagt, daß man an dem Charakter derselben den Zustand des Reiches erkenne, dürfte wohl mit noch größerem Rechte von dem Theater gesagt werden.

Register.

Die Ziffern bedeuten die Seitenzahlen.

Académie française 116
Académie royale 125
Accent 208, 261, 271—72, 273 u. f.
Accentuation, f. Betonung
Accolti, Bernardo 101
Achäos 25
Acte, Eintheilung in 192
Adam de la Hale 72
Addison 154
Aeschylos 18 u. f. 24. 26. 34. 43. 44. 236. 250
Afranius, L. 52
Agathon 25
Agonotheten 45
Akademien 68. 97. 100. 102
Akademisches Drama 244
Alarcon, Juan Ruiz de 87
Albergati, Francesco 114
Alexis 35
Alfieri 112, 113, 156, 249
Allegorie 93. 65. 69. 134
Allegorisches Drama 238 u. f. 243
Ambra, Francesco d' 105
Anapiesmata 43
Andrieux 130

Andronicus, Livius 47. 48. 52
Antheos 30
Antiphanes 35
Antiphon 26
Apollodoros 37
Aposentos 90
Applaus 45. 293 u. f.
Araldo 104
Arbuscala 55
Archias 28
Archilogos 17
Aretino 104. 106. 254
Argumento 78
Arion 15
Ariost 99. 102
Aristophanes 32—35. 237, 240. 244, 249
Aristoteles 35. 118. 222 u. f. f.
Arlechino 62. 106
Arouet, François Marie, gen. Voltaire 125—27. 249
Artieda, Rey de 79
Astydamas 25
Atta, Quinctius 52
Atellane 47. 52. 58. 253. 254. 258
Athmung 268—69. 273—74

Altius, Lucius 48—51
Auffenberg 173
Augier 132
Aulaeum 57
Aussprache 270
Ausstattungsstück 94. 197. 252.
253
Auto 78. 90. 94. 159
Autos al nacimiento 62. 86
Autos sacramentales 82. 85.
97. 240. 250
Ayrer 161

Babo 170
Baÿf, Lazare de 115
Baillie, Joanna 156
Bale, John 135
Ballet 55. 90. 122. 253. 255.
259. 261. 285
Balletoper 261
Bartoli 97
Bassecourt, Claude de 117
Bathyllus 5. 250
Bathuli, Gesellschaft der 68
Bauernfeld 178—79
Bazoche, Genossenschaft der 66.
68. 318
Beaumarchais 128
Beaumont, Francis 150—51
Beck 174
Begriffe, vom 186—87. 207—8.
209. 217—18
Behn, Aphra 154
Beil 174
Belcari, Feo 70
Belmont, Luis de 68
Beolco, Angelo, gen. Ruzante 106.
250
Betonung 91. 208—9. 256. 262.
271
Bettinelli, Saverio 110
Bewegung, körperl., s. Mimik
Bewegungen, allegorische, symbolische und malende 281 u. f.
Bharata, Muni 10

Bharabuti 10. 11
Bibbiena, Cardinal 103. 159
Björnson 181
Bluette 252
Boileau 97
Bon, Augusto 114
Bonarelli 109
Bonin, Gabriel 116
Boursault 124
Braunschweig, Julius von 161
Brawe 168
Brentano 175
Breton de los Herreros 98.
Bretzner 174
Brighella 106. 112
Brofferio, Angelo 114
Bronn, Rich. 150
Broschi, Carlo genannt Farinelli
97
Bruno, Giordano 108
Bühne 286. 299 u. f.
—, altenglische 138
—, griechische 41. 42
—, römische 57
—, spanische 89. 97
— der Mysterienspiele 67. 68
Bühnengebäude, griech. 42. 67
Bühnenleitung 291. 304 u. f.
Bulwer 156
Buonarotti, Michelangelo 109
Burbadge, Rich. 141
Bürgerliches Drama 251
Burleske 4. 82. 237. 240. 242.
253. 292
Byron 156

Cabañalso, José de 97
Calderon de la Barca 92—95.
174. 249. 250. 253.
Cambert 125
Camoens 53
Campistron 125
Cancer, Geronimo 96
Cañizares 96
Canti carnascialeschi 72

21*

Canticum 47. 258. 260
Capitano glorioso 106
Carmontel 128
Carni 72
Cavalieri 109
Cazuela 90
Cecchi 105
Centlion, Susanne 154
Centunculus 55. 62
Cervantes 79—80
Chapelain 116
Chapman 148. 149
Charaktergemälde 237
Charakterlustspiel 30. 38. 122
Charaktermasken 38. 286
Charakterstücke, -dramen 6. 191.
251
Chémier 130
Chettle 149
Chionides 30
Chörilos 17
Chor, griechischer 15. 16. 17. 30.
39. 139. 208. 210. 248
—, römischer 16. 17
Choregie 39. 45
Chorführer 16. 298
Chorlieder 39. 40
Cienfuegos 98
Cintio, s. Giraldi
Claque 294
Classische, Begriff deff. 75. 230
Classisches Drama 4. 118 u. f.
244. 249. 258
Clown 160
Colin d'Harville 130
Collier 154
Collin 173
Colman 155
Comedias de capa y espada
77. 81. 90. 197. 252. 256
— divinas 240. 250
— a fantasia 78
— de figuron 96. 97. 122.
252
— a noticia 78

Comedias de ruido und de
teatro 77. 82. 90. 91. 197.
246. 253. 256
Comédie larmoyante 132.
242—44
Comédiens, Gesellschaft der 68
Comella 98
Commedia dell' arte 55. 104.
106. 107. 110. 111. 250.
253. 255. 318
— erudita 68. 103. 104. 244.
253. 318
Comoedia mixta 51
— motoria 51
— praetexta 51. 52
— stataria 51
— tabernaria 52
— togata 51. 52
— trabeata 52
Comparserie 300
Conflict, dramatischer 190
Congreve 154
Conquistores 58. 294
Continuität der Handlung 199
Conventionelle, das 214—15. 297
Conventionalismus 118. 126.
167. 214—15. 266.
Conversationsstück 31. 252—53.
Corneille, Pierre 86. 97. 118—
119. 125. 126. 163
—, Thomas 124. 125.
Corrales 89
Corsi, Jacopo 109
Costüm 17. 43. 44. 68. 89.
90. 280. 301
Couplet 258
Coupletposse 260
Crebillon 125
Criminalistisches Drama 253. 254
Cruz, Ramon de la 98
Cubilla de Aragon 96
Cueva, Juan de la 79

Dancourt 124.
Dalin 180

Dator ludi 58
Davenant 153
Decimen 85
Decoration 42. 89—91. 147.
 153. 196—97. 182. u. f. 206.
 246. 314 u. f.
Dekker, Thomas 148. 149
Delavigne, Casimir 130
Designatores 58
Desperiers 115
Deslouches 127
Desvantes 89
Deuteragonist 44
Deutlichkeit der Aussprache 262.
 270.
Dialekt 270
Diamante, Juan Balista 98
Dichter 192 u. f. 284 u. f.
 305 u. f. 312
Dickens, gen. Boz 156
Diderot, Denis 127—28
Dionysos d. ältere 26
Diozomala 41
Diphilos 37
Dithyrambos 15. 16
Dolce, Lodovico 105
Dramatische, das 182 u. f.
 198
Dramaturg 288. 304. 311 u. f.
Dryden 53. 153—54
Dubelloy 127
Dufresny 124
Dumas, Alexandre, b. Vater 131
— —, b. Sohn 132. 250
Duché, François 124.
Dumb-show 6. 133—34. 255
Dupin, Aurora, genannt George
 Sand 131

Edwards, Richard 136
Eglantine, siehe Razaire
Ehebruchsdrama 248. 250. 253.
 254
Einheiten des Dramas, die drei
 118. 194

Ekphlema 43
Empfindsame Drama, das 242.
 250
Empfindungsausdruck 264—66
Encina, Juan del 77. 90. 250
Enfans sans souci 66. 69
Engel, J. Jacob 168
Ennius 48
Ensemble, f. Zusammenspiel
Epeisodion 39
Epimarchos 30
Epische, das 189. 190
Epischer Charakter des Dramas
 245
Etherege 154
Ethisches Drama, das 242
Etienne, Ch. G. 130
Euales 30
Euphuismus 145
Eupolis 31. 32. 35
Euripides 18. 23—25. 31. 43.
 105. 236
Eurenides 30
Ewald 160
Exodos 39
Exposition des Dramas 192

Faliscus, Cincius 58
Familiendrama 6. 237. 251
Farce, Farsa 67. 68. 72. 77.
 253. 292
Farinelli, f. Carlo Broschi
Farquhar 154
Fastnachtsspiele 134. 157. 158.
 253
Favart 129
Feuillet, Octave 132
Festspiele 253
Field, N. 150
Fiesta 82. 91. 253
Fiorillo, Silvio 106
Fletcher, John 150—51
Floriana 141
Follas 97
Foote, Samuel 155

Ford, John 150=51
Formalismus 212 u. f. 297
Foscolo, Ugo 113
Fosse, Antoine be la 124
Freytag, Gustav 179
Fuselier 129

Ganasa, Alberto 89
Ganasso, Giov. 159
Gang 279. 280
Garcio, Sancho 97
Garnin 116
Garrick 155
Gastspiele 310
Geberdenspiel, s. Mimik
Gelehrte Drama, das 253
Geistliche Schauspiele, siehe kirchliche Schauspiele
Gellert 165
Gelosi, Gesellschaft der 121. 159
Genesius 56
Gerichtsdrama 6. 253
Gesang 10. 13. 14 u. f. 29. 47. 108 u. f. 121. 129. 145. 193. 257 u. f. 274. 276
Gesangsposse 261
Geste, s. Mimik
Gherardi 163.
Giraldi, Cinlio 105
Giraud, Graf 114
Gluck 174. 175
Gobinez, Felipe 88
Godofredus 63
Goethe 11. 169—71. 173—75. 177. 204. 211—13. 234. 236
Goldoni 110. 111. 114
Goldsmith 155.
Gonfalone, Gesellschaft del 66
Gongora 81
Gongorismus 81
Gozzi 111. 112. 242
Gottesdrama, das 10
Gottsched 164
Grabbe 177. 250. 254

Gracioso 53
Gregor von Razianz 26. 62
Green, Robert 138—39. 145. 320
Grenelli 110
Gresset 128.
Grévin, J. 116
Grillparzer 174—75
Groteske, das 221
Groto, Luigi 106
Gryphius 162
Guarini 108. 159
Guevara, Luis Belez de 86
Guillaume 117
Gustav III. v. Schweben 180
Guzkow 177. 308

Halm, Friedrich, siehe Münch-Bellinghausen
Haltung, körperl. 279 u. f.
Hanswurst, s. Spaßmacher
Hardy, Alex. 116
Harlekin, s. Spaßmacher
Harlekinade 253
Hauch 180
Haupt- und Staatsaction 164. 244. 253
Hebbel 177—78. 211. 249. 250. 254
Hebung und Senkung der Rede 273 u. f. f.
Heiberg 180
Heldendrama, s. das heroische Drama
Herber 169
Heroische Drama, das 10. 125. 251
Hertz, Henrik 180
Heywood, John 134. 250
—, Thomas 148
Hilarotragödie 52. 231. 240
Hiouen-Tsong 5
Hirtenspiele 82. 66
Historien, s. historisches Drama
Historische Drama, das 130. 137

Historische Wahrheit im Drama
203. 204. 312
Histrionen 47. 71
Höfische Drama, das 253
Hofdrama, indisches 11. 12. 253.
Hoftheater 308. 310. 317
Holberg 179—80. 320
Houwald 175
Hoz, Juan de la 96
Hroswitha 62. 156
Hugo, Victor 130—31. 250.
254
Humor 75. 230 u. f. 236
Hyporchem 15. 259
Hyposcenion 41. 42

Jambe 30. 168. 211
Ibsen 181
Idealismus 212 u. f. 296 u. f.
Idealistische Darstellungsweise
187 u. f. 296 u. f.
Idealistisches Drama 239 u. f.
Idee 208. 212
Iffland 172. 249
Immermann 176. 250
Improglio 122
Interlude 71. 133—35. 143.
250
Intermezzo 122. 166
Intervalle 273 u. f.
Intriguenstück 6. 38. 122. 251
Introito 78
Intronati, Academia degl' 105
Jig 143
Joculatoren 62. 71
Jobelle 68. 116. 250
Johnson, Samuel 155
Jon 25
Jongleurs 65. 69. 71
Jonson, Ben 141. 148. 149—50
Jouy, B. J. E. 130
Ironie 267

Kämpferspiele 248
Kalidasa 10—12

Kapellknaben, die königlichen (am
engl. Hofe) 133. 134. 137
Karkinos 25
Katastrophe 192
Keßgrèn 180
Kemble 155
Kirchliche Drama, das 61 u. f.
82. 92. 94. 212. 243. 249.
Kleist, Heinr. v. 53. 176. 211.
250. 254
Klingemann 173
Klinger 168
Königsdrama, das indische 10.
251
Körner 173
Kommos 40
Komödie 29
Komödianten, englische 71. 159—
161
Komische, das 221 u. f. f.
234
Komos 13. 29
Korbax 32. 259
Kotzebue 173—74. 199
Kothurn 44. 239
Krates 30. 31
Kratinos 31. 32. 35.
Kyd 145

Laberius 55
Lachaussée, Nivelle de 127
Ländliche Drama, das 251
Lafontaine 125
Laharpe 127. 129
Langendijk 179
Laperouse, Jean de 116
Laube, Heinrich 177
Laut, der 188. 207. 269
Lecocq 117
Lee 159
Léger, Louis 117
Legrand 121
Lehrhafte Drama, das 243
Leisewitz 168
Lesecomité 306

Lemercier 130
Lenz 169
Lesage 128. 129
Lesedrama 286
Lessing 53. 165—68. 211. 212. 244. 250. 320
Lictores 58
Lillo, George 154. 165. 167
Lily 137. 140. 145. 244. 253
Lindsay 135
Loa 78. 82
Lodge, Thomas 138
Lösung, dramatische 192
Logeion 42
Lohenstein 162
Ludi Apollinares 56
— extraordinarii 56
— Megalenses 58
— plebei 57
— Romani 57
— stati 56
— votivi 56
Ludwig, Otto 178
Lulli 125
Lustspiel, das sentimentale 232
—, das weinerliche 232
Luther 157
Luzan, Ignazio de 97
Lycoris 55
Lykophron 26
Lyrische, das 187. 198
Lyrischer Charakter des Dramas 244. 247

Macchiavelli 103. 104
Maccus 62
Märchenposse 175. 240. 242. 251
Maffei 110
Mairet 117
Malerischer Charakter des Dramas 245. 293
Maliban, Calisto y 101
Manier 214. 298
Manierirte, das 214. 297
Manzoni, Alessandro 113

Marchisio, Staniel. 114
Marenzio, Luca 109
Marivaux 128
Marlow, Christopher 139—40. 145. 320
Marmontel 127. 129
Marston 148. 149
Maschinerie 42. 43. 89 u. f. 147. 197
Maske 5. 17. 44. 52. 56. 58. 239. 254. 279 u. f. 292
Maskenkomödie 106—7. 122. 134. 242. 253
Maß, siehe Metrum
Massinger 150—51
Mastigaphoren 45
Mathieu, Pierre 117
Medici, Lorenzo di 72
Melampus 14
Melodrama 5. 129. 254. 260
Menander 36. 37
Mendoza, Antonio de 96
Metastasio 110. 250
Metrik 208 u. f.
Metrum 258. 275
Meyer 170
Middleton 149
Mimen 52. 54. 55. 56. 240. 253—55. 258—60
Mimik 58. 90. 263. 264—66. 277 u. f. 281 u. f.
Mira de Mescua 86
Molière, siehe Poquelin
Molina, Tirso de, siehe Tellez
Montalvan 88
Monteverde 109
Monti 112
Montreux, Nicolas de 117
Moore 165
Moralisirende Drama, das 243
Moralitäten 66—69. 133. 134. 137. 240. 249
Moratin 97. 98
Moreto 95—96
Mosen, Julius 177

Motiv, dramatisches 189
Motivirung, dramatische 198. 232 u. f.
Motte-Fouqué, de la 175
Mozart 174. 261
Müller, Fr. 169
Müllner 175
Münch-Bellinghausen, genannt Friedr. Halm 178
Mündlicher Vortrag, s. Redekunst
Munday 149
Musik 5. 91. 108 u. f. 121. 129. 206. 247. 256 u. f. 274
Mussato, Albertino 102
Musset, Alfred de 131
Mylius 165
Mythos 30
Mysterienspiele 4. 10. 12. 14. 65 u. f. 134. 240. 243. 258
Mythologisches Drama 6. 94. 251

Nachahmung in der Kunst und im Drama 200 u. f. 214. 238
Nachspiele 256
Naevius, Cnejus 48. 51
Naharro, Pedro 89
Nardi 104
Nasarre, Blas 97
Naturalismus 212 u. f. 297
Naturwahrheit 127. 200 u. f. 214. 238
Nazaire, Philippe François, genannt l'Eglantine 128
Neuber, Karoline 164
Niccolini, G. B. 113
Nicolini 166
Normannische Dichtung 62. 64
Norton 136
Nota, Alberto 114
Notker 63
Noverre 259

Objective Darstellungsweise 187
Octave 85

Oehlenschläger 180
Oper 97. 108—10. 125. 153. 162. 163. 165. 166. 174. 240. 242. 250. 253. 257—62. 304
Operette 240. 253. 254. 261
Opitz, Martin 162
Orchester 299
Orchestra, griechische 40—52
—, römische 57
Organisation, dramatische 232 u. f.
Origo 55
Orpheus 13. 14
Otway 153

Pacuvius 48. 51
Päan 15
Panard, François 129
Pantalon 106. 112
Pantomime 5. 6. 47. 54. 55. 58. 129. 134. 205. 249. 250. 253. 255. 259. 285
Parabase 31
Parabosco 105
Parabos 40
Paraboi 41
Parascenion 42
Parodie 240
Pasos 78
Passion, Confrèrie de la 66. 72
Pathologische Drama, das 243
Peel, George 138
Pellico, Silvio 113
Pepoli 112. 113
Peri 109
Periakten 43
Peripetie 199
Perrin 125
Petrarca 72. 99. 102.
Phantasie 214. 241 u. f.
Phantastisches Drama 242
Pherekrates 31
Philemon 37
Philipp IV. v. Spanien 88

Philippides 37
Philistio 55
Philokles 25
Philosophische Drama, das 243
Phormis 30
Phrynichos 17. 31. 44. 250
Picard 130
Piccolomini 105
Pindaros 15. 16
Pindemonte 112. 113
Piron 128. 129
Planipedarien 52
Planipedes 55
Platen 176. 237. 242. 244. 250
Plastischer Charakter des Dramas 239. 245
Plautus 33. 52—54. 122. 123. 135
Poliziano 102
Pollo, Asinius 51
Polos, 26
Ponsard 132
Poquelin, J. B., gen. Molière 33. 53. 121—24. 163. 320
Posse 38. 237. 242
Pradon 124
Praftovana 11
Pratinas 17. 27. 249
Preisausschreibungen 306
Probst, Peter 158
Prosa 168. 210—12. 275—76
Prolog 11 193
Proscenion 41. 42
Protagonist 44
Prothonius 59
Provençalische Dichtung 64. 115
Proverbes dramatiques 128. 131. 252
Prynne 152
Psychologische Drama, das 243. 253.
Pulcinello 62
Pulpitum 57
Purva-Ranga 11
Puschmann, Adam 158

Pyat 131
Pylades 55. 250

Quinault, Ph. 124. 125

Racine 120—21. 124. 126. 163
Räuberdrama, siehe criminalistisches Drama
Raimund 242
Realismus 252 u. f. 298
Realistische Darstellungsweise 187
Realistisches Drama 239 u. f.
Recitation, s. Redekunst
Rede, gebundene 272
Redekunst 91. 209 u. f. 266 u. f. f. 271 u. f.
Redeton 271
Redonville 85
Regisseur 286. 304. 311 u. f.
Religiöses Drama 242. 243
Renaissance 68. 76
Repertoir 305. 313 u. f.
Reynard 124
Rhinthon 52. 53. 250
Rhinthonica 47. 52. 250
Rhythmik 208
Rhythmus 256. 261. 271. 272 u. f.
Riario 73. 109. 258
Richelieu 119
Rinuccini 109. 162
Riquier, Guiraut 71
Ritterstück 170. 251
Ritterthum 73. 74
Rojas 69
Rollen 290. 312
Rollenfächer 290. 311. 312
Rollenmonopol 291
Rollensucht 290
Romantische, das 74 u. f. 230
Romantisches Drama 4. 74 u. f. 101. 105. 113. 130 u. f. 137 u. f. 174 u. f. 181. 230. 244
Romantische Schule 174—76. 242. 250

Romanze 85
Roscius 58
Rosenplüt 157
Rosa, Martinez de la 98
Rost 165
Rotrou 52. 117
Rousseau 129
Row 153
Rowley 149. 151
Rucellai 105. 106
Rückert 177
Rueda, Lope de 78. 79
Rufus, Varius 51
Rührstück 243. 244. 248. 254
Rupaka 10
Ruzante, siehe Beolco

Sachs, Hans 157. 158. 161. 211
Sackville, Thomas 136
Salonstücke 251. 253
Sanchez, Miguel 88.
Sand, George, s. Aurora Dupin
Sannio 55
Sardou 133
Satire 100. 267
Satirisches Drama 245
Satura 47. 256. 259. 260
Satyrchor 16. 17
Satyros 26
Satyrspiel 16. 17. 27. 28. 231. 236. 241. 249
Satz (der Rede) 271
Saynetes 92. 98
Scapino 106
Scarron 124
Scene 41
Scenerie, siehe Decoration
Scenischer Apparat 299 u. s.
Scenische Ausstattung 312
Scenographie 246
Schäferspiele 77. 82. 109. 117. 159. 248. 251. 260
Schauerdrama 254
Schauplatz 299
Schauspiel 236. 237

Schauspieler 17. 26. 44—45. 55—58. 71. 72. 80. 89—91. 137. 159—61. 262 u. s. 309 u. s.
Schauspielhäuser 26. 40—42. 57. 67. 68. 71. 91. 97. 137.
Schauspielkunst 205 u. s. 262 u. s.
Schicksalsdrama 175. 251. 252. 254
Schiller 171—74. 177. 211. 212.
Schlegel, Aug. Wilh. 175—76
—, Friedrich 175—76
—, Joh. Elias 165
Schlüpfrige Lustspiel, das 254
Schröder 151. 172. 320
Schubladenstück 123. 252
Schulkomödie 157. 244
Schwank 253
Schwebemaschine 43
Scribe 132
Secco, Nicolo 105
Secundus, Pomponius 51
Sedley 154
Seneca 48. 49—51. 102. 120. 139
Sensationsdrama 132. 251
Sentimentales Drama, siehe d. empfindsame Dr.
Shabwell 154
Shakespeare 7. 10. 105. 126. 131. 140—49. 150. 165. 177. 194. 195. 198. 199. 201. 204. 211. 212. 213. 225 u. s. 234. 236. 237. 250. 278. 286. 316. 320
Sheridan 155
Siddons, Mrs. 156
Siebengestirn, das tragische 26
Siebengestirn, Verein des poetischen 116
Sikinnis 28
Simonides 15
Singballet 259. 260
Singspiel 260

Siparium 58
Sittengemälde, dramatisches 122.
251
Situationsstück 251. 252
Soccus 44
Sociale Drama, das 248. 249.
253
Solis, Antonio de 96
Sonett 85
Sophokles 18. 19. 21—23. 24.
26. 43. 44. 284
Sophron 31. 54. 250. 252. 258
Sourdéac 125
Spaßmacher 161. 164. 237.
292
Spektakelstück 253
Speroni, Speron 106
Spielhonorare 291
Sprache im Allgemeinen 186.
209. 269
Sprache, dramatische 207 u. f.
Sprache des Schauspielers 263.
266 u. f.
Stadttheater 317
Stasima 40
Statius, Cäcilius 52
Steele, R. 155
Stegreifspiel 30. 74. 106—7.
134. 164. 205. 256. 285.
Stesichoros 15
Steigentesch 174
St. Gelais 115
Stil, dramatischer 199 u. f.
214—15. 296 u. f.
Streitrede des attischen Dramas
16
Stumme Spiel, das 289
St. Ybars 132
Subjective Darstellungsweise 187
Susarion 30
Symbolische Drama, das 238 u. f.
Syrus, Publius 55.

Taborini 159
Taletes 15

Tantième 307 u. f.
Tanz 10. 15. 28. 32. 47. 55.
90. 91
Tanzlied 258. 259
Tartaglia 106. 112
Tasso 100. 106. 108. 159
Technik, künstlerische 214
Tellez, Gabriel, gen. Tirso de
Molina 84. 86—87
Tempo der Rede 256. 262.
273 u. f.
Tendenzdrama 117. 126. 128.
168. 249.
Terentius Afer, Publius 54. 62.
63. 122. 135. 253
Terzine 85
Tessera 57
Tesdi 109
Tetralogie 17. 21. 27
Theater 298 u. f.
Theaterakademien 320. 321
Theaterbeamte 45. 58
Theatergebäude, siehe Schauspiel-
häuser
Theaterverwaltung 301 u. f.
Theater von Blackfriars 137
Théâtre de la foire 121
— de l'Opéra 128
— du marais 121
— français 128
— illustre 121
— italien 128
Theobald 155
Theodora 56
Theodoros 26
Theokrit 31
Theologeion 43
Thespis 16. 17. 44. 249
Thymele 17. 41
Tieck 150. 175. 237. 242. 250
Titinius, Quinct. 52
Toa-seedrama 6
Ton 186. 209. 263. 270. 273
u. f.
Tonadilla 97

Tonfarbe 209. 256. 273 u. f.
Torring 170
Toutain, Ch. 118
Traditionelle, das, im Drama 214
Tragikomödie 28. 231. 236. 241
Tragische, das 221 u. f. 235
Tragoedia crepidata 48 u. f.
Tragoedia praetexta 48 u. f.
Travestie 240
Trilogie 20. 21. 27
Trissino 105. 250
Tritagonist 44
Troupe de Monsieur 122
Trouvères 63. 65. 71. 72. 115
Truffalbino 112

Udall, Nicholas 135
Upa-rûpaka 10

Vanbrugh 154
Varano, Alfonso 110
Vaudeville 121. 129. 260
Vecchio, Orazio 109
Vega, Lope de 80. 83—86. 93. 119. 246
Velthen 163
Verbrecherdrama, siehe criminalistisches Drama
Vers 210 u. f. 275—76
Verwandlungsstück 253
Vicente, Gil 77. 90
Vidushaka 11
Vigny, Alfred de 131
Villancica 90
Villi, Abbate 112. 114
Villiers 154
Virtuosenthum 291

Virues, Christoval de 79
Vita 11
Volksstück 251. 253
Voltaire, siehe Arouet
Volz, Hans 157
Vondel, van ben 179
Vorspiel 257—59
Vorzimmertragödie 120

Wagner, Richard 261
Wallenberg 180
Wandertruppe 161 u. f. 317
Weber, Carl Maria v. 261
Webster, John 149. 151
Weihnachtsspiele 77. 82
Weinerliches Drama 243
Weise, Chr. Felix 165
Weiße, Schulrector 162
Wenti 5
Werner, Zacharias 175
Wicherley 154
Wickram, Jörg 158
Wild, Sebastian 158
Wohllaut 273
Wortlaut 207. 269
Wortsinn 207. 269

Yriarte 98

Zamora 98
Zarate 98
Zauberposse 240. 253
Zeno, Apostolo 109
Zorrilla, José 98
Zusammenspiel 287. 288 u. f.
Zweck des Dramas 215 u. f.
Zwischenspiele 257—59
Zwischenvorhang 199. 315—16.

www.ingramcontent.com/pod-product-compliance
Lightning Source LLC
Chambersburg PA
CBHW032049220426
43664CB00008B/930